UTB 2152

Eine Arbeitsgemeinschaft der Verlage

Wilhelm Fink Verlag München
A. Francke Verlag Tübingen und Basel
Paul Haupt Verlag Bern - Stuttgart - Wien
Hüthig Fachverlage Heidelberg
Verlag Leske + Budrich GmbH Opladen
Lucius & Lucius Verlagsgesellschaft Stuttgart
Mohr Siebeck Tübingen
Quelle & Meyer Verlag Wiebelsheim
Ernst Reinhardt Verlag München und Basel
Ferdinand Schöningh Verlag Paderborn - München - Wien - Zürich
Eugen Ulmer Verlag Stuttgart
Vandenhoeck & Ruprecht Göttingen und Zürich
WUV Wien

Fritz Peter Kirsch

Epochen des Französischen Romans

WUV

Fritz Peter Kirsch ist Professor für Romanische Literaturwissenschaft an der Universität Wien. Seine Forschungsschwerpunkte liegen u. a. in folgenden Bereichen: Zivilisationstheorie, Intertextualität und Interkulturalität, Kultur- und Sprachkonflikte sowie Literaturen der „Frankophonie“ in Übersee.

Die Deutsche Bibliothek - CIP-Einheitsaufnahme

Kirsch, Fritz Peter:
Epochen des französischen Romans / Fritz Peter Kirsch. - Wien: WUV, 2000
(UTB für Wissenschaft : Uni-Taschenbücher ; 2152)
ISBN 3-85114-516-X (WUV)
ISBN 3-8252-2152-0 (UTB)

WUV | Universitätsverlag, Berggasse 5, A-1090 Wien

Herstellung: WUV | Universitätsverlag, Wien
Einbandgestaltung: Atelier Reichert, Stuttgart
Printed in Austria

ISBN 3-8252-2152-0 (UTB-Bestellnummer)

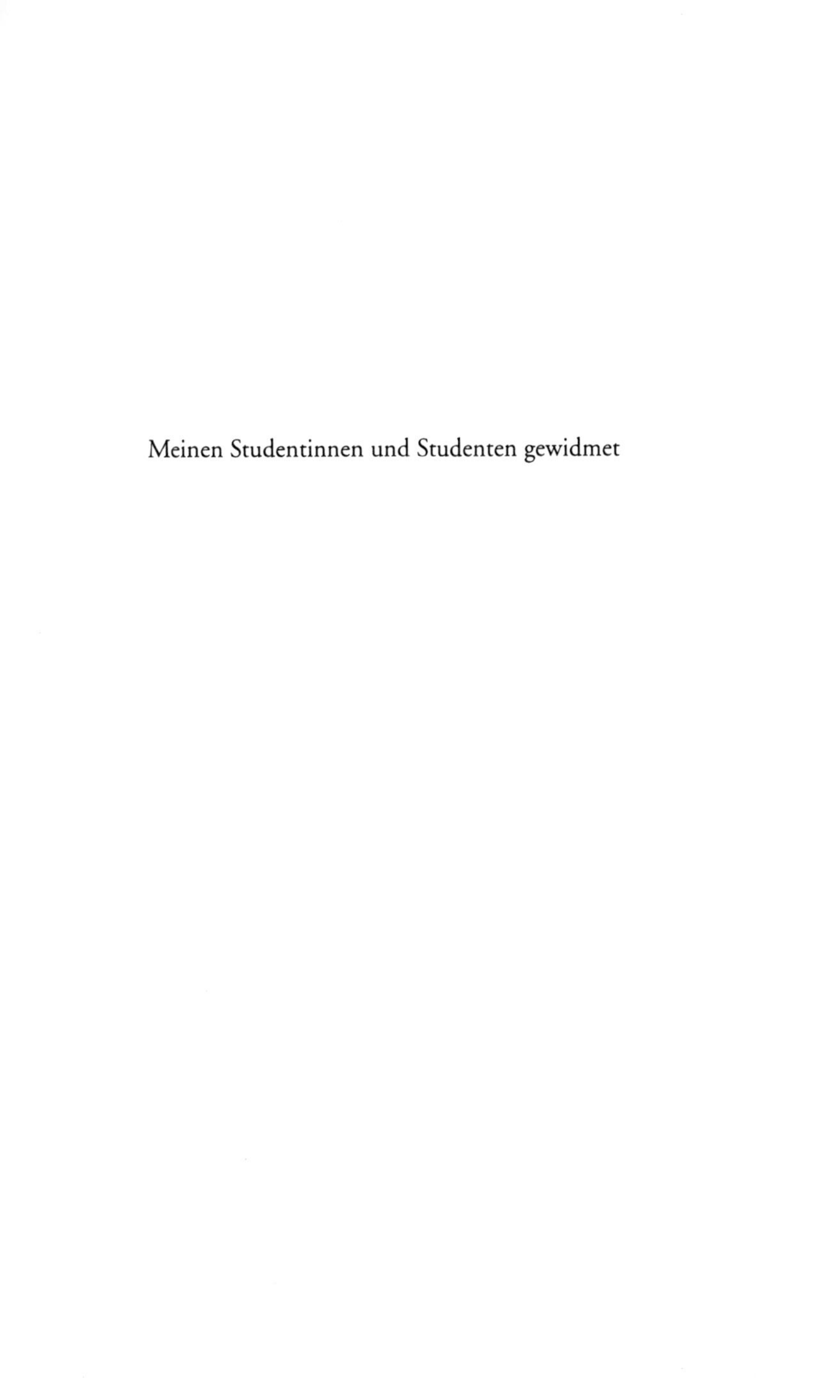

Meinen Studentinnen und Studenten gewidmet

Inhalt

Vorwort

Jede Buchveröffentlichung impliziert ein Risiko. Es kann durch thematische Begrenzung und exakte Anwendung methodologischer Prinzipien verringert werden, völlig ausschalten läßt es sich nicht. Angesichts von so manchen Arbeiten, die sich mit großem Aufwand an Fußnoten in jede Fachdiskussion einklinken und jede untersuchte Einzelheit von allen Seiten beleuchten wollen, ohne dabei sehr weit unter die Oberfläche der aufgeworfenen Probleme vorzudringen, fragt es sich, ob der Weg der maximalen Absicherung immer und überall der einzige ist, der zu wissenschaftlich seriösen Ergebnissen führen kann. Im Frankreich der sechziger Jahre löste die *Nouvelle critique* durch kühne Thesen und geringe Akzeptanz der universitären Spielregeln Stürme der Entrüstung aus, die aus heutiger Sicht und angesichts der damals angebahnten Veränderungen im Selbstverständnis der Literaturforschung wenig nachvollziehbar erscheinen. Freilich ist nicht jeder antikonformistische Ideenjongleur ein Roland Barthes. Nichtsdestoweniger stellt immer dann, wenn ein Sachgebiet so intensiv beackert wurde, daß sich Linien ziehen lassen und Perspektiven öffnen, von denen aus eine Synthese in Buchform denkbar erscheint, die Frage nach der Mitte zwischen materialhäufender Bravheit und haltlosem Spekulieren.

In dem vorliegenden Buch wird versucht, in der Auseinandersetzung mit der Geschichte des französischen Romans eine der möglichen Antworten auf diese Frage zu geben und dabei alle auftauchenden Risiken bewußt in Kauf zu nehmen, ohne auf elementare Absicherung durch eine kritischen Reflexion des eigenen Tuns unter Bedachtnahme auf maßgebliche Fachdiskussionen zu verzichten. Das rettende Netz gründet sich auf mehrere Jahrzehnte des universitären Forschens und Lehrens, in denen sich nach und nach sowohl die Vertrautheit mit dem wissenschaftlichen Diskurs und seinen Metamorphosen einstellte als auch eine persönliche Sicht der Dinge, die sich in relativ zahlreichen, thematisch scheinbar divergierenden Detailstudien niederschlug, um nach und nach die Umrisse eines Gesamtbildes hervortreten zu lassen und nach integrativer Zusammenschau zu verlangen. So drängte sich das Konzept einer Einführung, in der kräftige Linien ziehende Überblickskapitel durch Darstellungen der „grands auteurs" ergänzt werden sollten, in zweifacher Hinsicht auf. Einerseits fand damit die Genesis des Buches aus der Arbeit mit den Studierenden ihren direkten Niederschlag in einem Umsetzungsprozeß, der das Ergebnis nicht von den Ursprüngen trennte, womit der Charakter des Buches als „work in progress" unterstrichen werden konnte. Andererseits bewahrte die Knappheit der Textsorte vor jenem Ausufern, das die Zwangsvorstellung, jeden Gedanken durch ein Großaufgebot von Referenzen und Belegen rechtfertigen zu müssen, unvermeidlich macht – sofern man ihr nachgibt.

Was nicht als Provokation gemeint ist, könnte als solche verstanden werden: Statt im Sinne verbreiteter Lehrbuchkonventionen ein mehr oder weniger gesichertes Wissen aufzubereiten und allenfalls den einen oder anderen „Denkanstoß" inmitten bewährter Darstellungsmuster unterzubringen, eröffnet diese Arbeit Zugänge zur Geschichte des französischen Romans, welche von anderen Wegen der Forschung deutlich und in mehrfacher Hinsicht abweichen. Ein Bild der französischen Kulturgeschichte, das im Rahmen der romanistischen Literaturwissenschaft keineswegs selbstverständlich und allgemein anerkannt ist, wird hier durch das Studium des Verlaufes einer vom 12. bis zum 20. Jahrhundert lückenlos beobachtbaren Gattungsgeschichte auf seine Haltbarkeit hin getestet. Damit stellt die vorliegende Einführung gleichzeitig ein Experiment dar, das noch dazu keineswegs abgeschlossen ist. Denn jeder neue Roman, jede neue Studie, die dem Verfasser zu Gesicht kam, war und ist ein Anstoß zur Überprüfung des Gesamtkonzeptes und zur Frage nach der Notwendigkeit von Änderungen. Dieser Prozeß geht weiter, auch über den Publikationszeitpunkt einer Synthese, die zugleich vertretbar und provisorisch erscheint, hinaus.

Nicht nur das paratextuelle Gepräge des Buches ist dazu angetan, Widerspruch hervorzurufen, sondern auch sein theoretisch-methodologisches Fundament. Ein Vorwurf könnte lauten, hier werde der Roman zur Illustration sozialer und politischer Zusammenhänge instrumentalisiert. Einst erklärte eine Literatursoziologie marxistisch-leninistischer Observanz jegliche Dichtung durch den Klassenkampf. Heute, so könnten sich Bedenken äußern, läßt man sich gerne durch den modischen Reiz interkultureller Perspektivierungen von dem fundamentalen Faktum, daß Literatur „écriture“ ist und grundsätzlich nur sich selber meint, ablenken. Tatsächlich wäre Kritik dieser Art insofern berechtigt als der Verfasser nie so recht an die Autonomie der „innerliterarischen Reihe“ zu glauben vermochte. So erschien die Rezeptionsästhetik im Entwurf des bewunderten Hans Robert Jauss unbefriedigend, da sie zwar dem unwiederholbar Besonderen des normbrechenden Sprachkunstwerkes Rechnung trug, jedoch die geschichtliche Einbindung desselben hauptsächlich auf den Publikumsbezug beschränkte und die Integration der Texte in ihr „Umfeld“ nicht konsequent durchführte. Nach und nach wurden diverse theoretisch-methodologische Richtungen in der Literaturwissenschaft auf ihre Leistungsfähigkeit hin geprüft, immer auf der Suche nach Zugängen, welche nicht nur das Ringen um künstlerische Erneuerung, den kommunikativen Aspekt oder die Eroberung von symbolischem Kapital im weiten Feld der sprachlichen Möglichkeiten zu erschließen vermochten, sondern auch die Modalitäten der Bearbeitung von geschichtlichen Erfahrungen durch ein schreibendes Ich und damit auch durch eine in einer und mit einer Sprache lebende Gemeinschaft. Auf diesem Weg lauerte eine weitere Gefahr, welche das Projekt einer Romangeschichte Frankreichs ins Zwielicht lenken konnte, nämlich jene, die von dem altverpönten Prinzip der „nationalen“ Gebundenheit der Literaturen ausging. Auch an dieser Falle konnte sich der Autor nicht vorsichtig vorbeimanövrieren, da ihm Literaturgeschichte seit dem Beginn seiner wissenschaftlichen Aktivität nicht nur als Leistungsschau von sprachkünstlerischen Produktionen begegnet war, sondern auch als Teil der Überlebensstrategien von Sprachminderheiten. Angesichts ethnogenetischer Prozesse, die in der Galloromania auf besonders spannungsreiche Weise verliefen, wurde nach und nach bewußt, wie erkenntnisfördernd es sein kann, eine dominierende Kultur wie die französische von den Rändern her zu betrachten, d. h. unter Berücksichtigung des Blickwinkels der

Marginalen und Unterlegenen, deren literarische Produktionen ein prestigereiches Handbuch als „connexes" bezeichnet hat (vgl. Queneau, Raymond 1967). Es sollte nicht darum gehen, einen „Imperialismus" an den Pranger zu stellen (wer wollte die historischen Sündenregister der Nationen gegeneinander aufrechnen?), sondern das Funktionieren soziokultureller Machtrelationen zu durchleuchten, und zwar so, daß einerseits Literatur im Lichte gesellschaftlicher Konfigurationen und Prozesse untersucht, andererseits aber auch das Einzigartige am Dichtwerk deutlicher wahrgenommen wurde. Auf diese Weise hörte der Roman auf, das Objekt eines allein auf das Spiel der Texte untereinander gerichteten Erkenntnisinteresses zu sein, und begann sich im Rahmen von auf die spezifische Kulturgeschichte Frankreichs bezogenen Reflexionen zu positionieren. Wodurch sich das primäre Risiko des Unternehmens weiter verschärfte, da das Konzept ins Uferlose zu wachsen und die Arbeitskraft des universitären Einzelkämpfers definitiv zu überfordern drohte. In dieser Lage verfestigte sich die Absicht, unter dankbarer Bezugnahme auf die reiche Produktion von Studien zum französischen Roman, angefangen bei Handbüchern wie jenen von Henri Coulet und Wilfried Engler, einen knappen Entwurf in die Welt zu setzen, als Anlaß für studentische LeserInnen, sich selbst im Sinne der kritischen Auseinandersetzung und des forschenden Lernens geistig in Bewegung zu setzen, und zugleich als „Anstoß" für die Fachwelt. Sollte sich eines Tages ein interdisziplinäres Team finden, um die hier gesetzten Impulse aufzunehmen und in größerem Rahmen einer Literaturgeschichte neuen Typs zu nützen, fände das Wagnis dieses Buches seine überzeugendste Rechtfertigung.

Eine erste Fassung dieser Arbeit ist bereits Mitte der 80er Jahre erschienen. Die seither beobachtbaren Entwicklungstendenzen des französischen Romans haben zu keiner radikalen Revision des Konzeptes gezwungen. Nichtsdestoweniger war das Manuskript im Hinblick auf rezente Produktionen, aber auch angesichts relativ zahlreicher Neuerscheinungen auf dem Gebiet der Forschung zu überarbeiten. In der Rückschau haben sich manche Zusammenhänge klarer darstellen, manche Formulierungen transparenter gestalten lassen.

Dank gilt dem Institut für Romanistik der Universität Wien, das durch zahllose nicht selten freundschaftliche Begegnungen mit Studierenden und Lehrenden geistige Heimat war und ist, der Fachbibliothek unter der allen Schwierigkeiten trotzenden Leitung von Maria Aldouri-Lauber, sowie dem WUV | Universitätsverlag und Herrn Dr. Michael Huter, ohne dessen verständnisvolles Wirken als Berater und Manager diese Veröffentlichung nicht zustande gekommen wäre.

F. Peter Kirsch
(Frühjahr 2000)

Die Gattung in der Geschichte

Claudio Guillén hat einmal die schöne Formulierung gefunden, es sei die Aufgabe des Literaturwissenschaftlers, „to evaluate, for every century or phase in the history of his subject, the precise scope of a limited, persistent, profound ‚will to order' within the slowly but constantly changing domain of literature as a whole" (Guillén, Claudio 1971, 376). Denkt man diese scheinbar banale Feststellung in der Richtung ihrer theoretisch-methodologischen Implikationen weiter, wirft sie eine Fülle von Problemen auf. Einerseits könnte die konstante Neigung der Texte, sich untereinander durch ein Spiel der Ähnlichkeiten und Gegensätze zu Strukturmustern zu verbinden, etwas mit anthropologischen Universalien zu tun haben. Wie aber läßt sich andererseits die Ordnungstendenz mit dem langsamen aber unablässigen Sich-Wandeln der „literature as a whole" verknüpfen ? Das Zusammenspiel von Veränderung und Permanenz scheint auf die von allen Einführungen in die Literaturwissenschaft dargelegte Verflechtung von Bauformen und Gattungsrelationen zu verweisen; solche Webmuster manifestieren sich jedoch an verschiedenen Orten und im Zeichen jeweils besonderer Bedingtheiten des künstlerischen Tuns auf so unterschiedliche Weise, daß der Gedanke einer Affinität von Literatur zu einem menschheitlichen Grundrepertoire von Verhaltensweisen auf beträchtliche Vorbehalte stößt. Romane gibt es heutzutage in allen Staaten der Erde. Dies war aber nicht immer so. Manche Gesellschaften haben erst durch die koloniale Expansion europäischer Großmächte mit der genannten großepischen Gattung Bekanntschaft gemacht. In Europa selbst drängen sich Unterschiede auf, wie etwa jener zwischen Italien, dessen Romanproduktion nur sehr zögernd seit dem 18. Jahrhundert anläuft, und den französischen Verhältnissen, welche eine zentrale Position des Romans vom 12. bis zum 20. Jahrhundert ermöglichen. Erkärungsversuche können sich auf Wirkungskräfte wie soziale Konflikte, ideologische Ausrichtungen, fördernde oder hemmende Voraussetzungen der Kommunikation und des kulturellen Austausches usw. stützen. Wie aber sollen das Besondere und das Allgemeine, das Werden und das Bleiben in Relation gesetzt werden, ohne daß dabei, um es mit volkstümlicher Metaphorik auszudrücken, weder die Vielfalt der Bäume noch das Ganze des Waldes den Blick des Betrachtenden in die Irre leiten. Natürlich ist auch dieser Blick selbst zu problematisieren. Welche Rolle spielt das Ordnungsbedürfnis der Literaturhistoriker, die schon durch das Faktum ihres Auftretens vom 19. zum 20. Jahrhundert auf die Geschichtlichkeit ihres Bemühens um Deutungen und Beurteilungen verwiesen werden?

Wer angesichts solcher Uferlosigkeit nach festem Boden sucht, wird zunächst zu den technischen Konventionen, welche der Gattungsgeschichte gleichsam ein festes Knochengerüst verleihen, seine Zuflucht nehmen. An den Texten lassen sich von Epoche zu Epoche gewisse Merkmale beobachten, durch welche sich Produzenten und Rezipienten miteinander verständigen, um klarzustellen, was Literatur sein soll und wie sie, immer im Horizont überindividuell gültiger Spielregeln, durch individuelle Schreib-Akte Gestalt annehmen kann. Auf der Ebene der Reflexion über Dichtung kann sich der Literaturhistoriker empirisch beschreibend einschalten, so wie es etwa Hans Robert Jauss durch das Bestimmen und Verknüpfen von Gattungsfunktionen zur Abgrenzung des Artusromans vom Heldenlied und von der Novelle praktizierte, wobei Modalitäten der Produktion und Rezeption, Darstellungsformen und Textstrukturen die Unterscheidungskriterien lieferten (vgl. Jauss, Hans Robert 1972, 107ff.). An ihre Grenzen gerät die Empirie freilich dann wenn es gilt, aus dem überlieferten Schrifttum einer Epoche zur Poetik des Romans, sowie aus den Texten selbst, den Stellenwert der Gattung in einem weiter gespannten geschichtlichen Rahmen zu bestimmen. Wer die explizite poetologische Reflexion einer Periode mit der in der Anlage der Texte implizit vorhandenen Einstellung der Autoren zu Form und Funktion in Beziehung setzt, erhält so etwas wie ein Gesamtpanorama von erzähltechnischen und thematischen Konventionen und Neuerungen, die auf generelle Haltungen verweisen. Diese Verweisungsrelation aber produziert Fragezeichen um Fragezeichen, da sie aus dem verhältnismäßig leicht beschreibbaren und analysierbaren Raum der fixen Spielregeln in den unauslotbaren und unberechenbaren Raum der durch Individuen und Gemeinschaften gemachten Erfahrungen hinausführt. Gemessen am „Leben" des Romans in der Ära nach der Französischen Revolution ist jenes unter Ludwig XIV., zum Beispiel, auf eine viel tiefere Weise anders als es die Literaturgeschichten darstellen (können): der Reichtum individueller und kollektiver Erfahrungen, die Vielfalt kreativer Prozesse, machen jede der beiden Epochen einmalig und unvergleichlich. Der Literaturhistoriker, der solche Unwiederbringlichkeiten zwischen zwei Buchdeckeln verbindet, muß sein vermessenes Tun zu rechtfertigen trachten, umso mehr als er nicht nur die beiden genannten Perioden teilweise ihrer Besonderheit beraubt, sondern auch das tendenziell als „Übergang" behandelte, tatsächlich aber nicht minder unverwechselbare und komplexe 18. Jahrhundert. Gewiß besteht die Möglichkeit, nach dem alten Rezept der russischen Formalisten eine Reihe von Epochenquerschnitten in möglichst knappen chronologischen Sprüngen aufeinanderfolgen zu lassen, um sie hierauf so miteinander zu verknüpfen, daß sie einander wechselseitig beleuchten und korrigieren. Es fragt sich aber stets, welche Gewichtung bei der Erstellung solcher Querschnitte wirksam werden soll. Wenn Gattungsgeschichten nicht museal-verkürzend wirken, zeigen sie die fatale Neigung, alle von den thematischen Traditionen, der Poetik und der Rhetorik errichteten Dämme zu durchbrechen, sich mit sämtlichen anderen Geschichten zu vermischen und in der *Geschichte* aufzugehen. Sobald eine Epochenkonzeption aber jenen Totalisationsgrad erreicht, der etwa für die von Michel Foucault beschriebene Abfolge von epistemologischen Zeitaltern maßgeblich ist, erweist sie sich als zu weitmaschig, wenn es um die Darstellung literaturhistorischer Zusammenhänge geht (vgl. Matzat, Wolfgang 1990, 247f.).

In der Auseinandersetzung mit dieser fundamentalen Crux haben die theoretisch-methodologischen Richtungen in der Literaturwissenschaft ihre eigene Gebundenheit an Raum und Zeit demonstriert. Was die Romanforschung in Europa und speziell den deutschsprachigen Ländern anlangt, so ist schwer von der Hand zu weisen, daß nach dem Zweiten Weltkrieg die mächtigen Polarisierungstendenzen der Weltpolitik ihre dichtungstheoretischen Entsprechungen fanden. Für den Marxismus eines György Lukács bestand eine enge Beziehung zwischen literarischer Entwicklung und gesellschaftlichen Konfliktstrukturen, bei deren Überwindung das sprachkünstlerische Tun und seine wissenschaftliche Erforschung als komplementäre Varianten sozialer Praxis ihre spezifische Rolle zu spielen hatten. Die im Westen dominierenden hermeneutischen Ansätze richteten sich dagegen nach der Vorstellung des mündigen und freien Bürgers, der von Generation zu Generation seine Kreativität aufs neue unter Beweis stellt und sich dabei nur in eine einzige Entwicklung einordnen läßt, nämlich jene des nach Modernität und Emanzipation strebenden abendländischen Menschen. Zwischen beiden Richtungen versuchte die Rezeptionsästhetik zu vermitteln, indem sie Literaturgeschichte als ein Wechselspiel von systembildenden Tendenzen und innovatorischen Vorstößen untersuchte und über den Erzähler-Leser-Bezug den Kontakt zur außerliterarischen Lebenswelt suchte. So gesehen produziert der Romancier von seinem eigenen auf die schöpferische Begegnung mit Vorgängern und Zeitgenossen gegründeten Literaturverständnis her eigene Werke, deren implizite Strategien der Leserführung Maßstäbe für künftige Verfestigungen und Transgressionen setzen. In dem Maße als die Berücksichtigung des Zusammenspiels von Autoren und Publikum den soziologischen Zugriff erforderlich machte, zeigte sich eine Konvergenz mit der marxistisch inspirierten Literatursoziologie, die ihrerseits nach und nach von dogmatischen Positionen abrückte. Auf diese Weise wurde auch im Westen zur Selbstverständlichkeit was der Tübinger Literatursoziologe Erich Köhler seit langem postuliert hatte, nämlich die Zusammenhänge der Romangeschichte in Frankreich mit der Geschichte konfliktgeladener Wechselbeziehungen der Aristokratie und des Bürgertums (vgl. Köhler, Erich 1962).

In dieser methodengeschichtlichen Landschaft der Literaturwissenschaft in den deutschsprachigen Ländern, deren Mutterboden letzten Endes das europäische Erbe des Humanismus bildete, verursachten Strukturalismus und Poststrukturalismus größere Erdbewegungen. Diesem Ansturm, der von Frankreich ausging und rasch Nordamerika erfaßte, konnte gerade die Romanistik in Mitteleuropa nur kurzfristig und halbherzig ausweichen. Marxismus und Psychoanalyse hatten die Autonomie des Individuums relativiert, aber letztlich doch an „den Menschen" geglaubt. Alle traditionellen Deutungen des Rollenspiels der Autoren und der Leser wurden jedoch hinfällig, sobald die „écriture" einem unendlichen Spiel von Differenzen anheimfiel und jegliches Vertrauen in die Identität des kreativen Subjekts unterminierte. Literaturforschung im Sinne des Dekonstruktivismus betreiben, so vermerkt Sherry Simon aus kanadischer Perspektive, „c'est se refuser le jeu facile des altérités en miroir, c'est reconnaître la dimension productive de la *différance* (Derrida). Penser la *différance*, c'est sans doute la tâche première de toute réflexion sur la culture aujourd'hui.(...) Toute entreprise critique qui s'engage dans l'étude de l'identitaire doit faire face au caractère contradictoire et mouvant du rapport entre les réalités hypostasiées du discours social et l'indétermination des identités subjectives." (Simon, Sherry 1991, 24) Wenn die Geschichte zusammen mit den Menschen, welche sie machen, auf diese Weise in den Sog eines universellen Erosionsprozesses gerät, der Kultur zum anonymen Tummelplatz widerstreitender Diskurse und Praxen, Literatur zum grenzenlosen Spielfeld intertextueller Relationen werden läßt, so müssen sich die ständig von der Gefahr der Unzeitgemäßheit bedrohten Geistes- und Kulturwissenschaften fragen, ob ihre Reputation nur durch den Einstieg in ein gigantisches Computerspiel, in dem bei Zuhilfenahme der entsprechenden Links alle Welten der virtuellen Art jederzeit realisierbar sind, zu retten ist. Andererseits hat das poststrukturalistische Erdbeben auch etwas Befreiendes an sich, bietet es doch die Chance, das kontestierte Schöpfer-Subjekt humanistischer Prägung von seinem universalen Geltungsanspruch als in sich ruhendes Ich zu lösen und den Problemkreis der Beziehungen zwischen Gesellschaft und (schreibendem) Individuum neu zu überdenken.

Tatsächlich ist während der letzten Jahrzehnte ein Subjekt neuer Art zum Angelpunkt literaturwissenschaftlicher Reflexion geworden. Statt sich als zentrales Weltbewußtsein am Makrokosmos eines im letzten Urgrund göttlichen Seins zu messen, formt und nährt der Mensch als Autor oder Leser seine kreativen Fähigkeiten mit den Impulsen, die von der von ihm geschaffenen Kultur-Welt ausgehen. Die sozialgeschichtlich orientierte Literaturforschung im allgemeinen und die Romangeschichte im besonderen hat mithilfe von Begriffen wie „Institution", „Feld" oder „System" neue und sehr fruchtbare Perspektiven eröffnet. „Es geht darum aufzuzeigen," schreibt Joseph Jurt in seiner Darstellung von Pierre Bourdieus Feldtheorie, „daß das literarische Schaffen nicht ein einsamer rein individueller Prozeß ist, aber auch nicht die Epiphanie einer substantialisierten sozialen Klasse im Medium eines Textes, sondern ein Zusammenwirken von Dispositionen, von Akteuren und strukturellen Vorgaben eines Feldes, das als literarisches Feld ein ganz spezifisches Profil aufweist." (Jurt, Joseph 1995, 96). Hatte Peter Bürger die Institution Literatur noch als einen jenseits der Lebenspraxis angesiedelten Teilbereich im Ordnungssystem der bürgerlichen Gesellschaft gesehen, durch den emanzipatorische Energien zum folgenlosen Verpuffen gebracht wurden (vgl. Bürger, Peter 1974, 1977), so betont u. a. Hans Sanders, daß Kunst nie völlig funktionslos ist und im Rahmen eines Systems gesellschaftlicher Normen und Werte sowohl systemstabilisierend als auch im Sinne einer Kontestation wirken kann: „Der Roman interpretiert die Gesamtheit überhaupt in einer historischen Epoche erfahrbarer gesellschaftlicher und natürlicher Realität in der Perspektive ihrer Bedeutsamkeit für konkrete Subjekte" (Sanders, Hans 1981, 108). In dem Maße als dem romanschreibenden Subjekt in seinem Ringen um Anerkennung der gesamtgesellschaftliche Rahmen als eine Art Laboratorium, in dem es vorhandene Gegebenheiten und Möglichkeiten je nach seinen Bedürfnissen „testen" kann, zugewiesen wird, öffnet sich ein Weg zu der Erkenntnis, daß tradierte Normen von eben diesem Subjekt, das selbst Teil des „Feldes" oder „Systems" ist, einem unaufhörlichen und folgenreichen Prozeß der Bearbeitung, Rekonstituierung und Umstrukturierung unterzogen werden. Was die institutionalistischen und systemtheoretischen Ansätze gleichermaßen auszeichnet, das ist eine Haltung der Verweigerung, die sich sowohl gegen alle Tendenzen, die Literatur und ihre „grandes figures" zu sakralisieren als auch gegen wenig flexible Schemata der Geschichtsdeutung zur Wehr setzt.

Wenn es darum geht, für das Projekt einer Romangeschichte nach theoretischen Grundlagen zu suchen, erweist sich die Brauchbarkeit der Konzepte, welche die Literatur als Institution oder System im gesamtgesellschaftlichen Zusammenhang erforschen, insofern als begrenzt als sie durchwegs zur Bevorzugung synchroner Zusammenhänge neigen und die Diachronie bzw. ältere Phasen der Literaturgeschichte eher vernachlässigen. In einer bahnbrechenden Arbeit zur „institution de la littérature" hat Jacques Dubois erklärt, nur das 19. und das 20. Jahrhundert behandeln zu wollen, also „la période où s'exerce la domination politique de la classe bourgeoise et où la littérature accède à un régime d'autonomie et de spécialisation" (Dubois, Jacques 1978, 13). Wachsende Komplexität und Autonomie des Literaturbetriebes seit dem 18. Jahrhundert nimmt auch Siegfried J. Schmidt in einer von Humberto Maturanas Kognitionstheorie und Niklas Luhmanns Systemismus gleichermaßen beeinflußten Arbeit zum Anlaß, Barock und Klassik allenfalls als Vorstufe eines Aufschwunges im Zeichen funktioneller Ausdifferenzierung gelten zu lassen, in dem „viele einzelne Entwicklungsstränge – in Frankreich und England früher als in Deutschland – allmählich zu einer Institutionalisierung und Professionalisierung von literaturbezogenen Handlungsrollen, zur Kapitalisierung des Buchmarktes und zur Ästhetisierung des Literaturbegriffes (…) zusammenlaufen." (Schmidt, Siegfried J. 1989, 280). Mittelalter und frühe Neuzeit erscheinen so an „vertikale" Strukturen gebunden, in denen sich Literatur feudaler oder kirchlicher Gewalt zu beugen hat, während mit der Aufklärung eine „horizontale" Differenzierung einsetzt, die der Dichtung ihre Funktionen in der Relation mit anderen sich ausgliedernden Institutionen zuweist. Peer E. Sørensen hat schon Anfang der 70er Jahre in diesem Zusammenhang eine starke Formulierung gefunden: „Literatur im modernen Sinn existiert weder in ihren Inhalten nach noch institutionell vor der bürgerlichen Gesellschaft" (Sørensen, Peer E. 1976 (1973), 91).

Damit stellt sich das Problem einer fortschrittsorientierten Denkrichtung in der Literaturgeschichtsschreibung, die sich keineswegs nur bei marxistisch inspirierten Forschern findet und deren Ursprung tief im Selbstverständnis der Franzosen (und anderer Europäer), wie es sich seit dem Beginn der Neuzeit entwickelt hat, verankert erscheint. Wenn Erich Köhler sein Bild der mittelalterlichen Ritterdichtung entwirft (vgl. Köhler, Erich 1962, 1970, 1978), so malt er es in den Farben einer grandiosen Götterdämmerung der Aristokratie, die ihre geschichtlichen Möglichkeiten bis zur Neige ausschöpft, während die Bourgeoisie bereits auf die Chance lauert, ihr eigenes Weltbild in die Erzähldichtung einzubringen. Natürlich werden auch andere gesellschaftliche Kräfte mitberücksichtigt – im Brennpunkt des Interesses der Literatursoziologen steht aber immer wieder die Jahrhundert um Jahrhundert währende Konfrontation eines immer schwächer werdenden Adels mit einem immer ungehemmter „aufsteigenden" Bürgertum, bis schließlich auch der vierte Stand auf die Bühne tritt und für Unruhe sorgt. Die im 19. Jahrhundert triumphierende und sich im 20. Jahrhundert überlebende bürgerliche Gesellschaft mit ihrer kapitalistischen Produktionsweise und ihren rationalen Normen stellt jeweils das Ziel dar, auf das die gesamte Entwicklung zusteuert, ob man hierin ein Verhängnis sehen will oder nicht. Im Rahmen der Romangeschichte wird dieses Evolutionsschema häufig mit Hilfe eines weit gefaßten Realismusbegriffes umgesetzt. So verschieden geartete Literaturhistoriker wie Erich Auerbach und Georg Lukács haben die geschichtliche Vielfalt im Lichte des Problems der Wirklichkeitsdarstellung auf die Linie einer großen Entwicklung gebracht. Und in dieselbe Richtung weisen auch etliche neuere Arbeiten, die größeren Abschnitten in der Geschichte des französischen Romans gewidmet sind. So heißt es im Klappentext des Buches *Von Rabelais bis Voltaire, Zur Geschichte des französischen Romans,* dessen Autor, Jürgen von Stackelberg, kein Hehl aus seiner Bewunderung für Auerbachs *Mimesis* macht: „Der Autor vertritt die These, daß die Geschichte des älteren französischen Romans die Geschichte zweier Romantypen ist: eines idealisierenden und eines stärker auf das Tatsächliche, auf die Alltagswelt bezogenen. Der realistische Typus gewinnt zunehmend an Einfluß ..." (Stackelberg, Jürgen von 1970). Auch für Winfried Englers durch ihre Gründlichkeit beeindruckende *Geschichte des französischen Romans von den Anfängen bis zu Marcel Proust* (1982) ist die teleologische Anlage kennzeichnend. Dem gesamten Zeitraum vom Mittelalter bis zum 17. Jahrhundert (einschließlich) räumt Engler nicht mehr als ein Viertel der Seitenzahl seines Buches ein. Mit großer Ausführlichkeit widmet er sich dem 18. und ganz besonders dem 19. Jahrhundert, während das 20., von Marcel Proust abgesehen, ganz unberücksichtigt bleibt, da es „spezifische Darstellungskriterien" (Engler, Wilfried 1982, 12) verlangt (seither hat Engler einen eigenen Band über den französischen Roman des 20. Jahrhunderts publiziert). Im Sinne der Rezeptionsästhetik legt Engler großes Gewicht auf innovatorische Ansätze im Bereich der Erzähltechnik, auf intertextuelles Spiel und poetologische Reflexion. Zugleich drängt ihn sein Bemühen um eine sozialgeschichtliche „Linie" zum Hervorheben aller unmittelbarer auf die Lebenswirklichkeit bezogenen Darstellungen, während die Romanciers mit einer Schlagseite zum Irrationalen, Phantastischen, Heroischen usw. da und dort recht summarisch abgefertigt werden. Man fragt sich angesichts solcher Schwerpunktsetzungen, ob hier nicht genau jene „admiration modernisante" wirksam ist, vor der Henri Coulet im Vorwort zu einem anderen Standardwerk zur Romangeschichte gewarnt hat: „Il est impossible de définir le roman de l'Ancien Régime par pure et simple référence au roman réaliste moderne" (Coulet, Henri 1968, 6). Freilich beschränkt sich Coulets Beitrag zur Lösung des oben skizzierten Problems weitgehend auf diese Warnung, da sich seine eigene Darstellung auf literaturimmanentem Boden entfaltet und sozialgeschichtliche Zusammenhänge eher beiseite läßt.

Die oben skizzierte Tendenz in den gattungsgeschichtlichen Darstellungen, die Romanentwicklung zu einer „modernen" Höhenzone des Realismus hinzuführen, findet sich bereits in der europäischen Romantik. Auch Madame de Staël, Schlegel, Stendhal usw. distanzierten sich von jeglicher Literatur, die nicht ihrem Anspruch auf Gegenwartsnähe genügte, forderten die engere Verklammerung von

Literatur und Lebenswelt und ließen die Vielfalt des Wahrnehmbaren über das Normieren und Repräsentieren siegen. Derlei Ansprüche, dies wurde den Theoretikern des 19. Jahrhunderts sehr bald klar, wurden vom Roman besonders weitgehend befriedigt; und so schien die Gattung eins zu werden mit allen soziokulturellen Neuerungen, welche sich seit der Großen Revolution unaufhaltsam durchsetzten, und in ihren bedeutendsten Texten den geschichtlichen Wandel selbst faßbar zu machen. Freilich verflüchtigte sich der Optimismus, der das romantische Zeitalter beflügelt hatte, je weiter der revolutionäre Aufbruch der Bourgeoisie in die Vergangenheit rückte. Von 1830 bis zur Dritten Republik profilierte sich der Roman des Realismus und Naturalismus als jenes Medium, in dem sich die Konfrontation zwischen den Freiheits- und Gleichheitsidealen, welche das Bürgertum gegen feudale Zwänge mobilisiert hatte, und den realen Widersprüchen im Zeitalter der glanzvollen Weltausstellungen und des proletarischen Sklavendaseins mit unüberbietbarer Eindringlichkeit abzeichnete. Das 20. Jahrhundert stellt den französischen Roman noch zeitweilig in den Dienst sozialpolitischen Engagements und philosophischer Meditationen über Sinn und Verlust, aber nach und nach wird ein Zug zum spielerischen Experiment an Bedeutung gewinnnen und sich schließlich weitgehend durchsetzen. Angesichts der Produktion der achtziger Jahre diagnostiziert Wolfgang Asholt mit aller Vorsicht, so als gäbe es eine überraschende Entdeckung zu deuten, daß sich das Spiel mit den literarischen Verfahren nicht im souverän-augenzwinkernden Zitieren und Parodieren erschöpft: „es gestattet vielmehr einen neuen, wenn auch dem unmittelbaren Zugriff entzogenen Zugang zur außerliterarischen Realität“ (Asholt, Wolfgang 1994, 16).

Vieles spricht dafür, daß dieser Zugang immer schon mittelbar war, geprägt von der Spannung zwischen Autoreferentialität der „écriture“ und der Immersion des Schreibenden als Teil unter Teilen im Beziehungsgeflecht seiner Welt. Dies bedeutet aber keineswegs zwangsläufig, daß diese Spannung immer auf dieselbe Weise wirksam war, gewissermaßen als ein abgehobener Spielraum der Kreativität, in dem das Dichter-Genie in totaler Freiheit seine Entscheidungen trifft. Wenn Hans Blumenberg dem Roman die Fähigkeit der Erprobung möglicher Wirklichkeit zuschreibt, so darf gefragt werden, ob sich diese Fähigkeit nur als permanente Kontingenzabwehr der im Kontext der europäischen Neuzeit nach Konsistenz strebenden Schriftsteller manifestiert (vgl. Blumenberg, Hans 1964). Literatur, so konstatiert Renate Lachmann in einer bahnbrechenden Studie zur russischen Moderne, hat etwas mit der Speicherkraft des Gedächtnisses zu tun, aber auch mit Arbeit und daher mit Veränderung. Sie ist „mnemotechnische Kunst par excellence, indem sie (...) das Gedächtnis einer Kultur aufzeichnet, Gedächtnishandlung ist (...). Die Intertextualität der Texte zeigt das Immer-Wieder-Sich-Neu-und-Umschreiben einer Kultur, einer Kultur als Buchkultur und als Zeichenkultur, die sich über ihre Zeichen immer wieder neu definiert" (Lachmann, Renate 1990, 36). In dieser unablässigen Arbeit an der Selbstdeutung einer Gemeinschaft werden große schöpferische Kräfte freigesetzt, sie macht aber auch Konfliktpotential erkennbar. „Eine Kultur versucht, die divergierenden Gedächtnisspiele ihrer sie konstituierenden Zeichengemeinschaften zu synthetisieren bzw. – in antagonistischen Kulturen – bestimmte Gedächtnisspiele auszuschalten" (Ebenda, 48). Damit stellt sich die Frage, wie eine bestimmte Kultur – denn Lachmanns Hinweis auf den Antagonismus von rivalisierenden „Speichern" kann nur den Verzicht auf einen universell-menschheitlichen Kulturbegriff bedeuten – ihre eigentümliche Synthese von Normen und Werten erarbeitet, aber auch welche Rolle die diversen gesellschaftlichen Instanzen und Gruppen in diesem Prozeß spielen. Eine zufriedenstellende Antwort auf diese Frage wäre die Voraussetzung für die Erfassung langwelliger kulturgeschichtlicher Entwicklungen, die ihrerseits den Rahmen für eine nicht „teleologisch" orientierte Romangeschichte abgeben würden.

Hier können die Studien des Sozial- und Kulturhistorikers Norbert Elias, namentlich die dem Hochmittelalter und dem 17. Jahrhundert in Frankreich gewidmeten Opera magna *Der Prozeß der Zivilisation* und *Die höfische Gesellschaft,* (vgl. Elias, Norbert 1975, 1982) wichtige Anregungen liefern. Nach Ansicht Elias' ist die gesamte Sozialwelt, mit allen ihren politischen, soziokulturellen und sozioökonomischen Komponenten, Verflechtungsmechanismen unterworfen, welche die Konstituierung von Zentren der politischen bzw. sozio-ökonomischen Macht und von im Bannkreis dieser Zentren angesiedelten normensetzenden Eliten bewirken. In dieser Perspektive erscheint der wirtschaftliche Bereich nicht als die „Basis", Politik und Kultur bilden nicht den „Überbau", sondern „beide zusammen bilden das Schloß der Ketten, durch die sich die Menschen gegenseitig binden" (N. Elias 1982, II 437). Jede Epoche, aber auch jeder geographische Raum, in dem sich Herrschaftsstrukturen konstituieren, ist durch spezifische Konfigurationen im gesamtgesellschaftlichen Entwicklungsprozeß gekennzeichnet: diesen „jeweiligen" Globalzustand, den Produktionsweisen, machtpolitische Verflechtungen und kulturelle Normierungstendenzen durch ihr Zusammenspiel begründen, gilt es zunächst zu erfassen, will man dem Stellenwert einzelner Komponenten auf die Spur kommen. Man muß Elias besonders dankbar sein, wenn er daran erinnert, daß dieser Zivilisationsprozeß nicht überall in Europa auf die gleiche Weise vor sich gegangen ist. Nicht zufällig ist gerade Frankreich bevorzugtes Studienobjekt seiner Bücher, stellt dieses Land doch insofern einen Sonderfall dar, als es hier deutlicher als anderswo zur Herausbildung von großen und größeren Macht- und Kulturzentren kam, bis eine besonders „erfolgreiche" Monarchie eine zentralistische Strukturierung des Staates durchsetzte, von deren Wirksamkeit andere Herrscher nur träumen konnten, und die nach dem Ende des *Ancien régime* von den Republiken ebenso eifrig gepflegt und ausgebaut wurde wie von den Kaiserreichen.

Während das Bürgertum in Deutschland nie so recht Zugang zu den Machtmonopolen fand, im Mittelalter, weil es kraft seines Reichtums und seiner Macht selbst zur Autonomie neigte, nach dem Dreißigjährigen Krieg, weil ihm sowohl sein wirtschaftlicher Niedergang als auch der geringe Wohlstand der vielen kleinen Höfe den Weg versperrte (vgl. Elias, Norbert 1989), brachten der Druck und die Anziehungskraft der französischen Monarchie im Raum Versailles-Paris eine Elitegesellschaft hervor, in deren Rahmen sich Aristokratie und Bourgeoisie durch räumliche Nähe und gemeinsame Abhängigkeit vom Zentrum der Macht zur Koexistenz und zum kulturellen Austausch gezwungen sahen, auch wenn die Vermischung der Klassen durch Einheirat noch für lange Zeit auf starke Widerstände traf. So stellte Arnold Hauser für die Zeit der Régence fest, „daß es am Ende nur mehr zwei große Gruppen gab: das Volk und die Gemeinschaft derjenigen, die über dem Volke standen. Die Leute, die zu der letzteren Gruppe gehörten, hatten die gleichen Lebensgewohnheiten, den gleichen Geschmack und sprachen die gleiche Sprache. Die Aristokratie und die höhere Bourgeoisie verschmolzen zu einer einzigen kulturtragenden Schicht (…)" (Hauser, Arnold 1972, 519). Elias zeigt, daß die „zentralisierte" Elitegesellschaft des 17. Jahrhunderts das Ergebnis eines Ausscheidungskampfes ist, in dessen Verlauf die französische Monarchie das Erbe der Territorialfürsten antrat, deren erfolgreiche Machtpolitik im Hochmittelalter zu einem ersten Verhofungsschub geführt hatte. Wie zur Zeit des Sonnenkönigs gab auch im 12. und 13. Jahrhundert das aristokratische Element den Ton an, auch damals war das nichtadelige Element vertreten, nämlich durch Beamte, Geistliche, Gelehrte und Künstler, die gerade an den glanzvollsten Höfen eine wichtige Rolle spielten. Es war keinesfalls der Adel allein, der im Rahmen der höfischen Gesellschaft neue Formen des Zusammenlebens entwickelte und erprobte, wobei der kritischen Beobachtung menschlichen Verhaltens, der Triebregelung und dem Einsatz von Reflexion zur Erarbeitung repräsentativer, als universelle Leitbilder brauchbarer Kulturnormen besondere Bedeutung zukam. Mit dem Aufbau und der Weiterentwicklung dieser Kulturnormen aber war die Romangattung während ihrer gesamten Geschichte verbunden.

Die Arbeitshypothese, welche der vorliegenden Darstellung zugrunde liegt, postuliert für den Roman die Funktion der Vermittlung zwischen der nach einheitlichen Normen und Werten strebenden, rund um den Kernbereich der Herrschaft angesiedelten Elite und den „barbarischen" Außenzonen, in welche die Standardzivilisation noch nicht oder nur in Ansätzen vorgedrungen ist. Zum festlichen Zelebrieren dominierender Leitbilder eignet er sich weniger als

Lyrik und Epik (im Mittelalter) oder Tragödie und Komödie (in der klassischen Ära); daher hat er immer wieder Mißtrauen erweckt, Bannflüche und obrigkeitliche Verbote provoziert. Und doch ist der Hang zum Bewahren für diese Gattung nicht weniger charakteristisch als ihr unentwegter Antikonformismus. Von ihrer Randposition her hat sie schon bei ihrem Auftauchen im 12. Jahrhundert keine Anstrengung gescheut, um die ritterlichen Ideale lebendig und flexibel zu erhalten, sie im Allgemein-Menschlichen zu verankern und zugleich die Grenzen der höfischen Welt immer weiter hinauszuschieben. In allen Phasen der kollektiven Suche nach soziokultureller Vorbildlichkeit tüftelten die Romanciers an immer noch perfekteren Lösungen und trugen die Standardkultur ins „Volk“. Dadurch lieferten sie einerseits Impulse, welche die Bereitschaft der zentralen Elite, in sterilen Konventionen zu erstarren, tendenziell verminderten, andererseits aber förderten sie den Konformismus der neugewonnenen Leserschichten und trugen zur Demolierung heterogener Kulturtraditionen bei, deren Vorhandensein das Vordringen der zentralen Normen hemmte. Nach der Großen Revolution bleibt diese Vermittlungsfunktion der Romangattung ebenso erhalten wie der zentralistische Habitus Frankreichs. Wenn sich der zupackende, ordnende und interpretierende Rationalismus, der dem Bürgertum zum Sieg verholfen hat, mit titanisch-heroischen Posen paart, die über den Napoleonmythos hinweg die Kontinuität der bürgerlich-aristokratischen Kultursynthese sichern, so reagiert der Roman damit wieder einmal auf die Bedürfnisse einer in Paris konzentrierten Elite, die nach einem Kulturmodell von universeller Verbindlichkeit Ausschau hält.

Seit dem Beginn des 20. Jahrhunderts drängt ein neuer Zivilisationsschub immer gebieterischer zur Errichtung einer planetarischen Standardkultur und droht ein Frankreich, das erstmals an sich selbst und seiner zentralistischen Geschichte zu zweifeln beginnt, ins „regionale“ Abseits zu drängen. In dieser Situation versucht der paris-orientierte Roman, das Auslaufen seiner traditionellen Mission als Mitschöpfer, Kritiker und Propagator eines zentralen Standardsystems von Normen und Werten durch Anpassung an die neue Universalordnung zu verzögern und sich als Herold „freier“ Kreativität im Zeitalter der Massenkultur und der Technokratie zu etablieren. Gleichzeitig werden aber auch die Widerstände seitens der Marginalen und Abweichenden stärker: Erzählerinnen und Erzähler aus den Reihen des Feminismus, der ethnischen Minderheiten und der ehemaligen Kolonialvölker sind nicht mehr bereit, der dominanten Kultur als Ventil oder Missionsfeld zu dienen. Gerade das Klima einer Endzeit, in der bekanntlich etwas ganz Neues anfängt, dürfte sich eignen, um an der Bilanzierung der für Frankreich charakteristischen Dialektik von Zentripetal- und Zentrifugalkräften, an deren Austragung der Roman all die Jahrhunderte hindurch so eifrig beteiligt war, zu arbeiten. Am Ende ihrer Studie über den französischen Roman im 18. Jahrhundert fragt Inge Beisel, ob eine Literaturgeschichte, die sich um „Einsicht in komplexe zeitgenössische und historisch langfristige Praxen“ bemüht (Beisel, Inge 1991, 235), einen sinnvollen Beitrag zu einer Kulturgeschichtsschreibung leisten könnte. Diese Frage zu bejahen fällt leichter, wenn man die Erfüllung einer Forderung voraussetzt, welche die Florentiner Romanistin Fausta Garavini schon vor bald zwei Jahrzehnten erhoben hat, nämlich daß die französische Literaturgeschichte eigentlich neu zu schreiben wäre: „Il s'agirait (...) de réexaminer la tradition ‚parisienne‘ pour vérifier la persistance des pulsions locales et des retraits caractéristiques chez tant d'écrivains ‚naturalisés‘ dans le sein de la littérature nationale“ (Garavini, Fausta 1982, 87). Vielleicht ist die Romangeschichte nicht der ungeeignetste Boden, auf dem man für ein solches Großprojekt, das wohl nur in Teamarbeit zu bewältigen wäre, in aller Bescheidenheit Vorarbeit leisten kann.

I. Das höfische Laboratorium (12. Jahrhundert)

1. Die mittelalterliche Großepik und ihr Publikum

Das französische Wort *roman* dient ursprünglich nicht zur Bezeichnung einer bestimmten literarischen Form. *Metre en roman* heißt im Mittelalter soviel wie „aus dem Lateinischen in die Volkssprache übertragen". Das Ergebnis einer solchen Übertragung ist ein Text, der dazu bestimmt ist, gelesen, d. h. in den meisten Fällen vorgelesen zu werden. Dabei handelt es sich zunächst nicht unbedingt um Erzähldichtungen. Aber im Verlauf des 12. Jahrhunderts spezialisierte sich der Terminus und wurde schließlich zur Bezeichnung für großepische Verstexte fiktionaler Art, die seit den 50er Jahren die Gunst des literarisch interessierten Publikums eroberten. Diese Werke, deren Umfang im Bereich zwischen 6 000 und 30 000 Versen variiert, bestehen fast durchweg aus paarweise gereimten Achtsilblern. Sie unterscheiden sich daher in formaler Hinsicht von der schon seit dem Ende des 11. Jahrhunderts solide etablierten Nachbargattung der Chanson de geste (Heldenlied), die durch den nahezu ausschließlichen Gebrauch des Zehnsilblers und die Gliederung in strophenähnliche Gebilde (Laissen) gekennzeichnet ist. Vereinzelt gibt es sowohl Heldenlieder als auch Romane in zwölfsilbigen Versen. Der Alexandriner, dieser Paradevers der französischen Klassik, hat ja seinen Namen von dem in den 20er Jahren des 12. Jahrhunderts verfaßten *Roman d'Alexandre* des Albéric de Pisançon, der als ein Pionier in der Gattungsgeschichte gelten kann, auch wenn seine als Fragment erhaltene Bearbeitung lateinischer Quellen weniger originell ist als später verfaßte „branches" der weitverzweigten Geschichte vom großen Mazedonier.

Was die Versform des Achtsilblers anlangt, so findet sie sich schon in der hagiographischen Dichtung, mit deren ältesten Zeugnissen die französische Literaturgeschichte ihren Anfang nimmt. Freilich legen sich die Verfasser der meist sehr kurzen Heiligenviten und

Bibelerzählungen nicht auf einen bestimmten Verstyp fest: Sie gebrauchen Acht-, Zehn- und Zwölfsilbler, strophische und nichtstrophische Formen. Umfangreichere Texte wie die Erzählung von der Seereise des Heiligen Brendan (1106) lassen hingegen eine Vorliebe für den fortlaufenden Achtsilbler erkennen. Aber aus solchen Indizien läßt sich kaum eine zum Roman hinführende Filiation konstruieren, verbindet sich doch der formale Habitus dieser Gattung mit Grundhaltungen, Themen und Techniken, durch die sie sich sowohl von der Hagiographie als auch von der Chanson de geste deutlich unterscheidet. Schon die Alexanderromane sind durch den Wandel in der Konzeption des ritterlichen Helden, der über Sünde und Buße zur Weisheit streben muß, gekennzeichnet: „au lieu d'agir, par sa personne seulement, dans une entreprise collective et au nom d'un idéal commun, (Alexandre) se plie à la loi du hasard apparent des aventures, pour suivre un cheminement personnel équivalant à une initiation, se confronter avec son identité et sa destinée, au point d'en sortir profondément transformé, comme l'autorise la durée que relate le récit.“ (Gaullier-Bougassas, C. 1998, 16). Zweifellos hängen diese Unterschiede mit einem anderen Publikumsbezug zusammen. Die volkssprachlichen Texte biblisch-hagiographischen Inhaltes waren dazu bestimmt, einem aus Angehörigen aller Stände bestehenden Auditorium auf dem Wege des freien mündlichen Vortrages nahegebracht zu werden. Auch die Chansons de geste wurden vor gemischtem Publikum vorgetragen: der Spielmann praktizierte seine Kunst sowohl auf dem Marktplatz als auch im Rittersaal. Der Roman hingegen wendet sich in seinen Anfängen an eine erlesenen Runde von Kennern und Liebhabern, welche sich den Text vorlesen lassen. Das niedere Volk, so erklärt der ungenannte Verfasser des um die Jahrhundertmitte entstandenen *Roman de Thèbes,* versteht von der Dichtung nicht mehr als der Esel vom Harfenspiel. Es ist ein Publikum von „clerc et chevalier“, an das sich dieser Autor wenden will, von Intellektuellen und Adeligen. Nur die Sachkenntnis und das Interesse dieser Gruppen ermöglichen es dem Dichter offenbar, seiner Aufgabe gerecht zu werden und überlieferte Bildungswerte zu tradieren, d. h. sie in der Gegenwart zu neuem Leben zu erwecken.

Einige Jahre später wird Chrétien de Troyes diesen Elitestolz noch weit eindrucksvoller kundtun, als dies der Autor des Thebenromans getan hat. Bildung und Rittertum, so heißt es in den einleitenden Versen von Chrétiens *Cligès,* wären bei Griechen und Römern zu hoher Blüte gelangt; nun aber hätten sie in Frankreich eine Heimat gefunden, während an den antiken Stätten der Lebensfunke erloschen sei. Aus diesen Versen spricht das Bildungsbewußtsein der hochmittelalterlichen Clerici, das dem Schlagwort von der „Renaissance" des 12. Jahrhunderts einige Berechtigung verleiht. Zugleich fällt auf, wie sehr Chrétien darauf besteht, daß es das Frankreich seiner Gegenwart ist, in dem sich Wissen und Ritterehre auf ebenso vorbildliche Weise vermählen wie bei den Alten. Dieser Text ist sicher nicht im Sinne eines „Nationalgefühls" neuzeitlicher Prägung zu deuten: worauf es Chrétien ankommt, das ist die Feststellung, daß es im zeitgenössischen Frankreich ein kulturelles Klima gibt, welches zu Stolz und Hoffnung Anlaß gibt und den Vergleich mit den glanzvollsten Epochen der Menschheitsgeschichte nahelegt. Was diese Blüte bewirkt, das ist das einträchtige Zusammenwirken von Rittertum und Wissen, „chevalerie" und „clergie".

Die Anfänge des französischen Romans stehen nicht nur im Zeichen der Unterhaltungssucht und des Bildungshungers einer sozialen Elite, die ihre kulturellen Bedürfnisse zunächst durch volkssprachliche Bearbeitungen antiken Schrifttums befriedigt, um hierauf keltische Sagenstoffe, die wahrscheinlich auch durch mündliche Vermittlung zu den Romanciers gelangt sind, zur Modethematik schlechthin zu erklären. Maßgeblich ist auch ein Streben nach gemeinsamen Normen und Werten innerhalb einer Oberschicht, die aus diversen Gruppierungen innerhalb der Aristokratie besteht, aber auch aus „gebildeten und weltläufigen Klerikern, die an geistlichen Schulen gebildet, aber schon mehr Höflinge waren als Geistliche" (Auerbach, Erich 1978, 99). Natürlich wußten diese Clerici, daß das vornehme Publikum, das im Gegensatz zu früheren Generationen Bereitschaft zeigte, die Jagd, den Krieg und das Herrschen nicht mehr als alleinigen Lebenszweck anzusehen, nur anzusprechen war, wenn man seinem Bildungsstand und seinem Weltverständnis Rechnung trug. Neben dem Wunsch, durch den volkssprachlichen Vortrag abenteuerlicher Geschichten aus ferner Vergangenheit unterhalten zu werden, war auch das politische Interesse einer Oberschicht zu berücksichtigen, die es keineswegs ungern hörte, wenn die Dichter sie beim Vergleich mit den längst vergangenen Heldenzeiten in günstigem Lichte präsentierten. Sicher ist es kein Zufall, daß der Aufschwung des Romans gleichzeitig mit jenem der volkssprachlichen Historiographie erfolgt. Beide Gattungen sind mit der Suche nach „Vorgeschichten" befaßt, deren Verlauf im Falle der Reimchroniken auf die politischen Konstellationen der realen Gegenwart zusteuert, während der Roman von einer durch gelehrte Autoritäten über jeden Zweifel erhobenen Vergangenheit her nach dem tieferen Sinn aktueller Zustände und den in der Gegenwart angelegten Keimen der Vervollkommnung forscht. Zu diesem weitläufigen, auf die Gegenwart von Erzähler und Publikum hin orientierten Geschehen paßt das „geschäftige Dahineilen" der Achtsilbler (vgl. Adler, Alfred 1978, 105) besser als die Langverse des Heldenepos, das weniger auf die Legitimation des Gegenwärtigen eingestellt ist als auf das Bewahren tradierter Werte. Sicher ist es kein Zufall, wenn Roman und Historiographie gleichermaßen den Octosyllabus pflegen und zu Beginn des 13. Jahrhunderts etwa gleichzeitig den Übergang zur Prosa in die Wege leiten.

Der Roman entspricht also den Bedürfnissen einer selbstbewußten, aber auch relativ weltoffenen Oberschicht, die für kulturelle Entdeckungsreisen zu haben ist. Im Verlauf der wirtschaftlichen Aufwärtsentwicklung, die nach den letzten Abwehrkämpfen gegen Sarazenen und Wikinger ganz allmählich eingesetzt hatte, seitdem die landwirtschaftlichen Techniken besser wurden, Handel und Gewerbe aufblühten und sowohl den Städten als auch den Feudalherren wachsenden Reichtum bescherten, legte der Adel vieles von jener rauhen Kriegerart ab, welche die Kirche so lange vergeblich in gesittetere Bahnen zu lenken trachtete. Und während sich die Aristokratie mehr und mehr der feinen Art befleißigte, wuchsen an den Domschulen Generationen von Clerici heran, die ihre Fenster nicht verschlossen, wenn im Gefolge der Wiederentdeckung antiker Philosophie und Dichtung ein weltlicherer Wind durch das lateinische Schrifttum der Zeit wehte. Die Geschichte des französischen Romans beginnt in einer Zeit, in der die Neuplatoniker von Chartres die Göttin Natura feierten und Abaelards Praxis der Schriftauslegung menschlicher Vernunft gegenüber dem Glauben an die Autorität den Vorrang gab. Und diese Freude am Entdecken und Experimentieren wurde nicht geringer, als die Intellektuellen ebenso wie die vornehmen Damen und Herren entdeckten, daß sich „clergie“ und „chevalerie“ zum Nutzen der Gesellschaft und des einzelnen miteinander verbinden lassen.

Seitens der Literatursoziologie wurde die höfische Kultur und damit auch die Entstehung des Versromans immer wieder mit konfliktträchtigen Konstellationen innerhalb der Feudalgesellschaft in Verbindung gebracht. Auf der Grundlage der sozialgeschichtlichen Forschungen von Marc Bloch (Bloch, Marc 1949) aufbauend, hat Erich Köhler in zahlreichen Studien dargelegt, daß das Streben nach exklusiver Standesethik und Standeskultur zunächst Sache des Kleinadels war, der sich in der zweiten Phase des feudalen Zeitalters, als es für die weniger Begüterten und die von der Erbfolge ausgeschlossenen jüngeren Söhne immer schwerer wurde, zu einem Lehen zu kommen, möglichst deutlich von Bürgern und Bauern abzugrenzen suchte. Die mächtigeren Fürsten haben nach Köhlers Auffassung das neue Kultursystem, welches der Süden in der Trobardorlyrik, der Norden im höfischen Roman erarbeitete, bereitwillig übernommen, da sie im Zeitalter der aufblühenden Städte und der immer unübersehbarer in Erscheinung tretenden Königsmacht ein Interesse an innerständischem Zusammenrücken hatten. Im Lichte dieser Deutung sind die großen Erzählgattungen des Mittelalters den in der Gesellschaft dominierenden Mächten zuzuordnen. Lateinische Literatur und volkssprachliche Hagiographie dienen vorwiegend kirchlichen Interessen, und auch die Chanson de geste läßt insofern den Einfluß des Klerus erkennen, als sie sich bemüht, die kriegerischen Energien des Adels in gottgefällige Bahnen zu lenken. Außerdem sind die Verfasser der Heldenlieder häufig Sympathisanten einer mit der Kirche seit je verbündeten Monarchie, die nach 1100 langsam, aber zäh und letztlich erfolgreich ihre Machtpositionen ausbaut. Was nun den Roman betrifft, so ist er zwar ohne das kirchliche Bildungswesen undenkbar, löst sich aber weitgehend von der geistlichen Sphäre und dient den Interessen der Aristokratie, die sich durch die Ausbildung einer laizistischen Sonderkultur im Inneren festigen und nach außen hin abgrenzen und absichern will.

Auch Norbert Elias hebt die kulturelle Bedeutung des niederen Adels hervor; stärker als Köhler betont er aber die Abhängigkeit dieser kleinen Ritter, zu denen sich Dienstleute und Clerici oft nichtadeliger Herkunft gesellen, von wenigen mächtigen Territorialfürsten. Seit dem 10. Jahrhundert haben sich große Adelsfamilien mit wachsendem Erfolg bemüht, ihre Hintersassen unter Kontrolle zu bringen und ihren Machtbereich auszudehnen. Die erfolgreichsten unter ihnen profitieren nicht minder als die Städte von der fortschreitenden Monetisierung und Kommerzialisierung; sie regieren schließlich über *de facto* unabhängige Staaten und machen ihren Herrschaftssitz zum Brennpunkt des Strebens nach glanzvoller Repräsentation und elitärem Lebensstil. An diesen Höfen müssen sich Menschen beiderlei Geschlechtes und unterschiedlichen Ranges den Problemen des Zusammenlebens auf relativ engem Raum stellen. Natürlich ist es der Fürst (und Mäzen), der die Maßstäbe setzt, den Ton angibt, und mit ihm seine Familie. Dennoch werden die Werte und Normen, welche das höfische Leben regeln, nicht „von oben" dekretiert, sondern sind das Ergebnis gemeinschaftlichen Wirkens. Die Existenz mehrerer annähernd gleichrangiger Großhöfe, die Anregungen austauschen und miteinander konkurrieren, macht jedes Streben nach einheitlich-lückenloser Durchsetzung eines kulturellen Systems illusorisch und wertet die Originalität lokaler Beiträge auf. Die gesamtgesellschaftliche Entwicklung ist der Ausbildung von Leitideologien und ihrer Kodifizierung förderlich, zugleich sichert die Koexistenz von prestigebedürftigen und bildungsfreudigen Zentren weltlichen Gesellschaftslebens einen beträchtlichen Spielraum schöpferischer Freiheit von Dichtung und Kunst. Clerici, die an den Großhöfen mit Verwaltungsaufgaben betraut werden, als Historiographen wirken, Romane verfassen, haben reichlich Gelegenheit, die vornehmen Kreise aus der Nähe zu studieren. Die Loyalität ihren Brotgebern und Herren gegenüber hindert sie jedoch keineswegs daran, die „in der Luft liegenden" Probleme des höfischen Lebens aus der Perspektive eines Wissens und Könnens zu deuten, das größtenteils nicht der adeligen Sphäre entstammt, bzw. die Standesideologie zum Universell-Humanen hin zu öffnen. So erscheinen die höfische Kultur und ihr Roman als das Ergebnis einer Synthese, in der sich der Bildungsstolz des Domschulzöglings mit dem Selbstbewußtsein einer Aristokratie vereint, für die im Laufe der Zeit edle Gesittung nicht minder prestigefördernd wird als edle Geburt.

Das neue Kulturbewußtsein entwickelt sich nicht an allen Orten gleichzeitig und im gleichen Tempo. Die großritterlichen Höfe, an denen der Reichtum den Bildungshorizont erweitert und die „courtoisie" blühen läßt, gleichen Inseln inmitten einer weiten, durch Naturalwirtschaft bestimmten Landschaft. Die Mehrzahl der kleineren Ritter nimmt „an der Tauschverflechtung, an dem Geldstrom, an der rascheren Bewegung, die mit ihm durch die Gesellschaft hindurchgeht, keinen unmittelbaren aktiven Anteil" (Elias, Norbert 1982, II 94). Dies hat zur Folge, daß die meisten Angehörigen der mittelalterlichen Aristokratie höfische Art wenig oder gar nicht übernehmen und grobe Krieger bleiben. Durch den ständigen Kontakt mit dieser nichthöfischen Zone und der in ihr dominierenden Popularkultur, die keineswegs „wild" ist, sondern eine Überfülle von Märchen, Mythen, bodenständigen Dichtungsformen aller Art zu bieten hat, sowie durch die vielfältigen Bindungen an die kirchliche Sphäre und die vom Bürgertum geprägte Stadtwelt erhalten die höfische Welt und ihre Dichtung eine Vielschichtigkeit und – mitunter – Widersprüchlichkeit, die den Mediävisten seit mehr als hundert Jahren härteste Nüsse zu knacken geben. So wie die Trobadorlyrik im okzitanischen Süden, wo sich zuerst ein relativ dichtes Netz von höfischen Zentren entwickelt hat, trotz konvergierender Themen und Tendenzen eher den Charakter eines Diskussionsforums hat als den eines normensetzenden Parnaß, ist auf den höfischen „Inseln" des Nordens, wo der kirchliche Einfluß stärker fühlbar ist, die Feudalhierarchie rigider erscheint, das allgemeine Interesse am Entwurf von Bildern eines vollkommenen Menschen in einer vollkommenen Gesellschaft gleichwohl mit einem gewissen Maß von Toleranz vereinbar.

2. Griechenland, Rom und Britannien

In einer Zeit, in der man an den geistlichen Schulen von Beauvais, Chartres, Tours, Orléans usw. eifriger denn je die heidnischen Autoren studierte – gemäß der Formulierung des Bernhard von Chartres hatte man in diesen kirchlichen Bildungszentren das Gefühl, zwergengleich auf den Schultern der antiken Riesen zu stehen (vgl. Curtius, Ernst Robert 1967, 129) –, war es naheliegend, daß die Clerici, die in fürstlichem Auftrag das weite Feld der klassischen Bildung nach Vorlagen absuchten, welche sich zur Aufbereitung für ein vornehmes Publikum eigneten, auf die Liebschaften, Fahrten und Schlachten der griechischen und römischen Helden verfielen. Die lateinischen Epiker, Vergil an der Spitze, waren den Gebildeten wohlvertraut; griechische Quellen kannte man freilich vorwiegend aus zweiter Hand, über römische Vermittlung. Aber auf die Treue zum Original kam es den mittelalterlichen Romanciers ohnehin nicht an, setzten sie doch ihren Ehrgeiz darein, die alten Texte zu bearbeiten, zu kommentieren und zu ergänzen, bis sie bei allem Respekt die antiken Kriegerwelt in ein monumentales und exotischbuntes Modell für jene höfischen Welt, für die sie arbeiteten, verwandelt hatten.

Der Alexanderroman, dieses erste Zeugnis höfischer Großepik weist hinsichtlich seiner Erzähltechnik und seiner Inspiration gewisse Analogien zum Heldenlied auf, vor allem was die frühen „Branchen" anlangt. Aber in keinem dieser Texte tritt uns der Mazedonier als Epenheld entgegen, dessen Denken, Fühlen und Handeln vor allem durch seine Bindung an das Ordnungssystem von Monarchie und Kirche bestimmt ist. Alexander hat vielmehr das Gepräge eines bildungsfreudigen Fürsten, der in den sieben freien Künsten ebenso zu Hause ist wie auf dem Schlachtfeld. Die Verfasser späterer Alexanderdichtungen werden neben dem Bildungseifer des Helden auch seine perfekten Umgangsformen, seine galante Art den Damen gegenüber und seine Freigebigkeit rühmen. Daß diese „Modernisierung" dem Publikumsinteresse entspricht, beweist die reiche Blüte antikisierender Romane um die Mitte des 12. Jahrhunderts. Nun treffen die antiken Kämpfer unter den Mauern Trojas oder Thebens zum ritterlichen Tjost aufeinander, der Seher Amphiaraos erhält den Habitus eines Erzbischofs, und im Umgang mit der Liebesthematik zeigen sich Ansätze zum Frauendienst. Die anonymen Verfasser des *Roman de Thèbes* und des *Roman d'Enéas,* ebenso wie Benoît de Sainte-Maure als Autor des *Roman de Troie* übernehmen nicht nur die kunstvollen Beschreibungen von Waffen, Zelten und Palästen, die Schlachtgemälde und Seelenstudien, welche ihnen die antiken Texte bieten, sie wetteifern mit denselben und suchen sie dem Zeitgeschmack anzupassen.

Andererseits sind diese Romanciers auch darauf bedacht, die Distanz des Lesers (oder Hörers) zu den antiken Heldengeschichten nicht völlig schwinden zu lassen. Ihre Modernisierungstendenzen gehen Hand in Hand mit dem Bemühen, die Exotik der antiken Welt zu betonen und durch Hereinnahme vielfältigen Wissensgutes noch stärker fühlbar zu machen. Offenbar haben sie Überlieferungen verschiedenster Art aus Bestiarien, Lapidarien, diversen gelehrten Traktaten und Enzyklopädien herangezogen, um ihre Figuren in einer fremdartigen Welt agieren zu lassen, in der alles möglich ist, und wo jede Geste, jedes Wort über den Bereich des Alltäglichen hinausweist. Während dem Publikum nahegelegt wird, sich weitgehend mit den Romanhelden zu identifizieren, erscheinen ihm dieselben in einer Sphäre magischer Entrücktheit, konfrontiert mit seltsamen, nicht selten wunderkräftigen Landschaften, Tieren und Objekten, angesichts dämonischer Bedrohungen übermenschliche Tapferkeit entfaltend. Natürlich steckt hinter dieser Neigung zum Grandiosen und Wunderbaren das Interesse des schreibenden Clericus, die Rezipienten seiner Werke durch die Demonstration abenteuerlich herausgeputzten Wissens zu faszinieren. Zugleich liefert die

Märchenatmosphäre dem Romancier aber auch die Möglichkeit, den dargestellten Personen und Handlungen Exemplarität zu verleihen, in seinem Werk Zeichen zu setzen, die interpretierend und wegweisend in die Gegenwart hineinleuchten.

Dank einer subtilen Mischung von Gegenwartsnähe und „merveilleux" fällt es dem Roman nicht schwer, eine weitere wichtige Funktion wahrzunehmen, nämlich jene der Erhöhung des Prestiges der fürstlichen Familie, welcher der Autor besonders verbunden ist. Vor allem in dem England und Westfrankreich umfassenden Reich der Anjous scheint diese Funktion der Erzählliteratur eine bedeutsame Rolle gespielt zu haben. Henri II. Plantagenet hat nicht nur die Geschichte der Normannenherzöge schreiben lassen, sein Wohlwollen war gewiß auch jenem Clericus sicher, der 1136 nach eigenen Angaben ein „vetustissimus liber" in gälischer Sprache übertragen, in Wirklichkeit aber sicher eine Vielzahl von schriftlichen und mündlichen Überlieferungen keltischen Sagengutes zu einer gewaltigen Geschichtsklitterung zusammengefügt hat, die er großspurig *Historia Regum Britanniae* betitelte. Held dieses lateinischen Prosatextes aus der Feder des Galfredus Monemutensis (Geoffroy de Monmouth) ist König Artus, dessen ruhmreiches Herrscherleben von der Vorgeschichte und den Anfängen bis zur verhängnisvollen Schlacht gegen Mordret und der Entrückung auf die Insel Avalon „ad sananda vulnera" erzählt wird. An Bezügen zur Antike läßt es Galfred nicht fehlen, beginnt doch die Reihe der von ihm angeführten Herrscher Britanniens mit dem Trojaner Brutus, dem Land und Einwohner ihren Namen verdanken. Außerdem ist Artus mit der edlen Römerin Guennevere verheiratet, feiert seine gewaltigsten Siege im Krieg gegen die Landsleute seiner Gemahlin und ist nahe daran, die Urbs zu erobern. „Une Enéide bretonne en prose" hat Jean Frappier dieses Werk genannt (Frappier, Jean 1978, 189), in dem sich Volkssagen, Phantasie und Klerikerhumanismus die Waage halten. Aber auch die Tendenz zum Modernisieren läßt sich feststellen: Galfred betont, daß der Hof des Königs Artus ein Zentrum des eleganten Ritterlebens in Europa ist, und nimmt damit schon manches vorweg, was die Romanciers der Jahrhundertmitte aufführlicher behandeln werden. Hier ist zunächst der Normanne Wace zu erwähnen, der mit dem *Roman de Brut* (1155) eine Bearbeitung von Galfreds *Historia* lieferte und sie später durch die Normannenchronik seines *Roman de Rou* ergänzte. Wace baut die Frauendienstthematik aus und führt das Motiv der Tafelrunde ein, an dem deutlich wird, daß die besten unter den höfischen Rittern neuen Spielregeln des gesellschaftlichen Lebens Rechnung tragen und nicht länger ihren Ehrgeiz durch brutale Machtkämpfe zu befriedigen suchen.

Vieles deutet darauf hin, daß zwischen den in die Gegenwart weisenden Perspektiven der hochmittelalterlichen Romankonzeption und den politischen Interessen bestimmter Höfe Zusammenhänge bestehen. Hier überschneidet sich die Funktion des Romans mit jener der Reimchronik, in der sich auf ähnliche Weise Fiktives und Geschichtliches vermischen. Da „Geschichtswerke" von der Art der *Estoire des Engleis* oder des *Roman de Rou* ebenso im angevinisch-anglonormannischen Herrschaftsbereich entstanden sind wie fast alle antikisierenden Romane und die ersten romanesken Ableger der Artussage, ist es begreiflich, wenn Philipp August Becker alle diese Texte zueinander in Beziehung setzte und durch ein System von Vorgeschichten, Querverbindungen und Anbauten ein narratives Ensemble konstruierte, das von Theben und Troja über das Artusreich bis zu den Normannen reichte und mit diesem Konzept einer „translatio imperii" dem Legitimationsbedürfnis des insularen Herrscherhauses seit der ersten Hälfte des 12. Jahrhunderts entgegenkam (Philipp August Becker 1978, 71ff.). Fraglich bleibt, wie systematisch ein solcher Kulturdirigismus praktiziert wurde, wie er sich im einzelnen auswirkte. Festzuhalten bleibt in jedem Fall, daß der Anjouhof beim ersten Aufblühen des Romans fördernd und in gewisser Hinsicht auch steuernd wirkte.

Natürlich erschöpft sich bei keinem Romancier das dichterische Anliegen in der Propaganda für „seinen" Hof. Wenn eine mehr oder weniger legendäre Vorzeit zum Spiegel gemacht wird, in dem sich die Gegenwart erkennen soll, so zeigt diese Reflexion ein Wechselspiel von Klarheit und Trübung, das den Rezipierenden zum Nachdenken über das Leben in der Gemeinschaft anregen soll. Auch für diese Nutzbarmachung der Romangattung zur Durchleuchtung und Kodifizierung sozialer Normen und Werte ist der anglonormannische Hof von großer Bedeutung, da durch die Heirat der Alienor von Aquitanien mit Henri Plantagenet ein mächtiger Höfisierungsimpuls vom Okzitanien der Trobadors nach dem Norden gelangt war. Durch die Verehelichung der Töchter Alienors mit hohen Feudalherren des Kontinents wurde die Ausbildung eines Klimas des Austausches und friedlichen Wettstreites zwischen aufgeschlossenen Großhöfen begünstigt. In dieser Atmosphäre konnte sich die Gebundenheit des Schriftstellers an dynastische Interessen mit der Freiheit des Erforschens und Erprobens versöhnen.

3. Liebe – Irrweg oder Tugendquelle?

Für die Asketengestalten der Hagiographie waren Liebe und Ehe fleischliche Versuchungen, denen man sich zu entziehen hatte; in den Heldenliedern fungierten Frauengestalten meist als bläßliche Randfiguren. Die innovationsfreudige Gesellschaft an den großritterlichen Höfen hingegen, wo gebildete Damen kraft ihrer sozialen Position, ihrer Intelligenz und ihres Charmes zum Mittelpunkt friedlicher Geselligkeit wurden, regte die Romanciers an, die Beziehungen zwischen den Geschlechtern neu zu überdenken und zum zentralen Thema ihrer Werke zu machen. Während im nichthöfischen Umfeld die traditionelle Misogynie weiterblühte, erkannten die im eleganten Milieu heimisch gewordenen Clerici, daß die Dynamik der neuen, auf das fürstliche Zentrum hin orientierten Gesellschaft gerade durch die Liebesthematik faßbar und darstellbar war. Schon Galfred hatte vermerkt, daß die Ritter, die an den Turnieren anläßlich der Krönung des Königs Artus teilnahmen, mindestens dreimal siegen mußten, bevor sie auf die Gunst der Damen hoffen konnten: „Efficiebantur ergo castae quaequae mulieres et milites pro amore illarum nobiliores." (Frappier, Jean 1978, 190). Diese Stelle in der *Historia regum Britanniae* ist nach R. W. Hanning der Erstbeleg des Topos, der aus dem Zusammenwirken von Liebe und Tapferkeit die Voraussetzung allen Strebens nach individueller und kollektiver Vollkommenheit macht (vgl. Hanning, R. W. 1978, 191). Derselbe Forscher zeigt auch, wie in den antikisierenden Romanen das Wechselspiel von Liebe und Kriegsruhm immer mehr an Bedeutung gewinnt und schließlich den von den antiken Quellen vorgegebenen Handlungsrahmen zu sprengen droht. So konzentriert etwa der Autor des *Roman de Thèbes* seine Aufmerksamkeit auf die Liebesgeschichten zwischen jungen Thebanerinnen und Rittern beider Lager, die für ihre Damen kämpfen; da er sich jedoch verpflichtet fühlt, der *Thebais* des Statius und ihren Schlachtenschilderungen zu folgen, sieht er sich veranlaßt, dem Minnespiel ein blutiges Ende zu bereiten. Wenn die Romanciers die „matière de Bretagne" gegenüber den antiken Stoffen bevorzugten, so liefert der Umstand, daß die keltischen Mythen weniger an prestigereiche Vorlagen gebunden waren und daher den Dichtern mehr Freiheit für die Gestaltung aktueller Anliegen ließen, eine plausible Erklärung für diese Präferenz.

Beim Entwerfen und Gestalten ihrer Liebesgeschichten konnten die altfranzösischen Romanciers auf literarische Vorbilder von beträchtlicher Zahl und teilweise sehr verschiedenartiger Orientierung zurückgreifen. Eine wichtige Rolle spielt sicherlich der Einfluß der okzitanischen Trobadors, die an den Höfen des Südens schon seit dem Ende des 11. Jahrhunderts über die Liebe nachdachten und ihr neben der beseligenden Ekstase des *jòi* die Macht zur Weckung sozialer Tugenden zuschrieben. Auffällig ist, daß die nördlichen Romanciers der Kriegstüchtigkeit, welche für die Trobadors den anderen Eigenschaften des höfischen Idealmannes keineswegs übergeordnet ist, höchste Bedeutung beimessen. Der Gedanke liegt nahe, daß der Norden die Distanzierung von der naturalwirtschaftenden Männergesellschaft langsamer und weniger kompromißlos vollzogen hat als der Süden. Jedenfalls schließen sich die Franzosen der meridionalen Tendenz zur Verabsolutierung der Liebe nur in seltenen Fällen vorbehaltlos an und halten sich gerne an den alten Lehrmeister Ovid, der wie die anderen Liebesdichter der Antike im Zueinanderstreben von Mann und Frau ein bald tändelndes und bald bitterernstes Kampfspiel sah bzw. eine Krankheit, vor der niemand gefeit ist. Wenn im Versroman die Liebenden von Amors Pfeil getroffen werden, wenn das Gefühl über den Willen siegt, wenn das Sehnsuchtsfieber brennt und der Schlaf flieht, so daß viel Zeit bleibt für lange Selbstgespräche oder Dialoge mit dem fernen Objekt aller Wünsche, so gehen derlei Topoi meist auf den römischen Erotiker zurück. Allerdings wird die Darstellung der Liebesfreuden und Liebesleiden aus ovidischer oder trobadoresker Perspektive für die altfranzösischen Romanciers kaum je Selbstzweck: ihr Interesse konzentriert sich immer wieder auf das Problem der Vermittlung zwischen individuellem Glücksstreben und gesellschaftlichem Status. Sie neigen im allgemeinen wenig zu dogmatischen Fixierungen, sondern bemühen sich, den genannten Problemkreis von verschiedenen Seiten zu beleuchten. Zu den eindrucksvollsten Beiträgen zu dieser großen Diskussion gehören zweifellos jene, die von den Autoren der Tristanromane geleistet wurden.

Die Geschichte von Tristan und Yseut beruht wohl im wesentlichen auf keltischen Traditionen. Orientalische und griechisch-römische Einflüsse sind schwer von der Hand zu weisen, ohne daß Zeit und Art ihres Wirksamwerdens eindeutig bestimmbar wären. Um die Mitte des 12. Jahrhunderts scheint der Stoff sowohl im England Heinrichs II. als auch auf dem Kontinent in verschiedenen Fassungen verbreitet gewesen zu sein. Vermutlich lieferten mündlich tradierte Texte die Grundlage für eine erste große, um die Mitte der 60er Jahre verfaßte Tristandichtung, von der alle erhaltenen Versionen abhängen. „... c'est au confluent de trois langues, celtique, anglo-saxonne, française, que la transmission a pu se faire, sous l'impulsion de souverains ouverts aux choses de l'esprit" (Raynaud de Lage, G. 1978, 214). Genaueres über den Weg vom letzten keltischen zum ersten französischen Text ist aber nicht bekannt. Von etlichen Forschern wurde eine dem Urtyp nahestehende Fassung, die sogenannte „version commune", von einer „version courtoise" unterschieden, welche den Ansprüchen eines höfischen Publikums in höherem Maße Rechnung zu tragen schien. Der Gemeinversion ordnete man die Dichtungen des Beroul und des Eilhard von Oberge zu, während die höfische Fassung von Thomas d'Angleterre und von

Gottfried von Straßburg repräsentiert wurde. Bei näherer Betrachtung der teilweise erhaltenen Texte der beiden französischschreibenden Dichter im erwähnten Viergespann, Thomas und Beroul, zeigt sich, daß der erstere das Wuchern der Episoden zugunsten langer Monologe reduziert und der psychologischen Motivierung große Bedeutung beimißt, während Berouls kraftvoll-dramatische Darstellung größere Nähe zur oralen Tradition nahelegt. Verläßt der Interpret jedoch die stilistisch-formale Ebene, um sich der thematisch-ideologischen Ausrichtung der Texte zuzuwenden, wird die erwähnte Zuordnung problematisch. Gemäß der „version commune" trinken Yseut und der als Brautwerber für seinen Oheim fungierende Tristan während der Seereise von dem für König Marc und seine zukünftige Gattin bestimmten Zaubertrank und verfallen daraufhin einer Leidenschaft, welche sie für einige Jahre völlig ihrer Willensfreiheit beraubt und sie zu Außenseitern der Gesellschaft macht. Beroul liebt und schätzt seine Helden, er beklagt ihr Los; dies hindert ihn aber nicht daran, in einer Liebe, die den Menschen von seinesgleichen trennt, ein Unheil zu sehen. Die Liebenden selbst, die zeitweise ganz isoliert in der Wildnis leben müssen, werfen sich gesellschaftliches Versagen vor, da sie ihre Aufgabe, als prominente Mitglieder der höfischen Welt jungen Rittern und Fräulein als Vorbilder zu dienen, nicht wahrnehmen können. Bei Thomas hingegen ist der Liebestrank unbegrenzt wirksam und symbolisiert eine zum absoluten Wert gewordene Liebe, die sich über alle sozialen Verpflichtungen hinwegsetzt. Während Beroul versucht, zwischen den Liebenden und der Gemeinschaft zu vermitteln, ist der „asoziale" Zug der Version des Thomas unübersehbar.

Hier stellt sich die Frage, wie weit oder wie eng der Begriff des Höfischen gefaßt werden soll. Identifiziert man nach dem Beispiel vieler Forscher die höfische Kultur mit dem Bestreben, Liebe und gesellschaftliche Tadellosigkeit in idealer Synthese zu vereinen, so muß Thomas mit seiner „version courtoise" als Antipode des höfischen Wesens erscheinen. Tatsächlich hat Jean-Charles Payen im Tristanroman einen „mythe subversif" gesehen, der eine Entscheidung des Dichters für den Glücksanspruch des Individuums und gegen die Gesellschaft impliziert (vgl. Payen, Jean-Charles 1973, 617ff.). Vor Payen gab Erich Köhler der Ansicht Ausdruck, im Tristanroman stelle sich „die Gesellschaft erstmals eindeutig als menschenfeindliche Institution dar" (Köhler, Erich 1970, 157). Im Anhang zur 2. Auflage seines berühmten Buches hat Köhler sogar Vermutungen über die Sozialschicht angestellt, von der eine solche Kritik ausgehen konnte: „Es geht um das beginnende Selbstverständnis einer Schicht von bürgerlichen, in ihrer Spitze klerikal gebildeten Amtsträgern, für deren soziale und geistige Ambitionen in der höfischen Ideologie kein Platz war" (Ebenda, 270). Im Lichte rezenter Forschungen darf jedoch bezweifelt werden, daß die Romangeschichte des 12. Jahrhunderts von offenen oder versteckten Kontroversen zwischen eher aristokratisch und eher bürgerlich gesinnten Autoren geprägt war. Eckhard Höfner ist nach systematischer Aufarbeitung der Texte zu dem Schluß gekommen, daß es im Bewußtsein der Zeitgenossen keine radikale Opposition zwischen den Tristanromanen und anderen Artusdichtungen gab (Höfner, E. 1982, 289ff.). Wahrscheinlich tut man gut daran, die Texte des Beroul, des Thomas und der deutschen Dichter als Beiträge zu einer Diskussion zu sehen, die nicht um Dogmen kreiste, sondern neue Modalitäten des menschlichen Zusammenlebens überprüfte. Unzähmbar ist die Leidenschaft, welche zwei Menschen edler Art aneinander bindet; wenn die Tristandichter dazu neigen, die Frage, ob eine solche Liebe den Weg zur Gemeinschaft versperrt, eher bejahend zu beantworten, so nähern sie sich damit dem antiken Konzept der Zwangsherrschaft Amors, der göttlichen Krankheit Liebe. Aber jeder Autor bringt eben spezifische Nuancierungen in eine Debatte ein, die mit den Beiträgen des Chrétien de Troyes einen Höhepunkt erreicht.

4. Chrétien de Troyes

Chrétien, dessen Schaffenszeit vom Ende der 60er bis in die 80er Jahre reicht, ist wohl der bedeutendste französische Schriftsteller seines Jahrhunderts. Seine fünf großen Romane *Erec et Enide, Cligès, Le*

Chevalier de la Charrette, Yvain und *Le Conte du Graal* haben nachhaltig auf die europäische Ritterdichtung eingewirkt; ihr poetischer Zauber vermag auch den heutigen Leser in seinen Bann zu ziehen. Man weiß nur so viel über diesen Dichter, als sich aus den Texten erschließen läßt. Angesichts der selbstsicheren Heiterkeit und Eleganz, welche diesen Erzähler kennzeichnet, geht man wohl nicht fehl in der Annahme, daß der Günstling der Marie de Champagne und des Philippe de Flandres mit dem Hochadel als souveräner Geist unter seinesgleichen verkehrte. Sicher war der Clericus Chrétien stolz auf seine humanistische Bildung; andererseits tritt er uns als ein Weltmann entgegen, dessen geistiger Horizont weit über klösterliche Gelehrsamkeit hinausreichte. Kritisch und zugleich voll tiefer Sympathie hat er in der Lebenspraxis seiner großritterlichen Umgebung die Ansätze zum soziokulturellen Wandel beobachtet, mit Gönnern und Freunden die literarischen Neuheiten aus dem Süden und Westen rezipiert und diskutiert, um schließlich in eigenen Werken nach einer persönlichen Synthese zu suchen.

Mit den antiken Überlieferungen ist Chrétien nicht minder vertraut als andere Romanautoren vor und neben ihm. Vergil steht ihm nahe, ebenso Ovid, dessen *Metamorphosen* er am Beginn seines Schaffens teilweise ins Französische übertragen hat. An Vorlagen hält er sich aber nur in dem Maße, als sie ihm nicht die Freiheit des Variierens und Fabulierens nehmen. Daher greift er nicht so sehr auf die antiken Stoffe zurück als vielmehr auf die arthurischen Monumentalfresken Galfreds und Waces; sie liefern ihm den Rahmen, innerhalb dessen er aus weniger bekanntem Überlieferungsmaterial narrative Modelle höfischer Lebenspraxis konstruiert. Unter Chrétiens Themen und Motiven findet sich sicherlich auch mancherlei mündlich Tradiertes, Sagen und Märchen keltischer Herkunft, die er von fahrenden Spielleuten gehört haben mochte. Im Prolog zu *Erec et Enide* spricht er mit Geringschätzung von diesen „contes d'aventure" und betont sein Anliegen, eine in Form von wirren Anekdoten überlieferte „matière" zu ordnen, das Heteroklite zu einem sinnhaften Ganzen zu verknüpfen. Das anhaltende Interesse der Forschung an dieser „conjointure" zeugt vom Raffinement, das Chrétien beim

Komponieren seiner Romanhandlungen entwickelte. Besonders bedeutsam erscheint die Wiederaufnahme von Themen und Motiven in symmetrischer Anordnung: „Auf dem Rücken der Abenteuersequenz operiert ein Bezugssystem von Oppositionen, denen das Prinzip der Steigerung im Sinne eines Fortschrittes in der Selbstsuche und Selbstfindung des Helden wesentlich ist" (Warning, Rainer 1978, 36). Die Voraussetzung für diese Erzähltechnik ebenso wie für die auch bei anderen Romanciers feststellbare Tendenz, das Geschehen in einem ersten Anlauf zu einem trügerischen Happy-End zu führen, worauf eine Serie schwerster Prüfungen den Weg zu dauerhafterer Erfüllung freigibt (vgl. Wehrli, Max 1969, 43ff.), bildet wahrscheinlich die Vertrautheit der gebildetsten unter den hochmittelalterlichen Autoren mit der allegorisierenden Bibelexegese. Zunächst richtet sich das Heilsstreben der höfischen Protagonisten freilich auf rein weltliche Ziele.

In den weiten, waldreichen Landschaften, welche Chrétiens ritterliche Helden durchwandern, kann sich jederzeit die Chance einer „aventure" bieten, welche zu richtigem, den höfischen „Wert" des Individuums steigerndem Handeln genützt werden kann. Jede glücklich bewältigte Etappe bringt den einzelnen in seinem Lernprozeß weiter und fördert zugleich die Gemeinschaft.

Der Artushof, mit dem die Ritter stets verbunden bleiben, liefert zwar einen idealen Rahmen für ihre Selbstverwirklichung, zugleich ist er aber auf die Bewährung seiner Mitglieder angewiesen, da ihn nur die belebende Kunde von bestandenen „aventures" vor der Stagnation und damit dem Verlust seiner Vorbildlichkeit rettet. Daher macht die Romanstruktur nicht nur den individuellen Läuterungsprozeß deutlich, sondern zeichnet auch eine gesellschaftliche Progression nach. Außer Zweifel steht, daß der am Ende erreichte Idealzustand nie als ein definitiver gesehen wird; sowohl der ritterliche Held und seine Dame als auch die ganze Artusgesellschaft werden sich stets aufs neue bewähren müssen. Auch wenn unser Dichter gerne das Wunderbare in seine Erzählungen hereinnimmt, so schreibt er doch keine Märchen. Es sind Herausforderungen aus den „wilden" Gegenden jenseits der höfischen Welt, welche die „quête" des Ritters motivieren, auch die Lust am Kräftemessen und Geheimnislüften treibt ihn hinaus; den stärksten Impuls aber liefert die Liebe. Unter dem Einfluß seiner Gönnerin Marie de Champagne hat sich Chrétien intensiver als die anderen französischen Romanautoren seiner Zeit mit der Erotik der Trobadors beschäftigt. Nicht minder brennend interessierten ihn die von der Tristandichtung aufgeworfenen Fragen. Die Entwicklung eines persönlichen Konzeptes hat sich unser Dichter nicht leicht gemacht. Seine Romane, von denen jeder einzelne eine andere Facette des Problems der Beziehungen zwischen individuellem Streben nach Liebesglück und gesellschaftlicher Verpflichtung beleuchtet, lassen gewisse Grundtendenzen erkennen, welche nicht wenig zu der Einheitlichkeit und Originalität seines Schaffens beitragen. Man hat dann und wann in Chrétien den Romancier des gesunden Hausverstandes gesehen, der sowohl gegen die „asozialen" Aspekte der Tristanromane als auch die mit dem Ehebruch sympathisierenden Trobadors polemisierte und als biederer Clericus aus Nordfrankreich eine Lanze für die eheliche Liebe brechen wollte. Tatsächlich ist aber die Ehe bei Chrétien nicht selten ein Hindernis auf dem Weg zur höfischen Vollkommenheit. Erecs glückliche Flitterwochen mindern seinen sozialen Wert als Ritter und gefährden daher auch seine Liebe zu Enide. Die beiden müssen ganz von vorne anfangen, einander fremd werden und umeinander kämpfen. Da die Abenteuerfahrt des edlen Paares nun über das private Glück hinaus die höfische Freude zum Ziel hat, jene „joie de la cort", welche die Gesellschaft in das Streben nach Erlösung mit einbezieht, kann die Liebe wieder aufblühen und ihre Kraft bewahren. Die Liebenden werden korrigiert, wenn sie Amors Gesetze nicht befolgen; andererseits ist jedes Kampfmittel legitim, wenn eine liebesfeindliche Gesellschaft das Streben nach Zweisamkeit behindert.

Der Roman *Cligès* beginnt mit der Geschichte des Paares Alixandre und Soredamors, dem es am Artushof nicht allzu schwer fällt, der Liebe und der Gesellschaft gleichermaßen zu dienen. Cligès und Fenice hingegen, die Liebenden der nächsten Generation, haben es mit einem Hof zu tun, dessen Herr, der byzantinische Kaiser Alis, sein Wort gebrochen und damit die Thronfolge seines Neffen Cligès gefährdet hat. Darüber hinaus versündigte sich Alis gegen die Liebe, als er sich die deutsche Prinzessin Fenice aus Gründen der Staatsraison zur Frau geben ließ. Chrétien macht kein Hehl daraus, daß er die Auflösung dieser nicht auf gegenseitige Zuneigung gegründeten Ehe billigt; im gegebenen Fall bietet sich der vorgetäuschte Tod Fenices und der Rückzug der Liebenden aus der Gesellschaft als einziger Ausweg an. Auch wenn Chrétien die Kompromißlösung, durch welche Yseut im Tristanroman sowohl dem Ehemann als auch dem Geliebten angehört, ausdrücklich ablehnt, akzeptiert er doch die Isolation des Paares, wenn die Gesellschaft moralisch versagt. Sobald Cligès und Fenice dank den Listen und magischen Spiegelfechtereien der Amme Thessala über den antihöfischen Kaiserhof gesiegt haben, steht ihrer Heirat nichts mehr im Wege. Allerdings betont der Erzähler, daß sie einander auch weiterhin und trotzdem „ami" und „amie" sein werden.

Wenn das Paar und die Gemeinschaft gleichermaßen nach höfischer Vollkommenheit streben, ist nach Auffassung Chrétiens jener Konflikt, der dem Tristanstoff seine tragische Note gibt, vermeidbar. Im Karrenroman verzichtet unser Dichter darauf, das Heranreifen seiner Helden darzustellen, und zeigt am Beispiel des Ritters Lancelot und der Königin Guenièvre, wie ein ideales Paar im Rahmen des idealen Hofes auch die heikelsten Situationen meistert. Offensichtlich wollte Chrétien in diesem Werk sein Konzept höfischer Vollkommenheit bis an die Grenzen des Menschenmöglichen hin erproben: Lancelot hat als Befreier einer großen Zahl von Untertanen des Königs Artus die Funktion eines Erlösers; zugleich ist er ein Heros der Liebe, der im Dienste Amors und der äußerst anspruchsvollen Königin bereit ist, die schlimmste Schande auf sich zu nehmen und sie letzten Endes in höchsten Ruhm zu verwandeln. Diese extreme Anspannung manifestiert sich auch auf formalem Gebiet: In keinem der anderen Romane stellt Chrétien durch die Reihung scheinbar zusammenhangloser Episoden, die sich erst in der Rückschau zu einem sinnvollen Ganzen ordnen lassen, dermaßen hohe Anforderungen an seinen Leser. So unbekümmert vernachlässigt der Dichter den progressiven Aufbau seiner Romanwelt, so kühn ordnet er sein

„verdichtetes" Material zum Paradigma, daß sich der Deutung nicht minder komplexe Probleme entgegenstellen als im Falle des „dunklen Stils" („trobar clus") der okzitanischen Dichter. Manche Exegeten haben hinter diesem Extremismus parodistische Absichten vermutet; andere meinten, Chrétien habe diese ganze Ehebruchsgeschichte nur widerstrebend verfaßt, um seine Mäzenin Marie de Champagne nicht zu verstimmen (über diese Diskussion vgl. Kelly, F. Douglas 1966, 242ff.). Walter Haug hat die Abenteuerfahrt ins „Land ohne Wiederkehr" als einmalig-unwiederholbaren Ausflug in die Welt der verbotenen Liebe interpretiert und in der Andeutung, daß die Königin auch nach der Rückkehr auf ein Rendezvous mit dem Geliebten hofft, eine „Entgleisung" des Godefroi de Lagny gesehen, der an Chrétiens Stelle die letzten tausend Verse verfaßt hat (vgl. Haug, Walter 1978, 87ff.). Aber Chrétiens Weigerung, nach dem Muster der Tristandichter die Liebe ins Licht der Fatalität zu rücken, berechtigt nicht unbedingt dazu, ihn zum Exponenten kirchlicher Moralprinzipien zu machen. Manche Kommentatoren sehen in ihm vor allem den Dichter der Ironie und des festlichen Spiels (vgl. Warning, Rainer 1978, 49ff.). Dieser Mangel an „tierischem Ernst" ist sicher nicht unvereinbar mit einem starken Engagement des Menschen und des Künstlers, der es darauf anlegt, in einem faszinierenden „Bravourstück" zu zeigen, wie es einem vollkommenen Paar gelingt, allen inneren und äußeren Hindernissen zum Trotz sowohl der Liebe als auch der Gesellschaft gerecht zu werden.

Die extreme Angespanntheit des *Roman de la Charrette* bildet einen eigentümlichen Kontrast zu der Behaglichkeit, mit der Chrétien im Roman vom Löwenritter Yvain seinem geneigten Publikum noch einmal die Geschichte von der Flüchtigkeit einer Liebe erzählt, die nicht auf vollendete Harmonie von Individuum und Gesellschaft gegründet ist. In allen Romanen unseres Dichters wird das Format des Ritters an seiner Fähigkeit gemessen, durch egoistische Manipulationen zu Mißständen entartete Rechtsbräuche notfalls mit Gewalt zu verändern oder zu beseitigen, wodurch Liebe und Gesellschaft gleichermaßen die Chance erhalten, zu neuem Leben zu erblühen.

Unter den Tugenden, welche diesen Läuterungsprozeß fördern, hebt der Erzähler des *Yvain* ganz besonders die einfühlsame Klugheit hervor, die selbst im Gegner positive Kräfte wecken kann. Schon Erec und Enide hatten dann und wann die Freundschaft edler Widersacher gewonnen; nun aber wird herzliches Entgegenkommen und Hilfsbereitschaft geradezu zu einem Hauptcharakteristikum für die Beziehungen zwischen den Personen. Die Erinnerung an freundlichen Beistand bewirkt, daß die Kammerzofe Lunete dem Aristokraten Yvain das Leben rettet, der Ritter Calogrenant erhält durch höfliches Fragen von einem „vilain" eine korrekte Antwort, auch wenn er zunächst zweifelt, einen Menschen vor sich zu haben, und schließlich zeigt auch ein Löwe seine Dankbarkeit. Dahinter steckt wohl nicht nur „pitié", wie Alexandre Micha meint (vgl. Micha, Alexandre 1978, 260), sondern eine Disponibilität des edlen Gemüts, deren Darstellung einer Warnung vor unnahbarer Etikette-Höflichkeit gleichkommt.

Genau diese Verfügbarkeit ist es, zu der sich Perceval, Chrétiens letzter Romanheld, nach Mühen und Irrwegen durchringen muß. Das Verhalten der Mutter, die ihren Sohn daran hindern will, in die ritterliche Gesellschaft hineinzuwachsen, ist ebenso unhöfisch wie das des jungen Herrn, der davonreitet, ohne sich um die Zusammenbrechende zu kümmern. Perceval lernt nach und nach, wie sich ein Ritter kleidet, wie er spricht, kämpft und liebt. Aber gerade in dem Augenblick, in dem er glaubt, es endlich gut zu machen, scheitert er infolge eines Mangels an Herzenstakt. Mit seinem Gralsroman wollte Chrétien wahrscheinlich zeigen, daß das Vollkommenheitsstreben des höfischen Ritters letztlich über die weltliche Sphäre hinausführt. Die durch den Tod des Dichters bedingte Unterbrechung hatte zur Folge, daß auch dieses letzte Werk Chrétiens dem Irdischen stark verhaftet erscheint.

II. Vielfalt und Zusammenschau (13. Jahrhundert)

1. Vom Lauf der romanesken Welt

Die Verfasser der Tristanromane und Chrétien de Troyes haben auf die im Gefolge des hochmittelalterlichen Zentralisierungs- und Zivilisationsschubs unausweichlich gewordene Frage nach dem Verhältnis von Individuum und Gesellschaft dichterische Antworten gegeben, die so weit in die Tiefe menschlicher Sinnsuche hineinleuchteten, daß sie noch nach Jahrhunderten ihren Zauber bewahren sollten. In ihrem literatur- und kulturgeschichtlichen Umfeld wirkt die Art und Weise, wie die bedeutendsten Romanciers ihr Schaffen im Hinblick auf die brennendsten Fragen der zeitgenössischen Kunstszene und Lebenswelt positionieren, durch eine gewisse Neigung zum Austesten extremer Lösungsmöglichkeiten charakterisierbar. Die weniger kühnen und originellen Romane des 12. Jahrhunderts, welche den Themenkreis von Minne und Rittertum mit weniger Tiefgang behandeln, liefern dem Leser späterer Zeiten ein insgesamt wahrscheinlich verläßlicheres Bild der hochmittelalterlichen Gesellschaft als die Spitzenleistungen. Gleichwohl läßt sich das idealistische Grundschema, demzufolge sich die in edlen Herzen angelegten Tugenden durch die Liebe voll entfalten und zum Kampf gegen das Dunkle in der Welt eingesetzt werden können, durch die gesamte Romanproduktion rund um Chrétien beobachten. Zugleich sorgt eine für diese Romanwelt generell charakteristische Atmosphäre der festlichen Disponibilität und entspannten Aufgeschlossenheit dafür, daß die latent vorhandene Tendenz zu kultureller Normierung nicht zu dogmatischer Strenge führt. Das höfische „Ideal" ist in dieser früheren Phase der Romangeschichte flexibel genug, um mit religiösen Motiven friedlich zu koexistieren. Ein gutes Beispiel für diese Offenheit liefert uns Gautier d'Arras, ein Zeitgenosse und vielleicht Rivale Chrétiens. Wie L. Renzi zeigt, ist Gautier ein Clericus, dessen Moralvorstellungen traditionellen Bahnen folgen: „(Gautier) resta sensibilmente legato alla cultura pre-trovatorica, e in particolare all'-agiografia …" (Renzi, Lorenzo 1964, 197). Wenn aber Gautier in seinem Roman *Eracle* (Ende der 70er Jahre) die Kreuzreliquie, Wunder und Heilige zu wichtigen Handlungsträgern macht, so hindert ihn die fromme Thematik keineswegs daran, ausführlich und mit Sympathie über die Liebschaften einer von ihrem Ehemann zu lange alleingelassenen Dame zu berichten. Evident ist der Einfluß der Hagiographie auch in *Guillaume d'Angleterre,* einem manchmal Chrétien zugeschriebenen Werk: Hier wird von einem in Liebe verbundenen Ehepaar berichtet, das göttlicher Anruf einem Leben in Geborgenheit entreißt und schweren Prüfungen unterwirft. Nach der Jahrhundertwende wird Jean Renart in *L'Escoufle* eine ganz ähnliche Geschichte erzählen, nur daß diesmal ein Raubvogel die Trennung der Liebenden bewirkt. Durch das keltische Inselreich des Königs Artus, durch Frankreich, Italien, Griechenland und den Orient wandert der Held des höfischen Romans, um sich zu bewähren, aber der Wege sind viele, und für richtiges Handeln gibt es Richtlinien, aber kein Standardrezept. Gautiers *Ille et Galeron* handelt von der Unsicherheit des Ritters, der fürchtet, durch eine im Kampf erlittene Verunstaltung seiner Herrin nicht mehr würdig zu sein, und vor der Liebe die Flucht ergreift, bis ihn sein Schicksal einholt. Im *Partonopeus de Blois* eines Anonymus wird der Held durch gesellschaftlichen Druck veranlaßt, das Inkognito seiner Geliebten zu lüften und sich damit gegen das von Amor verfügte Diskretionsgebot zu versündigen. Der Autor von *Athis und Prophilias* stellt sich im Anschluß an die Exempla der *Disciplina clericalis* des Petrus Alfonsi (nach 1106) die Frage, wie sich zwei Freunde aus der Affäre ziehen, von denen der eine die Braut des anderen liebt, wobei von Interesse ist, daß die beiden erhaltenen Textfassungen auf ganz verschiedene Weise enden. Statt mit erhobenem Zeigefinger zu belehren, machen sich diese Erzähler an die Erkundung mehr oder weniger komplizierter Casus, aus denen der Leser seine Schlüsse ziehen soll, während ihm bunte Ritterabenteuer und bewegte Herzensintrigen das Mitdenken angenehm machen.

Bei aller heiter-unpedantischen Lässigkeit sind die höfische Gesellschaft und ihre Romanciers darauf bedacht, sich als Elite zu definieren und sich von der „barbarischen“ Majorität zu distanzieren. Vom Bild des harfespielenden Esels im Thebenroman führt ein Weg zum *Roman de Renart* des Pierre de Saint-Cloud, den die Forscher früher als Parodie des ritterlichen Idealismus aus der Sicht kritischen Plebejertums gedeutet haben. Wie Hans Robert Jauss klarstellte, kommen im Fuchsroman als soziale Alternative zum Adel der Tiere ausschließlich tölpelhafte Plebejer (*vilains*) in Menschengestalt vor, denen nichts von einem erwachenden bürgerlichen Selbstbewußtsein anzumerken ist: „Der Lebensbereich des *vilain* erscheint hier als ein bloßer Jagdgrund am Rande der eigentlichen *aventure*, die sich die Tiere untereinander liefern“ (Jauss, H. R. 1959, 220). Um Überwindung von Fährnissen und um Bewährung geht es auch in diesen Texten, welche die höfische Welt scheinbar auf den Kopf stellen. Genau in diesem Punkt, dem Auf-die-Probe-Stellen des Protagonisten, unterscheidet sich der *Roman de Renart* ja von seinem Vorgänger, dem *Ysengrimus* des Nivardus, dessen Held gleich dem christlichen Streiter der Chanson de geste einem unentrinnbaren Schicksal ausgeliefert war. Von Aventure zu Aventure behauptet sich der Fuchs jedesmal aufs neue und wird mit den unmöglichsten Situationen fertig, ohne je seine Position definitiv abzusichern oder zu verlieren. Allerdings gewinnt er dabei nicht an moralischem Format, sondern demonstriert ein ums andere Mal, daß man mit skrupellosem Einsatz des „ingenium“ in dieser Welt weiter kommt als durch Macht- und Kraftentfaltung. Dieser zweifelhafte Rittersmann lebt inmitten einer Gesellschaft, in der das Streben nach Triebregelung und Innovation der Formen menschlichen Zusammenlebens nur Maske ist, auch wenn sich die Tiergestalten, deren bornierte Egozentrik durch ihr naturbedingtes Sosein unterstrichen wird, zeitweise als Pseudo-Hof um den königlichen Löwen versammeln. Nicht etwa die Weltfremdheit des Ideals ist es, über die sich der Dichter lustig macht, sondern die unfreiwillige Parodierung höfischer Lebensformen durch jene, welche diese Formen geistlos imitieren oder gänzlich ignorieren. Die Minnekasuistik, mit der Renart seine Gegner hinters Licht führt, macht die brutale Derbheit seiner „Werbung" um die Wölfin Hersent besonders deutlich.

Die nichthöfische Sozialwelt ist für die Romanciers des 12. Jahrhundert eindeutig das Hemmende, zu Überwindende. Dennoch sind sie weit davon entfernt, ihr nur mit Indifferenz oder Spott zu begegnen, gehört doch die Unterwerfung und zivilisatorische „Bekehrung" unhöfischer Ritter zu ihren Lieblingsthemen. Darüber hinaus liefern Gautier, Chrétien, Thomas usw. manchmal sehr eindringliche Bilder aus der Lebenswelt der Bauern und Bürger. Nach 1200 aber gewinnt die „expression romancée du réel" (Fourrier, Anthime 1960, 492) dermaßen an Bedeutung, daß der Gedanke des Übergangs zu einer neuen Phase in der Romangeschichte nicht von der Hand zu weisen ist. Für Rita Lejeune (Lejeune, Rita 1978, 400ff.) gibt es eine quantitativ bedeutende Gruppe von „romans réalistes" des 13. Jahrhunderts, bestehend aus den Werken von Jean Renart, Renaut, Jakemes und Philippe de Beaumanoir; dazu gesellen sich noch der Roman *Joufrois* eines unbekannten Verfassers und Jean Maillarts *Roman du Comte d'Anjou* (Beginn des 14. Jahrhunderts). Die belgische Forscherin räumt ein, daß sich diese Werke sowohl thematisch als auch hinsichtlich ihrer Wirklichkeitsdarstellung voneinander unterscheiden. Gemeinsam ist ihnen aber der Verzicht auf alles Märchenhafte und die Vorliebe für Schauplätze, Gestalten und Ereignisse, die der Dichter aus unmittelbarer Erfahrung schöpfen konnte. H. Birkhan, der den *Roman de la Rose ou de Guillaume de Dole* von Jean Renart, dem bedeutendsten dieser alltagsverbundenen Dichter, ins Deutsche übersetzt hat, spricht von „historisch-fiktionalen Gesellschaftsromanen" und weist auf die „minutiösen Schilderungen des ritterlichen und zum Teil auch bürgerlichen Alltags und Festes" hin (Birkhan, Helmut 1982, 18f.). Es wird sich später zeigen, daß dieser „realistische" Trend nicht die einzige Neuheit in der Romanentwicklung vom 12. zum 13. Jahrhundert darstellt. Seine besondere Bedeutung liegt jedoch in dem Umstand, daß er das starke Interesse an ethischen Werten und Normen einer höfischen Elite, welches den Roman in seiner ersten großen Blüteperiode prägte, deutlich relativiert. Ideologische und formale Veränderungen gehen im übrigen Hand in Hand: Karlheinz Stierle hat gezeigt, wie durch die Weiterentwicklung der Technik des „entrelacement", das eine Mehrzahl simultan verlaufender Handlungen zu einem Gesamtzusammenhang verbindet, die Erfahrung innerweltlicher Tiefe und Komplexität in die Romanwelt eingebracht wird (Stierle, Karlheinz 1980, 271ff.). „Erst die Verwilderung des Romans zu einer hybriden, in sich widerspruchsvollen Form konnte zum Ursprung für die Entwicklung des im eigentlichen Sinne modernen Romans werden" (Ebenda, 258). Der allmählich erfolgende Übergang zur Praxis des einsamen Lesens setzt nach Auffassung Stierles den traditionellen Hörerbezug der altfranzösischen Großepik außer Kraft. Im Zeichen der Neigung zum Konkret-Alltäglichen zeichnet sich ein Konvergieren des „realistischen" Romans und der sich ebenfalls stärker an lebensweltlichen Gegebenheiten orientierenden Chanson de geste ab. Im übrigen beschränkt sich die Tendenz zur Gattungsvermischung nicht auf die Erzähldichtung. In Jean Renarts *Guillaume de Dole* und vielen weiteren Texten des 13. Jahrhunderts finden sich lyrische Einlagen. Zu erwähnen wäre auch die mächtige Entfaltung des Dit, jener wahrhaft „hybriden" Form, in der sich Lyrisches, Didaktisches und Narratives vermischen. Außer Zweifel steht, daß die Bereitschaft der Romanciers zum Erproben neuer Formen und Techniken gewachsen ist.

Ein bemerkenswertes Symptom des Wandels sehen wir schließlich in der Tendenz, die soziale Position des Romanhelden zu problematisieren. Nach der Jahrhundertwende mehren sich die Werke, in denen ein Protagonist seines hohen Ranges verlustig geht. Wenn sich Tristan als Spielmann verkleidet, wenn Chrétiens Lancelot den Schinderkarren besteigt, so ist dieser temporäre, von der Liebe erzwungene Verzicht auf den Status des hohen Herren anders zu beurteilen als der Fall des Mädchens Fresne in *Galeran de Bretagne,* das von seiner adeligen, um ihren guten Ruf fürchtenden Mutter ausgesetzt wird und später als „menestrelle" durch die Lande ziehen muß, um seinen Lebensunterhalt zu verdienen. Ähnlich ergeht es Prinzessin Aelis in Jean Renarts *Escoufle,* die sich fern von ihrer Familie und ihrem Liebsten mit allerlei Gelegenheitsarbeiten durchbringen muß. Wie eine Bombe platzt die bösartige Verleumdung des bösen Seneschalls in das heitere Hofambiente von Renarts *Guillaume de Dole* und bringt Leben und Ehre der anmutigen Lienor in Gefahr. Auch der glorreiche Titelheld des Prosa-Lancelot (siehe unten 63ff.) leidet in seiner Jugend an der Ungewißheit hinsichtlich seines gesellschaftlichen Status, da ihm die Fee, die ihn seiner königlichen Mutter geraubt hat, seine Herkunft verschweigt. Während sie ihre Romanhelden aus dem warmen Nest werfen und zur Bewährung in inferioren Zonen der Gesellschaft zwingen, werden die Dichter das ganze Jahrhundert hindurch nicht müde, den Herzensadel über den Geburtsadel zu stellen. Jean Renarts Guillaume de Dole entstammt zwar einer alten Familie, besitzt aber als armer Hintersasse keine Burg, sondern nur einen von Palisaden umgebenen Gutshof. Dennoch hat er am Kaiserhof mehr Erfolg als so manche Hofschranze. Im weiteren Verlauf dieser Entwicklung wird da und dort auch das niedere Volk einer gewissen Sympathie seitens der Dichter teilhaftig. In seinem *Roman du Comte d'Anjou* (1316) schildert Jean Maillart „des vilains qui ne sont ni laids, ni odieux, ni ridicules; au contraire, par leur bonté, ils s'opposent aux vices de la noblesse" (Lejeune, Rita 1978, 450). Offenbar ist hier ein romangeschichtlicher Wandel im Gange, der auf einen allmählichen Abbau des Exklusivitätsanspruchs, der bisher für die höfische Gesellschaft kennzeichnend war, hinzudeuten scheint. Die Romanwelt wird breiter und gibt einer Lebensfülle Raum, welche das hierarchische Gefälle der Sozialordnung deutlicher fühlbar macht und zugleich kritischer Reflexion preisgibt.

Viele der in diesem Kapitel skizzierten Charakteristika des französischen Romans im 13. Jahrhundert treffen auch auf den in okzitanischer Sprache abgefaßten Flamenca-Roman (um 1240) zu: da ist der Hang zu breiter Darstellung des gesellschaftlichen Lebens, der Rollenwechsel des ritterlichen Helden, die Aufwertung des „ingenium". Aber in dieser durch ein einziges und unvollständig erhaltenes Manuskript überlieferten Summa der höfischen Weltanschauung wird das Minnekonzept der Trobadors so radikal aktualisiert und künstlerisch gültig umgesetzt, daß die Sphäre der „realistischen"

Romane deutlich in die Ferne rückt. Die von einem unbekannten Autor in Achtsilblern erzählte Geschichte vom Ritter, der zum Clericus wird, um den eifersüchtigen Ehemann zu täuschen und die geliebte Frau zu erobern, wirft das Problem der Beziehung zwischen „fin'amors", Gesellschaft und Kirche auf, um bedingungslos für die erstere Partei zu ergreifen. Damit distanziert sich *Flamenca* von einer in den folgenden Kapiteln behandelten Haupttendenz des französischen Romans dieser Epoche, die auf Disziplinierung und normative Integration der Liebe abzielt. Der Gegensatz zwischen einer dominierenden und einer marginalisierten Kulturwelt zeichnet sich hier sehr deutlich ab (vgl. Kirsch, Fritz Peter 1989).

2. Vom Experimentieren zum Ordnen

Angesichts des im vorigen Kapitel skizzierten Wandels stellt sich die Frage nach möglichen Zusammenhängen zwischen den romangeschichtlichen Entwicklungstendenzen und Veränderungen in dem soziokulturellen Gefüge der höfischen Welt, welches den Romanciers den Rahmen für ihre Diskussionen und Experimente lieferte. Indem er sich im Sinne eines uralten Topos als laudator tempors acti präsentiert, verkündet Chrétien im *Yvain*, daß edle, höfische Gesittung bei Rittern und Damen in den längst versunkenen Zeiten des Königs Artus weit eher anzutreffen war als in der Gegenwart. Mag sein, daß der Romancier damit auch auf die wachsenden Widerstände anspielte, die dem von der höfischen Dichtung entworfenen Ideal seitens einer harten zeitgenössischen Wirklichkeit entgegengesetzt wurden. War die Poesie des Artusreiches, die Vision einer von Liebe und Rittertugenden harmonisierten Gesellschaft nichts als ein schöner Traum der Aristokraten und Clerici, der in einem mehr und mehr von Thron, Altar und „bürgerlicher" Rationalität dominierten Zeitalter zwangsläufig den Rückzug antreten mußte ? Unbestreitbar ist, daß die französische Monarchie das ganze 13. Jahrhundert hindurch in ihrer Auseinandersetzung mit den großen Feudalfürsten bedeutende Erfolge für sich verbuchen kann. Durch den Sieg von

Bouvines (1213) wird der anglonormannische Rivale zurückgedrängt; in diesen Jahren beginnt auch der Albigenserkreuzzug, der nach jahrzehntelangem Ringen die De-facto-Unabhängigkeit Okzitaniens beenden wird. Während die Monarchie ihre Machtpositionen ausbaut und die Errichtung einer zentralen Bürokratie in Angriff nimmt, nützt das städtische Bürgertum seinen Reichtum zur Befreiung von feudalen Vorrechten und macht seinen Einfluß auch auf kulturellem Gebiet immer nachhaltiger geltend. Nicht wenige Dichter, unter ihnen der große Lyriker Rutebeuf, klagen über die utilitaristische Gesinnung, die von den Städten ausgeht und sich überall breitmacht, während der Glanz der großen Höfe, an denen kein Mann der Feder darben mußte, der Vergangenheit angehört.

Diese Klage darf uns aber nicht dazu verleiten, das zweite „grand siècle" des Hochmittelalters global zu einer Zeit der Götterdämmerung höfischer Werte zu erklären. Tatsächlich ist der Niedergang der Aristokratie im nördlichen Frankreich ein sehr langsam verlaufender Prozeß, der in den letzten Jahrhunderten des Mittelalters eben erst beginnt. Im 13. Jahrhundert und noch lange danach gibt es genug vornehme Leser und Förderer der volkssprachlichen Literatur, auch wenn ihre Großzügigkeit da und dort auf Grund des durch Preissteigerungen bedingten Wertverlustes der fixen Einkünfte aus den verpachteten Feudalgütern und der wachsenden Ausgaben für eine standesgemäße Lebensführung nachgelassen haben mag. Wenn man von einer Endzeit sprechen kann, so lediglich im Hinblick auf den Inselcharakter der höfischen Zentren. Als die Fürsten nicht mehr durchweg die Reichsten und Mächtigsten im Lande waren, als die wirtschaftliche Entwicklung auch außerhalb der höfischen Zentren Voraussetzungen für kulturelle Blütezeiten geschaffen hatte, geriet die Kultur der Ritter und Clerici in einen Expansionsprozeß, der ihr höchste Triumphe, aber auch den Zwang zur Anpassung einbrachte. Während politische Rückschläge und wirtschaftlicher Konkurrenzdruck an der Selbstherrlichkeit der großritterlichen Höfe nagten, eroberte die höfische Kultur mit dem Roman als repräsentativster Gattung ein immer zahlreicheres Publikum. So wie die elegante Welt der Adelsburgen in steigendem Maße dazu neigt, sich im nächstgelegenen städtischen Zentrum ein Palais zu errichten, so werden auch die Clerici von Tours, Arras, Orléans, vor allem aber von Paris angezogen: „... la tonalité de la civilisation s'en trouve modifiée. Les avantgardes de la culture ne sont plus placées dans ces cours vagabondes qui réunissaient seulement des guerriers et des clercs domestiques; elles se sont fixées dans les plus grandes villes où le public est beaucoup plus large et plus mêlé" (Duby, Georges/Mandrou, René 1968, I 149). Was an den Höfen des 12. Jahrhunderts erarbeitet wurde, bewahrt seine Vorbildlichkeit für dieses größere Publikum und motiviert zum Nachahmen, Anknüpfen und Weiterführen. Wenn das 13. Jahrhundert auf dem Gebiet der Romanproduktion nicht minder überragende Leistungen zu verzeichnen hat als das vorhergehende, so hängt dieses neuerliche Aufblühen mit dem kreativen Elan zusammen, den der Drang, das bewunderte Kulturerbe an die neuen Verhältnisse anzupassen, in den Dichtern weckt. Einen Aspekt dieser Neuschöpfung stellt jene Zurkenntnisnahme der gesamtgesellschaftlichen Verhältnisse und die mit ihr verbundene Relativierung privilegierter Positionen dar, von denen bereits die Rede war. Dazu gesellt sich das Bedürfnis, den Bezug der romanesken Ritterwelt zum christlichen Weltbild neu zu überdenken. Im Zeitalter des leidenschaftlichen Ringens um eine universale Ordnung des Glaubens mußte die höfische Experimentierfreudigkeit mit ihrem starken laizistischen Einschlag als moralisch bedenklich erscheinen. Gerade in den Städten, an den Universitäten, manifestiert sich ja das Erneuerungsstreben der Kirche, die sich nicht nur von den Katharern des Languedoc in Frage gestellt fühlt, auf besonders intensive Weise. Wo die höfische Kultur den Kreis einer relativ isolierten Elite verläßt, erleidet sie grundsätzlich dasselbe Schicksal wie die weltlich-heidnische Kultur der Antike: Was sich mit dem christlichen Weltbild verträgt, wird integriert, das Heterogene wird umgedeutet. Polemische Konfrontationen und Bannflüche gehören nur ausnahmsweise zu den Charakteristika dieses Wandels (immerhin hat 1277 der Bischof von Paris das berühmteste Minnetraktat, *De Amore* von Andreas Capellanus, verurteilt). Zwar finden sich da und dort Kritiken, die dem Roman Frivolität bescheinigen („li conte de Bretaigne sont si vain et plaisant", vermerkt der Heldenliedautor Jean Bodel zu Beginn seiner *Saisnes*), aber niemandem fällt es ein, die ritterlichen Themen und Leitbilder radikal in Frage zu stellen. Viele Versromane des 13. Jahrhunderts führen die Tradition des Artusromans weiter, wobei freilich auch epigonenhafte Bläßlichkeit um sich greift (vgl. Schmolke-Hasselmann, Beate 1980, 15f.). Minne und höfische Gesittung werden in dieser Unterhaltungsliteratur zu inventarisierbaren Standardwerten, mit denen sich die Oberschicht schmückt wie mit ihren klangvollen Namen und Titeln, die aber weniger als früher das Objekt kulturschöpferischer Anstrengungen darstellen.

Hingegen sprühen die Funken der Kreativität in einem anderen Sektor der Romanproduktion, nämlich dort wo Clerici einem Grundzug des zeitgenössischen Bildungswesens zur Aufarbeitung und Neuordnung des verfügbaren Wissens folgend darangehen, den Roman zum literarischen Sammelbecken zu machen, in dem Informationsmaterial aus der Lebenswelt und Traditionsgut verschiedener Herkunft zusammenströmt und sich zu einem umfassenden Bild der Welt vereint. Wahrscheinlich ist es kein Zufall, daß sich gerade während der ersten Hälfte des 13. Jahrhunderts der Übergang vom Versroman zur Erzählprosa ankündigt. Vorher waren es hauptsächlich Übersetzungen, Bibelkommentare sowie didaktische und juridische Texte, die in französischer Prosa verfaßt wurden. Nun begegnet der erste große Roman in ungebundener Form, der sich als Summa der höfischen Tradition versteht und zugleich das Gralsthema in den Mittelpunkt stellt. In *La Mort Artu,* dem letzten Teil des Lancelot-Gral-Zyklus wird als fiktiver Autor Bohort, ein prominenter Artusritter, angegeben. Sein Manuskript, so heißt es im Text, ist in der Bibliothek von Salisbury aufbewahrt und wurde von Gautier Map, dem Vertrauten des großen Dichtermäzens Henri II., ins Lateinische übertragen. Somit präsentiert sich die vorliegende französische Fassung als „schlichte" Übersetzung eines altehrwürdigen Textes. Bezeichnend ist, daß der Autor dieses ersten bedeutenden Prosaromans der französischen Literatur im dunkeln bleibt, jedes auktoriale Hervortreten vermeidet und nur als ein Bewahrer sakraler

Überlieferung verstanden sein will. Offensichtlich signalisiert der Gebrauch der Prosa ein Authentizitäts- und Universalitätsstreben, das sich letztlich die Bibel zum Vorbild nimmt. Will der Roman seine ruhmvolle Karriere als Wegweiser zu gesellschaftlichen Idealen fortsetzen, muß er die Synthese der höfischen Welt mit dem christlich-scholastischen Ordnungsrahmen verwirklichen.

3. Irdische Bindung und Transzendenz in den Gralsromanen

Chrétien de Troyes ist der erste französische Romancier, der einen fahrenden Ritter mit Gral und Lanze konfrontiert. Zwar wissen wir nichts über jenes Buch, das der Autor des *Conte du Graal* als seine Quelle bezeichnet, aber man kann annehmen, daß die seltsamen Ereignisse im Schloß des Fischerkönigs mit keltischen Mythen zusammenhängen, die wie so viele Erbstücke aus heidnischer Vorzeit einem Verchristlichungsprozeß anheimgefallen sind. Über die tiefere Bedeutung des Grals, der da an Perceval vorbeigetragen wird, finden sich in Chrétiens Text keine Hinweise; wir erfahren nur, daß dieses Objekt eine Hostie enthält, von der sich ein Asket ernährt. Mit dieser Szene wird Percevals „quête" durch eine religiöse Dimension bereichert, die in den anderen Romanen Chrétiens fehlte. Nach seiner Verfluchung durch die Gralsbotin und jahrelangem Umherirren wird der Held des Zuspruches eines heiligen Einsiedlers teilhaftig, der ihm an einem Karfreitag den Weg zu Gott weist. Wäre die Arbeit an diesem Roman nicht durch Chrétiens Tod unterbrochen worden, hätte Perceval zweifellos Gelegenheit gehabt, sein Rittertum durch die Kraft des Glaubens zur Vollkommenheit zu bringen. Der Text gibt keinen Anlaß zu der Annahme, daß der Dichter vorhatte, die höfisch-weltlichen Ideale, um die er in allen seinen Romanen gerungen hatte, bußfertig abzuwerten. Über den anderen Gralssucher Gauvain, der die Wendung ins Religiöse offenbar nicht mitvollzieht, wird an keiner Stelle negativ geurteilt.

Auch bei dem burgundischen Clericus Robert de Boron, der kurz vor oder kurz nach dem Entstehen des *Conte du Graal* seinen *Roman de l'Estoire del Graal* verfaßte, spielt antihöfische Polemik keine Rolle, obgleich bei diesem Autor die bei Chrétien nur angedeutete Verchristlichung der „matière de Bretagne" gründlich und systematisch durchgeführt wird. Roberts Gral ist eine Reliquie, die nicht minder heilig ist als das Schweißtuch der Veronika, handelt es sich doch um das Gefäß des heiligen Abendmahles, mit dem Joseph von Arimathia inmitten des Passionsgeschehens das Blut Christi aufgefangen hat. Joseph und sein Schwager Bron sind zu Hütern des wundertätigen Grals auserkoren, ein dritter Gralswächter soll sich im durch Joseph christianisierten Britannien offenbaren. Damit zeichnet Robert de Boron, der dem Millennarismus des Gioacchino di Fiore nahesteht, eine welthistorische Linie, die zu einer Konstellation von auserwählten Rittern rund um ein Gralskönigtum hinführt. Der Umstand, daß Robert im Gral nicht nur ein heiliges Objekt, sondern die Summe der „grands secrets" des Neuen Testaments sieht, spricht für die Auffassung von L. Struss, dieser Dichter habe „gegen das national-monarchistische Zeitbild des französischen Königtums in den Karlsepen und gegen das universalistisch-ständische Idealbild des Hochadels im höfischen Roman ... das eschatologisch begründete Gegenwartsverständnis und das christlich-universale, die feudalen Standes- und die politischen Landesgrenzen aufhebende Bewußtsein von der Erlösung aller Menschen" (Struss, Lothar 1968, 75) entwickelt. Man würde aber sicherlich fehl gehen, in Robert einen religiösen Eiferer zu sehen, der von der Warte seiner Gralsfrömmigkeit aus gegen weltliche Ritterideale polemisiert. Seine Darstellung paßt gut in eine Epoche, die eher daran interessiert ist, neue Wege zu erkunden, als ein vorschriftsmäßiges Itinerarium zu erarbeiten.

Eine weniger ausgewogene Einstellung herrscht hingegen bei den Verfassern jener Versromane, die an Chrétiens Werk anknüpfen, um es zu Ende zu führen oder einzelne Handlungsteile weiterzuspinnen. Hier gibt man sich entweder rein weltlich oder engagiert kirchlich. Sowohl der Autor der ersten *Continuation* (Fortsetzung) als auch jener der zweiten (vielleicht ein gewisser Wauchier de Denain) lassen es beim bunten Märchenspiel der Abenteuer bewenden: der eine schildert die Fahrten des Weltmannes Gauvain, der andere die eines Perceval, der viel von der Tolpatschigkeit seiner Jugendjahre bewahrt hat und sich durch Turniere und Liebeshändel nur allzu leicht von der Gralssuche ablenken läßt. Dagegen heben die Autoren der beiden zwischen 1220 und 1230 entstandenen Anschlußtexte, Gerbert de Montreuil und Manessier (dieser letztere erzählt Percevals Geschichte zu Ende), die religiöse Komponente so intensiv hervor, daß eine herbe Kritik am höfischen Rittertum nicht ausbleiben kann. Wahrscheinlich ist es als Angriff auf Chrétiens Minnekonzept zu verstehen, wenn es Gerbert darauf anlegt, die Artusritter durch Tristan demütigen zu lassen, indem er diesen als unbekannten Herausforderer auftreten und die stärksten Helden besiegen läßt. Nach Lüftung seines Inkognitos und freundlicher Aufnahme zieht Tristan hierauf mit einer erlesenen Schar zum Turnier an König Marcs Hof, wo er seinerseits von dem unversehens auftauchenden Perceval schmählich niedergestreckt wird. Schließlich gelingt es dem kriegerisch und moralisch gleichermaßen überlegenen Perceval, Tristan mit König Marc zu versöhnen und das skandalöse Verhältnis zu Yseut wenigstens vorläufig zu beenden. Freilich ist auch Perceval selbst noch nicht vollkommen. Sein Lehrer Gornemant prophezeit ihm, daß er nur dann der Gralsgeheimnisse teilhaftig werden kann, wenn er durch regelmäßigen Besuch der Messe seinen christlichen Glauben unter Beweis stellt und seine verlassene Geliebte Blancheflor heiratet. Damit ist der Triumph der christlichen Moral über die höfisch-weltlichen Tugenden vollkommen; zugleich zeichnet sich das Konzept einer Hierarchie ab, derzufolge sich der Rang des Gralsritters nach seiner Frömmigkeit richtet. Mit unüberbietbarer Deutlichkeit macht dieser plumpe Text klar, daß die Ära der humanistischen Entdeckerfreude und heiteren Toleranz zu Ende ist. In derselben Periode aber erwächst ein ungleich mächtigeres Dichtungsgebäude, in dem die Auseinandersetzung mit dem höfischen Erbe auf einem Niveau geführt wird, das eines Chrétien oder eines Thomas würdig ist: der Lancelot-Gral-Zyklus.

In diesem mehrteiligen Prosaroman, den manche Interpreten nicht zu Unrecht mit einer Kathedrale verglichen haben, werden die großen Themen der arthurischen Tradition in wahrhaft enzyklopädischer Fülle vor dem Leser ausgebreitet. Spuren Galfreds, Waces und Roberts finden sich sowohl in der *Estoire del Saint Graal* als auch in der *Estoire de Merlin,* hierzu gesellt sich im Lancelot-Buch und in der *Queste del Saint Graal* die Erinnerung an Chrétien, während wir mit *La Mort Artu* wieder zur *Historia Regum Britanniae* zurückkehren. Diese Summa ist zwischen 1220 und 1230 entstanden; ein fast ebenso gewaltiger Prosa-Tristan ist ihr bald gefolgt. Die Verfasserschaft liegt im dunkeln; möglicherweise hat der Autor des zentralen Lancelot-Textes die Gesamtarchitektur entworfen und anderen die Ausführung einzelner Abschnitte überlassen. Die Gliederung der Stoffmassen stellt ebenso wie die auf weiten Strecken von großem Ernst und sogar verhaltener Melancholie getragene Darstellung außer Zweifel, daß es hier um eine Demonstration irdischer Vergänglichkeit und eine Inszenierung des Triumphes der christlichen Spiritualität geht. Aber die Verchristlichung der höfischen Welt geschieht auf bemerkenswert behutsame Weise. Im Artusreich blühen edle Anmut und heitere Tugend, ohne daß klerikales Moralpredigen dazwischenführe. In späteren Jahrhunderten war es nicht so sehr die Gralsfrömmigkeit des Werkes, an der sich die Begeisterung der Leser entzündete, sondern der poetische Zauber des Liebespaares Lancelot und Guenièvre: Dantes Francesca-Episode im 6. Gesang der *Commedia* legt von dieser Faszination ein beredtes Zeugnis ab. Im irdischen Leben lassen sich Liebe und Ehre auch in diesem Romanwerk noch harmonisch verbinden, selbst wenn dabei die ehelichen Spielregeln übergangen werden. Erst sobald der Held nach Höherem strebt, erweist es sich, daß an der Minne auch sündige Verstrickung ihren Anteil hat. Wie in Chrétiens Karrenroman profiliert sich Lancelot als Erlöserfigur, indem er eine wunderbare, von Prophezeiungen umwobene Grabplatte hochhebt und dadurch die von Meleagant gefangengehaltenen Untertanen des Königs Artus befreit. Aber die zweite Prüfung, die bei Chrétien fehlte und die darin besteht, einen wegen seiner Sünden in einem brennenden Grab eingeschlossenen Verwandten zu befreien, kann Lancelot nicht bestehen, da er selbst nicht frei von Schuld ist. Ihm, den die Prophezeiungen als den Leoparden bezeichnen, der dem stärkeren Löwen vorangeht, ist es auch verwehrt, das mit dem Gral verbundene höchste aller Ritterabenteuer zu seinen Gunsten zu entscheiden. Freilich gelingt dies auch den anderen Suchenden nicht, von denen Perceval und Bohort die prominentesten sind. Und doch wird, mit Ausnahme des Verräters Mordret, keiner der höfischen Ritter letztlich verworfen oder auch nur abgekanzelt, weder der weltfreudige Gauvain noch der Liebesbote Galehaut und schon gar nicht Lancelot, den die göttliche Gnade gleichsam überrumpelt, indem sie ihn gegen seinen Willen mit der Tochter des Gralskönigs den Vollender der „quête", Galaad, zeugen läßt.

Die Werthaftigkeit des höfisch-laizistischen Läuterungsdranges wird voll und ganz akzeptiert; in dem Maße, als er die Sehnsucht nach der überirdischen Vollkommenheit weckt, kann er durchaus als Wegweiser zu Gott gelten. Allerdings ist die höchste Apotheose nur möglich, wenn aller irdischen Herrlichkeit entsagt wird. Galaad, die reinste Blüte, die das Rittertum hervorgebracht hat, rechtfertigt dasselbe und negiert es zugleich. Den übrigen Protagonisten ist zwischen höchstem irdischem Glück und schwermütigem Zurkenntnisnehmen der menschlichen Grenzen ein wechselvolles Dasein beschieden, bis letzten Endes die Schlacht von Salesbieres nur noch den Weg der Buße offen läßt. So wie bei Chrétien gibt es auch im Prosa-Lancelot eine strukturierende „conjointure"; allerdings zielt das Spiel der Symmetrien, Vorausdeutungen und Rückblicke nicht auf eine relative Harmonie im Zeichen der höfischen „joie" ab, sondern illustriert den Übergang vom Vorläufigen zum Endgültigen. Nichtsdestoweniger werden die Etappen vor diesem Ende mit maximaler Intensität ausgeleuchtet, besonders wenn es um die Darstellung seelischer Bewegungen geht. Von der Gewißheit seiner Weltdeutung her nimmt sich der Erzähler die Muße, jede Episode sorgfältig auszugestalten, kommentierend abzuwägen, diversen Echos im Bewußtsein der Protagonisten nachzugehen. Zum psychologischen Scharfsinn gesellt sich die Souveränität, mit der die Handlungsstränge miteinander verknüpft werden („entrelacement"), so daß der Eindruck unabsehbarer Weitläufigkeit und Hintergründigkeit der

Romanwelt entsteht. „Der Roman als fiktionaler narrativer Text mit vieldimensionaler Pluralisierungstendenz entdeckt hier gleichsam sein Formgesetz" (Stierle, Karlheinz 1980, 261). Die Welt der höfischen Ritter und Damen wird im Lancelot-Graal-Zyklus nicht einer streitbaren Kirche geopfert, sondern, im Gegenteil, als höchste Form „zivilisierter" Weltlichkeit, über der es nur noch das Kraftfeld göttlichen Waltens gibt, konsekriert.

4. Allegorie und Roman

Die Bemühungen, das höfische Erbe von seiner Bindung an exklusive Zirkel von Edelleuten und Clerici zu lösen, es gleichzeitig einem größeren, vom Geist der Städte, d. h. von ordnender Rationalität und christlichem Universalismus stärker geprägten Publikum näherzubringen, richteten sich im Falle des Lancelot-Gral-Zyklus einerseits auf die Ausgestaltung von Themen und Strukturen, die in der arthurischen Tradition bereits vorhanden waren. Daneben bietet sich aber die Möglichkeit, den Roman durch Heranziehung von Hilfsmitteln zu erneuern, die den Clerici des 12. Jahrhunderts zwar bekannt waren, von denen sie als Romanschreiber aber kaum Gebrauch machten, weil diese Mittel durch ihre enge Bindung an die kirchliche Sphäre nicht so recht in das laizistische Ambiente der Höfe paßten. Gemeint ist hier das Instrumentarium der Allegorik, mit dessen Hilfe die Dichter und Denker der Kirche während des ganzen Mittelalters die antike Kultur mit dem christlichen Weltbild zu versöhnen trachteten. Als Universalprinzip im Dienste der ordnenden und adaptierenden Vermittlung von Wissen hat sich die Allegorie ja seit langem nicht minder bewährt als in ihrer Funktion als rhetorischer Kunstgriff. Nachdem sie schon den hellenistischen Homer-Exegeten zur Rechtfertigung der von Platon der Lüge bezichtigten Dichter gedient hatte, verwendeten sie die Kirchenväter und ihre geistlichen Nachfahren für die Errichtung des christlichen Glaubensgebäudes über dem Text der Heiligen Schrift. Darüber hinaus bemühte man sich in den kirchlichen Bildungszentren des Mittelalters, ein Netz von allegorischen Bezügen über die ganze Schöpfung zu werfen, jedes Detail in Schrifttum und Lebenswirklichkeit auf zum Göttlichen weisende Zusammenhänge zurückzuführen, oder, im umgekehrten Verfahren, moralische Mächte als Personifikationen ins irdische Menschenleben hereinzuholen. Mit der Unterordnung heidnisch-sinnlicher Elemente unter die Richtlinien der Orthodoxie nahm man es dabei nicht immer sonderlich genau. So wirken in der philosophisch-theologischen Epik der Schule von Chartres die alten Götter mit neuen Funktionen bei der Erschaffung des Menschen mit; wenn bei neuplatonisch inspirierten Dichtern wie Alanus ab Insulis und Bernhardus Silvestris die Natur als „vicaria“ des Christengottes erscheint, so überschattet ihr Auftreten als Kämpferin gegen Sünde und Tod die zentralen Glaubenssätze von Erbsünde und Erlösung (vgl. Curtius, Ernst Robert 1967, 116ff.).

Derlei Kühnheiten blieben der jungen volkssprachlichen Literatur lange fremd. Im Roman des 12. Jahrhundert ist die Allegorik hauptsächlich als rhetorisches Hilfsmittel präsent, allenfalls als Tendenz zum „typologischen“ Verknüpfen von Verheißung und Erfüllung, wie sie sich bei Chrétien manifestiert. Erst als gegen Ende des Jahrhunderts der Klerus das Monopol der Bibelexegese verliert, als sowohl Geistliche als auch Laien beginnen, den „illitterati“ die Geheimnisse der Theologie durch selbständige allegorische Dichtungen zu vermitteln, eröffnen sich neue Wege für die volkssprachliche Großepik. Die zum allegorischen Roman hinführende Entwicklung beginnt mit Kommentaren zu den sakralen Texten. So ist Marie de Champagne, der Schutzherrin vieler französischer Dichter, eine allegorische Darstellung des Psalms 44, den schon Augustinus auf die Hochzeit Christi mit der Kirche bezog, gewidmet. Landri de Waben bearbeitet das Hohelied, indem er die Lehre vom mehrfachen Schriftsinn zur Gestaltung einer Serie von „aventures“ nützt, „eine Verschmelzung von religiöser Erfahrung und höfischem Minneideal, die in der Geschichte der volkssprachlichen Allegorie einzig dasteht“ (Jauss, Hans Robert 1968, 155). Der Schritt zur völligen Loslösung der Allegorie von der geistlichen Sphäre wurde den Dichtern sicherlich durch das Vorbild der antiken Epithalamiendichtung mit ihrer von elegant-weltlichen Personifikationen bevölkerten Szenerie erleichtert. Noch in der zweiten Hälfte des 12. Jahrhunderts haben einzelne Trobadors mit der Allegorisierung der Minnedichtung begonnen. Zwischen 1174 und 1186 schreibt der Kaplan Andreas (noch ein Protégé der Marie de Champagne) sein berühmtes Traktat *De Amore,* in dem das Reich des Liebesgottes als Weltmodell und irdisches Gegenstück zum biblischen Paradies dargestellt wird.

Zur Vermählung der Allegorie mit dem Roman aber kam es erst im 13. Jahrhundert. Trägt man der Vorgeschichte dieser Verbindung Rechnung, so kann es nicht verwundern, wenn ihr Wirksamwerden zunächst einem Moralisieren dient, das alles Weltliche zum Anlaß nimmt, vor Versuchung und Sünde zu warnen. Als Vorbild für den allegorischen Roman bot sich einerseits das Werk des spätantiken Epikers Prudentius an, der in seiner *Psychomachia* den Sieg der christlichen Tugenden über die heidnischen Laster feierte, andererseits wirkten jene Bereiche der Hagiographie nach, in denen Visionen der Heiligen eine besondere Rolle spielten. So ist es erklärlich, wenn im *Tournoiement de l'Antechrist* des Huon de Mery (1234) die Kritik an der irdischen Liebe recht scharf ausfällt: Im Entscheidungskampf der Tugenden und Laster läßt Amor die Streitscharen Christi im Stich und verteidigt gemeinsam mit Venus und Cupido die fast schon besiegte Fornicatio gegen Virginité. Der *Roman de Miserere* (ca. 1228) des Reclus de Molliens schildert in einer Traumvision den Paradiesgarten einer allem Weltlichen entrückten Liebe, wo durch eine Rose jungfräuliches Märtyrertum symbolisiert und ein reicher Sünder bekehrt wird. Auch in der *Queste del Saint Graal* des großen Prosazyklus waltet die Allegorie ihres frommen Amtes, und zwar in Gestalt eines Eremiten, der die religiöse „senefiance" jedes Abenteuers genau erklärt und damit den Protagonisten hilft, auf dem Weg zum Seelenheil vorwärtszukommen.

Andererseits trägt das laizistische Erbe des Romans nicht wenig zur Verweltlichung der Allegorie bei. Zwischen 1229 und 1236 ist mit dem *Roman de la Rose* des Guillaume de Lorris ein Werk entstanden, welches das Motiv der Traumvision, den Antagonismus der Personifikationen und die Etappenstruktur einer „quête" in der romanhaften Darstellung des zur Doktrin stilisierten Ideals der höfischen Minne verbindet. Der Rosenroman ist ebensowenig ein Schwanengesang der Ritterwelt wie der Gralszyklus einer ist, sondern eine Summa, in der eine vorbildhafte Überlieferung affirmativ ausgebreitet und festgeschrieben wird. Von einer den integrativen Tendenzen der Epoche entsprechenden Überhöhung der irdischen durch die himmlische Liebe findet sich in Guillaumes unvollendetem Text allerdings keine Spur. Die Romanwelt ist weitgehend mit dem von freundlichen und bedrohlichen Personifikationen (Oiseuse, Déduit, Dangier usw.) bevölkerten Garten des Liebesgottes identisch. Schritt für Schritt dringt das erzählende Ich – der Liebende – in diese Minnewelt ein, wo es mit vergegenständlichten Eigenschaften der Geliebten (Quelle, Kristalle, Blüte auf dem Rosenstrauch …) konfrontiert wird. So wie dieser Traumspaziergang keinerlei religiöse Perspektiven eröffnet, liefert er auch keinerlei Hinweise auf die im höfischen Roman bisher so eifrig diskutierte Wechselbeziehung zwischen Liebe und heroischer Bewährung im gesellschaftlichen Rahmen. Trägt man noch dem Kennerblick Rechnung, mit dem der staunende, nicht sonderlich tatkräftige Wanderer den ihn umgehenden materiellen Reichtum würdigt, so kann man mit Karl August Ott zu dem Schluß kommen, es handle sich bei diesem Werk um die Darstellung des aristokratischen Lebensstils aus der Sicht eines „aufstrebenden" Bürgers, der auch gerne dazugehören möchte (Ott, Karl August 1980, 157ff.). Vielleicht schießt diese Interpretation ein wenig übers Ziel hinaus, wenn sie das ersehnte Pflücken der Rose mit der Einheirat in eine vornehme Familie gleichsetzt. Es ist jedoch gut vorstellbar, daß Guillaume einem Kreis von bürgerlich-städtischen Intellektuellen angehörte, die selbstbewußt genug waren, um bei aller Begeisterung für die höfische Kultur, der sie sich nicht minder verbunden fühlten als die nichtadeligen Clerici des 12. Jahrhunderts, die ihnen gemäße Auswahl aus dem Fundus der Minnetradition zu treffen. Da dieses Aufbereiten und Organisieren nichts von einer pedantischen Inventur an sich hat, sondern als beseligende Entdeckungsreise konzipiert ist, präsentiert sich der Rosenroman Guillaumes als eine der anmutigsten und poetischsten Dichtungen des Hochmittelalters, obgleich es darin eigentlich um die Fixierung der Liebe in einem rigiden, die Autonomie des Protagonisten stark einschränkenden Regelsystem geht. Vom Abbau des Themas der heroischen Selbstbestimmung zeugt auch die während derselben Epoche entstandene „Chantefable" von *Aucassin und Nicolette,* deren männliche Hauptgestalt von O. Jodogne mit dem Qualifikativ „pleurnichard, sans dynamisme inventif" bezeichnet wurde (Jodogne, Omer 1978, 292). Offensichtlich ist das höfische Erbe dabei, zum „Kulturgut" zu werden, das eine feinsinnige, urbane Elite mit viel Kunstverstand und einer Prise liebevoller Ironie zu pflegen weiß.

Nach der Jahrhundertmitte trat die Allegorie in der volkssprachlichen Erzähldichtung häufiger in den Dienst der satirischen Behandlung aktueller Themen. Vor allem der Machtkampf an den Universitäten, der die Spannung zwischen unduldsamer Orthodoxie und unbändigem Drang zur Auseinandersetzung mit neuen Bildungsinhalten auf die Tagespolitik übergreifen läßt, begünstigt diese Entwicklung. 1263 nimmt Rutebeuf zum Streit der „maîtres séculiers" und der Ordensleute Stellung und prangert in seiner *Bataille des vices et des vertus* die Fragwürdigkeit der Demut gewisser Klosterbrüder an. Zwei Jahrzehnte später wird Jacquemart Gielée aus Lille in *Renart le Nouvel* den schurkischen Fuchs als das Symbol der triumphierenden Falschheit der Mönche zum Weltherrscher machen. Zwischen diesen beiden Texten ist Jean de Meuns „Fortsetzung" des Rosenromans entstanden, ein Riesenwerk von 18 000 Versen (Guillaumes Fragment umfaßt nur etwas über 4000 !), das den Roman konsequenter als irgendein Werk vorher zum Forum des philosophischen Disputs und der Sozialkritik werden läßt. In diesem zweiten *Roman de la Rose* führt die „quête" des Liebenden zum Erfolg. Das Rosenpflücken am Ende einer Werbung, bei der List, Betrug und Bestechung eine große Rolle spielen, wird ziemlich unverblümt als derbe Defloration dargestellt. Man wird der Bedeutung Jeans aber keinesfalls gerecht, sieht man in ihm nur den nüchternen Spötter, der darauf aus ist, Guillaumes poetischen Traum als Illusion zu entlarven. Wenn sich aus Jeans Werk eine kritische Einstellung zum Werk seines Vorgängers herauslesen läßt, so richtet sich dieselbe gegen eine Haltung, die sich mit der Kodifizierung der Minne und ihrer passiven Bewunderung begnügt, statt von dieser höfischen Tradition her die Probleme der Gegenwart zu beleuchten. Jeans Verfahren ist jenem des Verfassers (bzw. der Verfasser) des Lancelot-Gral-Zyklus insofern nicht unähnlich, als er ebenfalls bemüht ist, die ritterlichen Ideale aus ihrer elitären Exklusivität zu lösen und in ein umfassenderes Wertesystem zu integrieren. Allerdings merkt man es diesem Wertesystem an, daß es einer Epoche entstammt, in der das Ringen um ein erneuertes christliches Weltbild auf der Basis einer Synthese mit der aristotelischen Naturlehre in vollem Gange war. Zweifellos hat Jean de Meun an diesen Auseinandersetzungen, in deren Verlauf nicht nur die Averroisten in den Geruch der Ketzerei gerieten, sondern auch Thomas von Aquin persönlich, äußerst regen Anteil genommen und sich nicht gescheut, in seinem großen Roman Auffassungen vorzubringen, die vielleicht nur deshalb dem kirchlichen Bannfluch entgingen, weil sich ihre Darbietung stark an die altehrwürdige Tradition des Boethius und der Schule von Chartres anlehnte. Die Personifikation der Natur, die schon im *Planctus Naturae* des Alanus eine Hauptrolle spielte, ist auch in Jeans Rosenroman von zentraler Bedeutung. Unterstützt von ihrem Priester Genius kritisiert sie sowohl die soziale Hierarchie, die nicht „natürlich" und daher nicht von Gott gewollt ist, als auch die Triebregelungstendenzen der höfischen Gesellschaft, welche den lebenserhaltenden Funktionen der menschlichen Sexualität Einschränkungen auferlegen. Letztlich steht auch das Zölibat der Geistlichen im Widerspruch zum Fortpflanzungsauftrag. Freilich geht aus der Romanhandlung deutlich hervor, daß *Dame Nature* nur in dem Maße ernstzunehmen ist als sie sich der *Raison* unterordnet. Gerade dieses Zusammenwirken der beiden Damen wird aber durch den *Amant* verhindert, der als verliebter Narr den Versuchungen Amors auf den Leim geht, sich von der *Vieille* und dem *Ami* mit den erbärmlichsten Schlichen der Selbstsucht vertraut machen läßt und mit dem Rücken zur Vernunft seiner Natur folgt, die sich als recht manipulierbare Göttin erweist. Schlösse sich der Liebende hingegen der *Raison* an, fände er den Weg zu einer Liebe, die über jedes egoistische Glück zu zweit hinauswiese und letzten Endes den Weg zum guten Hirten gangbar machte. Sicher ist Jean de Meun nicht der „Heide“ und Wegbereiter der Renaissance, den nicht wenige Forscher in ihm gesehen haben, aber auch wenn man in seinem Werk den „Ton des Predigers“ (Ott, Karl August 1980, 170) wahrnimmt, so ist doch zu vermerken, daß unser Dichter durch die Hauptrolle, die er der Vernunft zuweist, ohne sie durch Personifikationen wie Glaube oder Gnade unterstützen zu lassen, im geistigen Spannungsfeld der Epoche eine nicht gerade konformistische Position innehat. Der Gedanke, Jean hätte dem „Averroismus gewisser Universitätskreise“ nahegestanden (Jauss, Hans Robert 1968, 237), ist wohl nicht von der Hand zu weisen.

III. Im Zeichen der Nostalgie (14. und 15. Jahrhundert)

Während des ganzen Spätmittelalters werden Romane verfaßt und finden ein geneigtes Publikum. Aber der Reichtum der Produktion in quantitativer Hinsicht kann nicht über das Nachlassen des schöpferischen Elans hinwegtäuschen. Die französische Ritterepik, die im Italien des 15. Jahrhundert als grandioses „poema cavalleresco“ der Renaissance auferstehen wird, erschöpft sich im Land ihrer Herkunft im endlosen Variieren konventioneller Elemente. Zur Erklärung dieser Dekadenz bieten sich zahlreiche Krisensymptome an, von den Pestepidemien des 14. Jahrhunderts über die katastrophalen Niederlagen der französischen Ritterschaft im Hundertjährigen Krieg bis hin zu den tiefgreifenden Unruhen und Spannungen, die nach dem Abebben der hochmittelalterlichen Aufbruchsepoche in ganz Europa zu beobachten sind (vgl. Bosl, Karl 1972, 157ff.). Für die Erhellung der romangeschichtlichen Zusammenhänge sind freilich weder Einzelphänomene sonderlich brauchbar noch allzu weitgespannte Rahmungen. Gehen wir davon aus, daß der Roman in enger Verbindung mit den Zivilisationsschüben innerhalb weltlicher Elitekreise entstanden ist und in der Folge maßgeblich an einem Integrationsprozeß beteiligt war, der dynamisch genug war, in Ansätzen ein gesamtgesellschaftlich relevantes System kultureller Normen hervorzubringen, so müssen wir uns fragen, welche Komponenten maßgeblich daran beteiligt sein mochten, daß diese Entwicklung zur romanesken Synthese aristokratischer, kirchlicher und bürgerlicher Elemente zum Stillstand kam. Von entscheidender Bedeutung dürfte der Umstand sein, daß die maßgeblichen Machtgruppen der Gesellschaft, die bis zum Ende des 13. Jahrhunderts genügend Entfaltungsspielraum besaßen, so daß sie einander eher befruchteten als hemmten, im Spätmittelalter immer heftiger um die Vorherrschaft rangen. Was die Kirche betrifft, so waren die Auseinandersetzungen um Orthodoxie und Heterodoxie ihrer Neigung zur Toleranz nicht eben zuträglich: in den letzten Jahrzehnten vor 1300 trifft eine Serie von Verdammungsurteilen sowohl die Verfechter des radikalen und gemäßigten Aristotelismus als auch die Anhängerschaft des höfischen Liebesgottes. Während die Trobadors von der Inquisition diszipliniert werden, fallen 1277 sowohl das alte Liebestraktat des Andreas Capellanus als auch Jean de Meuns rezenter Rosenroman der Verurteilung durch den Pariser Bischof anheim. Damit geht eine Epoche zu Ende, in der der schreibende Clericus inmitten der geistigen Landschaft seiner Zeit relativ weitgehende Bewegungsfreiheit genoß: weltlicher Bereich und theologische Sphäre sind von nun an streng zu trennen, die irdische Liebe hat auf ihre Universalambitionen zu verzichten.

Seit Philippe IV. von seinen meridionalen Legisten in der Überzeugung bestärkt wurde, „empereur de ses états" zu sein, waren die französischen Monarchen unermüdlich bestrebt, eine zentralistische Verwaltungsmaschinerie auf- und auszubauen. Aber zum Mittelpunkt einer zu kulturellen Innovationen bereiten Hofgesellschaft wird der König vorläufig nicht. Zwar interessieren sich die Valoisherrscher in höherem Maße als die frommen Kapetinger für weltliche Kunst und betätigen sich auch als Mäzene, aber der Krieg zwingt sie, Paris zu verlassen und die Administration nahe der Loire zu etablieren. Da der Hof auch in friedlicheren Zeiten nicht nach Paris zurückkehrt, wird der Augenblick hinausgezögert, in dem sich um den Sieger im Kampf um die politische Vorherrschaft eine neue höfische Gesellschaft versammeln wird. Was den Adel betrifft, so hat er schwere Einbußen an wirtschaftlicher Substanz und politischem Einfluß hinzunehmen. Groß ist jedoch nach wie vor sein soziales Prestige. Auch im 15. Jahrhundert zweifelt eigentlich niemand daran, daß die Aristokratie den ersten Platz einnimmt und dazu berufen ist, „durch die Erfüllung des Ritterideals die Welt zu stützen und zu läutern" (Huizinga, Jan 1965, 83), während auch die reichsten Bürger weiterhin den zum Dienen verpflichteten *Vilains* zugerechnet werden. Von diesem Pochen auf die ererbten Rechte, diesem Geltungsstreben angesichts der Bedrohung können die Romanciers materiell profitieren, sofern sie auf ihre Neigungen zum Totalen und Universellen verzichten und in ihren Werken dem Wunsch des Adels nach Repräsentation und Dekorum entgegenkommen. Daher wird die belebende Symbiose mit dem städtischen Geistesleben rückgängig gemacht, präsentiert sich die höfische Kultur so exklusiv-aristokratisch wie kaum je zuvor. Daran ändert sich auch nichts, als nach dem Verschwinden der meisten alten Feudaldynastien durch das Nachrücken von Fürsten königlichen Blutes in regionale Machtzentren eine Konstellation eintritt, welche die Hegemonie des Monarchen schwer gefährdet. Auch am Hof der mächtigen Herzöge von Burgund ist das Ritterideal nur noch starre Konvention, „et, sans se renouveler, devient le thème dominant d'une parade strictement réglée, dont l'étiquette, transmise à l'Autriche et à l'Espagne, reviendra en France au temps de Louis XIV" (Duby, Georges/ Mandrou, Robert 1968, I 227).

Schon die der sogenannten realistischen Richtung des 13. Jahrhunderts zugerechneten Romanciers (z. B. Jean Renart) haben damit begonnen, in ihren Werken adelige Zeitgenossen als „Statisten" mitwirken zu lassen und Reportagen über historische Turniere einzuschieben. Neben diesem Verfahren findet sich im spätmittelalterlichen Roman häufig die Verknüpfung der Romanhandlung mit der mehr oder weniger legendären Geschichte einer vornehmen Familie. Der Roman *Mélusine,* den Jean d'Arras und Couldrette kurz vor 1400 in zwei voneinander unabhängigen Fassungen zum Ruhm des Hauses Lusignan verfaßten, kann hier als markantes Beispiel dienen. Die Verbindung mit einem Wesen aus der Feenwelt wird eingestandenermaßen zum höheren Ruhm eines realen Grafengeschlechtes erzählt. Von der Diskretion, mit der die Romanciers des 12. Jahrhundert eine Linie verfolgten, die von König Artus bis zu Henri Plantagenet führte, ist hier keine Spur mehr geblieben. Das Illustrieren und Stilisieren tritt an die Stelle kritischen Aufarbeitens; neben dem Fürstendienst ist für die Romanciers nur noch das Knüpfen bunter Abenteuerteppiche von Interesse. Auch die zahlreichen Übertragungen beliebter Versromane in Prosa („dérimages") dienen keinem Bedürfnis nach Umschmelzung und geistiger Durchdringung mehr, sondern haben nur die gefällige Aufbereitung eines Materials zum Ziel, dessen Prestige so etabliert ist, daß es nicht mehr zu schöpferischem Wettbewerb herausfordert. Die alten Heldengeschichten um Karl den Großen und König Artus rücken zusammen, Themenkreise, Gattungen und Register vermischen sich am mythischen Horizont einer Vergangenheit, deren Vorbildlichkeit den schönen Schein liefert, mit dem die Abgründe und Verstrickungen der Gegenwart überdeckt werden. Die Tugenden der Ritter sind in diesen Romanen ebenso makellos wie die Schönheit der Damen; daher sind es gerade Werke aus dieser Spätzeit, die bei der Nachwelt als Handbücher höfischer Gesittung hohes Ansehen genießen, wie etwa jener weitläufige *Perceforest,* der die Vorgeschichte des Artusreiches berichtet, in all den verästelten Abenteuerserien aber nichts wahrhaft Neues unterzubringen vermag: „D'où également l'impression que tout se limite à la recherche d'un petit bonheur romanesque" (Zink, Michel 1983, 298).

Wo die allegorisierende Erzähldichtung nicht mehr von jenem Klima der leidenschaftlichen intellektuellen Konfrontation im städtisch-universitären Milieu profitiert, welche Jean de Meun zu seinem Meisterwerk inspiriert hatte, überschreitet sie öfter die Gattungsgrenze zum Lehrtraktat bzw. zur erbaulichen Sammlung von Erfahrungen und Lebensweisheiten, die gebildete Herren aus den Reihen des Adels oder der Kirche ihren Standesgenossen vorzulegen wünschen. Hier wäre Guillaume de Digullevilles *Pèlerinage de la vie humaine* (1331) zu nennen, ebenso wie der *Songe du vieil pèlerin,* in dem Philippe de Mézières gegen Ende des Jahrhunderts diverse Personifikationen über französische Innenpolitik, die Kreuzzugsidee usw. diskurrieren läßt. René d'Anjou faßt in seinem *Livre du coeur d'amour épris* (1457) noch einmal die Minnedoktrin zusammen. Alle diese Werke deuten eine Öffnung zu den Herausforderungen der Epoche an, ohne sie wirklich zu vollziehen: „ce qui est frappant, c'est la présence de plus en plus insistante du monde des objets … sans que l'on n'assiste encore à la rupture de la trame allégorique sous le poids de la réalité …" (Strubel, Armand 1983, 266).

Wenn für eine Gattung, die im Begriffe war, sich in einer elitären Abseitsposition zu verlieren, Erneuerung möglich war, so konnte diese am ehesten auf dem Wege parodistischer Infragestellung anvisiert werden. Aber Antoine de la Sale, der gerne als Pionier der Entmythisierung des klischeehaft gewordenen höfischen Erbes zitiert wird, stellt die Ritterideale nicht grundsätzlich und aus persönlicher Überzeugung in Frage. Sein Roman vom *Petit Jehan de Saintré* (1456) schildert den Bildungsweg eines jungen Edelmannes im höfischen Milieu, ohne die Darstellung prunkvoller Adelsfeste und komplizierter Minneriten ironisch zu verfremden. Freilich ist La Sale bei allem Respekt vor der Tradition kritisch genug, um das Fragwürdige und Allzumenschliche zu erkennen, das hinter der glanzvollen Fassade lauert, glauben doch die vornehmen Damen und Herren selbst nicht immer an die Werte, denen sie huldigen. Gegen Ende des Romans wird die verehrte und strenge Herrin Jehans als lockere Freundin eines derben Pfaffen entlarvt, der junge Ritter selbst aber von dem Klosterbruder erbärmlich verdroschen. Da aber La Sale weder die soziokulturellen Voraussetzungen noch das Format eines Cervantes besitzt, löst er den inszenierten Konflikt, indem er ihn zur individuellen Entgleisung stempelt und dem beleidigten Ritter den Sieg und die Bestrafung der Sünder wider die höfische Ordnung gönnt.

IV. Die Freiheit und ihre Grenzen (16. Jahrhundert)

1. ‚Conte joyeux' und kolloquialer Diskurs

Im 15. Jahrhundert endet der lange Konkurrenzkampf zwischen dem König und den großritterlichen Dynastien bzw. den an deren Stelle getretenen Apanagefürstentümern mit einem Sieg der Monarchie, an dem nicht mehr zu rütteln ist. Dieser Triumph der einen Zentralmacht schafft besonders günstige Voraussetzungen für die gegenüber Italien verspätete, aber nichtsdestoweniger äußerst glanzvolle Entfaltung der Renaissance in Frankreich. Wenn Niccolò Machiavelli angesichts der Italien drohenden Fremdherrschaft das Bild des starken Herrschers zeichnet, denkt er dabei an den Valois an der Spitze des volkreichsten Landes in Europa, das sich im Inneren konsolidiert und nach außen hin Großmachtpolitik betreibt. Die Religionskriege werden die Entwicklung zum absolutistischen Einheitsstaat verlangsamen, aber nicht aufhalten: „on ne cessa de s'acheminer vers la formule louis-quatorzième de la monarchie" (Duby, Georges 1971, 249).

Dieser Herrscherhof, der gleich einer wandernden Stadt durch das Land zieht, und, wenn er sich an einem Ort niederläßt, bis zu 15 000 Personen an sich zieht, wirkt als Strahlungszentrum erlesener Gesellschaftskultur, das jeden Adelshof an Glanz übertrifft. Zu diesem Kreis findet auch ein Teil des Bürgertums Zutritt, da sich für die reichsten Familien bereits die Chance eröffnet, ihren Sprößlingen durch Ämterkauf einen Weg zu ebnen, der letztlich zur Nobilitierung führt. Die Anziehungskraft, die der königliche Hof bzw. die intimeren Kreise rund um Prinzen und Prinzessinnen auf Dichter und Gelehrte ausüben, ist so groß wie nie zuvor. Damit scheint sich unter der Ägide des triumphierenden Monarchen jener Prozeß, der im 12. Jahrhundert zum kulturschöpferischen Aufbruch einer an großen Höfen versammelten Elite geführt hatte, in konzentrierterer Form zu wiederholen. Seitdem die gesellschaftlichen Gruppen einander nicht mehr in lähmendem Konkurrenzkampf gegenüberstehen, sondern sich der Autorität des Einen zu beugen haben, scheint einer Erarbeitung integrativer Wertmodelle für eine optimistisch in die Zukunft blickende Gemeinschaft nichts mehr im Wege zu stehen.

Es ist jedoch keineswegs ausgemachte Sache, daß der Roman in seiner spätmittelalterlichen Verfassung zur Lieblingsgattung einer nach neuen Idealen trachtenden Gesellschaft werden kann. Seine ersten Versuche, sich von der einseitigen Bindung an eine Aristokratie zu lösen, die ihre wachsende Verunsicherung durch Bewahren und Pflegen von kaum mehr zeitgemäßen Traditionen zu meistern sucht, sind nicht sonderlich erfolgreich. Der Roman *von Jehan de Paris* (1498) hat das Interesse moderner Interpreten gefunden, da er die Außenpolitik der französischen Monarchie zu illustrieren sucht und ein Interesse am Konkreten und Realen an den Tag legt, das auf einen bürgerlichen Autor hindeutet. Und doch geht dieser Erzähler nicht über das schon im 13. Jahrhundert praktizierte Verfahren der Verknüpfung von Liebesabenteuern mit Elementen der zeitgenössischen Lebenswelt hinaus. Zwar ist der Liebende, der da inkognito in die Fremde zieht, um die Schönste zu gewinnen, mit dem König von Frankreich identisch, aber die Art, wie er sein privates Glücksstreben mit dem Dienst am Gemeinwohl verbindet, weicht kaum von den längst bewährten Mustern des Ritterromans ab. Seine kriegerische Tüchtigkeit braucht Jehan de Paris nicht unter Beweis zu stellen; aber das alte Schema von Sehnsucht und Bewährung, die Demonstration edler Gesittung inmitten festlichen Gepränges, sie funktionieren wie eh und je.

Die neuen sozialgeschichtlichen Konstellationen und das von ihnen geweckte Lebensgefühl, dem die einströmenden Referenzen des Humanismus Form und Richtung geben, drängen gleichwohl nach erzählerischem Ausdruck. Nur daß sich die künstlerische Vitalität, die in der Geschichte des französischen Romans neue Akzente setzen wird, aus Quellen nährt, die abseits des Hauptstranges der Gattungstradition liegen. Jene Gegenwartsnähe und Experimentierfreude, die der Roman vermissen läßt, wird im 15. Jahrhundert zum in die Zukunft weisenden Charakteristikum der französischen Novellistik.

So erklärt es sich wohl, wenn in manchen Studien die Geschichte des „modernen Romans“ erst Anfang des 17. Jahrhunderts einsetzt, genauer gesagt mit d'Urfés *Astrée* (vgl. Boursier, Nicole 1990).

Aber selbst wenn die „Platzhalterfunktion“ der Novellenproduktion in der Geschichte der großepischen Gattung nicht anerkannt wird, reicht das Werk des François Rabelais aus, um seine Epoche zu einem bedeutenden Romanjahrhundert zu machen.

Winfried Wehle hat gezeigt, daß die ersten französischen Humanisten Vorbilder wie Boccaccios *Decameron,* Petrarcas *Rerum Memorandarum Libri* und das *Liber Facetiarum* von Poggio Bracciolini gemäß dem Prinzip der Imitatio für die Erarbeitung eigener Werke nutzbar machten (vgl. Wehle, Winfried 1981, 32ff.). Die Sammlung der *Cent nouvelles nouvelles* (1462) ist von einem Unbekannten unter dem Einfluß des 1414 erstmals übersetzten *Decameron* verfaßt worden. Hier verbindet sich ein Anknüpfen an die autochthone Tradition der Fabliaux und Exempla mit einem starken Bezug zur Welt der Gegenwart. Es sind zeitgenössische Persönlichkeiten, die nacheinander Geschichten erzählen und dabei sowohl für derbsaftige Pointen als auch für scharfsichtiges Analysieren Spielraum lassen. Durch tiefgreifende Änderungen hinsichtlich der Funktion des Rahmens und der Erzähltechnik erreicht der Anonymus eine „nachhaltige thematische Verengung des Novellenerzählens auf eine dem Folklore nahestehende „joyeuse matière““ (Wehle, Winfried 1981, 37). Eine Erzählerfigur wird dem Leser kurz vorgestellt und berichtet sodann über einen bestimmten Fall, der sich in naher Vergangenheit zugetragen hat, und arbeitet die schrecklichen oder grotesk-komischen Seiten dieser Geschichte heraus, ohne nach einem ideologischen Ordnungssystem zu suchen, dem sich der Casus einfügen ließe. An die Stelle des durchkomponierten und durchgedeuteten Lebensbildes wie wir es bei Boccaccio finden, wo sich brutale Scherze und Beispiele ritterlicher Großmut gleichermaßen dem Harmonisierungswillen der Erzähler-Brigata fügen, setzen die *Cent nouvelles nouvelles* ein vielfältiges, locker vor den Leser hingebreitetes Angebot an Verhaltensmustern, wie sie im alltäglichen Sozialleben Anwendung finden können. Dieses Angebot richtet sich an ein Publikum, in dem Vertreter aller sozialen Schichten vertreten sein können und das den Recueil als Nachschlagewerk für die gesellige Unterhaltung benützen soll: „Diese öffentlich-mündliche Performanzbedingung verleiht den Geschichten einen Aufführungscharakter, der dem ‚oralen Stil' des Novellenerzählens mit seinen zahlreichen direkten Reden, mundartlichen Wendungen und dem stets beliebten krassen Ausdruck ein vertretbares ‚aptum' verschafft" (Wehle, Winfried 1981, 102). Gewinnt die orale Komponente, das Besprechen, Bespötteln und Kommentieren im Plauderton, an Bedeutung – und dies ist im 15. und 16. Jahrhundert eindeutig der Fall –, so setzt sich „eine Neigung zum breiten und detaillierten, wenig zielstrebigen Erzählen (durch), ohne daß bestimmte Gattungsgesetze als verpflichtend empfunden (würden)" (Krömer, Wolfram 1976, 11).

Hier geraten wir in ein gattungsgeschichtliches Grenzgebiet, wo das Erzählen mitunter nur noch Hilfsfunktionen besitzt, verweist doch die dominierende Position des Oralstils in der französischen Narrativik am Beginn der Neuzeit auf die Tradition der Predigttexte und sonstigen Erbauungstraktate sowie auf die satirisch-didaktische Literatur weltlichen Zuschnitts. Zum reichen Repertoire der mittelalterlichen Dits gesellen sich in diesem Zusammenhang die weitläufigen Diskurse der Personifikationen in der allegorischen Epik. Wenn dieses Diskurrieren den gelehrten Ernst und die dogmatische Umständlichkeit ablegt bzw. seine Aufgabe nicht mehr im Verkünden unumstößlicher Wahrheiten erblickt, sondern sich damit begnügt, eine bereits als fragmentarisch empfundene Wirklichkeit aus eingestandenermaßen subjektiver Perspektive abzutasten, dann kann ein so eigenartiger Text entstehen wie *Les quinze Joyes de Mariage.* Dieses Werk, das vielleicht um die Wende von 14. zum 15. Jahrhundert entstand und 1470 gedruckt wurde, konfrontiert den Leser mit der „Stimme" eines Erzählers/Sprechers, der in launigem Konversationston diverse Lebenslagen skizziert und narrativen Abläufen nur ansatzweise Raum gibt, da ihm das witzige Verbalspiel mit der Thematik ehelicher Freuden und Leiden wichtiger ist als zielstrebiges Berichten. Hier, ebenso wie in der alsbald einsetzenden Grundwoge der französischen Renaissancenovellistik, manifestiert sich ein enormes Bedürfnis nach Freisetzung der Erzählprosa von allen beengenden Etiketten und Richtschnüren. Lachend, schwatzend, diskutierend und Geschichten erzählend werden im Laufe des 16. Jahrhunderts alle sozialen Gruppen zu Wort kommen. Ohne sich über die „rustres" zu mokieren, wird der Landedelmann Noël du Fail in seinen *Propos rustiques* (1547) die Bauern reden lassen, wie ihnen der Schnabel gewachsen ist. Bénigne Poissenot läßt in seinem *Esté* (1583) Studenten erzählen, Guillaume Bouchets *Sérées* (1584–98) erteilen bürgerlichen Sprechern das Wort. In dem Maße als der Triumph der Monarchie den Abbau kirchlicher bzw. feudaler Grenzziehungen beschleunigt und den innovatorischen Impulsen humanistischer Geistigkeit freie Bahn schafft, fallen etliche Schranken zwischen Volkskultur und Elitekultur. Freilich verhielt es sich im Königreich Frankreich mit der Freiheit der Oralität in der kolloquialen und erzählenden Prosa nicht anders als mit der Vielfalt sprachlicher Varietäten im Alltagsleben. Schon unter Franz I. kündigte sich eine Entwicklung an, die eine immer straffere Reglementierung auf allen Gebieten zur Folge haben sollte. Bevor aber diese neue Eingrenzung in der Literatur neue Maßstäbe setzte, feierten die vorurteilslose Weltfreude sowie der bildungsträchtige und gleichwohl volksnahe Oralstil novellistischer oder convivialer Herkunft im Romanwerk des François Rabelais ihren größten Triumph.

2. François Rabelais

Die gattungsgeschichtliche Sonderstellung Rabelais' ist oft vermerkt worden (vgl. Stackelberg, Jürgen von 1970, 18ff.). Zweifellos hat sein Werk nachhaltig auf große Erzähler der Nachwelt eingewirkt: sein Einfluß begegnet bei Charles Sorel und La Fontaine, bei Voltaire und Diderot, bei Balzac und Victor Hugo, reicht letztlich bis ins 20. Jahrhundert. Aber von der Welt des mittelalterlichen Romans her scheint kein Weg zu ihm zu führen. Anders als sein Zeitgenosse Ariost oder, nach ihm, Cervantes bemüht sich Rabelais kaum um parodistisches Variieren der Minnekonventionen und Abenteuergirlanden in den

Rittergeschichten. Mit völliger Indifferenz allen elitären Gattungstraditionen gegenüber läßt er sich von einem 1532 kolportierten Volksbuch anregen, die Geschichten rund um den populären Märchenriesen Gargantua fortzuspinnen, indem er von den Abenteuern seines Sohnes Pantagruel berichtet. Zwei Jahre später erzählt er selbst das Leben Gargantuas und folgt damit einem charakteristischen Verfahren der mittelalterlichen Großepik, in der die Familiengeschichten der Protagonisten eine große Rolle spielten. In den späteren Werken (1546 *Le Tiers Livre;* 1546 *Le Quart Livre;* 1562 *Le Cinquième Livre)* folgen weitere Abenteuer Pantagruels, vor allem im Rahmen der großen Seereise zum Orakel der „Dive Bouteille". In diesen Büchern fehlt es nicht an ereignisreichen Episodenfolgen, auch die Thematik des Wunderbaren ist reichlich vertreten. Aber Rabelais' Helden sind keine Ritter, welche ihren Damen dienen und von deren „quête" sowohl ihr persönliches Schicksal als auch das der höfischen Gesellschaft abhängt: Gargantua und Pantagruel treten uns als tatenfrohe, weise und edle Monarchen entgegen, mit deren Darstellung unser Autor weit eher an die Tradition der *Chanson de geste* anknüpft als an jene des Romans. Freilich fungierte der Gargantua des Volksbuches als Helfer des Königs Artus, aber diese Kombination berechtigt nicht, Rabelais' Protagonisten als Erben der höfischen Tradition zu betrachten, findet sie doch eine ausreichende Erklärung durch die Tendenz zur Vermischung (Karlheinz Stierle spricht von „Verwilderung"), welche den großepischen Gattungen im Spätmittelalter eignet (siehe oben, 55). Ursprünglich war der Typ des naiven Riesen mit dem Herzen am rechten Fleck nämlich im Gefolge der Epenhelden anzutreffen: der Rainoart der Wilhelmsgeste gehört zu seinem verehrten Guillaume, so wie später Pulcis Morgante zu Orlando gehört. Die Volksdichtung hat den fröhlichen Kraftkerl aus seiner subalternen Position geholt und zum autonomen Protagonisten entwickelt. Zur Trägerfigur einer Vision des idealen Herrschers ist er aber erst bei Rabelais geworden, dessen Konzept stark an jenes des altfranzösischen Heldenliedes in seiner ersten, ganz von der Hingabe an die Sache der fränkischen Monarchie geprägten Phase erinnert. Sowohl im *Gargantua* als auch im *Pantagruel* erzählt Rabelais, wie einer der

Riesenkönige eine gegen sein Herrschaftsgebiet gerichtete Aggression zum Scheitern bringt. Dabei handelt es sich nicht um die Konfrontation von Christen und Heiden, sondern um die Abwehr von überheblichen und brutalen Nachbarn durch ein friedfertiges und gerechtigkeitsliebendes Königtum. Bedeutsam ist aber, daß der König nicht als Wahrer der *coutume* im Hintergrund bleibt, so wie es der höfische Idealherrscher Artus getan hatte, sondern persönlich ins Feld zieht und gleich dem Heldenkaiser Charlemagne auch Zweikämpfe nicht scheut. Die große Reise zur wundersamen Flasche könnte als Parodie der Gralssuche gedeutet werden, erinnert in vielen Zügen aber eher an den *Pèlerinage de Charlemagne,* wo ein anderer, sehr menschlich gezeichneter Monarch mit seinen engsten Vertrauten loszieht und sich so lange mit den Herausforderungen der großen weiten Welt mißt, bis feststeht, daß die Lösung aller Rätsel schon vor dem Beginn der Reise zum Greifen nahe war.

Die Riesen Rabelais' haben es bei ihrer Sinnsuche auf keine Art von Transzendenz abgesehen, sondern profilieren sich als Exponenten einer sehr irdischen, nach harmonischem Gemeinschaftsleben strebenden Humanität. In jeder Situation werden Weisheit, Güte und Gerechtigkeit der beiden enormen Könige offenbar. Ihre Aufgeschlossenheit allem Neuen gegenüber ist ebenso groß wie ihre Ablehnung verkrusteter Traditionen. Jenen, die ihre Bereitschaft zum vorurteilslosen Einsatz aller menschlichen Fähigkeiten nicht teilen, den Autoritären und Pedantischen, begegnen sie mit mehr oder weniger sanftem Spott, mitunter hart dreinfahrend. Indem er seine edlen Protagonisten mit protäischer Wandlungsfähigkeit begabt, legt der Autor ein Bekenntnis zur uneingeschränkten Freiheit von Geist und Phantasie ab. In einem der faszinierendsten Kapitel seines Mimesis-Buches hat E. Auerbach gezeigt, daß das Revolutionäre an Rabelais' Schaffen nicht so sehr im Bereich der antischolastischen Satire liegt als vielmehr „in der Auflockerung des Sehens, Fühlens und Denkens, welche sein beständiges Spiel mit den Dingen erzeugt und die den Leser einlädt, sich unmittelbar mit der Welt und dem Reichtum ihrer Erscheinungen einzulassen" (Auerbach, Erich 1964, 263). Bald sind die Riesenkönige groß wie die Welt, bald sind sie wie „normale"

Menschen; sie demonstrieren durch ihr Handeln hohes ethisches Niveau und sind doch auch tief und in aller Unschuld im Kreatürlichen verwurzelt. Ein Spaziergang in Pantagruels Mund reicht aus, um dem Erzähler-Ich (und damit dem Leser) die ganze Borniertheit einseitiger und eng-autoritärer Weltdeutungen vor Augen zu führen.

Ihre höchste Entfaltung findet die pantagruelische Weltweisheit durch die Gründung der Abtei Thélème, wo das Fehlen aller Zwänge genügt, um das harmonische Zusammenleben edler Damen und Herren, das im höfischen Roman stets prekär und vom Einsatz heroischer Einzelkämpfer abhängig erschien, zu sichern. Freilich kennt Rabelais zur Genüge auch die bedenklicheren Seiten des Menschen, das Abgründige und Amoralisch-Gefährliche. Aber indem er diese Negativa in Pantagruels Gefolgsmann Panurge versammelt und einer durch freundschaftliche Einbindung in eine Gemeinschaft gleichsam entschärften Freiheit teilhaftig werden läßt, gibt er ihnen die Chance, ihre Kraft in den Dienst des Guten zu stellen. Panurge, dieser schillernde Tausendsassa, bewahrt seinen großen Freund davor, der Selbstgenügsamkeit des allzu Vollkommenen zu verfallen; zugleich braucht er die Nähe Pantagruels und der ganzen übrigen Runde fröhlicher Gefährten, um seine Schwäche in befreiende Komik und seine Bösartigkeit in emanzipatorische Durchschlagskraft zu verwandeln. Durch Panurge, der an Frühformen der menschlichen Subjektivität erinnert, von den indianischen Götterschelmen bis zum durchtriebenen Hermes (vgl. Schrader, Ludwig 1958, 115ff.), wird klar, wie sehr Rabelais die Menschen mitsamt ihren bisher als sündhaft verschrieenen Seiten liebt.

So konsequent wie es vor ihm nur Jean de Meun getan hatte, öffnet Rabelais, der zu den gebildetsten Menschen seiner Zeit gehörte, den französischen Roman, um die Wissensfülle der Gegenwart in ihn einströmen zu lassen. Anders als der Autor des zweiten Rosenromans richtet er sein Streben aber nicht vorrangig auf die Errichtung einer Universalordnung im Zeichen der Einheit von Vernunft und Natur. Grundzug seines Schaffens ist die unbändige Neugier und Experimentierlust eines Menschen, der keinen Unterschied zwischen Lebenspraxis und geistiger Existenz macht, und der bereit ist, zu den

Ursprüngen der Kultur zurückzukehren, um sie ganz neu aufzubauen. Zum Herold der Renaissancemonarchie wurde er nur in dem Maße, als ihre Vormachtstellung inmitten einer geeinten Nation diesem Antikonformismus und dieser ins Utopische weisenden Kreativität Spielraum freimachte. Die burlesken Aspekte der Kriegszüge gegen Picrochole und Loup-Garou lassen deutlich erkennen, daß Rabelais' Nahverhältnis zum Heldenlied nie eine vorbehaltlose Idealisierung der Monarchie zur Folge hat, sondern sich mit der „komischen", das Allzumenschliche herausstreichenden Infragestellung heroischer Attitüden verbindet. Wenn es bei Rabelais ein zentrales Anliegen gibt, so besteht es darin, den Gesamtbereich des Humanen von sozialen und ideologischen Fixierungen freizumachen, jedem einzelnen seiner Leser den Zugang zur Welt des unmittelbaren, konkreten Erlebens und Erfahrens zu öffnen. „La réalité qui entoure Pantagruel", schreibt Mihail Bakhtine (Bakhtine, Mihail 1970, 437), „c'est le monde des personnages et des choses individuellement connues". Diese vertraute und geliebte Welt, seine Touraine und sein Frankreich, evoziert er mit Hilfe jenes energischen, der Einengung durch Stilebenen und Sozialschranken widerstehenden Oralstils, der sich vor ihm und neben ihm in der Novellistik der „contes joyeux" und „joyeux dévis" entwickelt. „Es wäre zu verstehen", vermerkt J. v. Stackelberg, „wenn man Rabelais lieber einen novellistischen Erzähler als einen Romancier nennen wollte" (Stackelberg, Jürgen von 1970, 42). Aber dieser Autor brauchte die Großform, mußte über das Aufreihen der Begebenheiten und „Fälle" hinweg zu einer Totalvision vorstoßen. Die Oralität erschließt ihm, gemäß der Deutung Bakhtines, den ganzen Reichtum der Volkskultur, die im Karneval das Unterste mit dem Obersten die Plätze tauschen läßt und in der Feier des Kreatürlichen die Chance auf universelles Erneuern wahrt. „Das menschliche Genie, das alle fixierten Formen auflöst und noch die sichersten Fundamente angreift, hat seine Quelle nicht oberhalb, sondern unterhalb des Menschen" (Lenk, Elisabeth 1983, 44). Die Episode der gefrorenen Worte *(Quart Livre),* die beim Auftauchen die „Farbenpracht" ihrer Konnotationen entfalten, läßt klar erkennen, daß Rabelais letztlich auch die Sprache selbst dem für sein ganzes

Schaffen bestimmenden Prozeß der kreativen Infragestellung unterwirft.

Das Romanwerk des François Rabelais ist die reife Frucht einer Epoche, in der die Voraussetzungen für die Zentralisierung Frankreichs durch die Monarchie bereits im vollen Ausmaß bestehen; die mit dieser Entwicklung verbundenen Selektions- und Normierungsprozesse sind aber noch nicht in allen Lebensbereichen wirksam und vermögen das glanzvolle Bild eines königlichen Vermittlers und Erneuerers nicht zu trüben. Sobald der nächste „Zivilisationsschub" neuerlich zum Kulturmonopol einer um ein Machtzentrum versammelten Elite führte, sah man in Rabelais zwangsläufig den genialen Barbaren, dem man einzelne Anregungen verdanken mochte, mit dessen kompromißlosem Humanismus sich aber niemand mehr so ganz identifizieren konnte. Natürlich haben ihn alle Antikonformisten der nachklassischen Literaturgeschichte gefeiert. Aber auch im 20. Jahrhundert wird erst nach und nach klar, wie groß seine Bedeutung für die Entwicklung des modernen Romans ist: „(...) Rabelais, sans véritablement théoriser ses propres pratiques, les met en fiction et désigne son invention, s'autocommente. Il paraît donc difficile d'appliquer une théorie du roman au *Pantagruel* puisque c'est le roman lui-même qui, en s'écrivant, inventerait sa théorie" (Rosenthal, Olivia 1998, 14).

3. Der gebändigte Eros

So breit und bunt ist das Spektrum des Humanen, das bei Erzählern wie Rabelais, Du Fail oder Bonaventure des Périers *(Les nouvelles Récréations et Joyeux Devis,* postum 1558) erfaßt wird, daß der Eindruck entstehen könnte, die soziokulturellen Normierungstendenzen im Gefolge des Zivilisationsprozesses seien durch eine aus dem dionysischen Untergrund hervorstürmende Grundwelle unterbrochen worden. Aber noch während sie ihre Verbalfeste feierten, ahnten die Humanisten bereits, daß ihre Freiheit unter der schützenden Hand des Monarchen ihre Grenzen hatte. Die Rabelais-Forschung konnte beobachten, wie in den letzten Büchern dieses Autors der Druck einer „schlechter gewordenen Welt" (Köhler, Erich 1966a, 153) eine gewisse Dämpfung des optimistischen Schwunges herbeiführt. Während des ganzen Jahrhunderts ist in der französischen Novellistik und in dem mit derselben eng verbundenen Roman der Widerstreit zwischen der humanistischen Bereitschaft zur Annahme des „ganzen" Menschen und dem Zwang zur Anpassung an eine mächtiger werdende Sozialraison festzustellen. Unvermeidlich ist, daß die im Spätmittelalter nicht selten dezimierte, ruinierte und demoralisierte Aristokratie zuerst in den Sog der neuen Tendenz zur Affektregelung gerät. Im Zeitalter der galoppierenden Geldentwertung ist der Fürstendienst meist die einzige Alternative zu kümmerlichem Dahinvegetieren auf der Burg der Väter. Auch wenn die Erinnerung an den hochmittelalterlichen Ausgleich von individuellem Anspruch und sozialer Verpflichtung nicht ganz erloschen ist, kann das Distinktionsbedürfnis der adeligen Oberschicht nur dann auf Befriedigung hoffen, wenn sich die ritterliche Elite den Spielregeln des einzig maßgeblichen Machtzentrums unterwirft und damit den Prozeß ihrer Verhofung einleitet. Während die alte „courtoisie" an Bedeutung verliert, ist es mehr und mehr die „civilité", die den perfekten Hofmann ausmacht: „die Art, seine Sprache abzumessen, genau nach Rang und Stand der Personen, mit denen man spricht, die Haltung der Augen, der Gesten, alles, bis zur geringsten Bewegung, bis zum Zwinkern der Augen" (Elias, Norbert 1982, I 299) unterliegt strenger Bewertung. Während die Monarchie gezwungen ist, ihre Position in den heraufziehenden Religionskonflikten zu definieren, beginnt sich ein rigides System von Verhaltensnormen als fester Bestandteil der höfischen Etikette durchzusetzen und Ansätze zu freierer Gestaltung des gesellschaftlichen Lebens zurückzudrängen.

In den um die Jahrhundertmitte entstandenen Erzähldichtungen ist die Wende deutlich zu spüren. „Die ‚Contes joyeux', im literarischen Spiegel der Epoche bis über das Jahrhundertende hinaus vertreten, haben ihre Blütezeit der Produktion und Rezeption bis zur Jahrhundertmitte. Von den dreißiger Jahren an wächst in der Gunst der Autoren und des Publikums die Attraktivität der ‚histoires courtoises'" (Wehle, Winfried 1981, 44). Die alten Ritterromane Frankreichs und ihre ausländischen Ableger, vor allem der von Herberay des Essarts ab 1540 übersetzte *Amadis de Gaule,* wurden weiterhin gedruckt und von der Oberschicht bis hin zum König gerne gelesen. Boccaccios *Decameron,* das 1545 zum zweiten Mal übersetzt wurde, regte eine Imitatio an, die sich nicht vorrangig an der vitalen Erotik des Modells orientierte sondern eher dessen Darstellung elegant-raffinierter Lebens- und Liebesformen in den Mittelpunkt des Interesses rückte. In einem frühen Stadium dieser chevaleresk-sentimentalen Erzählprosa, wie sie sich etwa in den *Comptes amoureux* (ca. 1531) der Jeanne Flore manifestiert, erscheint ein die Liebenden beglückender Ausgleich von Leidenschaft und Sozialordnung durchaus erreichbar. Schon in dem kleinen Roman der Hélisenne de Crenne *Les Angoysses douloureuses qui procèdent d'amours* (1538) zeichnet sich die Begrenztheit menschlichen Strebens nach Selbstbestimmung jedoch sehr deutlich ab. Die Ich-Erzählerin des ersten Teils weist selbst auf die Verwandtschaft ihrer Geschichte mit den alten Liebesromanen von Tristan und Yseut, Lancelot und Guenièvre hin. Hier wie dort erwächst aus einer ebenso verhängnisvollen wie unbesiegbaren Leidenschaft Verzweiflung und Unehre. Henri Coulet hat die poetische Kraft dieser Selbstdarstellung im Zeichen des Triumphes der Leidenschaft bewundert und zugleich den zweiten Teil kritisiert, wo dieser schöne Elan durch den Wechsel des Erzählers gebrochen wird (vgl. Coulet, Henri 1967, I 105). Aber dieser brüske Umschwung ist wohl beabsichtigt: die Sozialnormen, die vom Ich des ersten Teils bekämpft wurden, werden von dem männlichen Protagonisten, der im zweiten Teil als Erzähler fungiert, vollkommen verinnerlicht. Guenelic ist zwar ein tapferer Ritter, der alle Gegner besiegt, aber sein Versuch, die Geliebte zu entführen, scheitert am Widerstand der Gesellschaft. Am Ende muß er sich von der sterbenden Dame seines Herzens bestätigen lassen, daß der Geistliche, der ihm einst erklärte, daß wahre Liebe Keuschheit und Demut fordert, Recht gehabt hat. Ein strenges Sittengesetz waltet über der Romanwelt und zwingt zu distanzierter Analyse des irdischen Treibens. Daher ist Helisennes Geschichte noch mehr durch subtiles Herausarbeiten seelischer Regungen gekennzeichnet als ihr wohl wichtigstes Vorbild, die leidenschaftlich-eloquente Selbstdarstellung der weiblichen Hauptfigur in Boccaccios wegweisendem psychologischen Roman *Elegia di Madonna Fiammetta* (entstanden 1343–44).

Von den Hindernissen, die sich der Versöhnung der Liebe mit einer durchreglementierten Sozialnorm entgegenstellen, ist auch in der Novellensammlung der Königin von Navarra die Rede. In diesem unvollendeten Werk, das 10 Jahre nach dem Tod der Verfasserin unter dem Titel *L'Heptaméron des nouvelles* (1559) erschienen ist, wird Boccaccios Rahmenschema in einer Weise abgewandelt, die auf ein ausgeprägtes Interesse am Gegenwartsbezug der behandelten Themen verweist. Es sind leicht erkennbare Mitglieder des Hofes und von Marguerites Familie – auch sie selbst ist mit von der Partie –, die sich von einer Naturkatastrophe zur Untätigkeit verurteilt sehen und dieses Otium benützen, um einander Geschichten zu erzählen und über dieselben zu diskutieren. Die Energien des novellesken Oralstils werden in dieser Rahmenerzählung in den Dienst der Suche nach der richtigen Deutung der Novellen und ihrer Nutzanwendung in der gesellschaftlichen Praxis gestellt. Eine Synthese oder vermittelnde Position zeichnet sich in den Diskussionen der Figuren jedoch nicht ab. Die männlichen Mitglieder der Runde treten eher für das Annehmen der sinnlichen Impulse unter der Voraussetzung kluger Anpassung an die herrschende Ordnung ein, während die Damen einem „amour parfaict", den sie so weit wie möglich vergeistigen und der Gottesliebe annähern möchten, das Wort reden. Marguerites Frömmigkeit trägt den Stempel des Renaissanceplatonismus, der den französischen Aristokraten besonders durch den 1537 übersetzten *Cortigiano* Castigliones vermittelt worden war. Zu den wichtigsten Maximen dieser Lehre gehört „fuir toute laideur de vulgaire amour" und „mépriser l'appétit des sens et le plaisir" (vgl. Reynier, G. 1908, 204). Zwischen diesem Idealismus und handfester Pragmatik, wie sie sich auch in den mitunter recht derben Novellen manifestiert, bleibt kaum noch Platz für jene integrierende und wahrhaft „weltbewegende" Kraft der Liebe, die in der höfischen Literatur vergangener Jahrhunderte beherrschend war. Andererseits bewirkt die Spannung zwischen anarchischen Impulsen und massiven Bändigungstendenzen, daß sich in Marguerites Erzählungen da und dort mehr Aufmerksamkeit auf die Schicksalshaftigkeit eines Menschenlebens konzentriert als auf die isolierte Begebenheit: „… avec elle, la nouvelle cesse d'être simplement une anecdote lestement enlevée. Elle devient une réduction (ou une ébauche?) de roman, et toute la curiosité de la princesse porte sur son intérêt psychologique et sa signification morale" (Jourda, Pierre 1956, XXXVIII).

In den letzten Jahrzehnten des 16. Jahrhunderts erreicht die moralische Polarisierung immer extremere Formen. Wenn es in den *Histoires tragiques* (1559), die Pierre Boaistuau und François de Belleforest dem Novellenwerk des Matteo Bandello (1554) entnommen und für das französische Publikum bearbeitet haben, tugendhaft zugeht, so werden dermaßen hohe Maßstäbe angesetzt, daß die Liebe zum rituellen Schema wird und die Liebenden zwingt, einander laufend an Sittenstrenge und Seelengröße zu überbieten. Die besondere Vorliebe der Autoren aber gilt den sündigen Leidenschaften und ihren schrecklichen Folgen. „Presque partout du sang répandu, et presque toujours c'est l'amour qui appelle la mort … La passion amoureuse fait mourir de regret et elle fait mourir de joie" (Reynier, Gustave. 1908, 163). Die vom ethischen Rigorismus einer Epoche des Glaubenskampfes beeinflußte Novellistik tendiert mehr und mehr zu weitläufig analysierender, vor allem im psychologischen Bereich differenzierender Darstellungsweise. Der Augenblick scheint nahe, in dem die Novelle mit ihrem Nahverhältnis zu freizügig-anarchischer Oralität und ihrer fragmenthaften Weltsicht dem Bedürfnis einer Gesellschaft mit immer ausgeprägteren Normierungstendenzen nicht mehr genügt. Tatsächlich beginnt mit der Ära des Henri IV. wieder eine Epoche bedeutender romanesker Synthesen. Wenn der Roman im Gattungssystem von Barock und Klassik nicht jenen hohen Rang einnehmen konnte, der seiner ungebrochenen und mit seiner neuen Blütezeit nach der Wende vom 16. zum 17. Jahrhundert weiter wachsenden Beliebtheit beim lesenden Publikum entsprach, so hängt dieser Außenseiterstatus teilweise sicher mit der kompromittierenden Vergangenheit des Genus zusammen. Eine

Gattung, die in den maßgebenden Poetiken der Antike unerwähnt blieb, die in ihren bekanntesten Werken von Erotik, bunten Abenteuern und humanistischem Antikonformismus geprägt war, mußte in einer Epoche strengeren Ordnungsdenkens zwangsläufig den Verdacht der Oberflächlichkeit, der Unmoral und der Lügenhaftigkeit auf sich ziehen. Den Romanautoren, die seit dem Beginn des 17. Jahrhunderts wieder zahlreicher wurden, blieb gar nichts anderes übrig, als den von der Novellistik gewonnenen Boden zu bearbeiten, d. h., tragische und heroische Schicksale in strikter Konformität zu den geltenden Moralvorschriften zu behandeln. Was dem immer wiederkehrenden Schema der „Infortunées et chastes amours" an Originalität fehlt, sucht der auf den Beifall der vornehmen Kreise angewiesene Romancier durch die Arabesken eines dem Manierismus verpflichteten Zierstils wettzumachen. Inmitten von sehr viel Ängstlichkeit und Mittelmäßigkeit erhebt sich d'Urfés *Astrée* als vorerst einzige Romanarchitektur, die dem Vergleich mit den höfischen Prachtbauten der Vergangenheit standhält.

4. Honoré d'Urfé

Der Grandseigneur aus dem Forez war nie ein Höfling, auch wenn er sich mit dem Erstarken der Monarchie abfinden und mit Henri IV., den er während des Bürgerkrieges bekämpft hatte, aussöhnen mußte. In Paris war d'Urfé ebenso ehrenvoller Aufnahme sicher wie in Turin am Hof Emmanuels I., wohin ihn diplomatische Missionen führten. Aber so wie Montaigne ist er seinem Stammsitz und seiner Bibliothek treu geblieben; Vertrautheit mit dem literarischen Leben der Hauptstadt hat ihn nicht daran gehindert, sein Werk in der heimatlichen Provinz reifen zu lassen. D'Urfé wußte, daß solche Selbstgenügsamkeit mit dem Zug der Zeit zur Verhofung nicht im Einklang stand, und daß die Entwicklung, die er aus der Distanz und doch auch als zutiefst Betroffener verfolgte, nicht aufzuhalten war. Um dieser Entwicklung einen Sinn zu geben, der dem Bedürfnis des Adels nach ideologischer Absicherung entsprach, und zugleich um die unvermeidlichen Kompromisse mit den zentralistischen Tendenzen im Lichte ehrenvoller Einsicht erscheinen zu lassen, hat d'Urfé sich als Romancier betätigt und dabei keineswegs frivolen Zeitvertreib im Sinne gehabt, sondern seine weitreichende Bildung, seinen Kunstverstand und seine Weltklugheit voll eingesetzt.

Von 1607 bis 1626 sind sechs Teile der *Astrée* erschienen; der Schluß wurde von d'Urfés Sekretär posthum herausgebracht. Dieser große Schäferroman entstand lange nachdem die Pastoraldichtung in Italien und Spanien Furore gemacht hatte. Bisher hatten sich die Franzosen wenig für ein Genre erwärmt, das die Natur zum Vorwand für ein Spiel mit poetischen Illusionen wählte. Um so eindrucksvoller ist die Sicherheit, mit der d'Urfé die Chancen wahrnahm, welche ihm die Bukolik gerade aufgrund ihrer Neigung zu märchenhafter Idealität bot. Das harmonische Schäferleben in der Dichtung konnte zwar jederzeit zur dekorativen Konvention erstarren, bei vielen bedeutenden Dichtern war es aber ein Mittel zum Ausdruck sozial motivierten Unhehagens geworden, ohne daß eine exklusive und definitive Anpassung des Genre an die Interessen bestimmter Gruppen erfolgt wäre. Am Busen der Natur hatten bürgerliche Humanisten ihr Selbstbewußtsein gestärkt, indem sie daran erinnerten, daß es im Zeitalter adamitischer Unschuld keinen Unterschied zwischen hoher und niederer Abkunft gegeben hatte. Angesichts der allgemeinen Verbürokratisierung und Normierung, die von den gesellschaftlichen Steuerzentren ausging (vgl. Hauser, Arnold 1964, 104ff.) erwachte auch in der Oberschicht die Sehnsucht nach schlichteren und harmonischeren Lebensformen. Von Petrarca bis zu Montemayor, von Sannazaro bis zu Ronsard waren die europäischen Intellektuellen in die Natur hinausgewandert, wenn nicht *per pedes*, so doch im Geiste, um auf den Spuren Theokrits und Vergils zu suchen, was ihnen Hof und Stadt vorenthielten. Von dieser universellen Anwendbarkeit des Schäfermodells, seinen zugleich kritischen und integrativen Virtualitäten, profitiert d'Urfé bei seinem Unternehmen als Romancier, geht es ihm doch um die Erarbeitung eines gesellschaftlichen Ideals, das gleich jenem des höfischen Mittelalters dem Adel eine Sonderstellung zuweisen, andererseits aber auch durch konsequente Öffnung ins Universelle den Imperativen der Gegenwart voll Rechnung tragen soll.

Bei flüchtiger Betrachtung kann der Eindruck entstehen, in der *Astrée* dominierten Resignation und Neigung zur Weltflucht. Abseits des eleganten Königshofes mit seinen Rittern, Edelfräulein und Priestern lebt in diesem Roman ein Volk von Hirten, das durchweg aus ehemaligen Aristokraten besteht. Diese Schäfer haben allen sozialen Ambitionen entsagt: „Ni riches ni pauvres, ni serfs ni seigneurs, ils pratiquent, si l'on peut dire, un degré zéro de l'existence sociale qui les laisse entièrement vacants et disponibles pour d'autres occupations et d'autres ‚tyrannies'" (Ehrmann, Jean 1963, 12). Im Zentrum des Schäferlandes, das, so will es die Fiktion, mit dem Gallien des 5. Jahrhunderts n. Chr. identisch ist, liegt d'Urfés heimatliches Forez. Hier befindet sich die „Fontaine de la vérité d'amour", Orakel und Prüfstein wahrer Liebe. Bevor die Protagonisten Astrée und Céladon an dieser heiligen Quelle der Vollendung und Erfüllung teilhaftig werden, müssen sie zahllose Abenteuer bestehen und sich in schweren Prüfungen bewähren. Dieser Hauptstrang des Romangeschehens verläuft inmitten einer großen Zahl von Episoden, Parallel- und Nebenhandlungen, aus deren Vielfalt, besonders durch den Einsatz von Kontrast- und Komplementäreffekten, ein ungemein komplexes und zugleich streng durchkomponiertes Panorama zwischenmenschlicher Beziehungen erwächst. All diese Geschichten von Eifersucht, Treue, Standhaftigkeit, Hingabe, Ränken und Intrigen machen deutlich, daß die Novellistik auch bei diesem romanesken Monumentalwerk Pate gestanden hat. Das Spektrum reicht vom neuplatonisch inspirierten Zelebrieren höchster Tugend bis zum Leiblich-Sinnlichen; handfeste Darstellungen der körperlichen Liebe, wie wir sie noch bei Marguerite de Navarre finden können, fehlen aber völlig. Immerhin: „Derrière les types par trop idéalisés qu'il met sur le devant de la scène, (d'Urfé) en fait mouvoir une infinité d'autres qui sont plus vivants, des hommes violents comme Damon, légers comme Lycidas, généreux comme Ergaste, des femmes oublieuses comme Galathée, coquettes comme Stella, gaies et spirituelles comme Phyllis (...)" (Reynier, Gustave 1908, 347). Der

Spielraum der Toleranz reicht bis zu Hylas, dem Flatterhaften, dessen charmante Amoralität jegliches Treueideal in Frage stellt.

Alle novellesken Einschübe und Abschweifungen sind einem Gesamtkonzept unterworfen, das auf die Initiation der Helden und des Lesers in die Geheimnisse der Liebe abzielt. Als Vorbild für dieses romaneske Itinerarium, das zur Vollkommenheit leitet, diente d'Urfé nicht nur die höfisch-ritterliche Tradition, sondern auch der griechische Liebesroman, den die Humanisten wiederentdeckt hatten. Auch der bekannteste unter den hellenistischen Texten, Heliodors 1547 übersetzte *Aithiopica*, führt das Heldenpaar aus den Niederungen irdischer Verstrickung über unzählige Episoden und Seitenwege zu den lichten Höhen einer religiös motivierten Idealität. So wie die Geschichte von Theagenes und Chariklea in den Kosmos der spätgriechischen Glaubenswelt eingebettet ist, so müssen auch die Liebenden in der *Astrée* zur Erkenntnis einer unverrückbaren und universell gültigen Sittlichkeit gelangen, der sich der einzelne bedingungslos zu unterwerfen hat. D'Urfés Streben geht nun dahin, im Rahmen der epischen Großform die Versöhnung dieser strengen Moralordnung mit der Vielfalt und Vielschichtigkeit des Menschlichen zu erreichen. Im Unterschied zu den hochmittelalterlichen Romanciers, die jeweils von einer Hypothese ausgehend weiterdachten, ohne andere Hypothesen auszuschließen, zeigt d'Urfé den Reichtum des Individuellen im Lichte der einen, umfassenden Gewißheit. Die Schäferwelt bildet also so etwas wie ein Versuchsfeld, auf dem eine Elite von Protagonisten lernen muß, den Druck einer außerordentlich rigiden Triebregelung nicht nur zu ertragen, sondern auch in extremer Einschränkung der individuellen Impulse die Menschenwürde zu bewahren und angesichts strikterer Disziplinierung der Physis die Schwingen der Seele kraftvoller zu entfalten. Céladon, Astrée und alle ihre Freunde bilden die Vorhut einer höfischen Gesellschaft, deren Chancen auf harmonische Abstimmung von Kreativität und Normierung es zu erkunden gilt. Gérard Genette, für den die *Astrée* „le plus aimable suspense érotique de toute la littérature universelle" darstellt (Genette, Gérard 1964, 16), hat den Charme einer amourösen Sophistik gewürdigt, die mit Hilfe von

Verkleidungen und Verwechslungen dem sinnlichen Begehren Konzessionen macht und dennoch stets bereit ist, den individuellen Glücksanspruch dem Dienst an Amor und der Geliebten zu opfern. Mag der als Mädchen verkleidete Céladon bis in die intimste Sphäre seiner angebeteten Astrée vordringen, mag dabei noch so viel knisternde Erotik freiwerden – „(il) finira par découvrir que son devoir est un bien: il fera ce qu'il désire en désidérant ce qu'il doit, dans un élan d'amour volontairement libre" (Koch, P., 1977, 396).

Im übrigen zieht d'Urfé keine unüberschreitbare Grenze zwischen der bukolischen Sphäre und der Welt des Königshofes, der gegen Ende des Romans stärker auf das Geschehen einwirkt, so daß die Schäfer in politische Konflikte verwickelt werden und der sanfte Céladon gezwungen ist, kriegerische Fähigkeiten unter Beweis zu stellen. Ist der Zweck des schäferlichen Reservats erfüllt, hat das auf bedingungslose Unterordnung abgestimmte Normensystem durch die Erarbeitung einer elitären Liebesethik seine herzlose Starre verloren, erweist sich die Bukolik als das, was sie immer war: das romaneske Atelier, in dem das Bild einer Gesellschaft nach dem Herzen eines Dichters entworfen wurde. In dem Bild, das der Leser der *Astrée* vor sich hat, weist nichts auf Weltfluchttendenzen und Dekadenz hin. Durch die Übernahme des Blickwinkels einer Aristokratie, die sich auch im Zeitalter des Absolutismus noch als dominierende Kraft im gesellschaftlichen Erneuerungsprozeß sehen will, zeigt die *Astrée,* „was im Vorhandenen als Möglichkeit angelegt war, die Bestätigung einer siegesgewiß vorweggenommenen Zukunft" (Schroeder, E. 1975, I 119). Die adelige Nachwelt, der die Voraussetzungen zum Verständnis von d'Urfés Optimismus im Verlauf ihrer „Domestikation" durch die französische Monarchie nach und nach abhanden kamen, hat den großen Pastoralroman vorwiegend als Fundgrube geschätzt, aus der man sich Anregungen für die galante Konversation und das Briefeschreiben holte. Wahrhaft fruchtbar war das Nachwirken von d'Urfés Meisterwerk vor allem dann, wenn es in die Hände von Autoren geriet, die nicht der Oberschicht angehörten: Dies war bei dem Bürgerlichen Sorel der Fall, der die *Astrée* bekämpfte, aber auch bei dem Plebejer Rousseau, der sie liebte.

V. Der Hof und die Stadt (17. Jahrhundert)

1. ‚Histoires tragiques' – ‚Histoires comiques'

„Zentralisierungs- und Verhofungsschübe im Zusammenhang mit der Verfügung und Vergebung von Geldchancen durch die Zentralherren und ihre Vertreter lassen sich schon zuvor in (...) Spanien und Italien beobachten. Aber in dem französischen Zentralisierungsschub des 17. Jahrhunderts formt sich die seinerzeit größte und menschenreichste höfische Einheit Europas, deren Zentralkontrollen effektiv funktionieren" (Elias, Norbert 1975, 358). Während des ganzen „grand siècle" werden Frankreichs vitalste Kräfte durch die Machtpolitik der Krone und den Glanz des Hofes im Raum von Versailles und Paris konzentriert. Die Stadt imitiert den Hof, zugleich fungiert sie auch als enormer Resonanzkörper. Ohne Paris und seine Salons wäre der Prozeß des soziokulturellen Ausgleichs unter den von der königlichen Hegemonie gebändigten Kräften und damit die Ausbildung eines durchgenormten Kultursystems, dessen Geltung sich nicht auf eine kleine Elite beschränkt, undenkbar. Denn dieser große Zentralraum im Umkreis des Herrschers, der nicht länger ein *Primus inter pares* ist, sondern zum absoluten Dominator aufsteigt, ist wie geschaffen für das Einüben von gesellschaftlichen Verhaltensweisen, die ein geordnetes Koexistieren der sozialen Gruppen möglich und fruchtbar machen. Die traditionell konkurrierenden Sozialmächte sind weiterhin durch deutliche Grenzen voneinander geschieden, aber die Zentralmacht zwingt sie, näher zusammenzurücken, nach neuen Modalitäten des Miteinander-Auskommens zu suchen. Seit dem 16. Jahrhundert verliert der alte Adel seine territorialfürstliche Autonomie, während sich für das reiche Bürgertum die Chancen mehren, zur „Noblesse de robe" aufzusteigen: Von der Zeit des Henri IV. an kann ein käuflich erworbenes Amt in den Besitz des Käufers übergehen und vererbt werden. Was die Kirche anlangt, so gewinnt sie durch ihre spirituelle Erneuerung im Zeitalter der Gegenreformation an Glaubwürdigkeit, aber auch auf dem politischen Sektor ist ihr Einfluß im 17. Jahrhundert größer denn je. Schließlich sind auch bildungsbeflissene und finanzkräftige Kreise des wirtschaftstreibenden Bürgertums von der Eingliederung in die zentrale Elite nicht völlig ausgeschlossen: Nach den Kardinälen Richelieu und Mazarin wird der Tuchhändlersohn Colbert als mächtiger Minister wirken.

Die politisch-ökonomische Verflechtung der maßgeblichen Sozialgruppen des Königreiches auf relativ engem Raum geht Hand in Hand mit der Ausbildung eines Systems von Normen und Werten, das sowohl dem Widerstreit der Interessen als auch dem Zwang zum Ausgleich Rechnung trägt. Den Mittelpunkt dieses Systems bildet das Ideal der *honnêteté*, das sich in Frankreich von der exklusiv höfisch-aristokratischen Orientierung italienischer und spanischer Vorbilder (vgl. die Hofmannstraktate eines Castiglione oder eines Gracián) löste, um im Wechselspiel von Hof und Stadt allmählich aus einem komplexen Selbsterziehungsprozeß der gesellschaftlichen Elite, an dem in steigendem Maße auch bürgerliche Elemente teilnehmen, hervorzuwachsen. Als ein „dicht verwobenes Geflecht verschiedener, z. T. konträrer Tendenzen“ (Roth, Oskar 1981, 472) findet das honnêteté-Ideal seine Einheit in der Gestalt des klug-sensiblen Weltmannes, der kritisch beobachtend seine Affekte beherrscht und seine Umwelt durchschaut, der mit raffinierter Natürlichkeit den gesellschaftlichen Spielregeln Rechnung trägt und aus ihrer profunden Kenntnis das gewisse Etwas seines blühenden Individualismus schöpft. „Jeder konnte sie (d. h. die honnêteté) erwerben, der auf seine innere und äußere Pflege im Geiste der Zeit Sorgfalt zu verwenden willens und fähig war, und das Resultat war eben dieses: daß der Betreffende von jeder besonderen Qualität gereinigt wurde, nicht mehr Zugehöriger eines Standes, eines Berufes, eines Bekenntnisses war, sondern eben honnête homme.“ (Auerbach, Erich 1933, 32) In der zweiten Jahrhunderthälfte wird dieses Leitbild einen Reifungsgrad und ein Prestige erreichen, die nicht nur in den Franzosen die Überzeugung wachrufen werden, es handle sich hier um die Idealform menschlicher Kultur schlechthin. Während der Jahrzehnte davor erzeugt der Anpassungsdruck einige Unruhe: Die streng hierarchische Strukturierung der Gesellschaft steht im Widerspruch zu größerer sozialer Mobilität, der als weltanschauliche Synthese von Theologie und Weltwissen dominierende Aristotelismus wird von Gärungsprozessen im Bereich des religiösen sowie des philosophisch-wissenschaftlichen Lebens in Frage gestellt; in der Welt der Dichtung führt ein Nebeneinander von Regulierungs- und Emanzipationstendenzen zu Spannungen bzw. Syntheseversuchen, welche die Literaturwissenschaft des 20. Jahrhunderts durch den Begriff des Barock mit der spezifisch französischen Variante im Zeichen „klassischer Dämpfung" (vgl. Spitzer, Leo 1928) zu erfassen suchte. Was den Roman betrifft, so ist er aufgrund seiner Vergangenheit Bindungen unterworfen, die ihn in prekäre Abseitspositionen zu drängen drohen. Als seine ureigenste Domäne gilt einerseits die Welt der Triebe und Leidenschaften, andererseits das schrankenlose Wuchern der Phantasie. Wenn Versuche gemacht werden, diesen Hang zum Irregulären ordnendem Willen untertan zu machen, so hängen sie bisher stets mit den Klasseninteressen einer Aristokratie zusammen, die im soziokulturellen Kräftespiel keineswegs mehr den unangefochten dominierenden Faktor repräsentiert. Ein Roman, der mehr sein will als das kostspielige Amüsement müßiger Herren und Fräulein aus gutem Haus, muß danach trachten, seine ererbte Einseitigkeit zu überwinden und den Integrationsprozeß einer Gesellschaft, die sich allmählich daran gewöhnt, sich selbst als „le monde" zu betrachten, auf überzeugende Weise zu reflektieren. Die *Astrée* hat in dieser Hinsicht schon bedeutende Vorarbeit geleistet, indem sie ritterliches Elitebewußtsein durch die sozial neutralere Idealität der Schäfer ersetzte. Aber d'Urfés Versuch, nach mittelalterlichem Vorbild die Liebe zum Movens einer Idealgesellschaft zu machen, mußte bald als Anachronismus wirken. Außerdem war die Nachbarschaft unzähliger Trivialromane mit amourösem Inhalt dem Ansehen der *Astrée* nicht eben förderlich. Es nützte wenig, wenn d'Urfé wie viele seiner Romane schreibenden Zeitgenossen unter falscher Flagge segelte und den kompromittierenden Gattungsnamen im Titel seines Werkes durch den Terminus „Histoire" ersetzte: Derartige Versuche, den Roman näher an die allgemein hochgeschätzte Historiographie heranzurücken, mußten die Schlagseite der Gattung zum Illusionären und Sentimentalen noch auffälliger machen, als sie es ohnehin war. Jene Autoren, die einen Ausweg aus der Sackgasse suchten, fanden ihn am ehesten in der Richtung systematischer Subversion der Gattungskonventionen. Ihr Hang zum „Antiroman" unterscheidet sich jedoch grundlegend von der Dynamik eines Rabelais, die sich auf die Synthese von mittelalterlicher Epentradition, humanistischer Bildung und Volkskultur hin orientierte und dabei den Roman in seiner herkömmlichen Form überholte. Wenn die Romanciers des 17. Jahrhunderts die überkommenen Konventionen der Gattung in Frage stellen, so bezieht sich ihre Kritik letzten Endes immer auf die Unmöglichkeit, mit den von der Tradition bereitgestellten Mitteln den Problemen einer sich formierenden Zentralelite mit großen inneren Gegensätzen und noch mächtigeren Vereinheitlichungstendenzen gerecht zu werden. Volksnähe spielt für diese Produktion keine Rolle mehr: „Récit populaire et roman ‚littéraire' s'ignorent désormais – et pour longtemps" (Lever, Maurice 1981, 18).

Starke Motivationen für die Kritik am Roman durch den Roman liefert der Wunsch etlicher Autoren, der christlichen Moral mit Hilfe des frivolen Genres zum Sieg zu verhelfen. Solche Bestrebungen finden in jenem Bereich der Novellistik, der sich als Subgattung der *Histoires tragiques* auf die Erkundung verhängnisvoller Leidenschaften spezialisiert hat, eine Fülle von Anregungen. Der Roman, so vermerkt François de Rosset, dessen *Histoires tragiques de notre temps* 1614 erschienen sind, kann mit seinen Liebes- und Abenteuergeschichten selbst Klosterfrauen auf sündige Gedanken bringen: „Au lieu de ses heures, elle a toujours entre les mains quelque *Amadis de Gaule*, ou quelque autre livre traitant de l'amour désordonné" (Rosset, François de 1619, 450). Diese Gefahr ist nach Überzeugung Rossets in seinem eigenen Erzählwerk gebannt, will er doch nur absolut wahre Begebenheiten darstellen und durch Lebensnähe im Leser einen heilsamen Schock hervorrufen. Auch der Bischof Jean-Pierre Camus, der neben vielen Novellen etwa 30 Romane verfaßt bzw. dieselben zwischen 1621 und 1644 in rascher Folge veröffentlicht hat, behandelt gerne die katastrophalen Folgen sündhafter Begierden. Anders als Rousset begnügt er sich aber nicht damit, die Liebe als teuflische Versuchung darzustellen. Sein Anliegen besteht in der Verchristlichung der gehobenen Stände gemäß den Bestrebungen seines Lehrers François de Sales. Interessant ist das Nachwort zu dem Roman *Petronille* (1626), in dem Camus eine „dame du monde" einem Geistlichen ihre Romansammlung zeigen läßt: „plusieurs centaines d'autres Histoires, Aventures, Amours, Bergeries, Temples, Palais, Trophées, et autres Romans sous divers titres, que l'on peut comparer à la plaie des grenouilles, ou à celle des moucherons dont les Egyptiens furent tourmentés" (zit. Coulet, Henri 1967–68, II 31). Mitten in diesem Wust, so wird weiter argumentiert, finden sich gleich Goldkörnern die frommen Romane unseres Autors, die an die Stelle von Schein und Lüge Wahrheit und Sittlichkeit setzen. Um die vornehmen Kreise, also das angestammte Publikum des Romanciers, zu bezaubern, übernimmt Camus die bewährten „façons de parler élégantes, mignardes et dorées" (ebenda) des Liebesromans. Zugleich aber lenkt er den Blick auf eine Fiktionswelt, in der sich nicht nur Aristokratenschicksale erfüllen und Gott gerade an Protagonisten bescheidenerer Herkunft seine Macht als Rächer oder Retter demonstriert.

Erweiterung und Differenzierung der Romanwelt ist auch das (nicht immer eingestandene) Anliegen jener Autoren, die sich um parodistische Kontrastierung bemühen, indem sie Idealität durch Alltägliches, rhetorisches Raffinement durch eine familiäre, mitunter derbe Sprache und sorgfältiges Komponieren durch lockeres Episodenspiel ersetzen. Auch für derlei „Histoires comiques" – der Terminus bezieht sich gemäß der Lehre von den Stilebenen in der klassizistischen Poetik auf die intime, häusliche Alltagswelt der Menschen – bietet das weite Feld der Novellistik eine Fülle von Anregungen. Die konviviale Richtung wirkt weiter, wenn man sich in Béroalde de Vervilles *Moyen de parvenir* (1610) um einen reich gedeckten Tisch, in den *Caquets de l'accouchée* eines Anonymus um das Bett einer Wöchnerin versammelt, um reihum die großen und kleinen Lebensdinge auf den Wellen herzhaften Geplauders einherschaukeln zu lassen.

Nur daß der Ton weniger gemütlich ist, die satirischen Seitenhiebe härter treffen als in den Zeiten des Noël du Fail. Bei den Romanautoren, die den „komischen" Stil praktizieren, fällt ein gewisser Pessimismus auf, der nicht müde wird, die grausamen oder jämmerlichen Seiten von Verhältnissen und Individuen hervorzuheben. So zeichnet etwa Jean de Lannel in seinem *Roman satyrique* von 1624 die Menschen „tels qu'ils sont, et plutôt plus noirs qu'ils ne sont, qu'ils appartiennent à l'aristocratie ou à la bourgeoisie" (Lever, Maurice 1981, 97). Der seit dem Beginn des Jahrhunderts beim französischen Publikum bekannte und beliebte Schelmenroman aus Spanien verstärkt sicherlich diese Tendenz zur Schwarzfärberei. Es ist nicht ausgeschlossen, daß der Roman für Autoren und Leser auf diese Weise zum Ventil werden konnte, mit dessen Hilfe sich das Unbehagen am wachsenden Druck gesellschaftlicher Zwänge Luft machte. Aber nicht die Sozialkritik stellt das Hauptanliegen dar, das die Romanciers immer wieder zum Ausdruck bringen, sondern der Aufbau einer komplementären Gegenposition zu einer Erzähldichtung, die sich mit schönen Illusionen und eleganten Spiegelfechtereien begnügt hatte. Zu viele Romane, so stellt André Maréchal im Vorwort zu *La Chrysolite ou Le Secret des romans* (1627) fest, haben der Schminke den Vorzug vor dem wahren Gesicht gegeben. Die von ihm erzählte Geschichte spielt zwar im alten Griechenland, aber die dargestellten Charaktere sind aus dem zeitgenössischen Leben gegriffen. Liebe wird hier nicht mehr als weltfremdes Ritual unter Ausnahmemenschen gesehen, sondern als komplexe Beziehung zwischen Personen, die versuchen müssen, mit ihren Widersprüchen zu leben. Zu seiner scharfsinnigen Analyse der Beziehung zwischen der jeder Bindung abholden Chrysolite und ihrem Verehrer Clydamant, der seine donjuanesken Neigungen in qualvoller Liebessklaverei büßen muß, dadurch aber nicht geläutert wird und grausame Rache nimmt, hat Maréchal 1634 einen Schlüssel geliefert. Der moralisierende Ansatz der *Histoires tragiques* ist noch spürbar, aber ein vorbehaltloses (im 19. Jahrhundert würde man sagen „realistisches") Interesse an der Durchleuchtung der menschlichen Psyche inmitten der zeitgenössischen Sozialwelt gewinnt hier fühlbar an Bedeutung.

2. Charles Sorel

Der einer bürgerlichen Familie entstammende Sorel übte die Schriftstellerei hauptberuflich aus, was zu seiner Zeit eher eine Ausnahme darstellte. Mäzene von Stand haben ihn dann und wann unterstützt, aber auf sie konnte er sich ebensowenig verlassen wie auf die Verfügbarkeit des Amtes eines königlichen Historiographen, das er 1635 kaufte und 1663 auf Grund von Sparmaßnahmen Colberts wieder verlor. Zwischen dem ersten Gelegenheitspoem von 1616 und seinem Ableben im Jahre 1674 hat Sorel daher sehr viele und sehr verschiedenartige Werke verfaßt. Berühmt wurde er aber vor allem durch seine Romane. Den Historiker, Philosophen und Literaturkritiker Sorel hat die Nachwelt zwar häufig zitiert, aber seltener gewürdigt. Im Lichte neuerer Forschungen zeigt sich dieser Vielschreiber als Erzähler und Denker von beachtlichem Format, der auf manchen Gebieten seinen Zeitgenossen voraus war.

Zu Beginn seines Schaffens als Romancier hielt sich Sorel an die gängigen Liebesintrigen. Schon in frühen Werken wie der *Histoire amoureuse de Cléagénor et de Doristée* (1621) oder dem *Palais d'Angélie* (1622) verbindet sich der romaneske Illusionismus jedoch mit ausgeprägtem Interesse an der zeitgenössischen Lebenswelt. Deutlicher tritt die sozialkritische Ader in den *Nouvelles françoises* zutage, die im selben Jahr wie die *Histoire comique de Francion* erscheinen (1623). Der zuletzt genannte Roman, wohl Sorels bedeutendstes Werk, ist besonders stark von dem Libertinermilieu geprägt, in dem der junge Schriftsteller verkehrte, und mußte auf moralbeflissene Leser besonders provozierend wirken. Als nach dem Skandal des *Parnasse des poètes satiriques* die behördliche Toleranz gegenüber den dichtenden Freigeistern zu Ende ging und harte Gerichtsurteile an der Tagesordnung waren, lieferte Sorel eine „gereinigte" Fassung seines Romans (1626). Auch in der Ausgabe von 1633 wurde noch vieles eliminiert oder abgeändert, das den Verdacht der Unmoral oder der antikirchlichen Einstellung wecken konnte. Erst 1924 wurde der *Francion* wieder in seiner ursprünglichen Form publiziert.

Es ist das Anliegen seines Romans, so schreibt Sorel in einem Vorwort, dem Leser das Schauspiel der „corruption de ce siècle" vorzuführen. Während seiner Schulzeit lernt Francion Zwang und pedantische Borniertheit kennen, später erfährt er, daß man durch Tugend und Verdienste weit weniger erreicht als durch rücksichtsloses Intrigieren, Geld und Beziehungen. Zielscheibe von Sorels Kritik ist aber nicht die soziale Ungleichheit, sondern, im Gegenteil, die Unordnung, die in der Gegenwart das hierarchische Gesellschaftsgefüge bedroht. In der Epistel „aux Grands", die er der Ausgabe von 1626 beigefügt hat, vermerkt er hierzu: „Il vous faut apprendre que je ne regarde le Monde que comme une comédie, et que je ne fais état des hommes qu'en tant qu'ils s'acquittent bien du personnage qui leur a été baillé. Celui qui est paysan et qui vit fort bien en paysan, me semble plus louable que celui qui est né gentilhomme et n'en fait pas les actions" (C. Sorel, in: Adam, Antoine 1958, 1260). Eine Entwicklung zur Gleichheit gibt es für Sorel nur in Form von Degeneration; die Vorstellung eines Plebejers, der durch Verdienste den sozialen Aufstieg schafft, ist nicht seine Sache. Daher ist sein Romanheld Francion ein junger Edelmann, der Jugendkraft, Charakter und Intelligenz einsetzt, um sich von den korrumpierenden Einflüssen seiner Umwelt freizuhalten, zugleich aber auch bemüht ist, auf diese Umwelt bessernd einzuwirken. Sein Bestreben, stets der „raison naturelle de toutes choses" auf den Grund zu gehen, ist mit den phantastischen Visionen einer Traumerzählung, die das aristotelische Weltverständnis zusammen mit allen „bienséances" der guten Gesellschaft *ad absurdum* führt, nicht unvereinbar. Durch Enttäuschungen und Mißerfolge wird Francion reifer; wenn es ihm gut geht, wird er nicht übermütig, sondern nützt seinen Vorteil zum Kampf gegen Dummheit und Gemeinheit, wobei seine schärfste Waffe der geistreiche Spott ist. In einer Variante der 3. Ausgabe charakterisiert Sorel seinen Helden folgendermaßen: „... il ressemblait à ces chevaliers dont nous avons tant d'histoires, lesquels allaient de province en province pour réparer les outrages, rendre la justice à tout le monde et corriger les vicieux. Il est vrai que ses procédures n'étaient pas si sanglantes, mais elles en étaient plus estimables" (Ebenda, 1320).

Das von Francion verkörperte Ideal der „générosité" ist ein Kernstück der aristokratischen Standesethik. Aber Francions Versuch, eine Gruppe von gleichgesinnten Adeligen um sich zu versammeln und in der Gemeinschaft für freiere und edlere Lebensformen zu kämpfen, endet mit einer Enttäuschung. Als „le plus brave de tous les braves" bleibt der Held mit wenigen erlesenen Freunden und der geliebten Frau, die er nach vielen Abenteuern für sich gewonnen hat, allein.

Die ritterlichen Werte sind also für den bürgerlichen Romancier Sorel durchaus von maßgeblicher Bedeutung. Da er aber an der Fähigkeit der zeitgenössischen Aristokratie zum Dienst an ihren eigenen Idealen zweifelt, verklammert er zentrale Elemente der Adelsethik mit einem Individualismus, der seinen Helden Francion zum einsamen Kämpfer gegen das Umsichgreifen von Konformismus und Zweckdenken in der Gesellschaft stempelt. Dieser Individualismus eröffnet grundsätzlich ebenso die Möglichkeit, Gestalten aus dem Bürgertum als Romanhelden einzusetzen, wie das christliche Ethos des Bischofs Camus, für den das soziale Unten als Schauplatz des Kampfes zwischen Gut und Böse nicht minder interessant war als das soziale Oben. Allerdings mußte sich für Sorel die Frage stellen, inwiefern ein nichtadeliger Protagonist fähig und willens sein konnte, das moralische Scheitern der alten Elite in seinen eigenen Erfolg umzuwandeln. In seinem zweiten großen Roman, *Le Berger extravagant* (1627; das Werk wurde 1633 unter dem Titel *L'Anti-Roman ou l'Histoire du berger Lysis* erneut veröffentlicht), hat Sorel versucht, seinem Leser eine mögliche Antwort auf diese Frage nahezulegen. So wie er im *Francion* den spanischen Schelmenroman auf originelle Weise variiert hatte, so legt Sorel in dieser Parodie auf die Schäferdichtung seine Version von Cervantes' *Don Quijote* vor: Ein Student aus bürgerlicher Familie wird durch heroisch-galantes Lesefutter angeregt, sich selbst und seine Umwelt den livresken Vorbildern anzugleichen. Daraufhin kommt es in dem Dorf, das sich Louis/Lysis als Stätte seines schäferlichen Wirkens ausgesucht hat, zu allerlei närrischen Verwicklungen; letzten Endes findet der Protagonist aber wieder zurück ins bürgerliche Leben. Auch im 20. Jahrhundert haben nicht wenige Kritiker in einem Autor, der jedes Kapitel seines Romans durch lange und polemische Erörterungen im Anhang ergänzte, einen pedantischen und amusischen Rationalisten gesehen, welcher der poetischen Schäferwelt seinen bourgeoisen Pragmatismus entgegensetzte. Rezente Arbeiten haben jedoch klargestellt, daß Lysis die galante Bukolik nicht einfach nachäfft, sondern seine literarischen Vorlagen unter beträchtlichem Aufwand an Erfindungsgeist zu überbieten sucht. Er, der ursprünglich Schauspieler werden wollte, macht seine Umwelt zur Bühne und inszeniert ein universelles Maskenspiel, das ihn gleichwohl der Realität nur so lange entzieht, als er dies selber wünscht. Dem „vernünftigen" Leben hat er sich nicht auf Grund geistiger Verwirrung entzogen, sondern „pour abuser aussi des autres, afin de rendre ses aventures plus remarquables" (Sorel, Charles 1627, 545). Damit erweisen sich die adligen Herren, die an Lysis' Narreteien ihr Gaudium hatten und ihn darin bestärkten, selbst als die Gefoppten. Durch seinen spielerischen Umgang mit einer in Konventionen erstickenden Dichtungstradition hat ihnen der tolle Schäfer gezeigt, wie man sich zwischen elitären Geschraubtheiten und bürgerlicher Hausbackenheit eine Spielzone schöpferischer Freiheit einrichtet. Dieselbe Freiheit nimmt der Erzähler für sich in Anspruch, indem er den „hohen" Roman bekämpft bzw. rettet und zwischen Ernst und Schein, Scherz und tieferer Bedeutung sein Spiel treibt: „Que savent-ils si je ne leur ai point conté une fable pour une histoire ...?" (Ebenda, 549). Dichtung ist nicht da, um vorgeprägte Wahrheiten zu vermitteln, so gibt dieser Erzähler zu verstehen, sondern um den Leser an seine Souveränität als selbständig Denkender zu erinnern. „La matrice segreta del testo", schreibt Fausta Garavini, „a cui va ricondotta la sua portata culturale e la sua carica provocatoria, sta nell'insegnare a non credere a nulla e a nessuno, a demolire pervicacemente la monumentale sacralità di autorità inconcusse prendendo sempre in esame l'intera gamma delle interpretazioni" (Garavini, Fausta 1980, 119).

Wenn Sorel die unzeitgemäßen Begrenzungen des „hohen" Liebesromans kritisiert, so bedeutet dies keineswegs, daß er der bekämpften Einseitigkeit eine andere entgegensetzt. Gewiß war er ein Bürger, und ein Rationalist obendrein. Es leuchtet durchaus ein, wenn *Francion* und der *Berger extravagant* gemäß der Deutung von Sigrun Thiessen durch die Mittel des Romans Vorarbeit für die 1641 publizierte *Science universelle,* ein von Sorel selbst als sein Hauptwerk betrachtetes Panorama der zeitgenössischen Wissenschaft, leisten sollen (vgl. Thiessen, Sigrun 1977, 47ff.). Aber gerade dieser einheitliche Zug in seinem Gesamtschaffen verbietet es, ihn mit jenem poesiefeindlichen Philistertyp zu verwechseln, den er in der Gestalt von Francions Schulmeister Hortensius so vernichtend karikiert hat. Sorel brauchte die Marginalität und Unseriosität der Romangattung, lieferte sie ihm doch das Material, an dem sich sein kühner und heller Geist erproben und mit dem schönen Schein der Literatur auch das Artifizielle und Verkrustete im gesellschaftlichen Leben dem geweckten Bewußtsein des Lesers zum Zwecke der spielerisch-kreativen Infragestellung ausliefern konnte. Francions Prinzip „vivre comme des dieux" ist die Voraussetzung für den ungeheuren Optimismus des Kulturhistorikers und Wissenschaftstheoretikers Sorel, der im Gegensatz zu den Skeptikern der Renaissance davon überzeugt ist, daß der Zuwachs an Wissen dem Menschengeschlecht eine glanzvolle Zukunft sichert. In einer Zeit, in der ordnende und bändigende Kräfte nach und nach die Oberhand gewinnen, macht Sorel den Roman zum Medium einer „diversité" (zu diesem Schlüsselbegriff der Barockästhetik vgl. Floeck, Wilfried 1979, 19), die der spontanen Emotion ebensoviel verdankt wie dem kritischen Intellekt.

Polyandre (1648), Sorels letzter Roman, der mit seinen satirisch-realistischen Porträts und Sittenbildern aus dem Pariser Alltag Molière einige Anregungen lieferte, entstand in einer Epoche, in der es für den Romancier weniger selbstverständlich war, das Spiel mit den literarischen Konventionen mit der Reflexion über Mensch und Welt zu verbinden (vgl. unten 113). Das kühne Jugendwerk hat kaum Nachahmer gefunden, sieht man von Cyrano de Bergerac ab, der den im Traum des Francion angedeuteten Weg weiterging, indem er in seinen utopisch-phantastischen Romanen *L'autre Monde ou les Etats et empires de la Lune* (1656) und *Histoire comique des*

Etats et empires du Soleil (1662) einen neugierigen und erfinderischen Ich-Erzähler auf Wanderschaft in den Weltraum schickte. Der Kritik macht es immer wieder Mühe, Cyrano in die Tradition der literarischen Utopie einzuordnen, da sein Werk den Sinn für das systematische Organisieren von Idealstaaten, wie es von Platon bis zu Thomas Morus immer wieder praktiziert wurde, ganz vermissen läßt (vgl. Cioranescu, Alexandre 1972, 171). An Sorel erinnert hingegen der antiromaneske Freiheitsdrang, das Zusammenspiel von blühender Phantasie und zur Spitzfindigkeit neigender Rationalität. Was auf den ersten Blick als planetarisches Narrenspiel erscheinen mag, entpuppt sich bei näherer Betrachtung als dichterische Aufarbeitung eines Weltbildes, mit dem Cyrano als Hörer der Vorlesungen Gassendis und als Teilnehmer an den Diskussionen um die Lehre Descartes' vertraut gemacht worden war. Auch für Cyrano sind dem Menschen keine Grenzen gesetzt: Wer bis zur Sonne emporsteigt, gelangt in die Zone, in der die Dichte der Materieteilchen so gering ist, daß sie vom menschlichen Willen beherrscht werden können. Auf diese Weise wird die Romanwelt zur schrankenlos verfügbaren Domäne des schreibenden Ich, das sich als den Herrn aller Metamorphosen begreift.

3. Dekorum und Spektakel

Bis zu den 20er Jahren des 17. Jahrhunderts fühlen sich die Romanciers im Frankreich des monarchischen Zentralismus zur aktiven Mitgestaltung des gesellschaftlichen Integrationsprozesses aufgerufen. Die Werke eines d'Urfé, eines Camus, eines Sorel lassen erkennen, wie ständische Interessen auf ihre Kompromißfähigkeit geprüft und in die Architektur eines Kultursystems integriert werden, das für die ganze, im Zentralraum von Hof und Stadt versammelte und vom absoluten Königtum im Gleichgewicht gehaltene Oberschicht verbindlich werden kann. Mit der fortschreitenden Festigung autoritärer Strukturen wird allerdings auch in der Literatur das Spiel der schöpferischen Kräfte Reglementierungen unterworfen. Kulturpolitik von oben stellt den Roman innerhalb des sich etablierenden Ordnungsgefüges an einen Platz, mit dem er sich zunächst abzufinden hat. Religiöse Themen hat das frivole Genre von nun an ganz zu meiden; die sittlichen Normen der guten Gesellschaft sind ebenso strikt einzuhalten, wie dem im kulturellen Raum allgegenwärtigen Prinzip des rationalen Ordnens und Klassifizierens Genüge zu tun ist. Unter der Herrschaft Richelieus geht der Roman seines barocken Abenteuergeistes weitgehend verlustig, wird zur Anpassung an poetologische Vorschriften veranlaßt und auf seine höfisch-ritterlichen Traditionen zurückverwiesen. Dennoch vermag der fühlbare Zwang zur Konformität die Vitalität einer Gattung, die weiterhin auf soziokulturelle Impulse sensibel reagiert und ihr Repertoire von Themen und Techniken in relativ kurzen Abständen erneuert, nicht nachhaltig zu beeinträchtigen.

Der bis in die 60er Jahre dominierende Typus des heroisch-galanten Romans, in dem sich die bunte Abenteuerwelt der Ritterbücher mit der Liebesethik der *Astrée* verbindet, scheint eine engere Bindung der Gattung an aristokratische Sonderinteressen anzukündigen. Tatsächlich darf man davon ausgehen, daß die Riesenwerke der genannten Subgattung, von denen die meisten zweistellige Bandzahlen erreichten, im vornehmen Publikum ihre geduldigsten Leser fanden. Allerdings würde man fehlgehen, anzunehmen, daß diese Romane ideologische Reservate errichteten, in denen sich ein antiabsolutistisches Autonomiestreben des Adels frei entfalten konnte, da sie de facto die lückenlose Geltung eines Systems von Werten und Regeln demonstrieren, welches heroische Selbstbestimmung nicht einmal mehr in Form entsagender Unterwerfung zuläßt, wie dies in der *Astrée* der Fall war. Den Protagonisten, mögen sie auch noch so gewaltige Krieger sein, steht nur der Weg der dienenden Pflichterfüllung offen. Da die Positionierung der Helden und Heldinnen in gesellschaftlicher wie auch in moralischer Hinsicht von vornherein festgelegt ist, verliert das Spiel des Romanciers mit charakterlichen Schattierungen und psychischen Prozessen an Bedeutung, so daß sich ein Bedürfnis nach Abwechslung bei Autoren und Lesern mit einer großen Vielfalt an Personen, Schauplätzen und Epochen zufriedengeben muß. Symptomatisch ist, wie Marin Le Roy de Gomberville in den vier Fassungen seines *Polexandre* (1619–1637) die Zeit, in der die Handlung abläuft, ändert, wie er seine Figuren vom Senegal bis nach Mexiko wandern läßt und die Beziehungen zwischen ihnen bis ins Unüberschaubare verkompliziert. Auf Grund von Verwechslungen und Verschleierungen besitzen alle Personen sozusagen mehr als eine Identität. Was aber stets konstant und eindeutig bleibt, das ist das französische Zeremoniell, demzufolge man auch in exotischen Gegenden Gefühlsregungen zu unterdrücken hat, sich permanent entschuldigen muß, sogar dann, wenn man durch eine Verwundung in Ohnmacht fällt, und darüber hinaus ständig Gefahr läuft, durch ein Zuviel an Höflichkeit unhöflich zu wirken: „Polexandre, craignant de faire quelque incivilité, s'il continuait ses civilités, ne répliqua point à Alcidiane ..." (Zit. In: Magendie, Maurice 1925, 171). Moderne Kritiker haben manchmal Gombervilles bravouröses Phantasieren bewundert und im *Polexandre* „une oeuvre surréaliste avant la lettre" gesehen (Lever, Maurice 1981, 113). Allerdings hat der Autor in einem Vorwort seine „negligeance" als Schwäche bezeichnet und sich zum Prinzip der Formstrenge bekannt.

Je konsequenter der Romancier die gesellschaftlichen Kontrollmechanismen übernimmt und anwendet, um so eher kann er hoffen, dem alten Vorwurf der Lügenhaftigkeit zu entgehen. Denn die historische Wahrheit ist kein Ideal mehr, wenn sie zum aktuellen Anspruch auf Triebregelung und Rationalisierung des sozialen Lebens in Widerspruch gerät: „Plus ils sont feints parmi la vérité", schreibt Desmarets de Saint-Sorlin über die Romane seiner Zeit, „plus ils sont beaux et profitables, pource que la fainte vrai-semblable est fondée sur la bienséance et sur la raison, et la vérité toute simple n'embrasse qu'un récit d'accidents humains, qui le plus souvent ne sont pleins que d'extravagance" (Coulet, Henri 1967–68, II 41). Zu dieser Systemtreue gehört auch die Befolgung aristotelischer Richtlinien, welche seit den Erörterungen italienischer Theoretiker rund um das Ritterepos der Renaissance auch auf den Prosaroman anwendbar erscheinen. Von La Calprenèdes *Cassandre* an (1642) werden Regeln wie: Einsatz *in medias res,* einjährige Handlungsdauer, Konzentration des Geschehens auf eine Stadt oder eine Landschaft, usw., streng angewendet. „... les beaux romans tiennent de la nature du poème épique", schreibt Boisrobert schon 1629 (Zit. in: Coulet, Henri 1967–68, I 162). Mit dem Prestige des Epos hängt auch die Vorliebe für antike Stoffe zusammen. Heroengestalten von übermenschlichem Format wie Alexander der Große, Kyros, Kleopatra usw. schmachten in unzerstörbaren Liebesketten und schmeicheln dem Selbstbewußtsein einer verhoften Aristokratie, die kurz vor ihrer endgültigen Domestizierung unter dem Sonnenkönig das Strohfeuer der Fronde-Rebellion entzünden wird. Die Taten eines Montmorency oder eines Condé ändern nichts an der Tatsache, daß es für den Adel nur noch darum geht, das Dekorum zu wahren, d. h., sich der zentralstaatlichen Ordnung zu fügen und zum Glanz der Monarchie beizutragen. In ihrem bescheidenen Rahmen ist dies auch die Aufgabe der heroisch-galanten Erzähler. „Le romancier n'est pas libre d'inventer n'importe quoi", heißt es im 10. Band von *Clélie, Histoire romaine* (1654–60), „et s'il veut être cru, il doit se conformer à l'ordre et à la raison". Im Schaffen der Madeleine de Scudéry, von der dieses Zitat stammt (die Mitarbeit ihres Bruders Georges war wohl nur in *Ibrahim ou l'illustre Bassa,* 1641, von Bedeutung, hingegen hat Madeleine *Artamène ou le grand Cyrus,* 1649–53, und *Clélie* weitgehend selbst verfaßt) gelangt der Prozeß der Verinnerlichung des Normensystems zu seiner vollen Reife. „Mademoiselle de Scudéry", so hat schon M. Magendie beobachtet, „d'une part, multiplie les prescriptions, et de l'autre, mentionne sans cesse l'attrait de la bonne grâce aisée et souriante" (Magendie, Maurice 1925, 691). Der Roman begnügt sich hier nicht mehr damit, im Rahmen unverrückbarer Konventionen Raum und Zeit mit einer Ornamentik der Liebe und der Abenteuer zu durchflechten, sondern gibt Anleitungen für die Einrichtung eines Gemeinschaftslebens, in welchem die Zähmung jeglicher Spontaneität und die Kontrolle aller Affekte so weit getrieben wird, daß extreme Künstlichkeit bereits wieder „natürlich" wirken kann und soll. Immer deutlicher erscheinen die Heroenschicksale eingebettet in die Atmosphäre der eleganten Salons, in denen ein durchaus nicht lächerliches Preziösentum den Prozeß des Sich-aneinander-Abschleifens und Miteinander-Verschmelzens ursprünglich gegensätzlicher Modi des Denkens und Fühlens (besonders im Spannungsfeld von Adel und Bürgertum) vollendete (vgl. Lathuillère, R. 1966). Das von allen bedeutenden Romanciers seit d'Urfé vorausgeahnte Ideal des „honnête homme", dem nicht allein Rang und Name zur Zierde gereichen, sondern auch und vor allem die vollendete Klugheit und Anmut seines Auftretens in der Gesellschaft, erhält durch die Scudéry seine definitive Prägung. So schreibt sie über einen ihrer Romanhelden: „... premièrement Aronce a infiniment de l'esprit; il l'a grand, ferme, agréable et naturel tout ensemble; il sait plus qu'un homme de sa naissance et de la profession qu'il a faite toute sa vie ne doit savoir; mais il sait en homme de grande qualité, et en homme qui sait le monde. Pour de coeur, Aronce en a autant qu'on en peut avoir; mais j'entends de ce coeur ... qui pardonne aux faibles et qui tient autant de la générosité que de ce qu'on appelle précisément courage et valeur. De plus, Aronce a l'âme tendre, le coeur sensible ... Il a de la douceur, de la bonté, et un charme inexplicable dans sa conversation ..., et pour le définir en peu de mots, Aronce pourrait être admirablement honnête homme, de quelque condition qu'il fût né: car il a toutes les vertus qu'on pourrait désirer en tous les hommes" *(Clélie,* I 68f.). Dieses aufschlußreiche Zitat läßt sowohl die dominierende Rolle der chevaleresken Tradition im ausgereiften Wertsystem der Jahrhundertmitte erkennen als auch eine konsequente Öffnung zum Universellen, die bürgerlichen Aufsteigern und Intellektuellen, deren es in Madeleines Umgebung nicht wenige gab, alle Chancen ließ. Da das Wertsystem der zentralisierten Elite so angelegt ist, daß jeder offene Konflikt mit der christlichen Moral vermieden wird, steht der Wanderung des Lesers der *Clélie* über die „Carte du Tendre", die ein heiteres Gesellschaftsspiel ist und zugleich ein rigoroser Fahrplan, nichts mehr im Wege.

Die Bemühungen um Ausgleich und Harmonisierung im Inneren der dominierenden Zentralelite gehen Hand in Hand mit ausgeprägten Tendenzen zur Abschottung gegenüber der außerhalb und unterhalb des Hofes und der Salons positionierten Sozialwelt. Die distanzierend-abwertende Darstellung dieses vom Zivilisationsprozeß nicht oder nur mit Verspätung erfaßten Draußen fällt in die Kompetenz der Romane des „komischen" Stils, deren Entwicklung komplementär zu jener der heroisch-galanten Produktion verläuft. Scarrons *Roman comique* (1651) und Furetières *Roman bourgeois* (1666) übernehmen die bewährten Verfahren der pikaresken Tradition und des Sorelschen Jugendwerkes, zu denen sowohl das Parodieren der romanesken Schemata gehört als auch die satirische Durchleuchtung der sozialen Welt. Aber ihr Spott konzentriert sich auf marginale und inferiore Personen und Gruppen. Auch Scarron inszeniert den Gegensatz zwischen dem jungen, hochherzigen Edelmann und einer unidealen, manchmal widerwärtig-grotesken Umwelt. Aber der Unterschied ist groß zwischen dem souveränen Francion, der sein Jahrhundert in die Schranken ruft, und dem braven Le Destin, der insgesamt nicht übel zu der Schauspielertruppe paßt, mit der er durch die „tiefste" Provinz zieht. Seine Abenteuer erfordern keine heldischen Qualitäten, sondern fügen sich in das Netz alltäglicher Wechselfälle, wie sie eben von einem „Spektakel" zum anderen passieren können. Rund um ihn und seine Herzensdame L'Etoile tummelt sich eine Ansammlung von mehr oder weniger kauzigen, liederlichen, biederen und belämmerten Typen aus einer Gegend, die Scarron gut kannte, und einem Milieu, das in seiner Sicht so tief und hoffnungslos in seiner Rückständigkeit verhaftet war, daß es ihm nur recht geschah, wenn es zum Amüsement weniger unbedarfter Leser herhalten mußte. Indirekt ist die Welt der „honnêtes gens" allerdings stets präsent, bei Scarron durch die Beziehungen der Schauspieler und die novellesken Einschübe, im *Roman bourgeois* durch die blinde Verehrung der Bürgersleute für alles Vornehme. Aber die Kühnheit, mit der Sorel einst aus „komischer" Perspektive den ganzen soziokulturellen Horizont ausleuchtete, manifestiert sich nur noch auf dem Gebiet der Erzähltechnik. Sowohl Scarron als auch Furetière machen den Leser zum Komplizen und erinnern ihn ständig an die Fiktionalität des Erzählten. Aber dieses permanente Durchbrechen der Illusion, diese Sprünge und Digressionen dienen nicht so sehr einem Drang nach Erkenntnis und Erneuerung als vielmehr einem Vergnügen am formalen Experiment, das dem Spiel mit den verschleierten und entschlüsselten Identitäten im heroisch-galanten Roman vielleicht weniger fremd ist, als es zunächst scheinen mag. Wenn man so fest wie Antoine Furetière an die unüberwindliche Inferiorität der unteren Schichten des städtischen Bürgertums glaubt, verliert das Konzept einer auf Besserung und Verwandlung abzielenden Romanhandlung an Bedeutung. Daher wird das Geschehen im *Roman bourgeois* immer fragmentarischer und weicht im letzten Teil dem extensiven Zitieren von Katalogen, Preislisten und Inhaltsverzeichnissen, welches die Bloßstellung der dumpfen, rohen Materialität jenseits der Hochzivilisation auf die Spitze treiben soll.

4. „Le coeur a des raisons …"

Im letzten Drittel des 17. Jahrhundert ist eine wichtige Phase in dem Integrationsprozeß, der auf der Basis des relativ stabilen Gleichgewichts zwischen den sozialen Kräften innerhalb der sich rund um das königliche Machtzentrum konstituierenden Oberschicht die Ausbildung einer homogenen Standardkultur begünstigt, im wesentlichen abgeschlossen. Innerhalb der Elite verebben die Spannungen, welche sich im Zuge der Kodifizierung und Durchsetzung der gesellschaftlichen Normen und Werte manifestierten. Die Konventionen der „société mondaine" werden nunmehr als veredelte Natur empfunden. Im Netz der Regelmäßigkeiten, das so feinmaschig ist, daß es volle Bewegungsfreiheit zu gewähren scheint, ist die ritterliche Generosität ebenso an ihrem Platz wie die strenge Sittlichkeit, die kluge Anpassung an das Leben der Gemeinschaft ebenso wie die elitäre Unnachahmlichkeit, die Weltoffenheit nicht minder als das distanzhaltendes Selbstbewußtsein. Nicht nur die Einhaltung der Spielregeln verhilft zum gesellschaftlichen Erfolg, sondern auch Talent zur Selbstinszenierung. „The idea of worldliness emerges from a systematic, closed, selfconscious society, a milieu whose closure to the outside world and internal publicity makes it a theater, a stage for the individual representations of his social life, and elicits a conception of man as a voluntary artistic self-creation whose social style is the most important fact about him“ (Brooks, Peter 1969, 82). Nicht von ungefähr sind Tragödie und Komödie, die auf Grund ihrer Darbietungsform unmittelbar der öffentlichen Kontrolle ausgesetzt sind und daher das System der geltenden Normen und Werte als unabänderliche Basis betrachten, von der aus Abweichungstendenzen geortet und korrigiert werden können, die dominierenden Gattungen des „klassischen“ Jahrhunderts. Was den Roman betrifft, so ist er grundsätzlich nicht weniger fest mit der Standardkultur verbunden als das Theater; aber da er während seiner gesamten Geschichte stets auf die eine oder andere Weise mit der Vielfalt der Erscheinungen und den nicht minder unabsehbaren Komplikationen der menschlichen Seele befaßt war, ist die Norm für ihn nie das definitiv Gegebene, sondern muß in zähem Ringen erarbeitet werden. Ist das Ordnungsgebäude einmal errichtet, macht sich die protäisch wandelbare Gattung sogleich auf die Suche nach Rissen im Gebälk und protestiert gegen die Enge einer Konstruktion, in der sich das Theater noch für lange Zeit geborgen wähnt.

Von den 60er Jahren an verebbt die Welle der heroisch-galanten Romane, aber auch die „Romans comiques“ verlieren an Bedeutung. Sobald die höfisch-urbane Einheitskultur unter Louis XIV lückenlos etabliert und in ganz Frankreich wie in ganz Europa als Vorbild akzeptiert ist, braucht ihre Überlegenheit nicht mehr demonstriert zu werden. Von Interesse bleibt hingegen jenes verborgene Grenzgebiet innerhalb der mondänen Gesellschaft, wo das Allgemein-Verbindliche mit intimsten Sehnsüchten und Ängsten des Individuums, bzw. in allgemein-weltanschaulicher Perspektivierung, mit „Kontingenzerfahrungen des aus religiösen und politisch-ideologischen Sicherheiten sich entlassenden Menschen“ (Behrens, Rudolf 1994, 36) zusammentrifft. In diesem Bereich muß ständig mit Grauzonen der Spontaneität gerechnet werden, die auch inmitten eines perfekt geordneten Gesellschaftslebens für Abwechslung und Unruhe sorgen können. Hier versucht der Jansenismus mit seinem hervorragendsten Vertreter Pascal, eine spirituelle Komponente in der Welt der „honnêtes gens“ zu verankern, solange bis eine nicht oberflächliche Religiosität von der „société mondaine“ als echte Alternative zu sich selbst erkannt und abgelehnt wird. Um diesen potentiellen Unruheherd unter Kontrolle zu halten, so darf gefolgert werden, gelangt die als Moralistik bekannte Richtung in der französischen Literatur des klassischen Zeitalters, die auf Grund von Beobachtung und Erfahrung den tieferen Beweggründen menschlichen Verhaltens auf die Spur kommen will, nach der Jahrhundertmitte zu voller Entfaltung. Der Roman paßt sich dieser Entwicklung so schnell und mühelos an, daß die weiterlaufenden Diskussionen um seinen gattungspoetischen Standort nicht immer Schritt zu halten vermögen. Pierre-Daniel Huets *Traité de l'origine des romans* (1670) sieht im Roman noch immer ein weitläufiges Geflecht von „fictions d'aventures amoureuses“, während in der zeitgenössischen Produktion bereits die kurzen von psychologischem Interesse geprägten Studien dominieren. Diese Wendung wird durch den engen Kontakt zur Novellentradition erleichtert, den die Erzähler des 17. Jahrhunderts nie ganz aufgegeben hatten. Schon Scarron hatte seine Bewunderung für die Lebensnähe von Cervantes' *Novelas ejemplares* mit der Polemik gegen die affirmativen Übertreibungen des heroisch-galanten Romans verknüpft. Als Autor der *Nouvelles françaises* von 1657 gibt Segrais zu bedenken, „que le roman écrit les choses comme la bienséance le veut et à la manière du poète, mais que la nouvelle doit un peu davantage tenir de l'histoire et s'attacher plutôt à donner les images des choses comme d'ordinaire nous les voyons arriver, que comme notre imagination se les figure“ (zit. in: Coulet, Henri 1967–68, I 217). Die Nuancierung durch „un peu“ und „plutôt“ macht deutlich, daß der neue Trend zur Lebensnähe keinesfalls als Problematisierung der sozialen Grundnormen zu deuten ist. Von Interesse ist lediglich das Wie menschlichen Verhaltens im Rahmen einer unumstrittenen Ordnung. So sind die zahlreichen Novellen und „petits romans“ (die Übergänge zwischen den Erzählgattungen sind fließender denn je), die in dem von Donneau de Visé gegründeten Unterhaltungsmagazin *Le Mercure galant* (1672–1710) erscheinen, entgegen den Beteuerungen der Autoren oft nicht nur „objektive“ Lebensbilder, sondern auch kurzgefaßte Anleitungen: „Sous leur apparente frivolité, ces historiettes visent souvent à illustrer une petite leçon morale. Elles enseignent l'art de vivre en société, l'art de plaire, de séduire, mais aussi l'art d'aimer et de se choisir un parti. Le code de la galanterie est mis ainsi en apologues ...“ (Lever, Maurice 1981, 181). Ein wichtiges Anliegen stellt auch die Warnung vor gesellschaftlichem Fehlverhalten und seinen verheerenden Folgen dar. Viele Erzähler zeigen, wie die Großen dieser Welt in näherer oder fernerer Vergangenheit ihren Leidenschaften verfielen und damit Unheil über sich und ihre Umwelt brachten. Da das „coeur humain“ gemäß der Überzeugung von Autoren und Lesern stets auf die gleiche Weise funktioniert, können aktuelle Probleme anhand von historischen Themen illustriert werden. Jede Entscheidung und Handlung eines „homme de qualité“ zieht unabsehbare Folgen nach sich, daher ist im Umgang mit Gefühlen Vorsicht geboten. So lautet die Moral, die z. B. von den Romanen und Novellen der Madame de Villedieu illustriert wird (*Les Désordres de l'amour,* 1675; *Portrait des faiblesses humaines,* 1696). Neben den irrationalen Impulsen und menschlichen Schwächen können auch Zufälle und Mißverständnisse folgenschwere Verwirrungen stiften. Durch überraschende Veränderungen politischer Konstellationen können edle Charaktere ebenso ins Zwielicht geraten wie durch Liebesintrigen (vgl. Boursaults *Prince de Condé,* 1675). Umgekehrt haben individuelle Verstrickungen manchmal sehr weitreichende Konsequenzen, die das Schicksal von Völkern bestimmen können. Indem er sich sachlicher Darstellung befleißigt und sich um exakte Informationen bemüht, etabliert sich der Roman einmal mehr als würdiger Nachbar der Historiographie, deren Namen er sich seit langem angeeignet hat. Dies trifft vor allem auf den *Dom Carlos* (1672) und die *Histoire de la conjuration que les Espagnols formèrent en 1618 contre la République de Venise* (1674) des Abbé de Saint-Réal zu. Aber auch in diesen Werken kommt es letztlich weniger auf die geschichtlichen Ereignisse selbst an als vielmehr auf die psychologische Durchleuchtung der „großen Politik“ bis in die hintersten Winkel des individuellen Bewußtseins, das allen Anforderungen und Sachzwängen gerecht zu werden versucht und dennoch seine Machtlosigkeit erkennen muß, wenn spontane Impulse jede rationale Ordnung und Planung illusorisch machen. An den Beginn seiner Darstellungen setzt Saint-Réal jeweils die Vision lückenloser Organisation, Autorität und Disziplin (da ist der Hof Philipps II., da ist aber auch eine Verschwörergruppe, die alles auf eine Karte setzt), um hierauf umso zwingender die Unberechenbarkeit des einzelnen Ich in seinen Schwankungen zwischen Egoismus und Opferbereitschaft deutlich machen zu können. Im Briefroman können diese Modulationen der von Zwängen umstellten Subjektivität auf unmittelbare Weise wiedergegeben werden. Das bedeutendste Werk dieser Subgattung, Guilleragues' *Lettres portugaises traduites en français* (1669), verdankt seine Faszination nicht zuletzt dem Gegensatz zwischen der totalen Gebundenheit der Schreibenden (sie ist Nonne; ihre Liebesgeschichte mit dem französischen Offizier gehört der Vergangenheit an; eine Aussicht auf die Möglichkeit aktiver Schicksalsbewältigung eröffnet sich nicht) und dem grandiosen „désordre" ihres Schreibens jenseits von Vernunft und Sittsamkeit.

La Fontaines Roman von den *Amours de Psyché et de Cupidon* ist im selben Jahr wie die Briefe aus Portugal erschienen. Das alte Märchen von der Menschenseele und dem Liebesgott, das der populäre Fabeldichter dem Römer Apulejus nacherzählt hat, paßt sich mühelos dem zentralen Anliegen des zeitgenössischen Romans an: Durch ihre Impulsivität bringt Psyche die Konventionen der Götterwelt in Unordnung und muß dafür durch lange und schwere Leiden büßen. Zum Glück kennt La Fontaine die heitere Seite der Moralistik. Sein Wissen um die menschlichen Widersprüche ist so tief, seine sprachliche Meisterschaft so vollendet, daß der Spiegel, den er der Gesellschaft präsentiert, weder schmeichelt noch schockiert: Psyches Irrationalität kann ebenso belächelt werden wie das schwiegermütterliche Autoritätsgehabe der Göttin Venus und Jupiters selbstgefälliges Patriarchentum.

5. Madame de La Fayette

Schon vor ihrer Verehelichung mit dem Grafen François de La Fayette (1655) hatte Marie-Madeleine Pioche de la Vergne zu den vornehmsten Kreisen von Paris Zutritt. Ab 1659 versammelte sie prominente Schriftsteller in ihrem eigenen Salon um sich. Ihre Novelle *La Princesse de Montpensier* erschien 1662 ohne Angabe des Autors; für die Publikation des heroisch-galanten Maurenromans *Zaïde* (1670) hat die Verfasserin den Namen des ihr treu ergebenen Dichters Segrais benützt. Ohne Namensnennung erfolgte auch die Veröffentlichung des Meisterwerkes *La Princesse de Clèves* (1678). Eine große Dame mit Beziehungen zu Henriette d'Angleterre, der Schwägerin des Königs, mußte zweifellos fürchten, sich als Autorin „frivoler" Liebesromane zu kompromittieren. Die Vorsichtsmaßnahmen der Madame de La Fayette sind aber auch im Hinblick auf die ungeschminkte Darstellung der höfischen Gesellschaft in ihrem Erzählwerk verständlich. Wie zahlreiche kritische Äußerungen beweisen, war den Zeitgenossen die Gegenwartsnähe dieses Schaffens durchaus bewußt; von der Verlegung des Geschehens der *Princesse de Clèves* in die Regierungszeit des Henri II (Mitte des 16. Jahrhunderts) ließ sich niemand täuschen (vgl. Coulet, Henri 1967, Bd. I., 255).

Das für die Romane und Novellen dieser Epoche charakteristische Thema der Spannung zwischen den Sozialnormen und den Unwägbarkeiten des Einzelschicksals ist auch bei Madame de La Fayette dominierend. Möglicherweise hatte sie bei der Abfassung ihres „petit roman" von 1678 eine Replik auf die Dreiecksgeschichte im Sinn, welche Madame de Villedieu zwei Jahre vorher in *Les Désordres de l'amour* erzählt hatte. Auch in diesem Text gesteht die Ehefrau dem Gatten ihre Neigung zu einem anderen; der Ehemann entsagt und zieht in den Krieg. Sein Tod erlaubt der Marquise, den Geliebten zu heiraten, aber das Paar wird nicht glücklich. In einem qualvollen Desillusionierungsprozeß muß die Protagonistin erkennen, daß sie gefährliche Trugbilder in die Irre geführt haben. Wer sich von seinen Gefühlen leiten läßt – diese Maxime liegt dem gesamten Schaffen der Madame de Villedieu zugrunde –, riskiert den Schiffbruch. Die Autorin der *Princesse de Clèves* widerspricht dieser Auffassung nicht, demonstriert jedoch ihre Einseitigkeit. Ihrer Überzeugung nach repräsentiert die Liebe nämlich weder eine ideale Alternative zum System der gesellschaftlichen Normen noch ein auf Abwege führendes Lockmittel des Egoismus: sie ist vielmehr längst zum Bestandteil der für die Hof- und Salongesellschaft maßgeblichen Regelmechanismen geworden: „L'ambition et la galanterie étaient l'âme de cette cour et occupaient les hommes et les femmes … L'Amour était toujours mêlé aux affaires et les affaires à l'Amour. Personne n'était tranquille ni indifférent; on songeait à s'élever, à plaire, à servir ou à nuire …" (Zit. in: Adam, Antoine 1958, 1117). Die von Madame de Villedieu in isolierender Darstellung überzeichnete „Gefährlichkeit" der Liebe erscheint in der Realität des mondänen Alltags als kalkulierbares Element der Politik. Jedermann kann die Spannung zwischen den „bienséances", die jeden Verstoß gegen das als moralisch und schicklich Geltende mit schweren Sanktionen belegen, und den zur Abweichung drängenden Impulsen aus der Trieb- und Gefühlssphäre für die Durchsetzung der eigenen Interessen in der „agitation sans désordre" (Ebenda, 1118) des Kampfes aller gegen alle nützen. Ohne Heimlichtuerei, Täuschung und Intrige geht es dabei freilich nicht ab: „Paraître est bien le but, quand seule importe l'image que l'on donne de soi, qui fait chacun des personnages rechercher l'estime de ceux qu'il n'estime pas" (Fontaine-Bussac, G. 1977, 501).

Mademoiselle de Chartres, die spätere Princesse de Clèves, ist fern dem Hofe erzogen worden, gemäß den Maximen strenger Triebregelung und ausgeprägten Standesbewußtseins. Sie ist daher nur mit einem Teil der Spielregeln an einem Hof, an dem Moral und Unmoral gleichermaßen durchorganisiert sind, völlig vertraut. Gleichwohl ist ihr Debüt auf dem glatten Parkett der mondänen Welt unvermeidlich, da die junge Aristokratin nur hier auf eine sichere Position im Licht der monarchischen Sonne und auf die Absicherung derselben durch eine günstige Heirat hoffen kann. Madame de Chartres, die besorgte Mama, hat bisher alles getan, um jene Einflüsse, die aus ihrer heranwachsenden Tochter eine abgebrühte Strategin machen konnten, fernzuhalten. Nach dem Eintritt in das gesellschaftliche Leben kann sie nur hoffen, daß ihre tugendfördernde Erziehung inmitten einer durch und durch auf Liebe und Intrige abgestellten Sozialwelt die erwünschten Früchte tragen wird. Aus der Sicht der Mutter sind die Gefühle junger Leute sowohl eine Naturgegebenheit als auch ein Spieleinsatz, von dem das Dekorum und die Zukunft der Familie abhängt. Daher ist sie ständig bemüht, ihr Kind vor dem verwerflichen Tun der „anderen Frauen" zu warnen und ihm zu erklären, „combien la vertu donnait d'éclat et d'élévation à une personne qui avait de la beauté et de la naissance" (Zit. in: Adam, Antoine 1958, 1113). Mit dieser Tugend ist die dekorative Konformität einer „honnête femme" gemeint, die sich dem für sie gewählten Ehemann unterwirft und ihm treu bleibt, keinesfalls aber das heroische Minnekonzept der alten Zeiten, das die Liebe als Prinzip individueller und gesellschaftlicher Erneuerung rechtfertigte.

Mademoiselle de Chartres bemüht sich nach Kräften, den in sie gesetzten Erwartungen zu genügen. Als neue Konstellationen bei Hof ihren „Kurswert" sinken lassen, hält der Prince de Clèves seine Bewerbung um sie aufrecht, obgleich ihm bessere Partien winken. Die Dankbarkeit für diese Aufwertung ihrer sozialen Position ist für die junge Dame, die nicht einmal im Traum an Rebellion denkt, Grund genug, die Hand ihres Verehrers zu akzeptieren. Von nun an kommt aber eine von der Gesellschaft gleichzeitig begünstigte und unterdrückte Irrationalität ins Spiel, deren weltkluge Beherrschung zu jenen Anforderungen des höfischen Lebens gehört, zu deren Erfüllung offenbar keiner der Ehepartner die Voraussetzungen mitbringt: Herr von Clèves ist in leidenschaftlicher Liebe zu seiner Frau entbrannt, während sie analoge Gefühle zum Duc de Nemours entwickelt, den sie in der verführerischen Atmosphäre eines Hofballes kennengelernt hat.

Vom 17. Jahrhundert bis heute war das Verhalten der Princesse Gegenstand sehr verschiedenartiger Interpretationen. Zeitgenossen haben die „Schwäche" der Protagonistin getadelt, die immer wieder von ihren Gefühlen überrascht wird und sich erst im nachhinein an das Gebot der Tugend erinnert, das sie dazu drängt, eine Liebe, die sie selbst verurteilt, im Zaum zu halten. Moderne Interpreten wieder haben kritisch vermerkt, daß Madame de Clèves nicht den Mut hat, ihre Gefühle zu akzeptieren: Ihr inkonsequentes Verhalten treibt ihren Ehemann in den Tod und zerstört ihr eigenes Leben. Nach Ansicht von L. Ansmann thematisiert der Roman den „Kampf eines ungezügelten Egoismus um Selbstverteidigung und Selbstbehauptung, der (...) stets hinter moralischen Verhaltensweisen verborgen wird" (Ansmann, L. 1975, I 135). Es fehlt allerdings nicht an Indizien, die darauf hinweisen, daß die Autorin durch die Beziehungen zwischen ihren Romanfiguren eine Ausweglosigkeit illustrieren wollte, welche die Frage nach individueller Schuld oder Unschuld belanglos machte. Eine klare Entscheidung der Frau zwischen zwei Männern ist nicht möglich, da das Normbewußtsein der Princesse die „irreguläre" Leidenschaft nicht akzeptieren kann. Andererseits ist dieses Normbewußtsein zu schwach, um die Liebe zu Nemours zu unterdrücken, da ihm nicht nur die zum ersten Mal geweckte Vitalität weiblicher Gefühle entgegenwirkt, sondern auch der erotisierende Lebensstil des Hofes. Den mit allen Wassern gewaschenen Duc de Nemours fasziniert gerade die „Unschuld" der Princesse; aber weder die letztere noch deren Gemahl sind imstande, ihre Gefühle in den Dienst sozialer Strategien zu stellen und scheitern an diesem Unvermögen. Wenn sich Madame de Clèves ihrem Gatten anvertraut, so kann diese Handlungsweise als ein äußerster Versuch, das verinnerlichte Normensystem gegen die bedrohlichen Gefühlskräfte zu mobilisieren, interpretiert werden; zugleich hängt das Gelingen dieses Versuchs von der Unterstützung durch den Ehemann ab, der seinerseits für die Rolle des über den Dingen stehenden Agenten von Vernunft und Moral untauglich ist, da ihm die leidenschaftliche Liebe zu seiner Frau keine Chance läßt, als weltkluger „honnête homme" vermittelndes Kalkül zum Einsatz zu bringen. Sein Tod bewirkt allerdings, wozu er im Leben nicht imstande war. Das von Monsieur de Clèves bis zur letzten Konsequenz angenommene Leiden an der Liebe läßt seine Frau nämlich erkennen, daß ihr wahres Problem nicht mit einem Konflikt von Sittlichkeit und Liebe identisch ist, sondern mit der Unmöglichkeit, unter den gegebenen Sozialverhältnissen unbedingt und ohne billiges Arrangement für eine Liebe zu leben. Wenn sich die verwitwete Princesse weigert, das Flehen des Duc de Nemours zu erhören, so steckt weder heroische Selbstüberwindung noch reuige Bußfertigkeit hinter diesem Entschluß. Madame de Clèves hat einfach aufgehört, an ein erfülltes Zusammenleben von Mann und Frau zu glauben. Der „repos", der sich im Laufe des Geschehens immer wieder als unerreichbar erwiesen hatte (niemand kann sich vom Getriebe einer Gesellschaft, die sich selbst als „le monde" betrachtet, distanzieren!), wird letztlich Wirklichkeit in Form klösterlicher Abgeschiedenheit als Vorstufe zum Tode.

VI. Grenzverschiebungen (18. Jahrhundert)

1. Expansion und Wandel

Die Erfolge, die der Roman während des Zeitalters der Aufklärung im Konkurrenzkampf der Gattungen erringen kann, seine wachsende Bedeutung als Medium geistiger Bewegungen und Konfrontationen, nicht zuletzt auch seine Mitwirkung an einem gesellschaftlichen Emanzipationsprozeß, der letzten Endes das ganze monarchisch-feudale Gefüge Frankreichs in seinen Grundfesten erschüttern wird, dies alles wird häufig mit der Eroberung gesellschaftlicher Machtpositionen und eines neuen Selbstbewußtseins durch das Bürgertum in Zusammenhang gebracht: „... on peut dire que le roman est pour la philosophie des lumières beaucoup plus qu'un véhicule commode: que c'est une forme impérieusement réclamée par la nouvelle sensibilité inséparable de l'humanisme bourgeois" (Kaminker, J. P. 1975, 311). Daß es sinnvoll ist, Verbindungen zwischen dem „Aufstreben" der Gattung und jenem der Klasse aufmerksam zu verfolgen, soll hier nicht bezweifelt werden; zugleich ist aber hervorzuheben (was in literaturhistorischen Darstellungen mitunter übersehen wird), daß der bürgerliche Vormarsch nicht einfach die Verdrängung eines Kultursystems durch ein anderes zur Folge hat. Zweifellos ist das honnêteté-Ideal auf Grund der Vielschichtigkeit der Elite, die es hervorgebracht hat, durch eine Widersprüchlichkeit geprägt, die schon im 17. Jahrhundert bemerkt und kommentiert wurde. „L'honnête homme tient le milieu entre l'habile homme et l'homme de bien, quoique dans une distance inégale entre ces deux extrêmes. La distance qu'il y a de l'honnête homme à l'habile homme s'affaiblit de jour à autre, et est sur le point de disparaître." Diese Diagnose des Moralisten La Bruyère (La Bruyère, Jean de 1962, 367) trifft den Kern einer Reflexion über das spannungsreiche Verhältnis von raffiniertem Einsatz sozialer Kompetenz und Aufrichtigkeit, die das ganze 18. Jahrhundert hindurch für den französischen Roman von

Bedeutung sein wird. Andererseits kann nicht ohne weiteres von einem progressiven Verebben hoher moralischer Ansprüche im Zeichen einer „realistischeren" Haltung der Schriftsteller gesprochen werden, da auch die positiven Facetten des *honnêteté*-Leitbildes verfügbar bleiben und jederzeit aktualisiert bzw. an gewandelte Verhältnisse adaptiert werden können. Daher ist die „Ablösung der honnêteté von ihrer höfisch-aristokratischen Repräsentanz und ihre Übersetzung in bürgerliche ‚Rechtschaffenheit'" (Scheffers, Henning 198O, 95) nicht als linearer Übergang von Alt zu Neu zu sehen, sondern als ein Prozeß der Suche nach einer neuen Synthese, einem neuen Gleichgewicht. Auch eine Studie wie jene von Falk Peter Weber, die an der Romangeschichte um die Wende vom 17. zum 18. Jahrhundert hauptsächlich den „Prozeß der bürgerlichen Emanzipation" ablesen will, kommt nicht um die Tatsache herum, daß „das vergesellschaftete feudale *honnêteté*-Ideal obere wie niedere Schichten (beherrschte)" (Weber, Falk Peter 1997, 435). Wenn selbst die Große Revolution in Frankreich nicht verhindern konnte, daß das Bürgertum „in hohem Maße an die höfische Tradition gebunden (blieb), auch nachdem das Gefüge des alten Regimes gesprengt war" (Elias, Norbert 1982, I 62), so kann das „klassische" System der Normen und Werte, dessen universaler Geltungsanspruch nicht zuletzt durch die Integration bürgerlichen Denkens und Fühlens erhoben werden konnte, nach der Wende vom 17. zum 18. Jahrhundert nicht seine ganze Strahlungskraft verloren haben. Als Frucht einer Jahrhunderte währenden Entwicklung, welche Teile des Adels, des Klerus und der Bourgeoisie unter einer starken Monarchie zu einer breiten, von strikten Regelungen zu Koexistenz und Kooperation gezwungenen Oberschicht zusammengefaßt hatte, war ein „Netz von seelischen Beziehungen, in dem Attraktion und Repulsion, Nachahmung und Ablehnung, Achtung und Ressentiment sich vielfach kreuzten" (Hauser, Arnold 1972, 521) entstanden und hatte eine Elitekultur hervorgebracht, die als auf engem Raum erarbeitete Synthese aus Vielfältigem und Gegensätzlichem so weitgehend einer edleren, aber im Grunde für jedermann erreichbaren Humanität zu entsprechen schien, daß es der königlichen Machtpolitik kaum mehr bedurfte, um der „mondänen“ Art in ganz Frankreich und auch außerhalb die Geltung eines absoluten Vorbildes zu verschaffen. Ritterlichkeit ohne Dünkel, Sittlichkeit ohne Puritanismus, Bildungsinteresse ohne Pedanterie, und dazu hochentwickelte Formen der Geselligkeit im Zeichen der Dialektik von Kalkül und Spontaneität – diese Leitlinien sind nicht nur für den französischen Adel verbindlich, sondern auch für das Bürgertum. Die „Philosophes“, dies geht z. B. aus Diderots einschlägigem Artikel in der Enzyklopädie deutlich hervor, entwickeln ihr eigenes Selbstverständnis aus jenem des „honnête homme“, mit dem sie sich grundsätzlich identifizieren: „Le philosophe est un honnête homme qui agit en tout par raison, et qui joint à un esprit de réflexion et de justesse les moeurs et les qualités sociables.“ (vgl. Roth, Oskar 1981, 497)

Der universelle Geltungsanspruch der in Versailles und Paris entwickelten Standardkultur löst starke Reflexe der abwertenden Distanzierung gegenüber abweichenden Verhaltensweisen und andersartigen Kulturformen aus. Die Literaturgeschichte des 17. Jahrhunderts kann etliche Beispiele liefern, von den lächerlichen Gaskognern des Barock (vgl. Wandruszka, Mario, 1937) bis zu den Gernegroß-Typen in Molières Komödien, welche die Neigung der mondänen Gesellschaft zum Fernhalten des als partikulär und/oder primitiv Empfundenen illustrieren. Auch im Zeitalter der Aufklärung wird die Kulturwelt der unteren Sozialschichten in der Erzähldichtung Frankreichs entweder abgewertet oder für den Geschmack der Elite aufbereitet. Wenn ein Text kompromißlos und in bewußter Oppositionshaltung gegenüber den dominierenden Repräsentationen des „Volkes“ das Anderssein der bäuerlichen Sphäre inszeniert, wie dies in *Histoira dé Jean l'an prés*, dem okzitanischen Meisterwerk des Abbé Fabre, der Fall ist (vgl. Le Roy Ladurie, Emmanuel 1980), bleibt er abseits der üblichen Kommunikationskanäle des literarischen Betriebes, gleichsam im Untergrund. Angesichts dieser Marginalisierung des Unangepaßten wirkt der Umstand paradox, daß sich der Erfolg des elitären Kultursystem auch auf eine egalitäre Komponente stützt (das Ideal der „honnêteté“ ist an keine Sozialkategorie gebunden !), welche in dem Maße an Bedeutung gewinnt als die Normen und Werte der „société polie“ über den exklusiven Kreis der Oberschicht hinaus Verbreitung finden. Die administrative, wirtschaftliche und kulturelle Zentralisierung des gesamten französischen Territoriums durch die Monarchie sorgt dafür, daß die im Zentralraum der Macht erarbeiteten Modelle überall bekannt werden und auf längere Sicht prägend wirken. Dabei ist die Konfrontation der Elitekultur mit dem Andersartigen ebenso unvermeidlich wie eine gewisse Entwicklung des Normensystems im Sinne größerer Flexibilität und Durchlässigkeit. Während die bäuerlichen Traditionen vorläufig viel von ihrer „exotischen“ Fremdheit bewahren, werden jene Teile des Bürgertums, die bisher die zentralen Modelle bestenfalls ungeschickt imitierten oder nach Art des „bourgeois gentilhomme“ mit Hilfe ihres Geldes an sich rissen, in unverdrossenem Ringen um wirtschaftlichen Erfolg, soziale Geltung und höhere Bildung reif für eine tiefergehende Auseinandersetzung mit den mondänen Werten und Normen. Dieser Zustrom begeisterter, aber auch kritischer Neophyten zwingt das Standardsystem der Werte und Normen, elastischer zu werden, gewissermaßen sensibler für jene Widersprüche zwischen Ideal und gesellschaftlicher Praxis, die schon eine Madame de La Fayette zu verhaltener Kritik an der eleganten Welt inspiriert hatten. Spontane Impulse und seelische Erschütterungen hatten es dem „honnête homme“ immer schon schwer gemacht, sich in jener harmonischen und distinguierten Mittellage zu halten, die ihm im Lauf der gesellschaftlichen Ausgleichsprozesse zuteil geworden war. In dem Maße, wie sich der kulturelle Standard jenseits der mondänen Kreise, die ihn erarbeitet hatten, durchsetzte und dabei auf den Lerneifer, aber auch auf die kritikfördernde Andersartigkeit nachrückender Sozialschichten traf, mußte es innerhalb des Selbstverständnisses der „société polie“ zu bedeutsamen Nuancierungen, ja sogar Verschiebungen kommen. In diesem Grenzraum zwischen Normierung und Infragestellung liegt aber ein bevorzugtes Experimentierfeld des Romans, hatte er doch schon im Hochmittelalter den Übergang von eher höfisch-elitären zu eher städtisch-bürgerlichen Tendenzen der kulturgeschichtlichen Entwicklung illustriert und dabei die Veränderungen nicht minder scharf beleuchtet als die Kontinuität (vgl. oben 51ff.).

Wie in den vorangehenden Kapiteln bereits skizziert wurde, spielt in der Romanproduktion des ausgehenden 17. Jahrhunderts die Thematik des Konfliktes zwischen der individuellen Sensibilität und den Sozialnormen, die sowohl als äußerer Zwang als auch als schwer zu durchbrechende Leitlinien des Bewußtseins in Erscheinung treten, eine wichtige Rolle. Das Leiden der Helden, ihre Verzweiflung und Zerrissenheit wird bei Autoren wie Catherine Bernard (vgl. *Les Malheurs de l'Amour* 1687; *Inès de Cordoue* 1696) intensiv herausgearbeitet, ohne daß jedoch das Prinzip der „bienséances" in Frage gestellt würde. Der Traum vom ganz privaten ungetrübten Glück am Ende aller Prüfungen gewinnt an Bedeutung; daher greifen die Romanciers gerne auf die heroisch-galanten Illusionen des Barockromans zurück. Für Henri Coulet bildet die Verbindung dieser Abenteuertradition mit der „nouvelle psychologique" geradezu die Voraussetzung für die Erneuerung des Romans (vgl. Coulet, Henri 1967–68, I 281). Tatsächlich bringt die Jahrhundertwende eine Periode des Kombinierens und Experimentierens mit sich, der ein allgemeines Interesse an der Einmaligkeit und Unberechenbarkeit menschlicher Schicksalslinien inmitten des Weltgetriebes eine gewisse Einheitlichkeit verleiht. Mit Vorliebe wird das Leben historischer Persönlichkeiten erzählt, wobei das Hauptinteresse den überraschenden und erschütternden Wechselfällen gilt, den Extremsituationen, die alle Kräfte des Protagonisten mobilisieren, aber auch den Geheimnissen, durch deren Aufdeckung der Leser ins Vertrauen gezogen wird. Trotz gegenteiliger Beteuerungen der Autoren kommt es in diesen Memoirenromanen ebensowenig auf Geschichtstreue an wie in den zahllosen Erzähldichtungen, denen man durch die Verwendung von *Histoire* im Titel einen seriösen Anstrich geben wollte. Aber all die romanesken Umtriebe, Intrigenspiele und Verstrickungen, die angeblich wirklich so verlaufen sind, und zwar vor gar nicht so langer Zeit, im Frankreich des Louis XIII oder noch näher an der Gegenwart, sie lockern die Romanwelt auf, lassen Lebensfülle in sie einströmen und mindern die Strenge der Normen. In den Erzählungen von Gatien de Courtilz de Sandras (vgl. *Mémoires de M. d'Artagnan,* 1700*; Mémoires de M. de B…, Secrétaire de M. L(e) C(ardinal) d(e) R(ichelieu), dans lesquels on découvre la plus fine politique et les affaires les plus secrètes,* 1711*)* geraten Personen von Stand mitunter in recht prekäre, an den pikaresken Roman erinnernde Situationen, ohne zwangsläufig die Intelligenz und Tatkraft des Sorelschen Francion zu besitzen. Noch deutlicher fällt die ironische Relativierung von Hierarchie und Oberschichtbewußtsein in dem kleinen Roman *Mémoires de la vie du Comte de Grammont* (1713) des französisch schreibenden Engländers Hamilton aus. Ebenso unbekümmert, wie dieser Erzähler auf gehobenen Stil und strenges Komponieren verzichtet, ebenso munter wechselt sein Protagonist unversehens vom „monde" zum „demi-monde" über, ohne dabei seine Chancen auf letztendliche Eroberung einer edlen Frau zu verspielen.

Während sich vornehme Romanhelden so von sehr menschlichen Seiten zeigen, huldigt der bürgerliche Autor Robert Challe den höfischen Idealen. Schon im Titel des lange vergessenen und erst in den 50er Jahren unseres Jahrhunderts wiederentdeckten Meilensteins der Romangeschichte *Les illustres Françaises* (1713) wird ein zentrales Anliegen des Autors offenbar: „illustre" paßte einst nur zu Romanhelden von hoher Geburt (vgl. *Ibrahim ou l'illustre Bassa* von Madeleine und Georges de Scudéry), nun ist dieser Terminus aber auf Personen aller Stände im Raum von Paris, wo Challes Romanhandlung ihren Lauf nimmt, anwendbar. Da ist etwa das Kammermädchen Angélique, das den reichen Verehrer, der sie heiraten möchte, mit folgenden Worten zurückweist: „… si je vous aimais moins, je n'aurais tant de soin de votre honneur, qui est attaché à celui d'une fille que vous aimez assez pour vouloir l'épouser; et je cesserais de vous estimer et de vous aimer, si vous étiez assez peu sensible sur ce point-là …" (Chasles, Robert 1959, I, 105). Die Haltung, die hier zum Ausdruck kommt, hat J. v. Stackelberg schön definiert: „… hier geht es tatsächlich um nicht-adlige Personen, die heroisch lieben" (Stackelberg, Jürgen von 1970, 203). Anders als bei Corneille manifestiert sich die Virtus von Challes Gestalten aber nicht in Form raschen, zielbewußten Handelns, sondern als geduldige, die soziale

Ordnung stets akzeptierende, aber niemals resignierende Treue zu sich selbst und zum geliebten Menschen. Hierarchische Strukturen, autoritäre Eltern, ein Heer von Tabus, alle scheitern sie an der schlichten Standhaftigkeit von Protagonisten, die in der Zeit einen mächtigen Verbündeten haben. Um dieses Tugendideal auf überzeugende Weise in den städtisch-bürgerlichen Alltag zu projizieren, kombiniert Challe die Lebensnähe der Novellistik mit der komplexen und weitläufigen Anlage des Romans. Die Mitglieder einer Pariser Tischrunde, die einander seit langem kennen und reihum berichten, was jeder einzelne während seiner Trennung von den anderen erlebt hat, erfahren durch dieses Erzählen wichtige Dinge über Anwesende und Abwesende, vor allem aber über sich selbst. Die Erlebnisse und Gefühle des Individuums werden durch ihr Publikwerden einer Klärung unterworfen, die Verirrungen korrigiert, Lern- und Besserungsprozesse in die Wege leitet, aber auch verborgenen Herzensadel heller leuchten läßt. In diesem aufgeschlossenen, von blasierter Egozentrik unberührten Milieu erscheint die zivilisatorische Dynamik der von der „société mondaine“ propagierten Ideale noch völlig intakt.

Bezeichnenderweise beginnen die *Illustres Françaises* mit der Schilderung eines Verkehrsstaus im Zentrum von Paris, der den Personen erstmals Gelegenheit gibt, sich als „honnêtes gens“ zu profilieren. Einige Jahre zuvor hatte Alain-René Lesage das Strukturkonzept eines Romans erstmals dem Anliegen der panoramischen Gesamtdarstellung städtischen Lebens dienstbar gemacht. Dabei arbeitete er freilich nach einer spanischen Vorlage; aber im *Diablo cojuelo* des Luis Velez de Guevara geht es um „desengaño“, die Aufdeckung der Nichtigkeit allen weltlichen Treibens, während der Autor des *Diable boiteux* (1707) die Vogelperspektive des vom Teufelchen Asmodée geleiteten Scholaren zur Befriedigung seiner moralistischen Neugier, aber auch zur Relativierung hierarchischer Ordnungsschemata nützt. „Le monde“ – das ist hier nicht mehr allein der Hof und die Salons mit ihrem scheinbar vom Bereich des Handfest-Materiellen abgehobenen Beziehungsnetz, das ist auch und vor allem die Stadt mit ihren Häusern und Straßen, „extérieurs“ und „intérieurs“. Für bunte

Abwechslung sorgt Asmodée, der Spezialist für „mariages ridicules": „C'est moi qui ai introduit dans le monde le luxe, la débauche, les jeux de hasard et la chimie. Je suis l'inventeur des carrousels, de la danse, de la musique, de la comédie et de toutes les modes nouvelles de France" (Zit. in: Etiemble 1960–65, I 271). Und doch ist auch bei Lesage dafür gesorgt, daß es zu keiner Nivellierung nach unten kommt. Seine *Histoire de Gil Blas de Santillane* (1715) erzählt die Geschichte einer Wanderung von der Peripherie zum Zentrum, vom Land in die Stadt, vom sozialen Unten zum sozialen Oben. Anders als seine Vorbilder im spanischen Picaro-Roman macht Lesages plebejischer Held einen Prozeß des moralischen Reifens durch, der eng mit seinem sozialen Aufstieg verbunden ist. Hat er zu Beginn noch unbekümmert am brutalen Lebenskampf der Unterschicht teilgenommen, gewinnt er in gehobener Stellung die Fähigkeit des Moralisten zu distanziertem Beobachten und Beurteilen und nähert sich so mehr und mehr dem Ideal des „honnête homme". Wer sich klug anpaßt und zugleich jenes charakterliche Format mitbringt, das ihn vor würdelosem Konformismus bewahrt, kann mit begrenzten Aufstiegschancen rechnen, wenigstens im Roman. Das vom Standard Abweichende, die Provinz und das Volk, sie werden nicht mehr ignoriert oder dem verachtungsvollen Spott preisgegeben, sondern nachsichtig belächelt, ist es doch nicht unmöglich, daß sie nach dem Muster des Gil Blas das Stadium der Rückständigkeit und Tolpatschigkeit eines Tages überwinden lernen.

In einer Zeit, in der die Standardkultur an preskriptiver Strenge verliert, stellt sich für manche Romanciers die Frage nach möglichen Alternativmodellen. Die Autoren der utopischen Romane, die gegen Ende des 17. Jahrhunderts zahlreicher werden, Gabriel de Foigny (*La Terre australe connue,* 1676), Denis Veiras (*Histoire des Sévarambes,* 1677*),* Tyssot de Patot (*Voyages et aventures de Jacques Massé,* 1710*), usw.* sind alle mehr oder weniger engagierte Gesinnungsgenossen des Cyrano de Bergerac, die da und dort satirische Spitzen gegen Intoleranz und Obskurantismus richten. Freies Schweifen der Phantasie am Horizont der Möglichkeiten ist allerdings nicht ihre Sache, und die von ihnen entworfenen Idealstaaten sind womöglich noch autoritärer durchorganisiert als Platons Republik. Foignys Romanheld Jacques Sadeur, in Europa auf Grund einer anatomischen Abnormität ein Außenseiter, kann unter den australischen „Übermenschen", die ihm körperlich gleichen, dennoch keine Heimat finden, da die perfekte Gesellschaft das unvollkommene Individuum nicht akzeptiert. Im Grunde liefern alle diese Utopien nur in Details verbesserte, aber in ihren Hauptzügen dem Pariser Standard nicht widersprechende Modelle. Diese Feststellung gilt auch für Fénelons *Suite du IVe livre de l'Odyssée d'Homère, ou Les Aventures de Télémaque fils d'Ulysse,* jenem Erziehungsbuch und Fürstenspiegel, dessen Skandalerfolg vom Autor keineswegs beabsichtigt war (von der Ausgabe von 1699 hat sich Fénelon distanziert; erst 1717, nach seinem Tode, erschien eine „authentische Edition"). Aus der Erzählung von den Abenteuern des Odysseussohnes und seines weisen Mentors, in die Fénelon mehrfach utopische Themen verwoben hat, spricht die Sympathie des Hocharistokraten für jene Phasen der gesellschaftlichen Entwicklung, in denen die Macht noch nicht ausschließlich in der Hand des Monarchen lag. In einer dezentralisierten Gesellschaft leben die Menschen frei von despotischen Zwängen, ohne Luxus und Neid. Daher schickt der weise gewordene König Idoménée die Städter aufs Land und macht aus Handwerkern Bauern. Fénelon, der sein Werk nicht als „histoire" versteht, sondern als „une narration fabuleuse en forme de poème héroïque comme ceux d'Homère et de Virgile" (Coulet, Henri 1967–68, I 298), ist ein Erbe d'Urfés und des heroisch-galanten Romans, und so wie in diesen Vorbildern ist auch in seinem *Télémaque* etwas von der Abneigung seiner Klasse gegen die von der Monarchie an sich gerissene Steuerungsfunktion im Zivilisationsprozeß enthalten. Zugleich erweist sich der Erzbischof von Cambrai aber auch als getreuer Diener des französischen Königtums, da er konstruktive Kritik leisten und mit seinem Roman zeigen will, daß sich alle Probleme des sozialen und politischen Lebens durch Besinnung und vernünftiges Maßhalten lösen lassen. Prinz Télémaque soll im Verlauf seiner Reise zu einem Moralisten werden, der die Menschen durchschaut und seine eigenen Schwächen kennt, damit sich in seiner Person (und in der des Dauphins, für den Fénelon sein Buch geschrieben hat) jene ideale Synthese von Herz und Verstand bilden kann, die ihn dereinst zum idealen König machen soll. Obwohl dieser Autor nichts von einem verspäteten Frondeur an sich hat, haben ihm seine maßvollen Plädoyers für Friedenspolitik und Einschränkung des Absolutismus die allerhöchste Ungnade eingebracht. Louis XIV. hat wohl nicht erkannt, daß Fénelon das System stabilisierte, indem er es elastischer machte und die bei allem Natürlichkeitsanspruch immer noch recht geschraubte Eleganz der Elite durch schlichten Charme und unverkrampfte Sensibilität lockerte, ohne den hohen moralischen Anspruch auch nur im geringsten zu vermindern. Eine analoge Funktion erfüllen übrigens auch die Märchen, die um die Jahrhundertwende das Pariser Lesepublikum entzückten (vgl. Charles Perrault, *Histoires ou contes du temps passé* 1697; Madame d'Aulnoy, *Contes de Fées* (1697–98), usw.). Durch sie genießt die Oberschicht den Reiz des Fremden und wird gleichzeitig durch das Assimilationsverfahren, dem sie das Fremde unterwirft, in ihrem Selbstbewußtsein bestätigt. Von Angehörigen der Salongesellschaft gesammelt, für den Salongeschmack zurechtgemacht, kehren die Volksmärchen schließlich in den Kolportagebändchen der *Bibliothèque bleue* zum Volk zurück und fördern so den Prozeß der kulturellen Normalisierung aller entlegenen Winkel des Königreiches (vgl. Barchilon, J. 1975, 148ff.).

2. Marivaux

Über das Leben dieses Autors, der eigentlich Pierre Carlet hieß und sich auf Grund von teilweise fragwürdigen Verwandtschaftsverhältnissen weitere Namen mit dem Nobelpartikel „de" zulegte (also eigentlich Pierre Carlet de Chamblain de Marivaux), ist relativ wenig bekannt. Sicher ist, daß sein Schaffen, das auch auf dem Gebiet des Theaters und der Journalistik von Bedeutung war, durch enge und vielfältige Kontakte mit der mondänen Gesellschaft entscheidende Impulse erhalten hat. Unausgesetzt die eigene Perspektive mitreflektierend, hat dieser kluge und sensible Mann die Menschen und ihren

Umgang miteinander studiert, wobei ihm feinste Gefühlsnuancen ebensowenig entgingen wie materielle Verflechtungen. Den Mächtigen diente er sich nicht an, wehrte sich aber auch nicht, wenn sie ihn (diskret) unterstützten. Es war wohl nicht allein die Protektion durch seine Gönnerin Madame de Tencin, die ihm zu einem Sitz in der Académie française (1742 war Marivaux Voltaires siegreicher Rivale!) und zu einer königlichen Rente verhalf. Aber auch wenn Marivaux vor allem ein Pariser Salonmensch war, so barg das Leben der unteren Schichten und des provinziellen Frankreich für ihn, der einen Teil seiner Jugend in der Auvergne verbracht hatte, doch keine Geheimnisse.

Sein erster Roman *Les Aventures de M*** ou les effets surprenants de la sympathie* (1712) steht unter dem Einfluß der heroisch-galanten Tradition. In weiteren Jugendwerken ist Marivaux jedoch dazu übergegangen, seine romanesken Vorbilder mit einer an Charles Sorel erinnernden Verve zu parodieren. Ähnlich wie der Schäfer Lysis suchen die Protagonisten von *Pharsamon ou les folies romanesques* (1713), *La Voiture embourbée* (1714), *Le Télémaque travesti* (1735; die Druckerlaubnis wurde schon 1714 erteilt), usw., den Illusionenschatz der Bücher in ihrer alltäglichen Umgebung wiederzufinden, oder diese Umgebung dem Ideal anzupassen, wobei ihnen Mißgeschicke passieren, die den Leser ergötzen bzw. für vorurteilsfreies Denken gewinnen sollen. Über Fénelons Versuch, den ritterlichen Helden zu sanfter Menschenfreundlichkeit zu erziehen, geht Marivaux insofern hinaus, als er kriegerischen Heroismus rundweg verdammt und ihn zusammen mit anderen elitären Tugenden verdächtigt, auf dem Boden der Eitelkeit und des Hochmutes zu wachsen. Mit seiner Desillusionierungstechnik folgt der Autor teilweise den bewährten Mustern des „Roman comique“; dem Leser werden die Prozeduren des romanesken Erzählens transparent gemacht, indem die Figuren, sozusagen vor seinen Augen, das Werk komponieren. Neue Perspektiven eröffnet hingegen Marivaux’ ausgeprägter Sinn für die ökonomischen Voraussetzungen menschlichen Denkens und Handelns, für Konkretes und Kreatürliches. Die verschlammte Landstraße, in der der Wagen steckenbleibt, die nassen Wiesen, über die man auf eine schäbige Herberge zustolpert *(La Voiture embourbée),* sie wirken ebenso „real“ wie der Ochsenkarren, auf dem sich Brideron junior bei seinem Versuch, mit Fénelons Buch in der Hand die Abenteuer des Odysseussohnes nachzuvollziehen, in Ermangelung griechischer Meereswellen transportieren läßt *(Le Télémaque travesti).* Mit Recht macht Jürgen von Stackelberg auf die sich im letztgenannten Werk abzeichnende Entwicklung vom Verkleidungsspiel zum Landroman aufmerksam (vgl. Stackelberg, Jürgen von 1970, 275). Allerdings läßt sich der Romancier Marivaux nicht definitiv auf die Welt des Handfest-Ländlichen ein, sondern gebraucht sie als Widerstand, von dem er sich nach der Abrechnung mit livresken Stereotypen abstoßen kann, um mit geschärftem Blick und entrümpeltem Geist in das raffiniertere Gesellschaftsleben der Hauptstadt zurückkehren zu können. „Le dernier des hommes ici-bas est celui qui n'a rien“ (Marivaux 1949, 587) – dieses Wissen des Bauernsohnes Jacob charakterisiert den Blickwinkel, von dem aus die Pariser Leitbilder einer kritischen Musterung unterzogen werden.

Die Arbeit an *La Vie de Marianne ou les Aventures de Madame la Comtesse de* *** wurde 1731 begonnen und 1734 unterbrochen; bis 1735 entstand *Le Paysan parvenu ou les Mémoires de M****, dann wandte sich Marivaux wieder der *Vie de Marianne* zu. Diese bedeutendsten Erzählwerke des Autors, die beide unvollendet geblieben sind, schildern den Kampf junger Menschen aus der Unterschicht um soziale Positionen, die weit über jenen liegen, die sie in ihrer früheren Jugend innehatten. Beide kommen aus der Provinz; das Waisenkind Marianne glaubt fest an seine vornehme Abstammung, aber Jacob ist ein „echter“ Bauernjunge. Ihr Startkapital besteht aus natürlichen Gaben wie Sensibilität und Instinktsicherheit; dazu gehört auch ein wacher Geist, mit dessen Hilfe jeder dieser Protagonisten sehr rasch die ihm noch unbekannten Spielregeln der urbanen Gesellschaft erlernt. Ein beträchtliches Maß gesunder Sinnlichkeit bewirkt, daß weder Marianne noch Jacob gegen die Verlockungen der Stadtzivilisation gefeit sind. Dennoch lassen sie sich nicht durch materielle Vorteile verleiten, ihre ursprüngliche Anständigkeit aufzugeben. Gleich bei der ersten Herausforderung, als Marianne den reichen Lebemann Climal zurückweist und Jacob es ablehnt, die Maîtresse seines Herrn zu ehelichen, machen beide Helden eine wichtige Entdeckung, die sie von nun an mit großer Sicherheit nützen: Die Oberschicht erwartet nicht, daß Menschen, die nicht zu „le monde" gehören, nach moralischen Grundsätzen handeln. Erweist sich der Plebejer jedoch als ehrenwert und charakterfest, weckt er bei den vornehmen Herrschaften Staunen und Betroffenheit, ein Umstand, der ihm in der sozialen Auseinandersetzung wenigstens kurzfristig eine gewisse Überlegenheit verschaffen kann.

Nach wie vor hält die mondäne Gesellschaft ihre traditionellen Werte wie Standhaftigkeit, Bescheidenheit und generöse Opferbereitschaft, rationale Steuerung des Verhaltens usw. in Ehren. In der Praxis, das wissen die Romanciers seit langem, herrschen freilich Ehrgeiz und Machtgier, aber auch (und vor allem) das Streben nach Reichtum vor. Daher können sich junge Leute von „draußen", für welche die Entscheidung im Konflikt von Unverdorbenheit und Klugheit noch nicht zugunsten der letzteren gefallen ist, in den Augen der Damen und Herren von Stand zeitweilig als Exponenten eines sozialen Über-Ich qualifizieren. Vor allem in der Gestalt der Marianne haben etliche Forscher seit Leo Spitzer (vgl. Spitzer, Leo 1959) die Reinkarnation der Heroinen des barocken Idealromans im Rokoko-Milieu gesehen. Diese Deutung hat insofern ihre Berechtigung, als die mondäne Gesellschaft tatsächlich bereit zu sein scheint, das „être d'exception", dessen demonstrierter Herzensadel um so überzeugender ist, als er einem „naturhaften" Quellgrund entspringt, auf ihr soziales Niveau heraufzuholen und auf diese Weise etwas für die Regeneration ihrer eigenen Ideale zu tun. Freilich stellt sich hier die Frage, in welchem Maße eine Blitzkarriere die Naturhaftigkeit intakt läßt. Haben jene Kritiker so unrecht, die in Marianne weniger die edle Seele gesehen haben als vielmehr die Abenteurerin, die sich selbst und die anderen betrügt ?

Vielleicht liefert eine erzähltechnische Besonderheit, die man in beiden Romanen findet, Hinweise zur Beantwortung dieser Frage. Viel wurde über das „double registre" bei Marivaux geschrieben, dieses Hin und Her des Perspektivenwechsels zwischen dem erlebenden und dem aus zeitlicher Ferne nachvollziehenden und reflektierenden Ich. Dabei scheinen sich manchmal die Grenzen zwischen Aufrichtigkeit und Kalkül so sehr zu verwischen, daß man es begreifen kann, wenn Annie Jugan so weit geht, in der „démonstration du caractère purement verbal de la réalité" (Jugan, A. 1978, 81) das Hauptanliegen des Autors zu sehen. Wenn man freilich in Marivaux eine Art Wegbereiter der Romanästhetik des 20. Jahrhunderts sieht, wie dies bei manchen Kommentatoren der Fall ist, manövriert man sich leicht in eine Position, von der aus sich seine literarhistorische Eigenart weniger scharf abzeichnet. Wir ziehen daher die Deutung von René Démoris vor wenn er feststellt, daß die Reflexionen der Erzähler „tendent à faire passer leur conduite comme la plus naturelle et la plus vraisemblable, selon les lois générales que reconnaît la société honnête" (Démoris, René 1975, 411). Zunächst mußten die Romanhelden alle ihre Fähigkeiten aufbieten, um sich in einem für sie neuen Milieu zu behaupten. Dabei erwies sich ihre ursprüngliche Ehrbarkeit wegen ihrer Berührungspunkte mit der „wahren" Mondanität als Mittel zur Erlangung gesellschaftlichen Erfolges, geriet dabei aber zwangsläufig in den Sog der über die real existierende Elitegesellschaft herrschenden Eitelkeit und Profitsucht. Die das Romangeschehen begleitenden Reflexionen eines in seine eigene Vergangenheit zurückschauenden Erzählers bringen aber alles wieder ins Lot. Denn die Perspektive dieser Erzählerfigur ist die eines arrivierten und gereiften Mitgliedes der höheren Gesellschaftskreise. Der Betrachtende weiß um die Unvermeidlichkeit gewisser Kompromisse mit den dunkleren Seiten des Pariser Lebens, er kennt aber auch die Widerstandskraft des heilen Kerns in Marianne und Jacob. Vor allem aber glaubt er an das Weiterbestehen wahrer Vornehmheit in der „société polie". Wenn der Minister vor versammeltem Familiengericht einem „Mädchen aus dem Volke" verkündet: „La noblesse de vos parents est incertaine, mais celle de votre coeur est incontestable, et je la préfèrerais, s'il faut opter" (Marivaux 1949, 354), so demonstriert er damit für alle Anwesenden und für den Leser, wo das für Marivaux maßgebliche Reservat der gesellschaftlichen Werte zu finden ist. Dank dem Erzähler, der über das Partikuläre seiner Lebensgeschichte hinaus dem Universell-Menschlichen nachspürt und dabei entdeckt, daß das Edle im Individuum und in der Gesellschaft allem Pessimismus zum Trotz jederzeit aktivierbar ist, wird der Bestand an intakter Idealität nie ganz von Sachzwängen und Egoismen erdrückt. Freilich muß die Wachsamkeit des Romanciers auf dem Posten bleiben, um den stets eifrig bekämpften Klischees der heroisch-galanten Tradition den Weg ins eigene Revier zu verwehren. Das sicherste Mittel, um diese Gefahr zu bannen, stellt für Marivaux das unablässige, nie zum Ende kommende Ringen um die Darstellung des ganzen Menschen dar, von den sozioökonomischen Verflechtungen bis zu den Unwägbarkeiten der Seele, mit der die Zeit ihr Verwandlungsspiel treibt. Diesem Anliegen dient ein sehr breiter und langsamer Erzählduktus – ein Tag im Leben der Marianne erstreckt sich über rund hundert Seiten – sowie jene flimmernde Sprache, die als „marivaudage" in die Literaturgeschichte eingegangen ist und von dem Kritiker La Harpe unbeschadet dessen weitgehender Verständnislosigkeit gar nicht unpassend als „mélange de métaphysique subtile et de locutions triviales, de sentiments alambiqués et de dictons populaires" definiert wurde (Stackelberg, Jürgen von 1970, 257). Radikaler als viele Romanciers vor ihm fordert Marivaux das Überdenken des Kultursystems. Zugleich ist er aber durchaus optimistisch, was die Integrationskraft und Erneuerungsfähigkeit der traditionellen Werte anbelangt.

3. Vor dem Verlust der Einheit?

Marivaux' Optimismus hängt untrennbar mit einem erzählerischen Balanceakt zusammen, der die Jugendfrische der Protagonisten und die Widersprüchlichkeit der mondänen Gesellschaft im Gleichgewicht hält (unter diesem Blickwinkel ließe sich wohl auch erklären, warum er seine großen Romane nicht vollendet hat). Bei anderen bedeutenden Romanciers vor der Jahrhundertmitte stößt das Bemühen um die Harmonisierung von Norm und Wandel auf noch weitaus größere Schwierigkeiten. Diese Verunsicherung hängt sicherlich mit dem Nachlassen jenes Druckes von oben zusammen, der während etlicher Jahrzehnte den kulturellen Ausgleich der im Zentrum des Königreichs versammelten Sozialmächte erzwungen hatte. Was die starke Hand des Herrschers zusammenhielt, droht in den Jahren nach 1715 in Klassen und Gruppen auseinanderzufallen, die ihre Sonderart und ihre Sonderinteressen ungehemmt zur Geltung bringen wollen. Louis XV. hatte bei seinem Bemühen, diese Zentrifugaltendenzen unter Kontrolle zu bringen, zweifellos Erfolge zu verzeichnen, aber die monarchische Ordnung und mit ihr das auf die „société polie" gegründete Kultursystem geraten allmählich in die Defensive. Seit der Regentschaft des Philippe d'Orléans, als sich das Hofleben nach Paris verlagerte, sind die Salons mit ihrer Atmosphäre der (relativ) egalitären Kommunikation und der Begier nach Neuerungen in ihrer Bedeutung als Zentren der kulturellen Kreativität deutlich gewachsen. Eine solche Situation begünstigt ein kulturpolitisches Klima, in dem Gegensätze offener und mit schärferer Polemik ausgetragen werden als in den Zeiten der unumschränkten Vorherrschaft des Absolutismus. Was die Gattung Roman anlangt, deren Loyalität zum gesellschaftlichen Normensystem nie ganz frei von allerlei Wenn und Aber war, so hat sie schwerer denn je mit jenem „Dilemma" zu kämpfen hat, das George May in seinem bekannten Buch beschrieben hat: Um dem Vorwurf der Lügenhaftigkeit zu entgehen, vertauscht der Romancier die gesellschaftlich sanktionierte „vraisemblance" mit der „vérité", gerät aber dadurch mit dem Gebot der „bienséance" in Konflikt (vgl. May, George 1963). Solange man das „windige Genre" von behördlicher Seite mit verachtungsvoller Gleichgültigkeit strafte, war es nur in Literatenkreisen von Interesse, ob es den Romanciers gelang, zwischen den Klippen von Unwahrhaftigkeit und Unmoral hindurchzusteuern. Aber schon unter Louis XIV. begannen Hüter von Sitte und Ordnung dem Roman nachzustellen. Unter den Schriftwerken, die der Bannfluch der Zensur traf und die daher in jenem „fruchtbaren Halbmond", der Frankreich von London bis nach Genf säumte, gedruckt wurden, war der Anteil der Romanproduktion beträchtlich. Aber erst mit dem Kampf des „garde des sceaux" Daguesseau, der zwischen 1737 und 1739 versuchte, die Publikation von Romanen radikal einzuschränken, erreichten die Feindseligkeiten seitens der königlichen Verwaltung, zu deren Verschärfung kirchliche Kreise mit Eifer beitrugen, ihren Höhepunkt. Dabei gibt es unter den bedeutenden Romanciers der ersten Jahrhunderthälfte keinen einzigen, der sich radikal von den im „grand siècle“ erarbeiteten Richtlinien des soziokulturellen Lebens distanziert. Statt sich als Extremisten der Aufklärung zu gebärden, suchen sie durchwegs nach einem konstruktiven Ausgleich zwischen Erneuerung und Stabilität. Aber gerade dieses Bemühen um Vermittlung ist es, das dem Roman in einer Zeit schwächerer Autorität und um sich greifender Lagermentalität zum Vorwurf gemacht wird. Insgesamt wirken sich derlei Attacken freilich eher fördernd als hemmend auf die Beliebtheit und Vitalität der Gattung aus. In einer Atmosphäre chronischer Unsicherheit und Widersprüchlichkeit lösen sich die Romanciers zusehends von formalen und ideologischen Konventionen und stellen sich resolut den Problemen der Darstellung zeitgenössischer Menschen und ihrer Widersprüche. Den thematischen Schwerpunkt bildet die Spannung zwischen dem Verlangen nach klaren und strengen Grundsätzen und den nach freier Entfaltung strebenden, manchmal zur Anarchie neigenden Kräften des individuellen Bewußtseins. Daher die große Bedeutung der Ich-Erzählung, des Bekenntnistons, der Briefe und Erinnerungen. Vorläufig fehlt der Themenkreis der totalen Vereinzelung ebenso wie jener der Begegnung mit der Fremdheit des Kosmos. Noch umfaßt der vertraute Sozialraum mit seinen Normen und Werten die Subjektivität, auch wenn sie ihn zu sprengen droht. Aber der Umgang der Romanciers mit dem Abweichenden und Andersartigen wird differenzierter.

Der Autor der *Lettres persanes* (1721) ist nicht der erste französische Romancier, der die Stadt Paris und ihre Bewohner den Blicken exotischer Gäste aussetzt, um das Bild, das sich die „zivilisierte“ Welt von sich selber macht, aus teils naiver, teils kritischer Perspektive zu verfremden (vgl. Coulet, Henri 1967–68, I 390). Neu ist hingegen, daß sich Montesquieus orientalische Protagonisten nicht damit begnügen, ihre Reiseimpressionen zum besten zu geben, sondern laufend Post aus der Heimat erhalten und an den Verhältnissen in Persien regen Anteil nehmen. So wie sein Schöpfer ist der Reisende Usbek ein Aristokrat, aber auch ein philosophischer Kopf; er sieht zwar die Schattenseiten der französischen Gesellschaft, ist aber auch von den positiven Aspekten zutiefst beeindruckt und kann nicht verhindern, daß der systematische Vergleich von Orient und Okzident sein iranisch-islamisches Selbstbewußtsein auf eine harte Probe stellt. Durch die Anordnung der Briefe gelingt es dem Romancier, Erlebnisberichte und Reflexionen mit der progressiven Verschärfung eines soziopsychologischen Konfliktes, der den persischen Briefeschreibern erst durch Usbeks Reise bewußt wird, zu verbinden (vgl. Laufer, Roger 1963, 51ff.). Je freizügiger und humaner der westliche Lebensstil dem Helden erscheint, um so nachdenklicher macht ihn sein eigener Habitus als Sklavenhalter und Haremsbesitzer. Dennoch ist der Sieg der französischen Kultur nie vollkommen. Die Briefe, in denen Usbek die Unterlegenheit Persiens anerkennen muß, wechseln ab mit anderen, in denen derselbe Schreiber mit einem Unterton verzweifelter Verteidigungsbereitschaft vermerkt, daß auch in Frankreich blinde Unterwerfung unter den Willen des Herrschers viel Schlimmes anrichtet (vgl. die Anspielung auf die Hugenottenvertreibung in Brief 85). Auch in Paris läßt man sich nicht immer von der „nature" leiten, vor der alle Menschen frei und gleich sind. Nichtsdestoweniger hat die Begegnung mit Europa Usbeks Schicksal eine gefährliche Wendung gegeben. „Il faut que les hommes restent où ils sont", läßt der Kulturphilosoph Montesquieu seinen Romanhelden konstatieren, „lorsque nous sommes transportés dans un autre pays, nous devenons malades" (Montesquieu 1949, 310). Da das Funktionieren der für Persien spezifischen Sozialordnung den unmittelbaren Kontakt der Menschen untereinander zur Voraussetzung hat, schafft Usbeks Abwesenheit ein Autoritätsvakuum, das in der Hauptfrau Roxane das Bewußtsein einer vorenthaltenen Freiheit weckt und sie zu einer „Reform" veranlaßt, die Tod und Verzweiflung über die ganze Familie bringt. Man wird dem grüblerischen Usbek wohl kaum gerecht, wenn man ihn als Exponenten orientalischer Despotie etikettiert; er ist aber auch mehr als ein Sinnbild des Aufklärers, der den Sprung von der Theorie zur Praxis nicht geschafft hat. Sieht man in ihm einen Entwurzelten, den die Gegensätzlichkeit der Kulturen, an denen er Anteil hat, einer für ihn und seine Angehörigen verhängnisvollen Zerreißprobe unterzieht, so erweist sich Montesquieu als erster französischer Romancier, der den Preis für den Triumph der von Paris ausstrahlenden Standardkultur genannt hat. Der unwiderstehliche Sog zur Mitte, der im Gefolge der monarchischen Zentralisierungspolitik entstanden war, hatte die ursprünglich sehr eigenständigen und eigenartigen Regionen Frankreichs schon im 17. Jahrhundert ihrer kulturellen Dynamik beraubt und ihre vitalsten Kräfte nach Paris gezogen. Der aquitanische Edelmann Montesquieu ist den okzitanischen Traditionen schon weitgehend entfremdet, aber er fühlt den Assimilationsdruck, der auf einer seit langem in die Defensive gedrängten Provinzwelt lastet. Vielleicht ist Usbeks Persien von der Gascogne nicht allzu weit entfernt: Das Pariser Modell zieht die „Exoten" von da und von dort in seinen Bann, um sie zu integrieren oder zu zerstören. Ein Vergleich mit den thematisch verwandten *Lettres d'une Péruvienne* (1747) der Madame de Graffigny läßt den kulturkritischen Zug der *Lettres persanes* besonders deutlich werden: Die naturhafte Anmut einer Indianerpriesterin versöhnt sich hier auf das glücklichste mit kultiviertem Franzosentum. Die Idealisierung der Fremdkultur bildet bei Madame de Graffigny die Voraussetzung für die Integration ihrer „brauchbaren" Elemente. Anders als bei Montesquieu wird der Triumph der Standardkultur nicht durch die leidvolle Entfremdung der Unterlegenen geschmälert (vgl. Schrader, Ludwig 1983, 330ff.).

Der Weg der Helden des Abbé Prévost verläuft in entgegengesetzter Richtung: Statt sich dem Zentrum Frankreichs und seiner Elitekultur von außen zu nähern, werden sie aus der Sicherheit der kultivierten Umgangsformen und weltanschaulichen Richtlinien in eine Welt des Zweifels und der Widersprüche hinausgetrieben. So wie das Paris der Régence die kirchliche Karriere des dem gehobenen Provinzbürgertum entstammenden Autors durcheinanderbrachte, so suchen auch Prévosts Romangestalten im Übergang zwischen Zivilisation und Wildnis, Salon und Halbwelt noch Geborgenheit und

Ordnung. Keines seiner vielen Erzählwerke hat dieser Autor ganz zu Ende gebracht, mit Ausnahme der *Histoire du Chevalier des Grieux et de Manon Lescaut* (1731), bei der es sich eigentlich um einen Einschub in einen anderen Roman (1728–31, *Mémoires et aventures d'un homme de qualité)* handelt, die aber mit Billigung Prévosts auch getrennt publiziert wurde. Man kann dieses kleine Meisterwerk, in dem der Autor die Grundprobleme seines Lebens und Schaffens in Dichtung umzusetzen suchte, als Geschichte einer unbezwinglichen Leidenschaft lesen, die über Schmach und Tod triumphiert, aber diese romantisierende Deutung, die im 19. Jahrhundert eine große Rolle spielte, versperrt den Weg zum tieferen Verständnis eines Textes, der eigentlich als Lehrstück angelegt ist und den Helden nach dem Tod der geliebten „femme fatale" zur Besinnung kommen läßt: „J'étais résolu de retourner dans ma patrie pour y réparer, par une vie sage et réglée, le scandale de ma conduite" (Zit. in: Etiemble 1960–1965, I 1370). An dieser Wendung zum Guten kann sich der junge Marquis, dem der „homme de qualité" im Rahmen der umfassenden Romanhandlung von der gefährlichen Liebe des Chevalier des Grieux erzählt hat, ein Beispiel nehmen. Manon Lescaut verkörpert eine Episode im Leben eines jungen Herrn von Stand, deren Folgen schwerwiegend, aber nicht irreparabel sind. Die mondäne Gesellschaft, die während Des Grieux' „Verirrung" das verlorene Schaf wieder einzufangen sucht und ihm nach dem bitteren Ende ihre Arme öffnet, ist keineswegs negativ gezeichnet, so daß Fritz Nies mit vollem Recht behaupten konnte, daß das aristokratische Leserpublikum Ursache hatte, mit Prévosts Darstellung zufrieden zu sein (Nies, Fritz 1975, 178). Ebenso eindringlich, wie er die moralische Überlegenheit der vornehmen Welt herausarbeitet, ebenso deutlich läßt der Autor jedoch erkennen, daß sich bei der Umsetzung der ethischen Werte in die Lebenspraxis gewisse Schwierigkeiten ergeben. Statt die „générosité" des Gestrauchelten durch verständnisvolles Entgegenkommen zu stimulieren, läßt der Vater seinen Sohn von Lakaien überrumpeln und stellt ihn unter Arrest. Darüber hinaus verletzt er den Chevalier zutiefst, indem er sich der von dem schäbigen Rivalen B. gesponnenen Intrigen bedient, um die Liebe des Protagonisten zum Gespött zu machen. Niemand in diesem mondänen Milieu begreift, daß die Liebe des Protagonisten eigentlich die edelsten Traditionen der höfischen Gesellschaft aufleben läßt, da sie in ihrem Kern von jeglicher Berechnung frei ist, bzw. sich mit Standhaftigkeit und Opferbereitschaft paart. „Il est sûr que, du naturel tendre et constant dont je suis, j'étais heureux pour toute ma vie, si Manon m'eût été fidèle" (Zit. in: Etiemble 1960–65, I 1234). Freilich ist spätestens seit der *Princesse de Clèves* klar, daß die mondäne Gesellschaft des klassischen Zeitalters für eine Liebe im Sinne des Hochmittelalters, die im edlen Herzen wohnt und die Welt zu erneuern vermag, keine Verwendung mehr hat. Da Des Grieux ein Mädchen jenseits der Kastengrenzen liebt, kann er bei seinesgleichen nicht mehr auf Verständnis hoffen. Dazu kommt, daß Manon keine brave Bürgerin ist, sondern eine Halbweltdame. Offensichtlich hat Prévost für seine Romanfiguren extrem entgegengesetzte Sozialpositionen gewählt, um zu zeigen, wie die Schwächung der zentralen Ordnungskräfte zum Abbau übergreifender Ideale und zur Stärkung der Gruppenegoismen führt. Des Grieux ist so sehr Aristokrat, daß er nicht daran denkt, einem Erwerb nachzugehen und damit finanziell unabhängig zu werden. Manon wiederum kommt aus einer Sphäre, in der man alles nach dem materiellen Wert mißt und auch der Verkauf der eigenen Person keine moralischen Bedenken weckt. Sie besitzt zwar den Geschäftssinn des Wirtschaftsbürgertums, nicht aber jene naturhafte Tugend, die Marivaux' plebejische Helden befähigt, die vom Utilitarismus bedrohten Ideale der Oberschicht mit neuem Leben zu erfüllen. Freilich ist Manon trotz der Konditionierung durch ihr Milieu nicht unempfänglich für Des Grieux' Generosität: In der Versucherin war von Anfang an eine Zuneigung erwacht, die in ihrem tiefsten Grunde echt und der des Geliebten ebenbürtig war. Aber die Verhältnisse in den oberen und in den unteren Schichten der Gesellschaft haben bald dafür gesorgt, daß diese aufblühende Leidenschaft ihrer edlen Seiten verlustig geht. Das junge Paar gerät in üble Händel, aus denen es sich nie mehr befreien kann, zugleich werden die Bande, welche die beiden aneinanderketten, immer unlösbarer. „Avec Prévost commence … dans le roman aussi bien la poésie de la disponibilité illimitée à aimer que la poésie du cauchemar“ (Wais, Kurt 1965, 250). Jener vom Glauben genährte Optimismus, der einst in den wilden Geschichten des Bischofs Camus letztlich stets doch die Oberhand behielt, ist beim Abbé Prévost einer Beklemmung gewichen, die nicht nur in der Geschichte des unsterblichen Liebespaares ständig fühlbar ist, sondern auch von einem Philosophen wie Cleveland oder einem christlichen Streiter wie dem Doyen de Killerine nie völlig gebannt werden kann (vgl. *Le Philosophe anglais ou Histoire de M. Cleveland,* 1731–1739*; Le Doyen de Killerine,* 1735–1739*).* Zwischen einer mondänen Gesellschaft, die aus Idealen Konventionen macht, und einem minder zivilisierten Rundherum, dessen „Natürlichkeit“ eher destruktiv als regenerierend wirkt (Clevelands Versuch, bei den nordamerikanischen Indianern den Idealstaat zu gründen, führt zu einem totalen Mißerfolg), bleibt das Individuum in seinem verzweifelten Ringen um ein seelisches Gleichgewicht und einen Platz an der Sonne letztlich ohne Beistand und Trost.

Angesichts der folgenschweren Konflikte, die in den Romanen Montesquieus und Prévosts beim Aufeinandertreffen der Elitekultur und ihres heterogenen Umfeldes wirksam werden, liefern jene zeitgenössischen Romane, deren Thematik nicht über die Darstellung der mondänen Gesellschaft hinausreicht, interessante Vergleichsmöglichkeiten. Für eine Madame de Tencin etwa ist an der Gültigkeit der sozialen Normen nicht zu rütteln; je mächtiger sich die subjektiv-irrationalen Impulse hervordrängen, um so schwerer ist das Leid, durch welches jede Abweichung gebüßt werden muß. Alle Romane und Erzählungen dieser Autorin, von den *Mémoires du Comte de Comminge* (1735) bis zu den *Malheurs de l'amour* (1747) erzählen von den „malheurs de l'âme sensible et vertueuse, fidèle à son amour et fidèle à son devoir, victime du hasard, des méchants et des malentendus, accablée de honte et achevant sa vie dans le désespoir“ (Coulet, Henri 1967–68, I 379). Extreme Skrupel hindern die Personen daran, sich ihren Gefühlen hinzugeben; in der Romanstruktur manifestiert sich diese Blockierung der Spontaneität durch die Häufung von Bildern der Gefangenschaft und Verirrung. Durch ihre Vorliebe für dunkle Wälder, Kerker, einsame Klöster gehört Madame de Tencin, zu den Wegbereitern des Schauerromans.

Für solch angestrengtes Hochhalten der Tradition hat Crébillon fils wenig übrig. Seine Hauptfiguren sehen in der „mondanité“ meist keine moralische Verpflichtung, sondern ein Instrumentarium zur Befriedigung ihrer egoistischen Interessen. In den Augen des Weltmannes neuen Typs, der Energie und Intelligenz einsetzt, um sich zum „unwiderstehlichen“ Mittelpunkt des gesellschaftlichen Lebens zu machen, sind Gefühle und Skrupel den menschlichen Schwächen zuzurechnen. Wer nicht zu den „dupes“ gehören will, so erklärt der Salonlöwe Versac dem Debütanten Meilcour in *Les Egarements du coeur et de l'esprit* (1736), der muß das Leben der eleganten Kreise von Grund auf studieren und sich ihm anpassen, bis ihm die allgemeine Unfreiheit und Oberflächlichkeit Herz und Geist verdorben haben und er imstande ist, die souveräne Verstellungskunst des perfekten „Libertin“ zu praktizieren: „vous devez apprendre à déguiser si parfaitement votre caractère, que ce soit en vain qu'on s'étudie à le démêler. Il faut encore que vous joigniez à l'art de tromper les autres, celui de les pénétrer“ (Zit. in: Etiemble 1960–65, II 153). Allerdings wird der junge Mann bis zum Ende des Romans nie so recht in die Lage kommen, die Lehren dieser hohen Schule der Eitelkeit und des Luststrebens in die Praxis umzusetzen. Meilcours teilweise noch unreflektierter Egoismus paart sich nämlich mit Restbeständen an Sittenstrenge, die bewirken, daß er sich über Madame de Lursay, die er zeitweise aus erotischem Spieltrieb umworben hat, wegen ihrer verflossenen Liebhaber entrüstet, ohne dabei im entferntesten seiner eigenen Unaufrichtigkeit gewahr zu werden. Er selbst fühlt sich stark zu einem jungen Mädchen hingezogen, was ihn aber keineswegs daran hindert, mit der reifen Frau ein für sie demütigendes Spiel zu treiben. Da dreht jedoch Madame de Lursay den Spieß um, besiegt ihren Widersacher durch die Demonstration totaler Aufrichtigkeit und Herzensklugheit, und erobert den Verwirrten für eine grandiose Liebesnacht: „Dérobé aux plaisirs par les remords, arraché aux remords par les plaisirs, je ne pouvais pas être sûr un moment de moi-même“ (Ebenda, 187). Ob Meilcour aus dieser „Initiation“, die sich so deutlich von jener Versacs unterscheidet, gewisse Lehren hinsichtlich der wahren Tragweite zwischenmenschlicher Begegnungen ziehen kann, bleibt offen. Vielleicht war sein Erlebnis nur eine seltene Sternstunde, vielleicht hat es ihn verwandelt, so wie die Vereinigung eines „unschuldigen" Liebespaares in *Le Sopha* (1742) den verzauberten Amanzei von seinem Dasein als Liegestatt erlösen wird. Crébillons Skepsis ist nicht lückenlos, insgesamt aber glaubt er wohl eher an die Erlösbarkeit des Individuums als an die Erneuerungschancen der mondänen Welt.

4. Voltaire

Von Jugend an gehörte François-Marie Arouet zur mondänen Gesellschaft. Durch seine Mutter fand der Bürgerliche, der manchmal davon träumte, von einem illustren Erzeuger abzustammen, Zugang zu aristokratischen Kreisen, deren Eleganz und heitere Geselligkeit ihn faszinierten. Die Atmosphäre galanter Feste regte ihn zu Gelegenheitsdichtung und literarischem „badinage" (Getändel) an, von entscheidender Bedeutung für sein Schaffen war jedoch ein ausgeprägter Sinn für die ordnenden und regulierenden Kräfte, die hinter dem Schnörkelspiel der Fassade für Proportion und Kohäsion sorgten. Daher galt sein Schriftstellerinteresse zunächst vor allem den hohen und repräsentativen Gattungen der klassizistischen Poetik. Mit dem Eifer eines Musterschülers bemühte er sich zu Beginn seiner Karriere um Tragödie und Epos; der Roman, dieser frivole Zeitvertreib, lockt ihn kaum.

Vieles ändert sich für Voltaire, sobald er auf Grund der Affäre Rohan feststellen muß, daß er in der Salonwelt doch nicht so ganz zu Hause ist, wie er gedacht hatte. Was ihm als Olymp erschienen war, entpuppt sich nun als Kampfplatz des Standesdünkels, auf dem der Wert eines Menschen weniger gilt als sein Rang und seine Machtmittel. Der Gedemütigte und Vertriebene landet 1726 in England und hat hier ein grundlegendes Erlebnis, das ihn für immer prägen wird und auch den Erzähler in ihm weckt: Aus der Begegnung mit der Fremde erwächst nämlich in ihm jenes eigentümliche Relativitätsbewußtsein, das wir auch schon bei Montesquieu und Prévost beobachten konnten. Ohne sich dem totalitären Anspruch der Pariser Standardwelt entziehen zu können (und zu wollen), fühlt sich das Individuum dem heimatlichen Kulturboden entzogen und zur Konfrontation mit „exotischen" Alternativen, die sich nicht so ohne weiteres als Unkultur abtun lassen, getrieben. Durch dieses Erlebnis wurde kein Gestrauchelter oder Zerrissener aus Voltaire; wollte man ihn als Rebellen bezeichnen, erfaßte man damit nur Teilaspekte seiner komplexen Persönlichkeit. Freilich war ihm das Arsenal von Zwängen und Vorschriften, das seit dem 17. Jahrhundert die freie Entfaltung der individuellen Neigungen und Fähigkeiten hemmte, zuwider. England bot dem Verfasser der *Lettres anglaises* (1734) das Beispiel einer Monarchie, die gleich dem Frankreich der Renaissance fruchtbare Vielfalt eher begünstigte als zurückdrängte. Aber ebenso wie seine Sympathie für Rabelais und das 16. Jahrhundert stets begrenzt blieb, da er das Regellos-Plebejische an ihnen ablehnte, ebensowenig vermochten die positiven Eindrücke, welche sein Englandaufenthalt hinterlassen hatte, ihn für eine „Barbarei" zu gewinnen, von der auch der große Shakespeare aus Voltaires Sicht nicht frei war. Die jenseits des Ärmelkanals gemachten Erfahrungen haben die Verehrung, die der Gast aus Frankreich für die glanzvolle Ära des Sonnenkönigs empfand, nicht beeinträchtigt, und wenn Voltaire die Pariser Standardgesellschaft kritisch unter die Lupe nahm, so beabsichtigte er nicht, ihre Traditionen von Grund auf in Frage zu stellen. Um maßvolles Modernisieren ging es ihm, überholte Vorurteile wollte er abbauen. Die Kirche bekämpfte er, da sie für ihn den Inbegriff unverbesserlicher Willkür darstellte; die Monarchie wollte er durch die Kraft seiner Ideen verändern, sowohl in Frankreich als auch in Preußen, wobei ihm letztlich nicht viel Erfolg beschieden war. Es ist ihm hingegen gelungen, dem Geist gebildeter und dynamischer Großbürger, so wie er selber einer war, innerhalb der Standardkultur eine unanfechtbare und zukunftsreiche Position zu verschaffen.

Um mit seinem Unbehagen an den Erstarrungstendenzen der zentralen Wertwelt fertig zu werden, hat Voltaire seine Feder in den Dienst ihrer ins Universelle weisenden Aspekte gestellt und gegen alle inneren und äußeren Hindernisse, welche sich dem menschheitlichen Geltungsanspruch einer durch „esprit philosophique" veredelten „honnêteté" entgegenstellten, die Kraft seines Spottes entfesselt. Kulturelle Gegensätze sind für ihn da, um relativiert zu werden; Mißbräuche und Vorurteile gibt es schließlich überall. „Les hommes sont partout également fous", schreibt er im *Discours sur les contradictions de ce monde* (1742), „ils ont fait des lois à mesure, comme on répare des brèches de muraille" (Zit. in: van den Heuvel, J. 1967, 130). Um diese Narrheiten scharf zu beleuchten, setzt er sie dem Blick von Beobachtern aus, die entweder von weit her kommen oder die sozialen Übel unmittelbar zu spüren bekommen haben. Die kosmische Perspektive kommt schon in der Erzählung *Le Songe de Platon* (1737) zum Einsatz und wird in *Micromégas* (1739) voll genützt: Aus der Sicht eines extraterrestrischen Besuchers erweist sich der Stolz irdischer Philosophen als weitgehend unbegründet. In *Le Monde comme il va* (1748) macht Voltaire den Skythen Babouc zum unparteiischen Richter, dessen Urteil über Gedeih und Verderb der Stadt Persepolis entscheidet. Obwohl ihm Mißstände aller Art begegnen, plädiert Babouc letztlich doch für die Begnadigung der ebenso sündigen wie großartigen Metropole. „Pour moi", so hatte Voltaire schon in einer *Lettre philosophique* geschrieben, „quand je regarde Paris ou Londres, je ne vois aucune raison d'entrer dans ce désespoir dont parle M. Pascal. Je vois une ville qui ne ressemble en rien à une île déserte; mais peuplée, opulente, policée, et où les hommes sont heureux autant que la nature humaine le comporte" (Voltaire 1961, 110). Die von Babouc gezogene Bilanz sieht nicht viel anders aus: „si tout n'est pas bien, tout est passable" (Voltaire 1979, 54), was allerdings nicht bedeutet, daß dem Menschen in dieser Welt Ruhe und Zufriedenheit beschieden sind. Voltaires Helden, von *Zadig* (1747) über *Scarmentado* (1756), *Candide* (1759) bis zur *Princesse de Babylone* (1768) sind Sklaven des Zufalls, der sie von einem Ort zum anderen treibt und sie mit allen dunklen Seiten des irdischen Daseins Bekanntschaft machen läßt. Man wird diesem Erzähler nicht gerecht, wenn man in ihm nur den geistreichen Spötter sehen will; aber auch in seinen düstersten Geschichten gibt es keine ausweglose Tragik.

Das Problem der inneren Einheit dieses Erzählwerkes hängt eng mit der Frage nach seinem spezifischen Ort im Gattungssystem zusammen. Die Abgrenzung des Romans von anderen narrativen Formen wie Conte, Novelle, Voyage imaginaire usw. ist im Falle Voltaires besonders schwierig. Jede dieser Geschichten, schreibt H. Coulet, ist „un jeu avec la catégorie du roman à laquelle il se rattache et avec une infinité d'autres emprunts à un vaste héritage culturel" (Coulet, Henri 1967–68, I 401). Auffällig ist, daß sich dieser Autor weniger von den Romanen seiner Zeitgenossen inspirieren läßt, als er sich älteren Traditionsschichten zuwendet. Hier ist die heroisch-galante Richtung zu nennen, die phantastische Reise im Sinne von Lukian, Rabelais, Cyrano usw., aber auch die seit der Jahrhundertwende allmählich verebbende Märchenmode. Jürgen von Stackelberg nimmt an, daß Voltaire auf dieses vielfältige Erbe zurückgriff, um es parodistisch auszubeuten und seinen „Unterhaltungswert" in den Dienst aufklärerischer Propagandaabsicht zu stellen: „Von Voltaire führt kein direkter Weg zum modernen Roman", behauptet er, fügt aber gleich darauf einschränkend hinzu: „Aber indirekt mag Voltaires Experimentieren mit der Gattung doch seine Folgen gehabt haben" (Stackelberg, Jürgen von 1970, 355). Wahrscheinlich darf man hinsichtlich der in die Zukunft weisenden Aspekte von Voltaires Erzählwerk sogar noch optimistischer sein. Denn mit seinem permanenten Glossieren und Kommentieren zielt der Erzähler der *Romans et contes* keineswegs nur auf die Zerstörung von romanesken Illusionen und weltanschaulichen Vorurteilen ab. Wie Franz Koppe überzeugend dargelegt hat, ironisiert dieser Erzähler, der scheinbar objektiv und distanziert Fakten aneinanderreiht, um sie gleich darauf durch akausale Brüche *ad absurdum zu* führen, nicht nur alle idealistischen Traditionen, sondern auch den reinen Empirismus (vgl. Koppe, Franz 1977, 15ff.). Allenthalben triumphiert die Faktizität über Autoritäten und Stereotypen, aber mächtiger noch als sie ist die Luzidität des Erzählers, der permanent falsches Bewußtsein bloßstellt, indem er durch das Sichtbarmachen von Komik die Realität „entzerrt". Bemerkenswert ist in diesem Zusammenhang, daß alle Erzählwerke Voltaires einem Initiationsschema folgen, das die Personen, die wie hilflose Versuchskaninchen dem Zufall ausgeliefert zu sein scheinen, gleichwohl Schritt für Schritt auf dem Weg zur Erkenntnis vorankommen läßt. Auch wenn es in der Welt viel Dummheit und Ungerechtigkeit gibt, hat das Individuum doch stets die Chance, innerlich frei und mündig zu werden, bzw. nach außen hin ein Leben im Zeichen zweckmäßigen Tuns zu führen. Diese Chance wird den Figuren von jenem souveränen Auktorialbewußtsein verliehen, das über der Romanwelt waltet und nicht nur danach trachtet, dem Mitdenken des Lesers auf die Sprünge zu helfen, sondern sich selber genießen will, indem es im Verlaufe der Irrfahrten „naiver" Personen von Kultur zu Kultur und von Kontinent zu Kontinent wandert, bzw. in die Tiefen der Vergangenheit und des Weltraumes vordringt. Viele der Bindungen, welche die Elitekultur bisher zusammengehalten haben, stellt Voltaire in Frage; zugleich aber liefert er der „société polie" Frankreichs ein neues Ideal, nämlich das des Geisteshelden, der als Exponent urbaner Geselligkeit, unerschütterlicher Rationalität und unwiderstehlicher Sprachbrillanz auszieht, um die Welt zu erobern. Man geht wohl nicht fehl, in Voltaire den Wegbereiter jener Romanciers des 19. Jahrhunderts zu sehen, für welche Paris die Hauptstadt des menschlichen Geistes und damit die Ausgangsbasis für die Durchdringung und Erklärung der Welt war (vgl. unten, 194ff.). Indem er sich über die Gattungsgrenzen hinwegsetzte und die in zahllosen „Préfaces" anderer Autoren mühsam aufgebaute Selbstachtung der Romanciers über Bord warf, revitalisierte er die wohl ehrwürdigste Tradition des Romans, nämlich die der kritischen Durchleuchtung und Erneuerung gesellschaftlicher Leitbilder. Da in ihm sowohl ein ritterlicher Kämpfer gegen das Unrecht steckte als auch ein bürgerlicher Unternehmer, der zwischen der Welt und seiner Interessensphäre keinen Unterschied machte, vermochte er den Weg zu einer neuen soziokulturellen Synthese und damit zur Überwindung jener Spannungen, welche die Standardgesellschaft zu sprengen drohten, zu weisen. Aber die Polarisierungstendenzen waren zu Lebzeiten Voltaires und in den ersten Jahrzehnten nach seinem Tod von niemandem mehr rückgängig zu machen.

5. Denis Diderot

Der Sohn des Messerschmieds von Langres kommt aus einer Provinz, deren Anderssein er ebensowenig vergißt wie die Probleme der kleinen Pariser Handwerker, unter denen er als armer Student gelebt hat. Dennoch ist Diderot kein Entwurzelter. Die Hauptstadt mit ihren Salons und Literatencafés ist seine wahre Heimat geworden, da sie ihn sowohl durch ihren Status als Zentrum des kulturellen Lebens als auch durch jene geistige Gärung, welche das ganze 18. Jahrhundert hindurch auf die Erneuerung der von der zentralisierten Elite elaborierten Wertwelt hinwirkte, an sich zu binden vermochte. „Paris bedeutet für Diderot ein Symbol: die Stadt, in der der Fortschrittsglaube des Jahrhunderts seinen ungestümsten Ausdruck und seine schönste Erfüllung gefunden hat" (Hinterhäuser, Hans 1957, 128). Die Attacken des Schriftstellers Diderot gegen das Normensystem der „société polie" wirken wilder, kompromißloser als jene Voltaires; ihre Stoßkraft wird von einem geradezu leidenschaftlichen Anteilnehmen an allen Bereichen der Lebenswelt, auf welche er als „philosophe" und Enzyklopädist das geistige Instrumentarium des zeitgenössischen Empirismus, Materialismus und Sensualismus richtet, genährt. Andererseits bietet die Zentralisierung des Kulturbetriebes dem kritischen Intellektuellen hervorragende Chancen, sich zu profilieren und im Raum der Öffentlichkeit als ein Neuerer und Infragesteller zu wirken, ganz abgesehen von dem Umstand, daß Diderot für die Annehmlichkeiten der „zivilisierten" Daseinsformen keineswegs unempfänglich ist. Der Widerspruch von Kulturkritik und Kulturverbundenheit macht nicht den geringsten Reiz eines Romanschaffens aus, das in allen Etappen von Diderots Schriftstellerkarriere von Bedeutung war, aber dem zeitgenössischen Publikum weitgehend unbekannt blieb – vielleicht weil der von

Zensur und Anfeindungen geschlagene Autor zögerte, die außerordentlich kühnen Kreationen seiner Erzählerphantasie preiszugeben. Der erste Roman, *Les Bijoux indiscrets, ist* 1748 erschienen; die wichtigsten Texte des Erzählers Diderot, *La Religieuse* und *Jacques le fataliste et son maître* sind in den 60er und 70er Jahren entstanden, wurden aber erst nach dem Tode des Autors gedruckt. *Le Neveu de Rameau,* ein Werk, dem manche Kritiker keinen Platz in der Romangeschichte einräumen, kam gar erst 1821 heraus, als Rückübersetzung der Version Goethes aus dem Jahre 1805, während das Originalmanuskript erst 1891 wiederentdeckt wurde.

Zwischen Diderots Erzählwerk und seinem Wirken als „philosophe" bestehen sehr enge Verbindungen. Hier wie dort treibt der „démon de la présence" (vgl. Kempf, Roger 1964) sein Wesen, jener Drang zum Unmittelbaren und Authentischen, der unablässig Breschen in die Architektur der Dogmen und sozialen Vorurteile schlägt. Was im Bewußtsein enthalten ist, dies geht schon aus der *Lettre sur les aveugles* von 1749 hervor, wird von einer wahrnehmenden Subjektivität, die gemäß dem sensualistischen Prinzip Lockes und Condillacs durch Reflexe und Empfindungen gesteuert wird, wertend bearbeitet. Zugleich ist der Mensch für Diderot Teil einer durch permanenten Wandel gekennzeichneten Materiewelt: „Tous les êtres circulent les uns dans les autres, ... toute chose est plus ou moins une chose quelconque, plus ou moins terre, plus ou moins eau, plus ou moins air ... Que voulez-vous donc dire avec vos individus? ... Il n'y a qu'un seul grand individu, c'est le tout" (Diderot, Denis 1946, 929). Damit erhält die „Unberechenbarkeit" des menschlichen Ich, deren Tendenz zur Abweichung von den Sozialnormen so viele Romanciers des klassischen und nachklassischen Zeitalters mit Themen versorgt hatte, eine kosmische Dimension. Es ist daher nur folgerichtig, wenn Diderot in seinen *Bijoux indiscrets* das Panorama der Gesellschaft im Widerspruch von Sein und Schein nicht nach dem Vorbild des *Diable boiteux* (siehe oben, 130f.) aus der Vogelschau erstellt, sondern sozusagen von unten, aus der Sicht der biologischen Gegebenheiten, im speziellen Fall von der weiblichen „nature" her, die alle Geheimnisse ausplaudert und dabei sowohl Moralprinzipien als auch Standesunterschiede *ad absurdum* führt.

Ein so radikaler Antikonformismus mußte auch auf dem Gebiet der Erzähltechnik bedeutsame Folgen haben. In seinem *Éloge de Richardson* (1762) fordert Diderot die Erneuerung der Romangattung durch den Bruch mit allen Konventionen und die ungeschminkte Darstellung des menschlichen Lebens ohne Ausschluß seiner elementar-kreatürlichen Aspekte. Ein Roman, der sich auf die unmittelbare, mit allen Beschränkungen und Selektionstendenzen des Individualbewußtseins erlebte Realität einläßt, muß freilich nach einem kongenialen Leser suchen oder wenigstens versuchen, den durchschnittlichen Romanleser zur Aufgabe traditioneller Rezeptionshaltungen zu veranlassen. Wolfgang Theile hat gezeigt, wie der Erzähler in Diderots Romanen an einem von Vorurteilen geradezu strotzenden Leserbild, das er in seine Fiktion hereinnimmt und herber Kritik unterzieht, vorbeiredet, um sich diskret an einen anderen, gewitzeren Leser zu wenden, dem er seine „Unberechenbarkeit und historische Potentialität" (Theile, Wolfgang 1980, 42) beläßt. Denn der Romancier Diderot hat mit seinem Experimentieren und Verfremden nicht nur destruktive Absichten. Auch zweckfreies Komponieren im Sinne mancher „Nouveaux romanciers" des 20. Jahrhunderts, als deren Vorläufer man ihn manchmal sehen wollte, ist nicht seine Sache: Das fundamentale Anliegen, das diesem Schaffen zugrunde liegt, besteht vielmehr in der Inszenierung des Dialoges zwischen freien Geistern zum Zwecke der Lockerung, Belebung, und Verwandlung des für die „société polie" maßgeblichen Gefüges der Normen und Werte. Bei der Verwirklichung dieses Anliegens stützt sich Diderot auf eine wesentliche Komponente der ansonsten in vieler Hinsicht bekämpften Standardkultur, nämlich auf jene Tradition hochentwickelter Geselligkeit, die Maurice Magendie so treffend definiert hat: „L'honnêteté nous rend heureux en faisant le bonheur des autres; pour atteindre ce double but, un honnête homme ne peut vivre à l'écart; il faut qu'il soit en relations avec ses semblables. Ces relations ne sont possibles que si l'on trouve à se fréquenter un plaisir réciproque." (Magendie, Maurice 1925, 760)

Wieviel ihm dieses urbane, den Gedankenaustausch fördernde Klima bedeutet, erläutert Diderot in *La Religieuse* in geradezu programmatischer Form. Dieser Roman zeichnet das Bild einer klösterlichen Anti-Gemeinschaft, die als Produkt eines verhängnisvollen Willens zur Absonderung das menschliche Zusammenleben widernatürlichen Zwängen unterwirft und dadurch pervertiert. „Voilà l'effet de la retraite. L'homme est né pour la société; séparez-le, isolez-le, ses idées se désuniront, son caractère se tournera, mille affections ridicules s'élèveront dans son coeur; des pensées extravagantes germeront dans son esprit, comme les ronces dans une terre sauvage. Placez un homme dans une forêt, il y deviendra féroce; dans un cloître, où l'idée de nécessité se joint à celle de servitude, c'est pis encore … Il faut peut-être plus de force d'âme encore pour résister à la solitude qu'à la misère; la misère avilit, la retraite déprave" (Diderot, Denis 1946, 372). Die Genesis dieses Romans hängt mit Diderots Bestreben zusammen, einen Freund und brillanten Salongast, den Marquis de Croismare, durch fingierte Briefe einer Nonne, deren reales Schicksal selbigen Marquis beeindruckt hatte, dem Landleben in der Normandie abspenstig zu machen und für die kultivierten Kreise in der Stadt zurückzugewinnen. Freilich erfordert das Leben in der Gemeinschaft ein Minimum an persönlichem Format, wie am Negativbeispiel des Neffen Rameaus, dessen zynische Kritik an der mondänen Gesellschaft durch seine maßlose Egozentrik entwertet wird, ersichtlich ist. Rameaus Ich stellt sich in keiner Weise auf den Dialogpartner ein und verflattert daher in verbalen Arabesken, aus denen sich ein amüsantes Zerrbild der von diesem haltlosen Bewußtsein umkreisten Sozialwelt formt.

Im Gegensatz zu dem bindungslosen Rameau ist die Hauptfigur von *Jacques le fataliste et son maître* in ihrer Eigenschaft als Diener, aber auch durch ihre Lebensphilosophie des „fatalistischen" Akzeptierens der gegebenen Verhältnisse fest in die Gesellschaftsordnung integriert. Gerade durch diese Bereitwilligkeit, mit der Jacques das Vorgefundene annimmt und sich einordnet, wahrt er seine Chance, den Lauf der Dinge mitzubestimmen. „Jacques' Fatalismus erweist sich (…) als den gegenwärtigen Machtverhältnissen angemessene vorläufige Hinnahme der bestehenden Gesellschaftsordnung und zugleich als deren Negation, die, gerade indem sie sich auf die absolute Kontingenz eines unvorhersehbaren Schicksals gründet, eine optimistische Zukunftsperspektive eröffnet“ (Köhler, Erich 1965, 138). Dieser Romanheld ist weder ein einsamer Fremder noch eine konformistische Marionette. Wir erfahren, daß es sich bei ihm um einen ehemaligen Bauern handelt, der wie viele seiner Standesgenossen in die Stadt gezogen ist und lieber verhungern würde, als ins Dorf zurückzukehren. Im Unterschied zu Marivaux' Jacob ist er aber keine Ausnahmeerscheinung, die dem Romancier das Handlungsschema einer mehr oder weniger steilen Karriere liefert, sondern ein „gewöhnlicher“ Mensch, der seiner Umgebung, und vor allem seinem Herrn, nur eines voraus hat: seine voraussetzungslose Disponibilität, derzufolge er nie einem vorgegebenen Muster gemäß handelt, sondern unter vollem Einsatz von Vernunft und Instinkt der jeweiligen Situation beizukommen sucht. Ebenso spontan, wie er auf seinen Vorteil bedacht ist, kann er sich auch zur Großzügigkeit entschließen. „La distinction d'un monde physique et d'un monde moral lui semblait vide de sens (...) on pourrait imaginer que Jacques ne se réjouissait ni s'affligeait de rien; cela n'était pourtant pas vrai. Il se conduisait à peu près comme vous et moi. Il remerciait son bienfaiteur pour qu'il lui fît encore de bien. Il se mettait en colère contre l'homme injuste“ (Diderot, Denis 1946, 651). So wie für seinen Schöpfer, bilden auch für Jacques totale Gebundenheit und totale Freiheit keinen unversöhnlichen Gegensatz. Jeder der beiden ist „sauvage“ und „mondain“ zugleich (vgl. Hinterhäuser, Hans 1957, 127), und die Lebensweisheit des „Fatalisten“ „Il y a moins d'inconvénient à être fou avec les fous, qu'à être sage tout seul“ (Diderot, Denis 1946, 1031) gilt für beide.

Daher hat die Begeisterung für das Naturparadies Tahiti, der Diderot im *Supplément au Voyage de Bougainville* (1772) Ausdruck verleiht, durchaus ihre Grenzen. Seit der europäische Einfluß auch in der Südsee die ursprüngliche Harmonie des Zusammenlebens zerstört hat, gibt es für den „homme naturel“ kein Rückzugsgebiet mehr. Der engagierte Aufklärer Diderot, dessen Mitarbeit an Raynals *Histoire des deux Indes* wesentlich zum Skandalerfolg dieser frühen Abrechnung mit dem französischen Kolonialismus beitrug, vermochte sich nie ganz von den in Frage gestellten Normen zu lösen: „"Raynals und Diderots anthropologisch fundierter Kulturtheorie, die zugleich revolutionäre und antikolonialistische Argumentations- und Aussageweisen enthielt, wohnt jene Überzeugung von der „Zivilisierbarkeit" – d. h. der kulturellen Assimilierbarkeit fremder, außereuropäischer Kulturen – inne, die auch das zentrale Dogma der französischen Kolonialpolitik des 19. und 20. Jahrhunderts darstellt" (Lüsebrink, Hans-Jürgen 1998, 130).

6. Jean-Jacques Rousseau

Die in zahllosen Handbüchern beschriebene Gegnerschaft zwischen Voltaire und Rousseau sowie das Zerwürfnis des letztgenannten mit Diderot, der anfangs sein Freund war, lassen sich auf mehr als eine Weise erklären. Aus der Perspektive der vorliegenden Darstellung kommt naturgemäß der Einstellung des Westschweizers zu der Pariser Elitekultur besondere Bedeutung zu. Während Voltaire alles daransetzt, um die Integrationskraft einer Wertordnung, mit der er zeitlebens engstens verbunden bleibt, zu stärken, während Diderot seinen Antikonformismus auf die Spitze treibt, ohne je Paris mit seinem Potential an kulturellen Impulsen und seinen Annehmlichkeiten missen zu wollen, tritt uns Rousseau als der geistige Ahnherr aller Marginalen entgegen, die sich nicht assimilieren können noch wollen. Die Heillosigkeit des Provinzintellektuellen, die schon von Montesquieu und Prévost mehr oder weniger direkt zum Ausdruck gebracht worden war, prägt Leben und Werk dieses Genfers bis auf den Grund. Die Biographie des Jean-Jacques scheint jene der schüchternen und sensiblen Protagonisten, die in den Romanen eines Balzac oder eines Stendhal, oder nach weiteren hundert Jahren in der frankophonen Literatur afrikanischer Kolonialvölker, davon träumen, in der Seinestadt ihr Talent leuchten zu lassen, vorwegzunehmen. Mit den Idealen und Normen der „mondanité" ist Rousseau bereits früh durch die Romane vertraut gemacht worden, die er im Haus seines Vaters fand und verschlang; romaneske Abenteuerlust ist es auch, die ihn nach Italien, in den Süden und Osten Frankreichs und schließlich hinauf in die große Stadt getrieben hat. Hier mußte er aber nach einigen Anfangserfolgen erkennen, daß es nicht genügte, ein offenes Herz und einen wachen Verstand mitzubringen, und daß man von ihm die totale Anpassung und damit die totale Distanzierung von seinem früheren Wesen und seiner Ursprungswelt verlangte. In Frankreich sorgen seit langem wirksame Verhaltensmechanismen für die Durchsetzung dieses Anspruches: „Les provinciaux sont les premiers à avoir honte de l'être et ne songent qu'à faire oublier cette tare qui pèse sur eux" (Del Litto, Victor 1978, 21). Als Nichtfranzose empfindet Rousseau aber den Assimilationsdruck nicht als Selbstverständlichkeit. Nachdem er zehn Jahre lang vergeblich versucht hat, in der mondänen Gesellschaft heimisch zu werden, ist endgültig klar, daß er zu wenig Geschick und Elastizität besitzt, aber auch zu wenig Bereitschaft, über den eigenen Schatten zu springen. Im Übergang von den 40er zu den 50er Jahren gibt er seine Bemühungen auf, nimmt sich an, so wie er ist, und beschließt, der „Zivilisation" zu entsagen. Dies kann für den entwurzelten Intellektuellen allerdings nicht bedeuten, daß er resignierend in die alte Heimat zurückkehrt. Im Jahre 1749 überkommt ihn beim Nachdenken über die Preisfrage der Akademie von Dijon („Si le rétablissement des Sciences et des Arts a contribué à épurer les moeurs") die Erleuchtung: Um seinem ureigensten Problem als Mensch zwischen den Welten auf die Spur zu kommen, muß er Paris, der mondänen Gesellschaft, dem ganzen zentralisierten und standardisierten Kultursystem den Kampf ansagen. In seinen *Discours* wird er zum ersten Mal den Protest des Subjektiven und Partikulären gegen alle Hohlheiten und starren Hierarchien, die das Leben der Elitekultur in schreiendem Widerspruch zu dem von derselben entwickelten Ideal der „honnêteté" bestimmen, in ein philosophisches System einbringen. Was ihm die Kraft dazu verleiht, das ist einerseits die Erinnerung an die naturhaften Aspekte seiner Kindheit und Jugend, andererseits die seelische Verbundenheit mit dem „anderen" Land, aus dem er kommt: „Faites abstraction de Genève: l'oeuvre de Jean-Jacques demeure parfaitement inexplicable" (Jost, François 1961, I 155). Es war nur konsequent, daß er 1754 nach Genf reiste, um zum Protestantismus zurückzukehren. Allerdings identifizierte er sich mit der geschichtlichen und kulturellen Eigenart seiner Heimatstadt nur in geringem Maße: das enge, strenge Genf war ihm fremd geworden und schnitt beim Vergleich mit Paris und seinem Glanz nicht allzu günstig ab. Daher schuf er sich in seinen Träumen eine westschweizerisch-savoyische Ideallandschaft, in der der Mensch noch im Einklang mit der Natur und in schlichter Tugendhaftigkeit lebte: „Il lui est arrivé … ce qui est commun à bien des exilés: de se croire plus Genevois que sa patrie" (Fabre, Jean 1967, 749).

Modernen Kritikern ist oft aufgefallen, daß Rousseau in seinem großen Briefroman von 1761, *Julie, ou la nouvelle Héloïse,* nicht unbedingt die Interessen des „aufstrebenden" Bürgertums wahrnimmt. Während Voltaire und die Enzyklopädisten eine neue Welt entwerfen, in der ein zum Universalen drängender Geist die traditionellen Hierarchien und Prinzipien in Frage stellt, scheint sich Rousseau in ein bukolisches Reservat zurückzuziehen und jene Nostalgien zu beleben, die vor ihm für frustrierte Aristokraten von d'Urfé bis zu Fénelon charakteristisch waren (vgl. Biou, J. 1970, 115ff.). Tatsächlich steht Rousseau, der alles andere ist als ein Grandseigneur, den schäferlichen sowie den utopischen Traditionen des Romans insofern nahe, als er nach einem naturbelassenen Versuchsfeld sucht, auf dem er eine fiktionale Wunschwelt nach seinem Herzen bauen kann. Die Materialien, die er für dieses Unternehmen benützt, verweisen aber weder auf ein ideales Märchenreich noch auf ferne Vorzeiten, sondern lassen keinen Zweifel daran bestehen, daß der Autor die unmittelbare Konfrontation mit den Problemen des zeitgenössischen Frankreich sucht. Die „petite ville au pied des Alpes", wo die Geschichte von Julie d'Etanges und Saint-Preux beginnt, liegt weitab von den soziokulturellen Verflechtungen des Pariser Zentralraumes, dessen regulierende Einflüsse zwar deutlich fühlbar sind, durch die Entfernung und das gegenläufige Wirken ländlicher Naturnähe aber so weit gedämpft erscheinen, daß jede Person in sich hineinhorchen, alle in ihr ruhenden Kräfte entfalten kann, ohne ständig durch das Getriebe der Sozialkontakte abgelenkt zu werden. Die gesellschaftlichen Normen unterliegen auf diese Weise der schöpferischen Bearbeitung durch glücklich veranlagte und sich harmonisch entfaltende Individualitäten. Weder die junge Aristokratin Julie noch der bürgerliche Hauslehrer Saint-Preux sind auf jenen distanzierten Erzähler angewiesen, der bei Marivaux die „pureté" der Protagonisten gegen innere und äußere Anfechtungen absichern mußte. Rousseaus Liebende haben genügend Autonomie und Muße, um in ihren Briefen die Kräfte ihres Herzens und ihre Intelligenz frei spielen zu lassen, voneinander zu lernen und einander zu korrigieren, wenn es nötig ist. Wenn man so gut geraten ist, wie Julie und Saint-Preux es sind, gehen bürgerliche und aristokratische Tugenden eine unlösbare Verbindung ein und konstituieren jenes ideale Menschenbild, von dem die mondäne Gesellschaft in ihren besten Zeiten stets geträumt hat: „Il est jeune, grand, bien fait, robuste, adroit; il a de l'éducation, du sens, des moeurs, du courage; il a l'esprit orné, l'âme saine; que lui manque-t-il donc pour mériter votre aveu? La fortune? Il l'aura ... La noblesse? ... Mais il l'a encore, n'en doutez pas, non point écrite d'encre en de vieux parchemins, mais gravée au fond de son coeur en caractères ineffaçables" (Rousseau, Jean-Jacques 1960, 143). Freilich trägt das von Milord Bomston auf seinen Freund Saint-Preux gesungene Loblied kaum den realen Verhältnissen in der zeitgenössischen Gesellschaft Rechnung: der Baron d'Etanges steht den zur Automatik degenerierten Sozialkonventionen näher als den Idealen, welche fern der Hauptstadt gleichsam in der Luft liegen und verweigert die Hand seiner Tochter. Aber gerade diese moralische Schwäche der Eltern gibt dem jungen Paar die Chance, seine Liebe sowohl von jeglichem Egoismus als auch von jeglichem Konformismus zu befreien und zu jener treibenden Kraft des zivilisatorischen Fortschrittes zu machen, als die sie sich unter anderen Umständen schon zur Zeit des Chrétien de Troyes bewährt hatte. Auch für Rousseau ist die vollkommene Liebe diejenige, die individuelles Glücksstreben und soziale Norm gleichermaßen transzendiert, indem sie beide Komponenten durch heroische Tat vereint und auf höherer Ebene mit neuem Sinn erfüllt.

Rousseau erleichtert diese kreative Auseinandersetzung mit dem Normensystem, indem er ihm die Anonymität großstädtischer Sozialmechanismen nimmt und als seine Repräsentanten einerseits die trotz allem geliebten Eltern, andererseits Monsieur de Wolmar wählt. Durch Wolmar, den Nicht-Franzosen, den Mann von Stand, der als Edelphysiokrat das Landleben schätzt, statt sich von Paris blenden zu lassen, erhält im Rahmen der Gemeinschaft auf dem Landgut von Clarens jedermann seinen Aufgabenbereich und hat damit die Chance, dem Gemeinwohl zwanglos und in liebevoller Teilnahme zu dienen. Julie hatte einst darauf verzichtet, mit Saint-Preux zu fliehen, da sie nicht gegen den Willen der Eltern glücklich werden konnte und wollte. Nun glaubt sie, daß ihr Reifeprozeß es ermöglicht, auf Wolmars Großmut mit gleicher Münze zu antworten und ihre Liebe ganz in das Gemeinschaftsleben einzubringen, dies umso mehr, als die ganze Sozialordnung von Clarens auf Sublimierungen aufgebaut ist. So werden die Untergebenen dazu angehalten, nur anläßlich von Festlichkeiten Umgang mit dem anderen Geschlecht zu pflegen: „… n'est-ce pas un usage constant de tous les peuples du monde, hors le Français et ceux qui l'imitent, que les hommes vivent entre eux, les femmes entre elles ?" (Rousseau, Jean-Jacques 1960, 431). Wahrscheinlich war Rousseaus Neigung zum Patriarchat nicht ausgeprägter als jene seiner männlichen Zeitgenossen; seine Originalität aber manifestiert sich in dem Bestreben, die engräumige Verflechtung der normsetzenden Elitegesellschaft aufzulockern. Einerseits soll die Autonomie des Individuums gefördert werden, andererseits aber auch seine Bereitschaft, sich aus freien Stücken und unter Beibehaltung seiner Selbstverantwortlichkeit in die Gemeinschaft einzuordnen. Auf Luxus, mondäne Geselligkeit, aber auch auf zur sinnlosen Konvention gewordene „bienséances" muß verzichtet werden, damit freie und tugendhafte Menschen durch ihre Arbeit den Bund mit der Schöpfung erneuern können. Julie und Saint-Preux aber sind die Heroen und Märtyrer der Liebe, die den Weg zu diesem Ideal zeigen.

Zweifellos hat sich dieses Anliegen auch auf die Art und Weise ausgewirkt, in der Rousseau seinen Roman enden ließ. Für den Tod Julies gibt es mehr als eine Erklärung, und der Autor hat es nicht an Signalen fehlen lassen, die auf die unauslotbare Komplexität der menschlichen Seele verweisen. „Mon ami", schreibt Julie, „je suis trop heureuse; le bonheur m'ennuie" (Ebenda, 682). Vielleicht sucht sie den Tod, weil sie erkannt hat, daß sie Saint-Preux noch genauso liebt wie vor ihrer Verheiratung, und daß Konflikte auf längere Sicht unvermeidlich sind. Sicher ist andererseits, daß diese Liebe von jener Art ist, die über das irdische Dasein hinauswill. Julies Sterben steht im Zeichen heroischer Aufopferung für ihr Kind und führt Wolmar auf den Weg zum Glauben. Nicht zuletzt ist dieser Tod eine Spätfolge der von den sozialen Widersprüchen geschlagenen Wunde. Die Heldin, die ihre Leidenschaft bewahrt und sich gleichzeitig von jeglicher Schuld befreit hat, setzt durch ihr heroisch-leidvolles Ende die Gesellschaft, die sich beim Versuch einer Annäherung an ländlichbukolische Lebensformen nie tatsächlich mit der Natur versöhnt, ins Unrecht.

7. Die unmögliche Synthese

Für manche Literaturhistoriker beginnt nach der *Nouvelle Héloïse*, diesem Höhepunkt, eine Verfallsperiode in der Geschichte des französischen Romans. So schrieb George May in einer einflußreichen Studie vom Anfang der 60er Jahre: „A quelques exceptions près, telles par exemple les oeuvres de Restif, de Laclos ou de Sade, le roman, entre 1760 et 1790, ne devait s'engager que dans des voies sans issues" (May, George 1963, 4). Seither ist das Forschungsinteresse an der zumindest in quantitativer Hinsicht imposanten Produktion dieser Epoche beträchtlich gewachsen (vgl. Wolf, Roland 1980). Tatsächlich bleibt in dem genannten zeitlichen Rahmen vieles für künftige Untersuchungen zu entdecken und zu präzisieren. Nichtsdestoweniger ist der Eindruck, hier handle es sich um eine Periode, in der das Beharrende noch einmal über die zur Erneuerung drängenden Kräfte dominiert, nicht ganz von der Hand zu weisen. Bevor der revolutionäre Feuerbrand die Elitekultur verzehrt (die folgenden Kapitel sollen darlegen, daß und wie sie sich mit neuem Gefieder aus ihrer Asche erhebt), bemühen sich die meisten Romanciers Ende des 18. Jahrhunderts, gemäß ererbten Mustern und Rezepten (aber ohne den erneuernden Elan eines Marivaux, eines Diderot oder eines Rousseau) die gegensätzlichen Kräfte, welche die Wertwelt der zentralisierten Elite zu sprengen drohen, zum Einklang zu bringen. Am Ende werden die begabtesten unter ihnen festzustellen haben, daß die erträumte Synthese nicht realisierbar ist und die traditionellen Themen und Techniken unweigerlich in eine Sackgasse führen.

Wenngleich sich die französische Aristokratie bis zum Ende des „Ancien régime" gegen jegliche Vermischung mit den „roturiers" wehrt (vgl. Huet, Marie-Hélène 1975, 163ff.), macht sich die seit langem angebahnte Verbürgerlichung der mondänen Oberschicht immer stärker bemerkbar. „Au-dessus d'une base, privée par sa pauvreté ou sa médiocrité de toute force ascensionnelle, s'étagent, aux sommets des ordres, des catégories nuancées et graduées, mais ayant en commun d'être riches" (Duby, Georges 1971, 308). Eine Aristokratie, die sich in den Kolonien bereichert, auf dem Gebiet der Industrie Investitionen tätigt, entwickelt allmählich eine pragmatischere Lebensauffassung, welche den traditionellen Kastenstolz zwar nicht negiert, aber auch nicht gerade mit pulsierendem Leben erfüllt. Damit beschleunigt sich die Annäherung der Mentalität adeliger Kreise an jene des Bürgertums, welches andererseits, unbeschadet aller Triumphe des Zweckrationalismus, keineswegs dazu neigt, sich von jenen Leitbildern zu lösen, die es während seiner langen Symbiose mit der Aristokratie im Zentralraum der Standardgesellschaft verinnerlicht hat. Während das Konfliktpotential auf dem sozialen und politischen Sektor ständig wächst, bietet das Lesepublikum der „honnêtes gens", was seinen geistig-seelischen Habitus anlangt, immer noch ein relativ einheitliches Bild.

Freilich erhält dieses Publikum ständig Zuzug, vor allem aus Kreisen des mittleren und kleineren Bürgertums. Die nachrückenden Schichten nähren sich begierig von allem, was die Romantradition zu bieten hat. Zahllos sind die Übersetzungen und Adaptationen alter Erfolgstexte, bis hin zu den Ritterromanen, die in vielbändigen Serien publiziert werden. Die größte von ihnen, die *Bibliothèque universelle des romans* erscheint von 1775 bis 1789 und umfaßt über 200 Bände. Ein so wenig wählerischer Lesehunger hängt offensichtlich mit geringeren Ansprüchen hinsichtlich der Sinnstrukturen, die den Abenteuern und Liebesgeschichten zugrunde liegen, zusammen. Man erfreut sich an den alten Texten aus der Distanz einer Epoche, die den Idealen von einst ihre Rigidität genommen hat und sich das Überdauern selbiger Ideale durch einen langwelligen Prozeß der Erweiterung und Verwandlung zugute halten kann. Wie die zeitgenössische Romanproduktion klar erkennen läßt, ist das Spontane und Gefühlsmäßige im Einzelmenschen, das sich in der Zeit der ausgeprägteren Dominanz des höfisch-aristokratischen Wertekanons entweder anpaßte oder tragische Verstrickungen erzeugte, zum festen Bestandteil des Normensystems geworden. Konflikte zwischen Pflicht und Neigung sind in den Romanen zumeist überwindbar. „Âme sensible" und Tugend dürfen einander nicht widersprechen, fiele man doch andernfalls in eine Dialektik von Zwang und Revolte (bzw. Zwang und Unterwerfung) zurück, welche mit dem Selbstverständnis dieser Gesellschaft offenhar nicht mehr zu vereinen ist. Ohne seine elitäre Grundtendenz auch nur im entferntesten aufzugeben, nähert sich das Bild des Idealhelden einer Mittellage, in der extremer Heroismus eine geringere Rolle spielt, während Ehrbarkeit, Familiensinn, natürlicher Charme usw. an Bedeutung gewinnen. Rousseau ist vielen ein Vorbild, weil er in der *Nouvelle Héloïse* blühendes Gefühlsleben mit pflichtbewußter Tugend zu vereinen scheint. Die kulturkritische Haltung des Genfers, der sich eine Erneuerung der Standardgesellschaft nur von ihrer äußersten Peripherie her vorstellen kann, wird von den meisten ebenso übergangen wie der tiefere Sinn jener unheilbaren Zerrissenheit, die Rousseaus ganzes Schaffen prägt. Der Preis für die Erlösung der Subjektivität aus ihrer normfeindlichen Abseitsposition besteht in der Negierung der seelischen Abgründe. So distanziert sich etwa Madame Riccoboni von allen Extremen des Leidens und der Beseligung, um die Verdienste jener, die sich unter Mühen ein bescheidenes Glück aufbauen, um so höher zu preisen: „Comment l'ennui s'introduirait-il au sein d'une famille nombreuse, unie, qui mêle le goût des arts agréables à des occupations utiles ...?“ (Zit. in: Coulet, Henri 1967–68, 384). Auch wenn Baculard d'Arnaud in *Les Amants malheureux* (1772) und Loaisel de Tréogate in *Dolbreuse* (1785) den melancholischen Helden, den sein düsterer Habitus besonders „interessant“ macht, zu Ehren kommen lassen, so achten sie doch stets auf die harmonische Verbindung dieser Schwermut mit anspruchsvoller Tugendhaftigkeit und warnen vor Übertreibungen: „L'excès du contentement est, peut-être, aussi dangereux que l'excès de la tristesse“ (Zit. in: Coulet, Henri 1967–68, 441).

Die Aussöhnung von Natur und Moral, auf welche diese Romanciers eine zeitgemäße Leitideologie gründen wollen, erscheint in dem Maße problematisch als sie eine bereits im Ansatz „zivilisierte“ Natur voraussetzt. Eine gewisse Ambivalenz im ethischen Bereich, die bis zum Pharisäertum reichen kann, ist unter solchen Umständen kaum vermeidlich. Aus diesem Zusammenwirken von reduzierter Triebregelung und aufrechtem Tugendideal können reizvoll-durchtriebene Selbstbespiegelungen wie jene des Restif de la Bretonne entstehen. Das Hauptthema in den Romanen dieses Autors ist die Widersprüchlichkeit des Ich, welches das bunte Zufallsgetriebe der Welt nützt, um darin den Tummelplatz seiner Träume und Begierden einzurichten, und dennoch stets nach moralischer Rechtfertigung trachtet, wobei das wahrheitsgetreue und genüßliche Beichten der begangenen Sünden eine wichtige Rolle spielt (vgl. 1787, *Le Paysan et la paysanne pervertis;* 1796, *Monsieur Nicolas ou le coeur humain dévoilé).* Restif ist ein hervorragender Schilderer des alltäglichen Lebens und der Vielschichtigkeit zwischenmenschlicher Beziehungen; aber die dominierende Komponente in seinem Schaffen ist das Kokettieren mit der Tugend, die nie ganz abwesend, aber auch nie ganz siegreich ist. Wie Van Crugten-André gezeigt hat, lassen sich im „roman libertin“ dieser Periode, vom Direktorium zum Kaiserreich, die bürgerlichen Werte ohne weiteres mit den Anfängen der modernen Pornographie kombinieren (Van Crugten-André, Valérie 1997, 446ff.).

Frei vom schönen Schein des Harmonisierens extremer Gegensätze erscheint (wenigstens auf den ersten Blick) die Subgattung des utopischen Romans, die während der 2. Hälfte des 18. Jahrhunderts bedeutsame Entwicklungstendenzen erkennen läßt. Kam in früheren Darstellungen dieser Art zugleich die Tyrannei und die Unersetzlichkeit der europäischen Normenwelt zum Ausdruck (vgl. oben, 131f.), so präsentieren sich nun literarische Utopien als Entwürfe zu umfassenden Entwicklungsprojekten im Sinne kapitalistischen Expansionsdranges. Daher der Übergang zum Zukunftsroman (Uchronie), den Louis-Sébastien Mercier mit *L'An deux mille quatre cent quarante. Rêve s'il en fut jamais* (1770) vollzieht. Paris erscheint hier nicht mehr als durchorganisierter Sozialraum, in dem sich die Individualität geordneter Geselligkeit unterwirft, sondern als Stadt mit Zukunft, deren Dynamik alle Träume von Emanzipation und Innovation rechtfertigt. Und von Paris aus erschließt der Geist der Spekulation die ganze Schöpfung und die ganze Geschichte: In der Gemäldegalerie des zukünftigen Louvre bewundert der Gast aus der Vergangenheit die Porträts der Jahrhunderte, hierauf illustriert das als naturhistorisches Museum eingerichtete „Cabinet du Roi" die ungeheure Vielfalt des Materiellen und das Evolutionsprinzip. Das erklärbare und berechenbare Universum des positivistischen Zeitalters kündigt sich hier ebenso deutlich an wie in den technokratischen Reformvorschlägen des Restif de la Bretonne, der ebenfalls zu den bedeutenden „Utopisten" der Epoche gehört (vgl. *Le Pornographe,* 1776; *La Découverte australe par un homme volant,* 1781; *L'An deux mille,* 1790 usw.). Das wohl faszinierendste Werk dieser Art stammt jedoch von dem Nicht-Franzosen Casanova, der in seinem *Icosaméron* (1788) zunächst das altbewährte Thema des zu einem Idealvolk verschlagenen Europäers aufgreift, die Robinsonade des jungen Paares Edouard und Elisabeth aber nach und nach zu einer eindrucksvollen Vision unaufhaltsamer Technisierung und Industrialisierung ausbaut. Die sanften Bewohner des Erdinnern, welche die beiden jungen Menschen so freundlich bei sich aufnehmen, werden durch die Intelligenz, den Fleiß und die Fruchtbarkeit ihrer Gäste gegen Ende des Romans buchstäblich an die Wand gedrückt, ohne daß diese „conquista" der moralischen Tadellosigkeit der empfindsamen Helden Abbruch tut. Vielleicht macht kein Werk dieser Epoche deutlicher, wie wirksam die Synthese von Tugend und Natur im Rahmen der Standardkultur den Interessen des nach Weltherrschaft strebenden, „zivilisierten" Europäers diente.

Die Fragwürdigkeit solcher Bemühungen um Synthese und Harmonie illustrieren besonders jene Romanautoren, die sich mit dem Problem des Bösen auseinandersetzen. Wenn es häufig Protagonisten adeliger Herkunft sind, welche die Neigung zeigen, sich unter Luzifers Hofgesinde einzureihen, so ist es nicht allein die Kritik am Klassenfeind seitens bürgerlicher Autoren, die sich auf diese Weise ausdrückt. Grundsätzlich richten sich die Bedenken der Romanciers, ob sie nun eher konservativ eingestellt sind oder eher den Wandel begrüßen, gegen eine „société polie", welche ihr höfisch-aristokratisches Kulturerbe aus Eigennutz und Leichtfertigkeit verkommen ließ, so daß der fruchtbare Austausch zwischen Standardwelt und heterogenem Draußen durch zweifelhafte Kompromisse oder Kastenegoismus ersetzt wurde. So begegnet uns in Jacques Cazottes *Diable amoureux* (1772) ein junger Edelmann, der sich vom Zeitgeist dazu verleiten läßt, sich auf den Wegen des Rationalismus und der Theosophie in das Reich der Sinne vorzuwagen, bis ihn nur noch die seelsorgerliche Kraft seiner Mutter vor dem Teufel retten kann. Wie Prévosts Des Grieux verläßt Don Alvare die angestammte Ordnung, aber es ist nicht ein edles, für die Liebe geschaffenes Herz, das ihn dazu veranlaßt, sondern der Drang zu geistiger Hybris und die Anziehungskraft sinnlicher Reize. Noch hoffnungsloser ist der Fall des grandseigneurialen Protagonisten im Schreckensroman *Vathek* (1786) des französisch schreibenden Engländers Beckford: Mit seiner ebenbürtigen Partnerin Nouronihar zusammen repräsentiert Vathek den Typ des amoralischen Herrenmenschen, dem jedes Mittel recht ist, wenn es um die Befriedigung seines Ehrgeizes oder seiner Gelüste geht, und der am Ende seiner Höllenfahrt in Einsamkeit und Selbsthaß versinkt. Die Degeneration der höfischen Affektkontrolle zur rücksichtslosen Erfolgsstrategie, die sich ja schon seit der klassischen Ära in manchen Romanen angekündigt hatte (vgl.

oben, 120), kann natürlich für Naturkinder, welche mit solchen Libertiner-Kreisen in Berührung kommen, böse Folgen haben. In Bernardin de Saint-Pierres *Paul et Virginie* (1778) trennt der Egoismus der Pariser Oberschicht ein Mädchen von paradiesischer Unschuld von seiner Insel und seinem Liebsten. Um ein Höchstmaß an Verdorbenheit durch ein Maximum an Idealität auszugleichen, macht Bernardin in der Schlußszene, in der Virginies von Schamhaftigkeit diktierte Weigerung, sich zu entkleiden, zu ihrem Ertrinkungstode führt, aus dem blumenhaften Elementargeschöpf eine Märtyrerin der Triebregelung.

An diesem letzten Beispiel zeigt sich deutlich, daß sich auf der Basis der Darstellung einer moralisch degenerierten Elite die Tendenz des zeitgenössischen Romans zur Harmonisierung von Tugend und Natur in Frage stellen läßt. Virginies Position auf dem untergehenden Schiff ist ebenso „unmöglich", ebenso unvereinbar mit jeder harmonischen Mittellage wie jene der bürgerlichen Präsidentin Tourvel in Laclos' *Liaisons dangereuses* (1782), nachdem sie das Opfer des adeligen Verführers Valmont geworden ist. Für Peter Brooks enthält dieser Roman harte Kritik an einer mondänen Gesellschaftskultur, die sich im Lauf einer Verfallsperiode in den Dienst eines „systematic and destructive will to power" (Brooks, Peter 1969, 213) gestellt habe. Derselbe Autor sieht aber auch, daß Laclos über Madame de Merteuil und Valmont trotz ihrer Ruchlosigkeit kein eindeutiges Verdammungsurteil ausspricht. Gemäß der Auffassung von Serge Diaconoff stellt die Bürgertugend der Madame de Tourvel keine echte Alternative zur Verderbtheit ihrer aristokratischen Gegenspieler dar, da ihre vom Pflichtbewußtsein überlagerte Sinnlichkeit im Grunde jederzeit bereit ist, sich von der Versuchung freisetzen zu lassen (vgl. Diaconoff, Serge 1979). Letztlich geraten in den *Liaisons dangereuses* die bürgerlichen wie die aristokratischen Werte und Normen gleichermaßen ins Zwielicht. Die Skrupellosigkeit der „Jäger" wirkt daher nie ganz abstoßend, die Unschuld der Opfer nie ganz lupenrein.

Das schrecklichste Dementi hat das Ideal einer Synthese von Restbeständen der traditionellen Standardkultur mit ihren naturhaften Gegenkräften durch die Werke des Marquis de Sade gefunden. Hier rechtfertigen aristokratische Luststrategen ihre über Leichen gehende Ichsucht durch ein Bekenntnis zur Natur, deren angebliche Vereinbarkeit mit sozialen Tugenden durch den Verweis auf die destruktive Kraft der Elementargewalten als Illusion entlarvt wird. Für den Autor von *Les cent-vingt jours de Sodome ou l'école du libertinage* (1785) und *La Nouvelle Justine ou les malheurs de la vertu, suivie de l'Histoire de Juliette, sa soeur* (1795) wird jedes Individuum, wenn es die Macht hat, zum absolutistisch regierenden Zentrum eines durchorganisierten Sozialsystems, das einzig und allein der Triebbefriedigung des Herrschenden dient. Auf diese Weise macht der Romancier Sade mit unüberbietbarer Schärfe deutlich, daß das Ende der bisher dominierenden Standardideale gekommen ist. Ersetzt man allerdings das Sadesche Universalprinzip der Sexualität durch jenes des titanischen Menschengeistes, der mit Hilfe der Wissenschaft darangeht, sich den Kosmos zu unterwerfen, so erweist sich der vielgeschmähte Marquis als wichtiges Glied in einer themengeschichtlichen Kette, die von Voltaire bis zu Balzac reicht.

VII. Der Babelturm und seine Umgebung (19. Jahrhundert)

1. Einsames Ich in fremder Welt

Während der ersten Phase der Großen Revolution schien der Aufbruch zur Demokratie Hand in Hand mit einer allgemeinen Dezentralisationstendenz zu gehen. Aber die föderalistisch orientierte Verfassung von 1791 ist nie in Kraft getreten. In der Auseinandersetzung mit den konservativen Girondins griffen die Jakobiner wieder auf das Instrumentarium des zentral gesteuerten Einheitsstaates, welches die Jahrhunderte des „Ancien régime" im kollektiven Bewußtsein der Franzosen verankert hatten, zurück. Um die Wende vom 18. zum 19. Jahrhundert wird Paris zum Kernstück eines neuartigen Nationalmythos, der durch die militärischen Konfrontationen der Republik mit den europäischen Monarchien enormen Auftrieb erhält, und darüber hinaus zum Leitbild einer modernen Metropole. „Paris, seit der Französischen Revolution die Kapitale des historischen Bewußtseins und der Archive des Wißbaren, wird zum Objekt eines Bewußtseins, dessen Subjekt und dessen materielles Substrat sie ist. (...) Der Diskurs der Stadt Paris, in dem sich das Bewußtsein der Stadt von sich selbst objektiviert, wird zum Paradigma des Stadtbewußtseins im kosmopolitischen Maßstab" (Stierle, Karlheinz 1993, 205f.). Unter Napoleon schließt sich der Kreis des Zentralismus: „... partout la nomination par le pouvoir central remplace l'élection. L'autorité désormais descend sur le peuple et n'émane plus de lui" (Lafont, Robert 1968, 191). Auch in den sozialen Strukturen des Landes bleibt so manches beim alten. Die Bourgeoisie, die erstmals politisch dominiert, Kirchengüter aufkauft und sich an den langen Kriegen bereichert, setzt ihren Aufstieg fort, während das „niedere" Volk seine Hoffnungen auf sozioökonomische Gleichheit vorläufig begraben muß. Die Ausschaltung des Adels ist keineswegs komplett: „Tous les nobles n'ont pas émigré, tous les émigrés n'ont pas perdu leurs biens. L'expropriation est donc très loin, pour eux, d'être intégrale" (Duby, Georges 1971, 350). Schon in der Zeit des Direktoriums geht es in Paris wieder recht elegant und elitär zu; als nach Napoleons Sturz die Bourbonen zurückkehren und sich bemühen, Kirche und Aristokratie in altem Glanz wiedererstehen zu lassen, scheint die traditionelle Sozialkonstellation wiederhergestellt zu sein.

Die Elitekultur des „Ancien régime" hingegen ist während des revolutionären Sturmes zusammengebrochen, und alle Versuche, sie danach zu restaurieren, hatten nur in dem Maße Erfolg, als sie im Wege radikaler Erneuerung das Erbe weitgehend veränderten. Die Ideale der „société polie", die mit der Erweiterung ihres Geltungsbereiches immer flexibler geworden waren, bis sie im Zeichen der Gleichwertigkeit von Triebregelung und „passion" an die Grenzen ihrer Glaubwürdigkeit gerieten (vgl. oben 122f.), verlieren endgültig ihre bindende Kraft, sobald die sozialen Gruppen ihre relativ friedliche Koexistenz im Raum von Hof und Stadt beenden. Um die Wende vom 18. zum 19. Jahrhundert läßt sich der Einbruch des traditionellen Normensystems sehr gut an der Entwicklung des französischen Romans erkennen. Da die „gute Gesellschaft", deren Geschmack bisher stets die Transgressionstendenzen der Gattung im Zaum hielt, ihren inneren Zusammenhalt verloren hat, kann sich nun allerlei „Primitives" narrativ entfalten, ohne sich den regulierenden Einflüssen der „bienséances" und „vraisemblances" zu unterwerfen. Das Lesepublikum aus der Unterschicht, das während des ganzen 19. Jahrhunderts ständig anwachsen wird, braucht sich nicht mehr zwangsläufig um Anpassung an die Kulturmodelle der Standardwelt zu bemühen, sondern kann durch seine Masse, welche den Literaturproduzenten hohe Gewinnchancen verspricht, das Angebot mitbestimmen. Da die Volkskultur in Frankreich jedoch so lange vom offiziellen Kulturbetrieb abgeschnitten war, ist es nicht weiter verwunderlich, wenn sie nur zögernd und auf allerlei Umwegen in die von der alten Standardkultur geräumten Positionen einrückt. In ihrem Bestreben, einem Publikum, das sie für anspruchslos halten, Amüsement, Sentiment und Spannung zu bieten, bringen die literarischen Geschäftemacher auf dem Weg der Kolportage und der „cabinets de lecture" viel triviales Lesefutter aus dem In- und Ausland unter die Leute, meist ohne selbst zu merken, wie die ihren Erfolg oder Mißerfolg bestimmenden Publikumsreaktionen kollektive Mythen, Sehnsüchte und Ängste ans Licht fördern, denen die größten Romanciers des Jahrhunderts entscheidende Impulse für ihr Schaffen verdanken werden. In diesem Zusammenhang ist besonders auf die „Mode" des Schauerromans zu verweisen, der auf dem Gebiet des Theaters jene des Melodrams entspricht. Beide Subgattungen sind geprägt von der Suche cleverer Autoren nach erfolgssicheren Rezepten, die ein dem Zeitalter der Literaturindustrie angemessenes Wiederholen und Variieren ermöglichen: „A une époque où le roman n'a pas de poétique, le roman ‚noir' s'est pratiquement créé des règles ..." (Bardèche, Maurice 1967, 23). Aber diese Konventionen kamen wohl nur deshalb so gut beim Publikum an, weil sie einem rasch wachsenden Bedürfnis nach jenen Mythen Genüge taten, welche die mondäne Standardkultur so gründlich verdrängt hatte, daß den Franzosen ihre Neuerweckung auf dem Umweg über englische Vorbilder (Walpole, Radcliffe, Lewis, Maturin ...) zunächst leichter fiel als in Anknüpfung an eine genuin französische Tradition des „schwarzen" Erzählens, die als relativ bescheidener Seitenstrang der Romangeschichte bis zu den *Histoires tragiques* der Barockzeit zurückreicht. Dem geregelten Sozialleben haftet im „Roman noir" immer der Charakter des Vorläufigen und Gefährdeten an; in seinen entscheidenden Phasen verlagert sich das Geschehen stets in einsame, unberührte Landschaften, Höhlen, Gewölbe, labyrinthische Burgen usw. „A chaque instant la scène s'agrandissait, elle devenait plus terrible et plus majestueuse", heißt es in *Coelina ou l'enfant du mystère* (1798) von Ducray-Duminil, einem der größten Verkaufsschlager der Epoche. Wie in den mittelalterlichen Romanen ist diese Welt jenseits der Zivilisation Ziel einer „quête", in deren Verlauf gegnerische Mächte aufeinanderprallen, welche die Etiketten von Gut und Böse tragen. Allerdings dient die Schauerliteratur in Frankreich nicht dem Aufbau eines elitären Gesellschaftsideals, verdankt sie doch ihre Entstehung geradezu dem Verfall der mondänen

Kulturnorm; ebensowenig verfügt sie aber über das festgefügte Weltbild des Volksmärchens, dessen von den Erzählforschern Propp und Greimas für die Erarbeitung eines bekannten Repertoires von Aktanten und Funktionen genützte Strukturen (vgl. Greimas, Algirdas J. 1966) sich in ihrer einfachsten Form sowohl im „Roman noir" als auch im Melodram nachweisen lassen. Ihre Vitalität und die starken Impulse, die von dieser Literatur ausgehen, hängen zweifellos mit einem weit verbreiteten Bedürfnis zusammen, in einer Epoche weltanschaulicher Unsicherheit auf die Ebene urtümlich-naturnaher Seins- und Verhaltensweisen des Menschen in der Welt und im Kontakt mit seinesgleichen zurückzugehen und in dieser archaischen Sphäre nach dem Streben nach kultureller Erneuerung dienlichen Wahrheiten zu forschen. Während Kommerzdichter wie Ducray-Duminil dabei nicht über einen vagen Schicksalsbegriff hinausgelangten, nützten die großen Romanciers des romantischen Zeitalters die von der „schwarzen" Literatur gebotenen Anregungen zum Aufbau einer nach kosmischer Totalität strebenden Fiktionswelt. Voraussetzung hierfür ist aber die Überwindung der existentiellen Verunsicherung durch die Entdeckung und Freisetzung der im kreativen Bewußtsein schlummernden Kräfte.

Der Zusammenbruch des alten Wertsystems drängt zum Erkunden mythischer Urweltzonen; er fördert aber auch die dichterische Auseinandersetzung mit der Erfahrung innerer und äußerer Isolation. Nicht wenige Schriftsteller haben die Revolution als traumatischen Einschnitt in ihrem Leben empfunden. Der aus reichem bürgerlichem Haus stammende Étienne Pivert de Senancour verlor seine wirtschaftliche Unabhängigkeit und mußte sich fortan als obskurer Publizist und Hauslehrer durchbringen. Dem bretonischen Landedelmann Chateaubriand waren die Entbehrungen und Depressionen des Exils beschieden, nachdem einige seiner Verwandten hingerichtet worden waren. Auch die liberale Madame de Staël, welche die Revolution anfangs voll Begeisterung begrüßt hatte, wurde bald mit den Schattenseiten der Epoche konfrontiert. Entscheidend für das Romanschaffen dieser Autoren ist aber nicht so sehr die persönliche Leiderfahrung als vielmehr das Bewußtsein der Heimatlosigkeit im Niemandsland zwischen der versunkenen alten Welt und einer neuen, deren Konturen sich noch recht unscharf ausnehmen. Das ganze 18. Jahrhundert hindurch hatte der Roman die Ansprüche des individuellen Gefühls- und Trieblebens gegenüber den Sozialnormen verteidigt. Nun aber, da die letzteren aus den Fugen geraten sind und die Zeit der großen Freiheit anzubrechen scheint, zeigt es sich, daß die schrankenlose Entfaltung der Subjektivität in Sackgassen führt und die Natur keine Zuflucht bietet. Nur in seltenen Augenblicken findet der Protagonist von Senancours *Oberman* (1804) in den Schweizer Bergen die ersehnte Harmonie. Die heile Welt, welche Chateaubriands René bei den Indianern Nordamerikas zu finden glaubt, wird von europäischen Einflüssen und nicht zuletzt durch das Wirken des Helden selbst zerstört (vgl. *René,* 1802; *Les Natchez,* 1826). In einem alle gewachsenen Bindungen verleugnenden Europa hat sich Renés Sensibilität in die Liebe zu seiner Schwester „verirrt", und ein Irrweg ist auch sein Leben bei den Natchez, durch den ein ganzes Volk mit in den Untergang des problematischen Helden gezogen wird. Die Ursache dieses „mal du siècle", das jegliches Glücksstreben illusorisch macht, liegt in der hoffnungslosen Unbehaustheit des Ich, das sich weder in der Vergangenheit noch in der Zukunft geborgen weiß. „La Révolution, finalement, ne nous a réellement rendus maîtres ni de nous-mêmes ni du monde. D'où le retour de l'angoisse métaphysique" (Barbéris, Pierre 1976, 144). Auch bei Madame de Staël wird die Enttäuschung der durch die Revolution geweckten Hoffnungen mit dem katastrophalen Ende einer Liebesbeziehung verknüpft. In *Delphine* (1802) stößt das Protagonistenpaar, das unter dem „Ancien régime" getrennt worden war, auch nach 1789 auf unüberwindliche und schließlich tödliche Hindernisse. Besonders eindrucksvoll zeigt aber Benjamin Constants *Adolphe* (1816), wie wenig die menschliche Subjektivität inmitten einer orientierungslosen, dem reinen Zweckdenken verfallenden Gesellschaft zu souveräner Lebensgestaltung fähig ist. Auf Grund seiner inneren Haltlosigkeit, in der sich jene der ganzen Gesellschaft spiegelt, verfällt Adolphe einem lähmenden Hang zur Introspektion, läßt seine Beziehung zu Ellénore buchstäblich verkommen und akzeptiert zuletzt den obsoleten Sozialkonformismus der Vätergeneration. Der letztlich destruktive Hang zur Zergliederung seelischer Widersprüche, wie er auch Sainte-Beuves *Volupté* (1834) prägt, wird bis zum Symbolismus das Interesse nachrückender Generationen von französischen Autoren wecken. Andererseits bildet die Richtungslosigkeit der vom revolutionären Erdbeben erschütterten Generation auch den Widerstand, an dem sich die machtvollere Neigung zum Ordnen und Bändigen aufbaut.

Denn auf dem Grunde des Pessimismus wartet neue Hoffnung auf die romantischen Romanciers. Wenn jegliche Geborgenheit inmitten der sozialen Ordnung verloren ist, kann das Ich sich als Teil, vielleicht sogar als lenkende Kraft in einem größeren Ganzen begreifen. Daher wird immer wieder der Ahnung Ausdruck verliehen, daß die Leidensfähigkeit der wichtigste Besitz des genialen Menschen ist, da sie ihn, den „Oberman" (Senancour hat dem Titelhelden seines Romans mithilfe seiner Deutschkenntnisse einen sprechenden Namen verliehen), für die Kommunion mit Geschichte und Natur frei macht. In Madame de Staëls *Corinne ou l'Italie* (1807) erscheint eine unglücklich liebende Dichterin als Verkörperung der tragischen Größe des italienischen Volkes unter der Fremdherrschaft, darüber hinaus aber auch als Sinnbild unerfüllter Freiheitsträume im zeitgenössischen Frankreich. Schon im *Essai sur les Révolutions* (1797) hatte Chateaubriand die Ursache großer Umbrüche in der Geschichte in der ewigen Unruhe des Menschenherzens gesehen und auf diese Weise das romantische Ich zum Mittelpunkt des welthistorischen Geschehens gemacht. Mit den Indianerbüchern dieses Autors hatte der französische Roman begonnen, zum Ort einer Begegnung des schöpferischen Bewußtseins mit der Natur zu werden, welche die Vorurteile des „Zivilisierten" ausklammert, um dem sozial entwurzelten Ich inmitten des Kosmos eine neue Heimstatt zu schaffen. Dingwelt und Landschaft, Tiere und Vegetation waren im 18. Jahrhundert noch vorwiegend Kulisse: „... le réel n'intéresse les romanciers que s'il est vécu par l'homme: ils peignent les passions bien plus que les objets" (Coulet, Henri 1967–68, 319). Diese Feststellung gilt weitgehend auch noch für Rousseau, obgleich er zu selbstvergessener Naturbetrachtung durchaus fähig ist. Große Bedeutung gewinnt die Landschaftsbeschreibung im Roman bei Bernardin de Saint-Pierre, aber die Intensität, mit der er das exotische Naturparadies von *Paul et Virginie* schildert, steht hauptsächlich im Dienste seines gesellschaftskritischen Anliegens. Chateaubriands wildes Nordamerika hingegen breitet seine fremdartige Pracht vor einsamen Protagonisten und einem nicht minder bindungslosen Erzähler aus, ohne sich sogleich dem menschlichen Deutungsanspruch unterzuordnen. Gerade weil die Protagonisten René, Atala, Chactas bei dieser Natur keinen Trost finden, kann sie sich als ganz eigenständiges Element der Romanwelt entfalten und durch ihre herausfordernde Faszination Schwäche und Gebundenheit der Hauptfiguren unterstreichen. Nur wenn der Mensch weder der lähmenden Wirkung gesellschaftlicher Fehlentwicklungen noch den Irrtümern und Schwächen seines Ich erliegt, sondern auf die in ihm selbst und im Kosmos vorhandenen spirituellen Kräfte setzt, hat er die Chance, zum Herrn der Wildnis zu werden. Von seinem wiedergefundenen Katholizismus her nimmt Chateaubriand in *Les Martyrs* (1809) die dichterische Eroberung der Schöpfungswelt in Angriff. Der Weg des jungen Griechen Eudore vom Dunkel irdischer Verstrickungen zum Licht der Vereinigung mit der Geliebten und Gott führt durch sehr verschiedenartige Landschaften und Kulturräume, deren Eigenart mit der ganzen Sprachkunst des Erzählers herausgearbeitet wird, die aber auch eng mit dem Schicksal des Helden zusammenhängen, da ja durch die Läuterung Eudores der das ganze Universum einbeziehende göttliche Heilsplan seiner Verwirklichung nähergebracht wird. Ausgangspunkt der Handlung ist Rom, die sündige Urbs, deren gottloses Treiben den Helden in schwere Konflikte stürzt und ihn von der idealen Geliebten Cymodocée entfernt. Die Kriegsschilderungen entsprechen den Indianerabenteuern Renés. Nach der Germanenschlacht, welche die Historiker der französischen Romantik so nachhaltig beeindrucken sollte („Tout un aspect de l'enseignement de Michelet, de Lavisse (...) s'inscrit (...) à la suite des *Martyrs*, première grande somme idéologico-politico-poétique de l'Occident chrétien (...)“, Barbéris, Pierre 1974), wird

Eudore in der gallischen Wildnis mit dem Christentum konfrontiert und erliegt beinahe der erotischen Versuchung durch die Druidin Velléda. Dann verlagert sich das Geschehen in den Orient: In der Wüste erfolgt Eudores endgültige Bekehrung, Cymodocée pilgert nach Jerusalem. Schließlich laufen alle Fäden wieder in Rom zusammen, das durch das Opfer des liebenden Paares zur Stadt der Märtyrer und des neuen Glaubens wird. Diese Romanwelt umspannt immense Räume und strebt über die Handlungszeit hinaus in Vergangenheit und Zukunft. Aber im Mittelpunkt dieses Universums steht der Mensch, den seine Verbundenheit mit der Quelle jeglichen Sinnes allen Anfechtungen trotzen läßt. Indem er unberührte Naturlandschaften zu Schauplätzen einer Abenteuergeschichte im Zeichen von Versuchung, Kampf und Erlösung machte, näherte sich Chateaubriand der Mythenwelt des Schauerromans, dessen Einfluß in den *Martyrs* unschwer nachzuweisen ist. Da ihm der „roman noir" auf dem Gebiet der geschichtsphilosophischen Sinngebung keine Anregungen liefern konnte, behalf er sich mit Exkursen in den Himmel und in die Hölle, durch die er die schon von den Romantheoretikern der Klassik erträumte Vereinigung mit dem Epos eines Dante oder Tasso zu verwirklichen hoffte. Daß er bei diesem Unternehmen nicht sonderlich erfolgreich war, hat Chateaubriand selbst gefühlt und nach den *Martyrs* keine weiteren Romane mehr verfaßt. Dies ändert aber nichts an seiner Bedeutung für die Entwicklung des französischen Romans, hat er doch mit seiner Vision einer durch Leid und Läuterung reifenden bzw. den Sinn des Universums sichernden Subjektivität einen Weg gewiesen, von dem aus starke Schriftstellerpersönlichkeiten nach ihm die Möglichkeit wahrnehmen werden, aus den Trümmern der alten Standardzivilisation rund um die Monumentalfigur des „Poeta vates" eine neue erstehen zu lassen.

2. „To the happy few“

Je unmittelbarer der Untergang des alten Wertesystems erlebt und empfunden wurde, desto unvermeidlicher war der Rückzug des Romansubjektes in die Isolation. Auf dem Grunde der Einsamkeit konnte die regenerierende Begegnung mit dem Naturkosmos und mit den Mythen erfolgen, die das Ich für seinen Verlust entschädigten, indem sie es zum Herrn der Schöpfung machten. Angesichts der Dynamik einer Gesellschaft, die nach den Erschütterungen des Revolutionszeitalters und der Napoleonischen Kriege nach der ihr gemäßen Dosierung von Traditionsverbundenheit und Fortschrittsoptimismus suchte, mußte dem Ausflug in die Wildnis alsbald die Rückkehr in die Zivilisation und die Reflexion über deren Probleme folgen. Chateaubriand hat diesem Zug der Zeit Rechnung getragen, indem er sich der Politik verschrieb, und so wie er haben auch andere Schriftsteller der französischen Romantik mit leidenschaftlichem Interesse am öffentlichen Leben teilgenommen, vor allem in der ersten Phase der Restaurationszeit, die durchaus nicht düster war, sondern nach dem Ende von Krieg und Polizeidiktatur bzw. im Zeichen schrittweiser wirtschaftlicher Aufwärtsentwicklung Hoffnungen auf eine gedeihliche Entwicklung sprießen ließ. Eine Renaissance des alten Wertesystems, die mit der Wiederherstellung der traditionellen Koexistenz von Adel und Bürgertum im Schatten der Bourbonenmonarchie von konservativen Kreisen erträumt wurde, ließ sich jedoch nur in Form einer gesellschaftlichen Scheinarchitektur, die nur zu bald schonungslos hinterfragt wurde, verwirklichen. Da sich das Restaurationsregime zu wenig bemühte, den tiefgreifenden Veränderungen im Denken und Fühlen aller Klassen Rechnung zu tragen, wurden die Normen von einst bald als anachronistische Zwänge empfunden, welche eine schwache Autorität von oben herab zu verordnen trachtete. Letztlich wußten auch die konservativen Intellektuellen, daß der Weg zu der neuen Elitekultur, die sowohl der gesellschaftlichen Dynamik als auch der Kontinuität zentralistisch-hierarchischer Strukturen gerecht werden konnte, nur über die Aufarbeitung des Erbes von Revolution und Aufklärung führen konnte. Auch die Erinnerung an die Napoleonische Ära und die enormen Energien, die sie für den Aufbau einer neuen Welt frei machte, war keineswegs erloschen. Sollten neue Ideale von universeller Integrationskraft entstehen, so mußte dieses Erbe den Erfordernissen der Gegenwart angepaßt und damit zum Katalysator neuer Leitbilder werden, was allerdings voraussetzte, daß gewisse Kompromisse mit den vitalsten Elementen der vorrevolutionären Normenwelt bzw. die vorläufige Aussetzung allzu radikaler Neuerungen akzeptiert wurden. Unter diesen Bedingungen konnte der Roman seine altbewährte Vermittlerrolle voll ausspielen. Während die romantische Lyrik die Meditation über die Einsamkeit des Ich und die Fragwürdigkeit der alten Gewißheiten prolongiert, während das Theater das zu bewältigende Konfliktpotential ins kollektive Bewußtsein ruft (der junge Stendhal konstatiert 1817 in seiner Schrift *Racine et Shakespeare*, daß man keine Komödien mehr schreiben kann, weil das Publikum zu uneinheitlich geworden ist), stellt der Roman schon wieder die Frage nach einer neuen übergreifenden und umfassenden Ordnung. Deutlicher denn je hat die Öffentlichkeit diese kulturschöpferischen Ambitionen gewürdigt: Obwohl die Kommerzialisierung der Gattung unaufhaltsam voranschritt, wurde der Roman gegen 1830 vielfach nicht mehr als reine Unterhaltungsliteratur angesehen, sondern wegen seines erzieherischen Wertes geschätzt. Auch die Kommerzialisierung der Gattung durch den Erfolg der Fortsetzungsromane in der Presse ab 1836 (vgl. Neuschäfer, Hans Jürgen 1976) konnte diesen Prestigegewinn nicht entscheidend schmälern.

Im Hinblick auf seine Biographie kann Henri Beyle, der den Namen des deutschen Städtchens Stendal (in einer altertümlichen Schreibweise mit h) in Erinnerung an seine Wanderjahre als napoleonischer Offizier zu seinem liebsten Pseudonym wählte, als besonders für die Erarbeitung kultureller Synthesen befähigter Romancier gelten. Der 1783 Geborene fühlte sich der „société polie" des „Ancien régime" sehr eng verbunden, hatte er sie doch im großbürgerlichen Familienverband seiner Heimatstadt Grenoble sowohl von ihrer muffig-provinziellen Seite her kennengelernt als auch auf der

Ebene geistreicher Eleganz, wie sie der von der Hauptstadt geprägte Großvater Gagnon repräsentierte. Das mondäne Milieu, das jeden, der in ihm Fuß zu fassen suchte, zum permanenten Balancieren zwischen loyaler Fremdbeobachtung und Selbstkontrolle einerseits, egoistischer Berechnung andererseits nötigte, faszinierte Stendhal zutiefst. Mit dem Salonleben an der Seine konfrontiert, hat er sich in den Schriften der der Pariser Spätaufklärung (vertreten von der Gruppe der „Ideologen") über den „Mechanismus" der Gefühle und Leidenschaften informiert und dieses Wissen sowohl auf seine schriftstellerische Tätigkeit als auch auf seine gesellschaftliche Existenz zu übertragen gesucht. Die Moralisten und Romanautoren des 17. und 18. Jahrhunderts fesselten ihn, indem sie ihm zeigten, wie der Elitemensch durch Beobachtung und Verhaltensstrategie Herr über sich selbst und seine Umgebung wird. Den Zwängen, denen der klassische „honnête homme" ausgesetzt ist, weiß Stendhal, der auch ein Geistesverwandter Rousseaus ist und mit den Liberalen sympathisiert, freilich wenig abzugewinnen. Wenn er sich im souveränen Umgang mit gesellschaftlichen Spielregeln übt, so hat er dabei nicht konformistische Einordnung im Sinn, sondern umpanzert auf diese Art ein verwundbares und zugleich von napoleonischer Herrschbegier beseeltes Ich, dessen Drang nach Selbstverwirklichung stets mit Widerständen seitens einer von sterilen Formalismen und kleinlichem Zweckdenken geprägten Oberschicht zu rechnen hat. Schon unter dem großen Korsen hatte sich die neue Notablenelite der adeligen oder bürgerlichen „propriétaires", der ritterlicher Heroismus ebenso wenig galt wie liberaler Freiheitsdurst, wenn es um die Sicherung der Besitztümer und Machtpositionen ging, herausgebildet. Als sich Stendhal nach den 100 Tagen ganz auf sein literarisches Schaffen konzentriert, ist ihm bewußt, daß die Erneuerung des kulturellen Systems nicht ohne kritische Auseinandersetzung mit weit verbreiteter Trägheit und Ängstlichkeit erfolgen kann. „Un des grands traits du XIXe siècle", schreibt er 1828 in den *Promenades dans Rome,* „sera l'absence totale de la hardiesse nécessaire pour n'être pas comme tout le monde. Il faut convenir que cette idée est la grande machine de la civilisation. Elle porte tous les hommes d'un siècle à peu près au même niveau et supprime les hommes extraordinaires … L'effet de l'idée nivelante du XIXe siècle va plus loin; elle défend d'oser et de travailler à ce petit nombre d'hommes extraordinaires qu'elle ne peut empêcher de naître“ (Stendhal 1973, 825). Während die kleine und zersplitterte Gemeinschaft der Genies an einer zukünftigen Hochkultur arbeitet, muß sie sich in der Gegenwart der nivellierenden Einflüsse seitens einer Zivilisation, der alle Ideale abhanden gekommen sind, erwehren. Dieses verzweifelte Ringen hat Stendhal in seinem Romanwerk zunächst am Schicksal eines adeligen Protagonisten dargestellt. *Armance* (1827) behandelt die Auswirkungen der moralischen Bankrotterklärung einer Klasse, die einst dem Wertsystem der „société polie“ ihren Stempel aufgedrückt hatte und nun mit den Entschädigungen, die ihr bürgerliche Abgeordnete zukommen lassen, an der Börse spekuliert, auf ein Individuum, dessen verborgenes Leiden keineswegs nur auf einer sexuellen Insuffizienz beruht. Octave de Malivert würde gerne auf seinen Namen verzichten und sich kraft seiner Ausbildung als „polytechnicien“ den Lebensunterhalt verdienen, aber seine Eingebundenheit in eine stagnierende Gesellschaft lähmt seine Entschlußkraft, treibt ihn in Liebesunfähigkeit und Selbstzerstörung. Da ihn der Ekel vor einer Vulgarität, die Stendhal gerne mit den Verhältnissen in den USA assoziiert, daran hindert, in die Welt der Wirtschaftstreibenden überzuwechseln, ist seine Heillosigkeit womöglich noch hoffnungsloser als jene der Chateaubriandschen Helden in ihrer düstersten Phase.

An Chateaubriand erinnert auch der Versuch, in den Zonen jenseits der mondänen Zivilisation neue Kraftquellen ausfindig zu machen. Freilich verliert der Autor von *Le Rouge et le Noir* (1830) wenig Zeit mit der Erschließung von Natur und Mythos, sondern läßt den jungen Plebejer Julien Sorel aus seiner Provinz nach Paris wandern, wo er auf die Aristokratin Mathilde de la Môle trifft, die von der glanzvollen Vergangenheit ihrer Klasse träumt und in dem jungen Parvenu das Format ritterlicher Eroberergestalten zu erkennen glaubt. Allerdings sieht Mathilde nicht, daß das Bemühen ihres Helden, den Ansprüchen der mondänen Welt zu genügen, einer Selbstvergewaltigung gleichkommt, und daß für ihn in höchstem

Maße gilt, was Stendhals Zeitgenosse Alfred de Vigny dem Protagonisten seines *Stello* (1832) in den Mund legte: „Hypocrisie, tu es la raison même! … Dissimulation sainte! tu es la suprême loi sociale de celui qui est né sans héritage" (Vigny, Alfred de 1964, I 591). Die erfrischende Natürlichkeit, durch die einst Marivaux' Jacob Erfolg hatte, konnte Julien nur fern der großstädtischen Standardwelt zur Geltung bringen, in der provinziellen Sphäre der Madame de Rênal, und dorthin kehrt er letztlich auch zurück, als ein Selbstzerstörer wie Octave, aber anders als dieser für kurze Zeit des Glückes teilhaftig, da ihn die Isolation der Todeszelle vom Zwang zur Lüge befreit.

Damit ist die Problemstellung vorgezeichnet, die in allen Romanen Stendhals wiederkehrt. Die gesellschaftliche „mesquinerie" liefert den Widerstand, an dem kühne Geister aus allen Schichten ihre Kraft erproben können. Durch den Einsatz überlegener Intelligenz, durch Charme und Generosität vermögen sich Kleinbürger wie Julien Sorel oder Waisenmädchen wie Lamiel (*Lamiel*, unvollendeter Roman, verfaßt 1839–42), ebenso über den Vulgus zu erheben wie große Damen und Herren vom Schlag einer Sanseverina und eines Grafen Mosca (vgl. *La Chartreuse de Parme*, 1839). Durch ihren Geist und ihre Tatkraft bringen sie Leben in eine von plattem Konformismus geprägte Umwelt und bereiten den Boden für die Entfaltung reicheren und freieren Menschentums. Aber mit der Souveränität des emanzipierten Geistes allein ist es bei Stendhal nicht getan. Sein Freund Prosper Mérimée hat sich damit begnügt, die Welt aus der Sicht des kühl abwägenden, ironisch relativierenden „homme du monde" voltairianischer Prägung darzustellen und die Herrschaft dieser von allen dogmatischen Fesseln befreiten Intellektualität über blinde Leidenschaft, archaische Barbarei und damit den gesamten Bereich des Irrationalen angemeldet (vgl. *Chronique du règne de Charles IX*, 1829; *Matteo Falcone*, 1829; *La Vénus d'Ille*, 1837 usw.). Der Erzähler in Stendhals Romanen hingegen gibt sich nie mit der Selbstsicherheit des zivilisierten Gesellschaftsmenschen zufrieden, sondern ruht nicht eher, als bis ihm in einer Grenzzone der Existenz, zwischen Liebe und Tod, ein Lebensgefühl zuteil wird, das ihn erst wahrhaft zum „homme supérieur" macht. Fabrice del Dongo, der

Held der *Chartreuse de Parme,* ist zu Beginn nur ein Tolpatsch mit guten Anlagen; er macht auf dem diplomatischen Parkett des Hofes von Parma vielversprechende Gehversuche, ist jedoch nie so erfolgreich wie der Vollblutpolitiker Mosca und erreicht sein wahres Format erst im Gefängnis des Farneseturms, welches nach dem Ende aller irdischen Verstrickungen durch den in der Kartause verbrachten Lebensabend des Helden gewissermaßen prolongiert wird. Auch die Größe des alten Leuwen in dem 1833–36 entstandenen Romanfragment *Lucien Leuwen* offenbart sich ganz erst durch seine Fähigkeit, sich auf dem Höhepunkt seiner Laufbahn als Politiker und Salonmensch zurückzuziehen. Sein Sohn Lucien wird zum Meister in der vom Gesellschaftsleben geforderten Verstellungskunst und scheint sich im Intrigenspiel eines korrupten Ministeriums ausgezeichnet zurechtzufinden; aber wenn er die Gespräche einfacher Soldaten belauscht, öffnet sich sein Herz einer Wahrheit „qui … retrempait son âme comme l'air des hautes montagnes" (Stendhal 1952, 781), und der Zorn des Volkes, das in ihm nur den Handlanger einer verhaßten Obrigkeit sieht, stürzt ihn in tiefe Verzweiflung. Für ihn wie für alle anderen Protagonisten Stendhals liegt jenseits einer Gesellschaft, die ihre Ideale verloren und ihre Eitelkeit bewahrt hat („la vanité, le désir de parestre, comme dit le baron de Foeneste, a jeté (…) un voile épais sur les actions des hommes", Stendhal 1968, II 556), ein in die Zukunft weisendes Hoffnungsgebiet der Authentizität und der Freiheit, das man betritt, wenn einen Leidenschaften, außergewöhnliche Lebenssituationen, aber auch die Fähigkeit, sich durch Dichtung, Musik oder Malerei erschüttern zu lassen, aus den gewohnten Bahnen geworfen haben. In dieser Grenzzone zeichnet sich das Bild einer neuen Elite ab, in dessen Rahmen sich Stendhal mit seinen Helden und seinen kongenialen Lesern verbunden weiß: „We, the ‚happy few' to whom Stendhal dedicated all his novels, are defined and brought into being by the free interplay of styles in the novel, by the transmutation of reality worked by the intelligence of the wordly master, and most of all by the vibrant voice of the narrator himself, which is … our ultimate model of the most admirable way to be. Like the dandy Stendhal affected to be in real life, we enlist ourselves with the world, but remain disponible, ready to move into whatever realms of sensibility life may offer" (Brooks, Peter 1969, 265). Zu diesem reicheren Menschentum gehört eine Spontaneität und Sinnlichkeit, die Stendhal in zeitlicher und räumlicher Entfernung vom Einflußbereich der französischen Hauptstadt sucht, sowohl in der Provinz, sofern konformistische Verkrustungen nicht jeden Seelenfunken ertötet haben, als auch in Deutschland und vor allem in Italien. Aber Stendhals Bekenntnis zu elementarer Leidenschaftlichkeit impliziert keineswegs die Distanzierung vom Intellektualismus der Ideologen und damit von der Pariser Zivilisation. Sein Streben gilt der Bereitschaft, sich jedem Augenblick des Daseins mit dem Willen und der Kraft zum schöpferischen Engagement zu stellen und so aus der Not der zeitgeschichtlichen Widersprüche die Tugend des mündigen Individuums zu machen. Gemäß der berühmten Definition aus *Le Rouge et le Noir* sind seine Romane Spiegel, die „jemand" einen Weg entlang trägt, wobei man das Bild des Spiegels auf die Weigerung beziehen darf, Teile der Lebenswelt im Sinne eines überholten Elitismus auszuscheiden, während der Gedanke des Wanderns eine Disponibilität evoziert, derzufolge sich das Ich mit jedem geistigen Akt einer Epochenwirklichkeit stellt, die bei aller Dynamik erkennbar ist und eine Erklärung fordert (vgl. Engler, Winfried 1982, 268). „L'éducation du futur Stendhal comme celle de ses héros est pour une large part l'apprentissage du déchiffrement des signes comme mode de connaissance de l'homme" (Anjoubault-Simons, M. 1980, 21).

3. Der Titan und die Schöpfung

Auch wenn Stendhals Weltbild keineswegs allein von Rationalität im Dienste gesellschaftlicher Ambitionen bestimmt ist, so bildet doch die Ausklammerung des Mythischen und der extremen Ferne in Zeit und Raum eine wichtige Voraussetzung für seine persönliche Synthese. Etliche seiner Zeitgenossen fühlten dagegen den Drang, die von der „schwarzen" Literatur und den Werken eines Chateaubriand, Byron oder Goya eröffneten Abgründe der Seele und des Universums bis in ihre entlegensten Tiefen auszuloten. Derlei Erkundungszüge in die Grenzzonen des Menschlichen lassen sich nicht allein mit der Weltfluchttendenz konservativer Geister erklären (das vom *Génie du christianisme* propagierte Prinzip, demzufolge alle Irrungen und Antagonismen der Politik durch die Rückkehr zur katholischen Orthodoxie zu überwinden wären, wird von den Romanciers der folgenden Generationen weit weniger beachtet als die ästhetische Faszination von Chateaubriands Schaffen und die Komplexität seiner Persönlichkeit), sondern entsprechen einem Bedürfnis, nach den großen Erschütterungen der jüngsten Vergangenheit einen Prozeß der kollektiven Aufarbeitung und Bewußtseinserforschung in Gang zu bringen. Auch in dem Liberalen Charles Nodier, um den sich der wichtigste Literatenzirkel der französischen Hochromantik versammelte, hatte eine im Schatten der Guillotine verbrachte Jugend schwere Ängste hinterlassen, die zusammen mit dem Unbehagen an den Schattenseiten der Restaurationsgesellschaft eine Neigung zum Themenkreis des Übersinnlichen und Übernatürlichen förderte. Die soziale Welt schützt den Menschen nicht vor den bedrohlichen Mächten, die aus dem Dunkel kommen und nach ihm greifen (vgl. *Smarra,* 1821*)*; andererseits üben lockende Wahnbilder von „drüben“ einen mächtigen Reiz auf all jene aus, die sich im platten Diesseits nicht zurechtfinden (*Trilby,* 1822*; La Fée aux miettes,* 1832*)*. Allerdings stellen jene Fälle, in denen die Protagonisten der französischen Erzähler im Jenseits der Märchen, Träume und Mythen nach dem Zusammenbruch aller soziopolitischen Illusionen eine Ersatzheimat suchen, eher eine Ausnahme dar. Meist wird die Begegnung mit den zivilisationsfernen und daher un-heimlichen Zonen des realen und des mentalen Universums vor allem für die radikale Infragestellung des Bestehenden und die Arbeit an der Erneuerung des gesellschaftlichen Wertsystems genützt. Nodiers Erkundungen einer Wahnwelt finden ihr komplementäres Gegenstück in der stolzen Weigerung eines Alfred de Vigny, sich von Irrationalismus und Naturfrömmigkeit über die Verfallszeichen, welche in der Sicht dieses Dichters die moderne Welt prägen, hinwegtrösten zu lassen. Den thematischen Mittelpunkt von Vignys Erzählwerk bildet die fatale Tendenz der menschlichen Gesellschaft, gerade ihre begabtesten und großherzigsten Mitglieder zu verleugnen, auszustoßen und zu vernichten. So wie der Absolutismus Richelieuscher Prägung einst die Widerstände seitens des Adels gebrochen und damit die Voraussetzungen für die Große Revolution geschaffen hat (*Cinq-Mars ou une conjuration sous Louis XIII,* 1826*),* ebenso gingen in den Jahrhunderten danach die zu sklavischer Unterordnung unfähigen Dichter und Denker, aber auch die pflichtbewußten Staatsdiener und Soldaten als Außenseiter in einer verständnislosen Gesellschaft zugrunde (*Stello,* 1831*; Servitude et grandeur militaires,* 1835; *Daphné,* 1837 – dieses Fragment wurde erst 1912 veröffentlicht). Vignys Hoffnung gilt einer neuen Elite von geistigen Führern, die in der gegenwärtigen Verfallszeit wie Geächtete behandelt werden, denen aber vielleicht in der Zukunft von einer zur Besinnung gelangten Gesellschaft Anerkennung zuteil werden wird, so daß dereinst unter ihrer Leitung die Herrschaft über das Irrationale, das Vigny vor allem mit der Natur und dem weiblichen Prinzip identifiziert, errungen werden kann. Auch für diesen Autor, der das stoizistisch gefärbte Heldenideal der Klassik mit dem Glauben an Rationalität und wissenschaftlichen Fortschritt zu verbinden sucht, ist das Brüchigwerden der zwischenmenschlichen Beziehungen und die Wanderung zum Rande der inneren und äußeren „Wildnis" von maßgeblicher Bedeutung. Aber Vigny entscheidet sich nicht für den Aufbruch ins Ungewisse, sondern verharrt trotzig, als ragende Prophetengestalt, an der Grenze.

Die Gesellschaft aufbrechen, um sie durch das Einströmen von Naturkräften, göttlichen und satanischen Impulsen aus ihrer Apathie zu reißen, zugleich die regenerierte Menschheit zum Sieg über den Widerstand der Materie zu führen – darin lag die große Herausforderung, der die bedeutendsten Erzähler der ersten Jahrhunderthälfte gerecht zu werden suchten. Victor Hugos gesamtes Schaffen zielt darauf ab, den gesellschaftlichen Immobilismus und die menschenfeindliche Gleichgültigkeit des Naturkosmos zu überwinden, indem er zwischen beiden Bereichen Verbindungen herstellt und damit

Unruheherde erzeugt, von denen aus sich die ganze Gewalt einer subversiv-kreativen „écriture“ entfalten kann. Während Hugo als Dramatiker moralische Antagonismen im gesellschaftlichen Raum so radikal zuspitzt, daß hinter ihnen Konflikte von universeller Tragweite sichtbar werden, rückt er als Verfasser epischer Versdichtungen (z. B. *La Légende des siècles*, 1859–1883) die Menschheitsgeschichte unter Zuhilfenahme theosophisch-illuministischer Traditionen in das Spannungsfeld von Fatalität und Erlösung. Hingegen sucht der Romancier Hugo nach den vermittelnden Perspektiven, von denen her die unmittelbarste Erfahrung der Lebenswelt und der herrischste Drang zur totalen Sinngebung auf einen Nenner gebracht werden können. Dabei kommt dem Verehrer Chateaubriands und begeisterten Konsumenten der volkstümlichen Schauerliteratur die Vorbildfunktion Walter Scotts zugute, dessen nach 1820 rasch populär werdende Romane erkennen lassen, wie man bewährte Techniken des Abenteuerromans mit reich dokumentierten Geschichtsevokationen verbinden und die Vielfalt der Erscheinungen zu einem kompositorisch einheitlichen Ganzen vereinen kann. Dieses Ganze aber ist für Hugo letztlich mit einem Kosmos identisch, der von den Dunkelzonen des Materiellen bis zum Licht spiritueller Welten reicht und dem Erkenntnisdrang des vom Geist des Prometheus durchdrungenen „penseur“ keine unüberwindlichen Widerstände entgegenzusetzen vermag. Schon angesichts des Jugendwerkes wird klar, daß sich die schöpferische Energie dieses Autors vor allem auf eine ungebändigte Elementarwelt richtet, in der göttliche und dämonische Kräfte, schreckliche und beseligende Wahrheiten unverfälscht enthalten sind, und die daher als Korrektiv gesellschaftlicher Fehlentwicklungen in Erscheinung treten kann. Unheimliche Gestalten kommen in *Bug-Jargal* (1820 und 1826) und *Han d'Islande* (1825) aus der Wildnis, um alles, was an der Gesellschaft faul und starr ist, in Frage zu stellen. In der Bestialität monströser Wesen finden die Exponenten einer überholten Sozialordnung, Tyrannen, Intriganten und egoistische Dandies ihren Richter. Haben die schreckenerregenden Geschöpfe aus der Tiefe und Ferne aber den Habitus des edlen Wilden, so werden sie zu mächtigen und selbstlosen Verbündeten junger, unschuldiger Protagonisten, die sich gegen die Übermacht der Selbstherrlich-Korrupten zu behaupten suchen. Hugos gesamtes Romanschaffen, das bis in die 70er Jahre reicht, ist geprägt von einer fundamentalen Antithese, deren Pole sich nach und nach einander annähern und miteinander verbinden: auf der einen Seite die Elementarwelt, deren themengeschichtliche Grundlagen sowohl vom atheistischen Materialismus der Enzyklopädisten als auch von magisch-okkultistischem Gedankengut gebildet werden, auf der anderen Seite der gesellschaftliche Bereich, dessen humanitäre Erlösung nicht nur die Überwindung der Relikte des Absolutismus voraussetzt, sondern auch jene der lebensfeindlichen Komponenten im revolutionären Geschehen. Während die Handlung in den frühen Erzählungen, aber auch in Hugos letzten Romanen außerhalb der französischen Hauptstadt abläuft (*Bug-Jargal* spielt auf Haiti, *Han d'Islande* in Norwegen; *Les Travailleurs de la mer* (1866) und *L'Homme qui rit* (1869) entführen den Leser nach Guernesey und Südengland; Schauplatz von *Quatrevingt-treize* (1874) ist die Bretagne), läßt Hugo in seinen bedeutendsten, während der mittleren Schaffensperiode entstandenen Romanen keinen Zweifel daran bestehen, daß Paris das Zentrum seiner Fiktionswelt darstellt. Die große Stadt muß sich von ihrer einseitigen Bindung an die alte Elitekultur befreien und ihrer in elementaren Tiefenzonen ruhenden Wurzeln gewahr werden. Daher folgt der Erzähler von *Notre-Dame de Paris* (1831) der Spur der Fatalität, die er als Inschrift „Ananké" in einem dunklen Winkel der Kathedrale gefunden hat, und stößt dabei auf ein Universum der Symbolarchitektur, das einst dem Dasein der Menschen Sinn verlieh, „lebendiger" Stein war. Der Roman berichtet, wie die beseelte Existenz der Kathedrale inmitten einer heillosen Gesellschaft zu Ende geht; gleichzeitig wird klargestellt, daß das von der Krämerseele Louis XI scheinbar zerstörte Potential an Wissen und Poesie durch die Vermittlung einer neuen, im Buch geborgenen Sprache im Paris der Gegenwart Auferstehung feiert. Esmeraldas Anmut und Quasimodos Urkraft leben weiter, wenn die gewaltige Stadt den Akkord ihrer Glocken weckt.

Das Paris der *Misérables* (1862) legitimiert sich noch deutlicher als Brennpunkt einer Geschichte, welche Frankreich betrifft, aber auch die ganze Menschheit. In der Barrikadenepisode, auf welche alle Einzelschicksale zusteuern, kommen alte Menschheitsideale von Freiheit und Gerechtigkeit, die nach dem Aufleuchten der Revolutionsperiode jahrzehntelanger Trübung ausgesetzt waren (eine wichtige Phase im Verebben des emanzipatorischen Elans stellt die berühmte Schilderung der Schlacht von Waterloo dar), in ihrer ganzen Reinheit ans Tageslicht. Aber die repressiven Kräfte der Gesellschaft würden es nicht zulassen, daß der erlösende Funke von dieser Barrikade auf die Zukunft überspringt, wäre da nicht die Präsenz der „Wildnis", die in Form des Kanalsystems unmittelbar unter der Hauptstadt der Zivilisation lauert, damit ihr menschlicher Exponent, der titanenhafte Jean Valjean, im Augenblick des Massakers, dem so gut wie alle Verteidiger der Barrikade zum Opfer fallen, den jungen Helden Marius durch kühnes Untertauchen im Abgrund der Materie retten kann (vgl. Kirsch, Fritz Peter 1973, 101ff.). Was Marius anlangt, so ist er sowohl dem „Ancien régime" als auch dem Andenken des großen Korsen verbunden, hat aber das Zeug, sich zu einem Republikaner und Zivilisationsbringer nach dem Herzen Hugos zu entwickeln. So wirksam die barbarischen Kräfte aus den dunklen Tiefen das große Wandern der Menschheit auf dem Pfad des Fortschritts zu fördern vermögen, so unvermeidlich ist die Zähmung dieser Kräfte durch eine neue, von den Prinzipien der Freiheit und Gerechtigkeit geprägte Standardzivilisation, die von Paris, der Stadt des Fortschritts, ausstrahlen wird. So wie sich der Satan der Versepik in einen „lucifer céleste" verwandelt (vgl. Hugo, Victor 1950, 940), so legen Hugos dunkle, dem Materiedschungel entstammende Protagonisten von Roman zu Roman ihre Wildheit ab und dienen den in die Zukunft weisenden Kräften der Gesellschaft, auf diese Weise die Entwicklung des Dichters vom Royalisten zum Linksliberalen illustrierend. In der Spätzeit seines Schaffens, nach dem Scheitern des Todfeindes, den er „Napoléon-le-petit" nannte, war sich der Dichter des sozialen Fortschrittes so sicher, daß er in *Quatrevingt-treize* jene Urweltsymbolik, die er in den früheren

Romanen zur Bekämpfung der Tyrannei mobilisiert hatte, auf die Darstellung der reaktionären Kräfte, die sich der Großen Revolution entgegenstellen, übertrug. Die dominierende Figur in Hugos letztem Roman ist der republikanische Heldenjüngling Gauvain, der den Monarchisten Lantenac und seine barbarischen Mitstreiter militärisch und moralisch besiegt, durch seinen Opfertod aber auch die Ideale der Revolution aus ihren blutigen Verstrickungen löst und den Weg zu einer wahrhaft liberalen Gesellschaft weist, in der auch ritterlicher Heroismus seinen Platz hat.

Der Beitrag des Romanciers Hugo zur Diskussion um ein neues System von Werten und Normen läßt sich im Lichte der Zusammenschau aller Texte auf folgende Weise präzisieren: Unter dem Druck des Materie-Kosmos, für dessen Allgegenwart nicht zuletzt die Präsenz der „barbarischen" Volksmassen an der Schwelle der kultivierten Gesellschaft sorgt, sind Adel und wohlhabendes Bürgertum gezwungen, sich von ihren angestammten Positionen zu lösen, wobei die Aristokratie sich einem besonders tiefgreifenden Wandel zu unterwerfen hat. Ist die Oberschicht aber einmal für die republikanischen und humanitären Ideale gewonnen, kann sie ihre Herrschaft als legitimiert betrachten und darangehen, das wilde Drunten und Draußen, von der sozialen Unterschicht bis zu den unermeßlichen Naturkräften der Meere und Landmassen zu zivilisieren und zu kolonisieren, wobei Paris als Leuchtturm fungiert, der den Kulturheroen bei ihrem Erlösungswerk, das von Gott gewollt und von Satan nicht verhindert wird, die Richtung weist. Hugos Künstlertemperament erlaubte ihm allerdings nicht, sich mit der Rolle des allwissenden Normpropheten zufriedenzugehen. Sein Drang, zu erklären und zu ordnen, schlägt immer wieder in die Lust an der anarchischen Gewalt einer entfesselten, sorgsam aufgetürmtes Wortmaterial mitreißenden Sprache um. Es ist kein Zufall, wenn er seinen letzten Roman rund um drei Kinder aufbaut, die genußvoll ein imposantes Buch zerstören, bis es sich in einem Wirbel papierener Schmetterlinge auflöst. Hugo gehört zweifellos zu den tüchtigsten Baumeistern der positivistischen Weltkonstruktion auf der Grundlage des zivilisatorischen Strebens der Leitfigur des „homme civilisé" nach Totalität, das sich auf Spiritualität und Humanitarismus ebenso richtet wie auf technokratische Zweckrationalität. Paradoxerweise nehmen markante Aspekte seines Schaffens aber auch den Ruin dieses neuen Kultursystems in den Konventionsbrüchen des 20. Jahrhunderts, vom Surrealismus zur Postmoderne, vorweg.

4. Honoré de Balzac

Nicht der von einer starken Monarchie ausgeübte Druck ist es, der die sozialen Gruppen von den 20er Jahren des 19. Jahrhunderts an veranlaßt, im engen Raum der Ile-de-France neuerlich in fruchtbaren Austausch zu treten und eine zu universeller Verbindlichkeit tendierende Standardkultur auszubilden, sondern die sozioökonomische Entwicklung zum Hochkapitalismus, die im nachrevolutionären Frankreich endgültig im Sinne der eingespielten Gegebenheiten des Zentralismus verläuft. Da liberales Gedankengut in dem neuen Wertesystem fest verankert ist, steht den Künstlern jederzeit ein begrenzter Freiheitsraum zur Verfügung, in dem sie ihre Distanz von allen normierenden und hierarchisierenden Bestrebungen zum Ausdruck bringen können. Ein Victor Hugo entsagt der Pose des dichterischen Welteroberers, wenn er seinen Pegasus im Zeichen der „fantaisie" ins Grüne führt (vgl. Barrère, Jean-Bertrand 1949–60). Théophile Gautier betont die Eigenständigkeit der Kunst und sucht mit *Mademoiselle de Maupin* (1835) den Roman in den Dienst eines allen moralischen Konventionen abholden und völlig zweckfreien Schönheitsideals zu stellen. Auch die Proteste von Alfred de Musset richten sich gegen ein Leitbild menschlicher Vollkommenheit, das zum Erwerb und zur Anwendung enzyklopädischen Wissens drängt: „(...) j'avais beaucoup lu; en outre, j'avais appris à peindre. Je savais par coeur une grande quantité de choses, mais rien par ordre, de façon que j'avais la tête à la fois vide et gonflée (...). Je m'étais fait un grand magasin de ruines, jusqu'à ce qu'enfin, n'ayant plus soif à force de boire la nouveauté de l'inconnu, je m'étais trouvé une ruine moi-même" (Musset, Alfred de 1960, 88). Aber gerade die Haltung der Verweigerung, wie sie sich in Texten wie *La Confession d'un enfant du siècle* (1836) abzeichnet, macht die Gewalt des Normtrends fühlbar, der den Romancier drängt, sich in den Dienst eines Unternehmens von individueller und kollektiver Bedeutsamkeit zu stellen, welches auf die Erklärung, Ordnung und Nutzbarmachung der Welt abzielt. Diese zivilisatorischen Bestrebungen haben die Entwicklung des französischen Romans auf sehr nachhaltige Weise beeinflußt. Balzac aber machte sie zum Hauptanliegen seiner schriftstellerischen Existenz – auch wenn seine *Contes drolatiques* (1837) beweisen, daß zeitweise auch er nicht abgeneigt war, mit der Muse ein frivoles Spiel zu treiben.

Als erfolgshungriger Sohn eines sozialen Aufsteigers, als Produzent literarischer Konfektionsware und als Unternehmer in diversen Branchen lernte Balzac Sozialgefüge und Wirtschaftsleben des zeitgenössischen Frankreich von Grund auf kennen. Als er sich im Laufe der 30er Jahre vornahm, die Welt in einem gewaltigen Romanwerk nachschaffend zu verwandeln, war ihm bereits klar, daß sein dichterischer Herrschaftsanspruch, zu dessen Durchsetzung er die Energien eines Napoleon oder Prometheus mobilisierte, nicht dem Ganzen der Geschichte galt (sein Projekt einer *Histoire pittoresque de la France* nach dem Vorbild Walter Scotts hatte er längst aufgegeben), sondern sich auf den Zeit-Raum des nachrevolutionären Frankreich konzentrierte. Vom Mittelpunkt der Balzacschen Romanwelt aus (derselbe ist wohl dort zu finden, wo sich innerhalb der Pariser Elitegesellschaft Adel und Bürgertum berühren) erschließt sich ein unablässig bauendes und deutendes Bewußtsein Kreis um Kreis der Lebenswelt: „… c'est comme une sphère ou une enceinte avec de multiples portes“, schreibt M. Butor über dieses Erzählwerk, das rund 90 Texte umfaßt (Butor, Michel 1960, 84). Wie Victor Hugo greift auch Balzac auf die theosophische Tradition zurück, indem er den Sphärenraum seines Erzählens mit einem sinnstiftenden Seinsgrund umgibt: Inmitten eines von Energie durchströmten Kosmos kann allein der Mensch seine Lebenskraft willentlich steuern und dosieren. Die Freiheit des einzelnen im Umgang mit der ihm zur Verfügung stehenden Energiemenge hat nun insofern ihre Grenzen, als die gesellschaftlichen Verhältnisse gemäß dem jeweiligen „Milieu" Anreize und Hemmungen hervorrufen und sich auf diese Weise stabilisierend oder störend auf den individuellen Energiehaushalt auswirken können. Im Frankreich des 19. Jahrhunderts ist nach Ansicht Balzacs der Verbrauch an individueller und kollektiver Energie außer Kontrolle geraten.

Als der Schriftsteller 1842 für sein Romanwerk den Globaltitel *La Comédie humaine* wählte, dachte er dabei wohl nicht nur an das Prestige der klassischen Komödie und deren sozialkritische Aspekte, sondern auch an Dantes Inferno, mit dem er Paris mehr als einmal verglichen hat. Ein „vaste champ incessamment remué par une tempête d'intérêts" nennt er in *La Fille aux yeux d'or* (1835) die Stadt, in der der Kampf um Reichtum und Erfolg jedermann zur Entfaltung aller Kräfte und damit zum Energieverschleiß zwingt. Wer dieser Hetzjagd entrinnen will, so erfährt Raphaël in *La Peau de chagrin* (1831) angesichts eines geheimnisvollen Antiquitätenladens, in dem alle Verlockungen der Welt für den Verkauf bereitliegen, muß auf jegliches Begehren verzichten und dem Gegebenen mit dem leidenschaftslosen Blick des Forschenden und Wissenden begegnen. Im Hexenkessel von Paris ist dieser Verzicht aber schlechthin unmöglich, wie der unglückliche Romanheld, dem das magische Chagrinleder alle Wünsche erfüllt und dabei die Lebenskraft zerstört, erfahren muß. Wer dem hektischen Treiben entkommen will, kann in der Provinz Ruhe und Harmonie finden, vor allem wenn sein Zufluchtsort Balzacs geliebter Touraine ähnelt. Aber die Lockungen der „province-gynécée, patrie des vieilles filles, des épouses frustrées et des mères inconsolables" (Mozet, Nicole 1982, 106) sind trügerisch, da sie den „männlichen" Schöpfergeist lähmen und zum fruchtlosen Horten von Geld und Energie verführen (vgl. *Eugénie Grandet,* 1833). Außerdem beginnt in größerer Entfernung vom Zentrum eine Barbarei, der die Hektik der Hauptstadt unbedingt vorzuziehen ist. „Ce pays ressemble à un charbon glacé", schreibt Balzac 1829 über die hinterwäldlerische Bretagne der royalistischen Guerrillakämpfer in *Les Chouans.* Noch in einem Spätwerk von 1844, *Les Paysans,* bringt er seine Besorgnis angesichts der kulturfeindlichen Wildheit der burgundischen Bauern zum Ausdruck. Nie wirkte das städtische Proletariat so bedrohlich auf Balzac wie das „exotische“ Landvolk. Mit allen ihren Schattenseiten ist die vom Zentralismus geprägte Standardkultur die wahre Heimat dieses von languedokischen Dörflern abstammenden Romanciers.

Als Hauptstadt des Fortschrittes und der Zivilisation ist Paris für Balzac unersetzlich. In seinen Augen stellt das mörderische Jahrmarkttreiben des Egoismus unter der aktuellen Vorherrschaft der Bourgeoisie eine Fehlentwicklung dar, die rückgängig gemacht werden kann, sobald unter der Ägide einer berufenen Oberschicht sinnvolle Reformen der Energievergeudung ein Ende setzen. Den Glauben an die Befähigung der Aristokratie, die seiner Auffassung nach (so wie er sie in *La Duchesse de Langeais* (1839) formuliert hat) im sozialen Körper den Geist repräsentieren müßte, hat er allerdings verloren: „Pour rester à la tête d'un pays, ne faut-il pas être toujours digne de le conduire; en être l'âme et l'esprit, pour en faire agir les mains?“ (Balzac, Honoré de 1976–81, V 928). Weit mehr als Tradition und Eleganz fasziniert ihn die Dynamik eines Bürgertums, das unter enormem Energieeinsatz die Welt verändert und als soziale Führungsmacht die besten Kräfte aus allen Schichten in den Dienst des Fortschritts stellt. Eine gedeihliche Entwicklung würde sowohl die Beibehaltung dieser Durchschlagskraft als auch die Ausschaltung ihrer chaotisch-destruktiven Komponenten voraussetzen. Das Anliegen des Romanciers Balzac besteht nun darin, in seinen Werken die gegenwärtige Verstrickung darzustellen und Verfahren, die zu ihrer Überwindung führen können, zu erproben. Das Verhalten des adeligen Protagonisten von *La Peau de chagrin* angesichts der Reichtümer dieser Welt ist falsch: Er will nur besitzen und genießen, statt sich als ein Ordner und Deuter zu engagieren, ein Kulturheros vom Format des Paläontologen Cuvier zu werden, den Zufall zu bezwingen und das Universum dem Menschengeist untertan zu machen. Für sensible Jünglinge seiner Sorte hat der Schöpfer der *Comédie humaine* weniger übrig als für große Verbrecher vom Schlag Vautrins oder für die Geheimbündler der *Histoire des Treize* (1833–35), die ihre Energie gezielt und systematisch einsetzen. Freilich gibt es für Balzac keinen Zweifel daran, daß derlei Dunkelmänner ebenso wie die großen Finanzhaie namens Nucingen und Gobseck nur egoistischen Interessen dienen und gerade jene, die sie lieben, ins Verderben stürzen. Das Heil der Gesellschaft kann nur von Männern des Geistes und der Tat kommen, die sich von bewährten moralischen Prinzipien leiten lassen und ihr Leben dem Dienst am Gemeinwohl weihen. Ein solcher Fortschrittsathlet ist der Doktor Bénassis in *Le Médecin de campagne* (1833), der inmitten von bäuerlicher Primitivität die Wohltaten der Pariser Zivilisation verbreitet. Auf gesamtstaatlicher Ebene könnte ein „génie complet" von napoleonischem Zuschnitt das Chaos des entfesselten Wirtschaftsliberalismus bändigen und den Ansturm der „gefährlichen" Klasse durch eine technokratische Wohlfahrtsordnung aufhalten. Diese Regulierung der sozioökonomischen Kraftströme würde zwangsläufig von einem harmonischeren, heller denn je im Licht der Zivilisation erstrahlenden Paris ausgehen: „... toute décentralisation ferait obstacle, en effet, à la réalisation de sa politique qui vise essentiellement à la puissance, à l'ordre, à l'efficacité" (Guyon, Bernard 1967, 177).

Im Hinblick auf diese Grundhaltungen und Bestrebungen Balzacs ist es begreiflich, daß er sein gesamtes Potential an Scharfsinn und Intuition aufbot, um aus der Vielzahl seiner Romane ein zusammenhängendes Ganzes zu machen, in dem Zuständlichkeit und Wandel der zeitgenössischen Sozialwelt sowohl aus der Sicht des „objektiven" Beobachters als auch im Lichte eines starken Ordnungs- und Deutungswillens zur Darstellung gelangten. Unter der Führung eines ausgezeichnet informierten Erzählers soll der Leser die Romanwelt erkunden und auf diese Weise zugleich in die Lage versetzt werden, sich in der „wirklichen" Welt besser zurechtzufinden. „Nur aus innerfiktionalen Elementen kann sich bei Balzac kein räumlich konsistentes Vorstellungsbild ergeben. Es ergibt sich erst aufgrund einer Ergänzung durch Elemente aus dem außerfiktionalen Bereich" (Schreiber, Till 1976, 37). Indem der Leser lernt, die Zeichen zu deuten, welche die Menschen durch ihre Kleider, Mienen, Gesten, aber auch durch die Anlage ihrer Wohnungen, Häuser, Straßen und Städte setzen, wird er nach und nach zum Wissenden, der Täuschung von Wahrheit unterscheidet und im Sinne des „Avant-Propos" zur *Comédie humaine* (1842) feststellt, daß die Gesellschaft der Natur recht ähnlich ist, auch wenn ihre kulturelle Dynamik den „Forscher" zum Einsatz spezifischer Beobachtungsmethoden zwingt: „La société ne fait-elle pas de l'homme, suivant le milieu où son action se déploie, autant d'hommes différents qu'il y a de variétés en zoologie?" (Balzac, Honoré de 1976–1981, I 8). Freilich ist es nicht damit getan, die Gegebenheiten zur Kenntnis zu nehmen, besteht doch die Aufgabe des prometheischen Romanciers darin, die Welt aus ihrer Verstrickung zu lösen und moralischen Imperativen zu unterwerfen. Balzac schätzt den Zufall, in dem er den größten aller Romanschreiber sieht, zugleich tut er aber alles, um ihn außer Kraft zu setzen, d. h. ein durch und durch sinnhaftes, rational beherrschbares Universum zu verwirklichen. „Es ist ein faszinierendes Schauspiel", schreibt Rainer Warning, „zu verfolgen, wie Balzac vollauf damit beschäftigt ist, seinen aller Moral hohnsprechenden Sujets gleichwohl den Charakter moralischer Exempel zu sichern" (Warning, Rainer 1980, 23). In dem Maße, wie sich der Romancier die Erfassung der Totalität zum Ziel setzt, leistet die Vielfalt und Vielschichtigkeit des Erfahrbaren seinem Normierungsanspruch Widerstand. Balzacs Figuren kehren jeweils in mehreren Romanen wieder, diverse Facetten ihrer Persönlichkeit in verschiedenen Perioden ihres Lebens offenbarend; diese Technik des „retour du personnage" verleiht der Romanwelt Tiefe und den Gestalten Lebensechtheit, zugleich kommt durch sie aber auch ein Element der Unberechenbarkeit in Balzacs monumentale Fiktionsarchitektur, die unzählige Überarbeitungen und Anpassungen nötig macht. Die *Comédie humaine* ist „kein eindeutig bestimmtes Ganzes, ... das sich auf eine glatte Formel bringen ließe. Es liegt vielmehr ein spannungsreiches synkretistisches Gebilde vor" (Carl, J. 1979, 201). Balzac hat sein Leben damit zugebracht, die Unebenheiten in seinem Werk zu glätten und die Brüche zu kitten (vgl. Dällenbach, Lucien 1980, 471ff.). Während sein Werk durch die Präzision und Anschaulichkeit der Darstellung Historikern und Soziologen aller Richtungen eine Fülle von Material lieferte, zeigt sich die jüngere

Literaturwissenschaft vor allem von seinem Scheitern als „Schöpfergott" einer im Zeichen aristokratischer Heroenpose und bürgerlichen Wissensdranges verfügbar gemachten Fiktionswelt fasziniert.

5. Paris und die Provinz(en)

„Le poète est un monde enfermé dans un homme" – diese Formulierung aus Victor Hugos *Légende des siècles* (Hugo, Victor 1950, 586) trifft natürlich auch auf die Romanautoren der ersten Hälfte des 19. Jahrhunderts zu, die ihre unverwechselbare Eigenart durch Affinitäten zu literarischen „Schulen" oder Epochenströmungen keinesfalls geschmälert sehen wollen. Nichtsdestoweniger kann auf Schritt und Tritt beobachtet werden wie sich ihre Produktion im Zusammenwirken von Publikumsbezug und individueller Geschichtserfahrung nach bestimmten Leitbildern orientiert. Besondere Bedeutung erlangt in diesem Zusammenhang die Vision einer neuen, an keine Sozialkategorie exklusiv gebundenen Elite, unter deren Führung in der Zukunft eine regenerierte Menschheit den Widerstand des Materiellen und die Sozialfesseln der Vergangenheit überwinden soll. Die Anteile aristokratischer oder bürgerlicher Sinnesart lassen sich nur schwer voneinander trennen, wenn von der Basis des universellen Erkenntnis- und Herrschaftsstrebens aus bald der heroische Habitus des prophetischen Pioniers und Weltbaumeisters, bald ein bis an die Grenzen des Anarchischen reichender Drang nach Realisierung der im Individuum angelegten Entwicklungsmöglichkeiten an Bedeutung gewinnt. Von einem Geist beflügelt, der schon im Schaffen eines Voltaire oder eines Diderot lebendig war, erkunden die Romanciers mit durchdringendem Blick und souveräner Sprache, was Gesellschaft und Natur im Innersten zusammenhält. Als Erbe des „honnête homme" und des „philosophe" wird der „homme civilisé" des 19. Jahrhunderts zum „homme supérieur", um den alle humanitären Erlösungsträume der Epoche kreisen.

Mit dem Näherrücken der Revolutionsperiode von 1848 kündigen sich jedoch Veränderungen des kulturellen Klimas an. In vorangehenden Kapiteln dieses Buches (besonders im Hinblick auf das 13. und das 18. Jahrhundert) wurde dargelegt, wie die Bemühungen um Selbstdeutung und Selbsterziehung der zentralisierten Elite solange auf die Entwicklung eines Systems von Normen und Werten hinwirken, bis der Reifegrad und die Expansionskraft des genannten Systems in der Konfrontation mit dem „barbarischen" Draußen Prozesse der Adaptation und Flexibilisierung hervorrufen. Ein solcher Prozeß ist auch im 19. Jahrhundert zu beobachten, in Ansätzen bereits unter dem Julikönigtum, nämlich in dem Maße als der wachsende Zivilisationsstolz der neuen Elite, welche sich in der als Drehscheibe der Menschheitsgeschichte gedeuteten Megalopolis Paris formiert, auf den Widerstand der noch nicht „zivilisierten" Provinz trifft. Zwar haben die einst weitgehend autonomen Gebiete schon so viel von ihrer Eigenständigkeit verloren, daß aus den Provinzen „la province" geworden ist (vgl. Soboul, Albert 1977, 27ff.), aber auf der Ebene der bäuerlichen Welt hat das andere Frankreich noch nicht seine ganze „Fremdheit" eingebüßt, wie den Werken eines Balzac oder eines Stendhal unschwer zu entnehmen ist (vgl. oben 181f., 193f.). Konsequenter als alle Zeitgenossen aber hat sich George Sand mit dem Problem von Norm und Abweichung auseinandergesetzt, wohl nicht zuletzt vom Marginalitätsbewußtsein der schreibenden Frau her, die in der „Feminität" der vom herrischen Vordringen der Zivilisation mehr oder weniger sanft geweckten Provinz gewisse Analogien zu den Weiblichkeitsmythen erahnte, die das soziale Leben ihrer Epoche seit der Verankerung des Patriarchats durch den *Code Napoléon* unumschränkter denn je bestimmten.

Wie die Hauptfigur des Romans *Lélia* (1833) beweist, hat sich die Schriftstellerin mit dem männlichen Pseudonym (eigentlich hieß sie Aurore Dupin) dem Standardideal des zivilisierten Universalmenschen, der sich die Welt durch Geist und Tatkraft untertan macht, keineswegs entzogen. Bemerkenswert ist jedoch, daß sie die immense intellektuelle Potenz ihrer Heldin mit dem Thema der Liebesunfähigkeit verknüpft. Im Gegensatz zu den Gestalten Stendhals und Balzacs, welche am Eros scheitern, wenn ihnen ihre innere und äußere Abhängigkeit von den sozialen Konventionen die Selbstverwirklichung verwehrt, ist Lélia frei, reich und selbstbewußt. Ihr psychisch-physisches Leiden beruht auf der Erfahrung, daß der von der Männerzivilisation geforderte Eroberungszug des rastlosen Menschengeistes die Vernachlässigung „hautnaher" Mißstände des Zusammenlebens voraussetzt. Statt ihr fundamentales Trauma aufzuarbeiten, das sich wie im Fall von Sands ersten Romanheldinnen (vgl. *Indiana,* 1832; *Valentine,* 1832,) von einer ruinösen Mann-Frau-Beziehung herleitet, läßt sich Lélia vom prometheischen Zeitgeist in eine Höhenzone philosophisch-kulturkritischer Reflexion entführen, in der sie ihre konkrete Lebenssituation als emotionell ausgehungerte und sexuell unterdrückte Frau nicht mehr in den Griff bekommt, so daß sie den ihr nahestehenden Männern nichts mehr entgegenzusetzen hat als ein verzweifeltes Sich-Verweigern. Der Protest gegen eine Rationalität, die sich über das Nächstliegende hinwegsetzt, hatte auch Alfred de Musset zur Darstellung heilloser Liebesbeziehungen inspiriert (vgl. oben 191f.); bei Sand aber führt er direkt zur radikalen Infragestellung der sozialen Beziehungen zwischen den Geschlechtern. Einige Jahre nach *Lélia* wird Balzac diesen feministischen Vorstoß zurückweisen, indem er in *Béatrix* (1839–1845) der bildungsbeflissenen und selbständigen Mademoiselle de Maupin, die dem Männermythos der „weiblichen" Frau nicht entspricht und George Sand wie eine Schwester ähnelt, das Liebesglück versagt.

In *Consuelo* und *La Comtesse de Rudolstadt* (1843) verbindet Sand das Thema der um ihre Emanzipation ringenden Frau mit dem der Abkehr von Paris als dem Strahlungszentrum der Standardgesellschaft. Consuelo ist eine geniale Künstlerin, aber diese „femme supérieure" begegnet der Welt nicht mit dem Anspruch des Ordnens und Beherrschens, noch will sie ihr entsagen, sondern läßt sie in ihrer Vielfalt auf sich wirken und sucht ihren individuellen Reifungsprozeß auf die Anforderungen des jeweiligen gesellschaftlichen und naturhaften Kontextes abzustimmen. Nicht in Paris ist Consuelo daheim, sondern auf den Straßen Europas. Sich in jedem Milieu aufs neue bewährend, befreit sie sich schrittweise von gesellschaftlichen Verpflichtungen und Verkrampfungen, bis ihr die gerade wegen ihrer „Einfachheit" so schwer begreifbaren Grundwahrheiten von Liebe und Kunst zufallen. So wie sie hat auch die Autorin selbst ihr Leben von der Basis her neu aufgebaut; dabei entdeckte sie das kulturelle Eigengewicht des ländlichen Raumes. Daß es in Frankreich trotz des unwiderstehlichen Siegeszuges, der dem Mythos der „France une et indivisible" im Zeitalter der Revolution und Napoleons zuteil geworden war, immer noch von der Standardkultur abweichende Realitäten gab, wurde im Schrifttum vor 1848 häufig vermerkt und auf widersprüchliche Weise gedeutet. Positive Wertungen finden sich vor allem bei Autoren, welche die fernere Vergangenheit heraufbeschwören. So schreibt Augustin Thierry 1825 über die Auswirkungen des Albigenserkrieges auf die okzitanischen Länder: „La vieille civilisation de ces provinces reçut un coup mortel par leur réunion forcée à des pays bien moins avancés en culture intellectuelle, en industrie et en politesse" (Thierry, Augustin 1870, 681). Ähnlich äußert sich Stendhal in *De l'amour* (1822). Michelet hingegen feiert im *Tableau de la France* (1833) das Zusammenwachsen des nationalen Sechsecks als Sieg des Geistes über das Partikulär-Materielle, dessen Weiterbestehen in der Gegenwart ihn mit Unbehagen erfüllt. Seit bürgerliche Käufer von verstaatlichtem Kirchenbesitz sowie aus der Emigration heimkehrende Adelige zu Nachbarn und Konkurrenten der Bauern geworden sind, die hinsichtlich ihrer Lebensart, ihrer Kultur und Sprache wie exotische Antipoden der Pariser Elite wirken, ist der Gegensatz von Stadt und Land vielen Zeitgenossen nachhaltiger ins Bewußtsein gedrungen. Aus dieser Spannung hat George Sand entscheidende Anregungen für ihr Romanschaffen bezogen, indem sie danach trachtete, ihre Revolte gegen einen Kulturstandard, der für die Anliegen einer der traditionellen Rollenschemata überdrüssigen Frau wenig Spielraum bot, mit der Rehabilitierung einer Landwelt, deren Eigenart von anderen Romanciers zur schäferlichen Idylle oder zum Schauerbild urtümlicher Barbarei zurechtstilisiert wurde, zu verbinden. Freilich ist es der Autorin selbst nicht sofort und niemals definitiv gelungen, sich von den mythisierenden Tendenzen der Epoche zu lösen. Die Heldin ihres ersten Landromans *Jeanne* (1844) hat sie ausdrücklich mit der

Jungfrau von Orléans in Beziehung gesetzt. Was die Idealität dieser makellosen Heroine ausmacht, das ist eine Naturhaftigkeit, die im Blickwinkel der Autorin aus den Bauersleuten, zu denen Jeanne gehört, große Kinder macht. Statt der Fähigkeit zu denken besitzt der Bauer „cette suite de rêveries … qui fait de sa veille, comme de son sommeil, une sorte d'extase tranquille, où les images se succèdent avec rapidité, … C'est la même activité, la même poésie et la même impuissance que l'effort de l'enfant à dégager l'inconnu de son existence du voile qui la couvre. C'est le génie des songes s'agitant dans le vaste et faible cerveau de l'Hercule gaulois" (Sand, George 1978, 80f.).

Später hat sich Sand bemüht, die herablassende Haltung des städtischen Intellektuellen aufzugeben, wobei ihr sowohl ihr alter Lehrmeister Jean-Jacques Rousseau als auch der bewunderte Saint-Simonist Pierre Leroux Anregungen lieferten. So wie sie im *Compagnon du Tour de France* (1840) den Arbeiter zum gleichwertigen Partner der Aristokratin werden läßt, so betont sie im *Meunier d'Angibault* (1845), daß Bauern und Pariser nicht wesensverschieden sind und im Zeichen schöpferischen Strebens koexistieren bzw. voneinander lernen sollten. Wie das Vorwort zu *François le Champi* (1847) zeigt, wollte sie mit ihrem eigenen Schaffen eine Funktion der Vermittlung ausüben: „… tu dois parler clairement pour le Parisien, naïvement pour le paysan. L'un te reprochera de manquer de couleur, l'autre d'élégance" (Sand, George 1962, 217). Damit stellt sich zwangsläufig die Frage nach dem ideologischen Standort des Schreibenden. Wenn der Romancier eher der Perspektive einer Elitekultur, die seine geistige Existenz bis auf den Grund geprägt hat, den Vorzug gibt, so fühlt er sich gedrängt, die Landwelt in seiner Darstellung dem Pariser Geschmack anzupassen und, auf längere Sicht, an ihrer Assimilierung mitzuwirken. Ergreift er dagegen Partei zugunsten einer Sphäre, deren Andersartigkeit für ihn nicht länger Synonym von Inferiorität oder anachronistischer Idealität ist, so läuft er Gefahr, als Prophet des Partikulären von seinem Publikum in die Wüste geschickt zu werden. Wie Reinhold Grimm bestätigt, hat sich Sand zunächst bemüht, das Dorf als völlig autonome Sphäre zu sehen und zu schildern: „… die ländliche Natur sollte nicht mehr erst in der Konfrontation mit der ‚civilisation', sondern schon in sich exemplarisch wirken" (Grimm, Reinhold 1981, 230). Aber selbst in den *Maîtres-sonneurs* (1853), wo sich im Blickfeld eines bäuerlichen Ich-Erzählers ein Künstlerschicksal ohne Kontakt zur städtischen Kulturszene erfüllt, kann sie sich nicht ganz von jener Distanz befreien, aus der die Personen und Handlungen naiv und pittoresk wirken; außerdem kompensiert sie ihre Abweichungen von der parisorientierten Kulturnorm durch die Pflege einer Hochmoral, die ihren Bauern und Proletariern die Patina altfränkischer Ritterlichkeit verleiht. „Moi, je me sens porté à peindre (l'homme) tel que je le souhaite qu'il soit, tel que je crois qu'il doit être" (Sand, George 1928, 10). Daher sind alle ihre Erzählwerke Erziehungsromane, in denen sich Egoismus und Vereinzelung in generöse Hingabe an die Gemeinschaft verwandeln. Damit reaktiviert sie im Grunde jene heroische Opferbereitschaft und Triebregelung, die für das Kultursystem des „Ancien régime" charakteristisch waren, um sie im bäuerlichen Milieu mit neuem Glanz zu versehen. Auf der Plattform des nostalgischen Idealismus lassen sich Oberschicht und Unterschicht, Elitekultur und provinzielle oder plebejische Sonderart bequem miteinander verbinden. In ihrem Spätwerk hat sich Sand eher um das Einende bemüht als um die konsequente Austragung von Konflikten. Die ländliche Natur und die dem sozialen und technischen Fortschritt gleichermaßen dienende Standardzivilisation finden während der Schaffensphase von *La Ville noire* (1856) im Sinne einer „kollektiven Entwicklung des Reifens und Verstehens" (Wolfzettel, Friedrich 1980, 62) zueinander. Durch eine analoge Tendenz zur Harmonisierung ist Sand auch hinter der Emanzipationsbewegung der Frauen, der sie so starke Impulse verliehen hatte, zurückgeblieben.

6. Der Triumph der Zivilisation

Was der Titanismus der Hochromantik in prophetischen Visionen entworfen hatte, präsentiert sich nach der Jahrhundertmitte als dominierende Norm. Diese Entwicklung wird in Frankreich sicherlich durch den Umstand gefördert, daß mit Napoleon III. ein relativ starker, absolut regierender Herrscher an die Macht kommt, der sich rund 20 Jahre lang für den Auf- und Ausbau einer „France moderne" des Hochkapitalismus engagiert und als Garant von Ruhe und Ordnung das Akutwerden schwelender Sozialkonflikte verhindert. Wie der vorige Abschnitt zeigte, sind die Widerstände seitens des Andersartigen und Abweichenden (Sonderart der Provinz, feministische Bestrebungen) der Durchsetzungskraft des von Paris ausstrahlenden Zivilisationsmodells (technokratische Rationalität und Patriarchat) eher förderlich als abträglich. Freilich darf die Vorherrschaft des zentralen Normensystems nicht mit friedlichem Immobilismus verwechselt werden, beruht sie doch auf einem permanentem Ringen der maßgeblichen Sozialschichten um den Ausgleich der Gegensätze, welche immer wieder aufbrechen und für Spannungen innerhalb der „culture dominante" sorgen.

„Die augenfälligste Dramatik der Epoche", schreibt Eric J. Hobsbawm, „lag im ökonomischen und technischen Bereich: im Eisen, das sich in Millionen von Tonnen über den Erdball ergoß und als gewundenes Band von Eisenbahnschienen die Kontinente überspannte, in den Unterseekabeln, die den Atlantik durchquerten, im Bau des Suezkanals, in den Großstädten (…)" (Hobsbawm, Eric J. 1975, 16). Das Zweite Kaiserreich liefert für die von der industriellen Revolution herbeigeführten Veränderungen den stabilen Rahmen und die Entwicklungsmöglichkeiten, durch die das von der triumphierenden Bourgeoisie einem Umstrukturierungsprozeß unterworfene Frankreich sein Prestige als Pioniernation des Fortschritts wahren und mehren kann. Auf diese Weise wurde so mancher prometheische Traum von der Herrschaft des Menschengeistes über die Materie Wirklichkeit – freilich nicht so, wie es sich die Träumer gewünscht hatten. Spätestens im Juni des Jahres 1848, mit der blutigen Unterdrückung einer proletarischen Revolte durch die republikanische Regierung, mußte den Intellektuellen klarwerden, daß für das Bürgertum, dem so viele von ihnen entstammten und dessen Aufstieg so eng mit dem sozialen und wirtschaftlichen Fortschritt verknüpft schien, die alten Ideale der Gleichheit und Brüderlichkeit ebensowenig galten wie die christliche Nächstenliebe, sobald die errungenen Machtpositionen nur noch mit rücksichtsloser Realpolitik zu halten waren. Die Ernüchterung der literarisch Tätigen ging nach 1848 noch wesentlich tiefer als jene, die auf den seiner politischen Früchte beraubten Juli 1830 folgte. Dementsprechend war die Resignation angesichts des „Zeitgeistes" ausgeprägter, mit einem Zug zum Definitiven. Die Kräfte, die Frankreich zur kapitalistisch-technokratischen Modernisierung drängten, waren so stark, daß die Bemühungen Louis-Napoléons um einen nationalen Konsens, der von der bürgerlich-aristokratischen Oberschicht bis zu den Bauern reichte, speziell im ersten Jahrzehnt seiner Herrschaft keineswegs erfolglos waren. Wer unter diesen Umständen darauf bestand, als titanisches Kraftgenie nach dem Sinn des kosmischen Ganzen zu fragen oder forschend die Labyrinthe des Ich zu durchwandern, geriet leicht in den Verdacht, den Anforderungen einer neuen Welt, in der Wissenschaft, Technik und Industrie eine pragmatische, den „harten" Fakten angemessene Einstellung zu fordern schienen, nicht ganz gewachsen zu sein. Auf der gesamtgesellschaftlichen Baustelle ist man sich der Zukunft so sicher, daß die Vergangenheit kaum noch zählt: „Die Geschichte als Gesamtprozeß ist verschwunden, an ihrer Stelle bleibt nur ein beliebig zu ordnendes Chaos bestehen" (Lukács, György 1965, 219). Allerdings hat diese Beliebigkeit und freie Verfügbarkeit der Welt dort ihre Grenzen, wo die Interessen der Oberschicht im Spiel sind. Jene, denen der ökonomische Boom zugute kommt, müssen mit der Ahnung leben, daß die profitträchtige Weltveränderung eines Tages auch Kräfte freisetzen kann, welche vielleicht das Oberste zuunterst kehren. Daher geht in der Mentalität der herrschenden Kreise und damit auch in der Kunst der Epoche der Drang zum Erklären und Verfügbarmachen einer als Rohmaterial verstandenen Wirklichkeit mit einem mehr oder weniger ausgeprägten Unbehagen an der Rasanz eines Fortschrittes, der außer Kontrolle geraten oder wenigstens zu einem Verlust an elitärem „Niveau" führen könnte, diverse Verbindungen ein. Als Korrektiv eines allzu expansiven Zweckrationalismus gewinnen die subtilen Formalismen der Salonwelt, die im festlichen Rahmen des „Second empire" beträchtlichen Glanz entfalten kann, an Bedeutung. In der machtvoll gereiften und scheinbar so unwiderstehlichen Standardkultur klafft ein fundamentaler Widerspruch zwischen dem optimistischen Glauben an die Nutzbarmachung des Universums durch Wissenschaft und Industrie und dem Distinktionsstreben einer Elite, die angesichts der Gefahr von unten die Dynamik des sozialen Fortschritts verringern möchte. Durch diese Spannung eröffnet sich für die Literatur ein Spielraum, der zu kritischer Infragestellung des Systems genutzt werden kann. Auf Grund seiner traditionellen Loyalität zur gesellschaftlichen Norm hat der Roman diese Chance weniger unbekümmert und mit mehr Sinn für „konstruktive" Kompromisse ergriffen als die Lyrik und die Malerei.

Während der ganzen zweiten Hälfte des 19. Jahrhunderts dominiert bei den französischen Romanautoren das Prestige einer von den Methoden der Naturwissenschaft inspirierten Analyse und dokumentarisch nachprüfbaren Wiedergabe der Lebenswelt. Für Schriftsteller wie Champfleury und Duranty, die unter dem Eindruck einer aufsehenerregenden Ausstellung von Werken des Malers Courbet 1857 eine Schule des literarischen Realismus zu gründen versuchen, besteht die Aufgabe des Romanciers in der exakt-objektiven Darstellung des Menschen inmitten der modernen Zivilisation. Durch diese Wirklichkeitstreue wurden natürlich Tabus verletzt, die gerade in einer Periode konservativen Zusammenrückens all derer, die etwas zu verlieren hatten, an Bedeutung gewannen. Andererseits bot gerade die Thematisierung des Niedrigen, Unmoralischen und Vulgären die Möglichkeit, den naturhaft-unwandelbaren Charakter der sozialen Unterschiede zu betonen bzw. die Überwindung von Mißständen durch moralische Läuterung der Betroffenen oder „harmlose" Reformen von oben zu suggerieren. Darstellungen des sozialen Abgrundes, Verstöße gegen die guten Sitten und morbide

Verirrungen können sich im Roman ungehindert behaupten, sofern es dem Autor gelingt, seine Treue zum herrschenden Normensystem plausibel zu machen, d. h., seinem Werk den Anstrich einer klinischen Studie von „wissenschaftlicher" Seriosität und hohem moralischem Niveau zu geben. Man akzeptiert es, wenn Romanciers von so elitärem Habitus wie die Brüder Edmond und Jules de Goncourt in ihren Werken allerlei Krankhaftes und Verwerfliches behandeln, tragen sie doch durch die demonstrativ betonte Akribie ihrer Recherchen und die Künstlichkeit ihres „style artiste" dazu bei, virtuelle Bedrohungen, die der etablierten Ordnung seitens inferiorer Schichten erwachsen könnten, mit dem scharfen, klaren Blick souveräner Intellektualität in Schach zu halten (vgl. *Germinie Lacerteux,* 1864, u. a.). Eine zu neutrale Darstellung jedoch, so wie sie Flaubert in *Madame Bovary* praktizierte, wirkt dagegen skandalös und kann sogar zu gerichtlichen Sanktionen führen. Besonders der Populärroman, den sein unmittelbarer Kontakt mit einem zahlreichen Publikum potentiell „gefährlich" erscheinen ließ, bekam es häufig mit der kaiserlichen Zensur zu tun, obwohl sich die Autoren in steigendem Maße bemühten, der Forderung nach ideologischer Stabilisierung gerecht zu werden. Während ein Eugène Sue mit seinem *Mystères de Paris* (1842) nicht nur unterhalten wollte, sondern auch anklagen und beunruhigen, gewinnen Alexandre Dumas fils (*La Dame aux camélias,* 1848) und Henri Murger (*Scènes de la vie de bohème,* 1851) dem Dasein der Armen und Marginalen vorwiegend rührende Aspekte ab. Dennoch bemühte sich das Napoleonische Regime, das Erscheinen von Feuilletonromanen mit sozialer Thematik überhaupt zu unterbinden.

Hingegen erfreut sich der literarische Regionalismus der Gunst des in Paris heimischen oder von Paris geprägten Publikums, sofern er auf der pittoresken Harmlosigkeit und naturhaft-bewahrenden Tugendhaftigkeit des Landvolkes insistiert: „Le pouvoir tentait donc de rejeter le roman vers le folklore pour l'écarter de la politique" (Vernois, Paul 1962, 42). Daß man aus der Perspektive des Regionalismus sehr wohl Politik machen kann, nämlich im Sinne der konservativsten Tendenzen in der „culture dominante" dies zeigt das

Beispiel des normannischen Edelmannes Barbey d'Aurevilly, der in *Le Chevalier des Touches* (1864) die Erinnerung an die königstreuen Rebellen im westlichen Frankreich wachhält und in der berühmten Sammlung von Erzählungen *Les Diaboliques* (1874) den gottlosen Modernismus der Zeitgenossen geißelt. Im Hinblick auf die tiefgreifenden Veränderungen sozialer, wirtschaftlicher und kultureller Art, denen der ländliche Raum seit der Jahrhundertmitte ausgesetzt ist, präsentiert sich die provinzielle Verbundenheit mit dem Althergebrachten, welche die Sympathien der Konservativen genießt, *de facto* immer weniger als glaubwürdige Alternative zur Fortschrittsdynamik des Zentrums. Während das Regime Napoleons III., das sich politisch auf die Bauern stützt, die museale Erschließung der Volkskultur fördert, unterliegen die Reste regionaler Eigenständigkeit einem rapide voranschreitenden Erosionsprozeß, den Schriftsteller und Publikum unter dem Druck des kulturellen Normensystems als unvermeidliche Folge des Fortschrittes betrachten. In einer Zeit, in der der Vernichtungskrieg gegen das regionale Kulturerbe mit der Zwangsbekehrung der Schulkinder zur französischen Sprache einen Höhepunkt erreicht, illustriert ein parisianisierter Provenzale wie Alphonse Daudet den Triumph der Zivilisation, indem er der ethnischen Andersartigkeit einen kitschig-idyllischen Anstrich verleiht (*Lettres de mon moulin*, 1869) oder sie der Lächerlichkeit preisgibt (*Les Aventures prodigieuses de Tartarin de Tarascon*, 1872 u. a.). Andere Romanciers – und das sind nicht die unbedeutendsten – nehmen das Ergebnis des großen Angleichungsprozesses vorweg, indem sie die Gegensätze zwischen dem vorbildhaften Zentrum und dem empfangenden Rundherum extrem reduzieren. In Eugène Fromentins *Dominique* (1863) wandert der Held vom Dorf in die Provinzstadt, und schließlich nach Paris, ohne die Unterschiede zwischen diesen Milieus als Konfliktpotential zu werten oder persönlich belastend zu finden. So wie der junge Augustin nach Opfern und Mühen in Paris Schriftstellerlorbeeren einheimsen kann, so findet Dominique im reiferen Alter als ländlicher Gutsbesitzer zu harmonischer Existenz. Der Tüchtige findet überall eine Heimat.

Diese Maxime ist im Sinne der mächtig expandierenden Einheitskultur, die je nach Bedarf ihre konservativ-elitäre Komponente oder ihren Zweckrationalismus wirken läßt, nicht nur auf die französische Provinz anwendbar. Das Erzählwerk des Jules Verne, das seine ungeheure Popularität bis zum heutigen Tag weitgehend erhalten hat, illustriert den Siegeszug des technisch-wissenschaftlichen Fortschrittes unter der Ägide zivilisierter Eliten über das ganze Erdenrund hinweg und letztlich hinauf in den Weltraum. Allerdings verbindet Verne das Zentralthema der „conquête de la nature par l'industrie" (Macherey, Pierre 1971, 190) mit dem Gedanken, daß Irr- und Umwege, individuelle und kollektive Katastrophen die Voraussetzung für diese Eroberung bilden. Die Helden, welche ins Unbekannte vorstoßen, sind Anarchisten wie Nemo (*Vingt mille lieues sous les mers,* 1869) oder Besessene wie Lidenbrock (*Voyage au centre de la terre,* 1864). Über allen diesen Außenseitern schließt sich letzten Endes das Ganze einer Ordnung, das sie kurzfristig aufgebrochen haben, um einen Hauch unkonventioneller Kreativität in den Babelturm der Machtstrukturen und Einheitsideologien eindringen zu lassen: „... la faille où se loge le calculateur ... précipite la vérité dans le fabuleux événement où elle devient visible, où les énergies de nouveau se répandent à profusion, où le monde est rendu à une nouvelle jeunesse" (Foucault, Michel 1966, 10). Durch diesen Riß sickert aber auch ein Kulturpessimismus, der sich in Vernes späterem Schaffen immer unübersehbarer manifestiert und das Ausklingen einer Epoche der Gewißheiten signalisiert.

7. Gustave Flaubert

Ein Schriftsteller, der im Revolutionsjahr 1848 seinen siebenundzwanzigsten Geburtstag feierte, mußte die gesamtgesellschaftliche Wende, die so umfassend und folgenreich war, daß ein prominenter Literaturwissenschafter des 20. Jahrhunderts die Formulierung gebrauchte, „die Mitte des 19. Jahrhunderts (bezeichne) einen der schärfsten Einschnitte, welche die französische Literatur kennt"

(Köhler, Erich 1966, 212), zwangsläufig am eigenen Leib und Geist erfahren. Der junge Flaubert hatte sich für Chateaubriands einsame Adlerflüge ebenso begeistert wie für das dichterische Conquistadorentum Balzacs und Hugos; er hatte aber auch erleben müssen, daß die Herrschaft der Heroen und Propheten über die Literatur keineswegs zur Machtergreifung einer Elite des Geistes und der Tat im Steuerzentrum der Nation führte. Schlimmer noch: der romantische Drang zur Totalität wurde zum Erfüllungsgehilfen eines Prozesses degradiert, der das skrupellose Kalkül, den Egoismus der Individuen und Gruppen an die erste Stelle rückte, während die Ideale von Freiheit, Menschenliebe und Gerechtigkeit aus dem dominierenden Kultursystem zusehends hinausgedrängt wurden. Nicht minder erdrückend als die nüchterne Atmosphäre des Provinzkrankenhauses, in dem Flaubert aufwuchs, war die Allmacht der Sachzwänge und Verhaltensmechanismen im gesellschaftlichen Leben. Nur zu bald ahnte der frustrierte Träumer, daß die unausweichliche Veränderung der Welt durch das Geld und die Wissenschaft nicht nur die schöpferischen Kräfte im Menschen förderte, sondern auch seine Versklavung. Eine Alternative zur Elitegesellschaft mit ihren Zwängen und Widersprüchen gab es für diesen Normannen aus großbürgerlicher Familie allerdings nicht. Da er wie so viele Intellektuelle seiner Zeit in der Empörung der Volksmassen nur blinde Zerstörungswut sah, fiel seine Bewertung der Permanenz des revolutionären Potentials in der Unterschicht weitgehend negativ aus.

Oft hat die Kritik den Weg verfolgt, der Flaubert von den romantischen Träumen seiner Jugend zum abgrundtiefen Pessimismus der Reifezeit führte. Die enzyklopädischen Tendenzen der nach prometheischem Allmenschentum strebenden Vorgänger hat er beibehalten, aber sein Verzicht auf jene sinnstiftende Instanz, die bisher für die lückenlose Deutung und moralische Ausrichtung der Fiktionswelt zuständig war, gibt seinem Romanwerk das Gepräge einer „totalisation entreprise du point de vue de la mort“ (Burgelin, Claude 1981, 699). Das Inventar der Themenkreise liefert ein ziemlich komplettes Bild des Lebens von Flauberts Zeitgenossen und der kulturellen Referenzen, nach denen sich dieselben orientierten. *Madame*

Bovary (1857) ist eine „Scène de la vie de province“, *L'Education sentimentale* (1869) schildert Paris vor, während und nach der Revolution von 1848, *Salammbô* (1862) entführt den Leser in den alten Orient, *La Tentation de Saint Antoine* (1874; frühere Fassungen: 1849, 1856) beinhaltet Flauberts Auseinandersetzung mit religiösen Lehren und philosophischen Systemen, während in *Bouvard und Pécuchet* (postum 1881) die Wissenschaften und ihre Anwendung beleuchtet werden. Diese bunte Vielfalt und raum-zeitliche Weite wird nicht von demiurgischem Ordnungswillen zum Aufbau eines sinnreichen Weltgebäudes genützt, sie liefert auch nicht die Widerstände, durch die ein unbändiges Ich seine Souveränität erobert, sondern erstreckt sich als monotones Nebeneinander von Illusionen und Mechanismen ins Unabsehbare. Der Gegensatz zwischen der Provinz von *Madame Bovary* und dem Paris der *Education sentimentale* fällt kaum ins Gewicht, herrscht doch da und dort die „grisaille“ der vorprogrammierten Sehnsüchte, kleinlichen Interessen und banalen Aktivitäten. Dieser Gesellschaftsdarstellung entsprechen die Visionen der *Tentation:* es gibt „keine freudige Fülle wie bei Balzac, sondern … die Variation des bloß Erscheinenden, hinter dem die Leere und Geschehnislosigkeit gähnt, die Wiederholung der ewig gleichen Unfruchtbarkeit alles Menschlichen“ (Friedrich, Hugo 1966, 146). Deprimierende Monotonie lauert auch hinter der Komik der bourgeoisen Hampelmänner Bouvard und Pécuchet, die begeistert alle Neuheiten der Wissenschaft ausprobieren und bei ihrem Bemühen, dem Fortschritt zu dienen, immer wieder auf die Nase fallen. „Nicht auf Personen oder Charaktere kam es Flaubert an, sondern auf die Möglichkeit, einen stereotypen Geschehnisablauf auf immer neuen Lebensbereichen durchspielen zu können“ (Hardt, Manfred 1970, 53). Nach W. Wolfgang Holdheim hat es der Autor von *Salammbô* fertiggebracht, einem farbenfrohen historischen Roman aus dem alten Karthago das desillusionierende Gepräge einer „Rumpelkammer“ für geschichtliches Material zu verleihen (vgl. Holdheim, W. Wolfgang 1978, 132).

Durch die Konsequenz, mit der Flaubert den „auktorialen“ Erzähler, der sich kommentierend und erklärend die Herrschaft über die Romanwelt und das Vertrauen des Lesers sichert, aus dem Roman herausnimmt, hat er seine Zeitgenossen schockiert. Statt die Geschichte von Liebe und Tod der Emma Bovary im Sinne gängiger Ordnungsschemata wie „Erlösung und Verdammnis" oder „Fortschritt und Traditionalismus" auszudeuten, verzichtete dieser Erzähler bei der Darstellung seiner Charaktere und Handlungen auf alle Eingriffe, die den Leseranspruch auf umfassende und explizite Sinngebung befriedigen konnten. „L'auteur, dans son oeuvre, doit être comme Dieu dans l'univers, présent partout, et visible nulle part. L'Art étant une seconde nature, le créateur de cette nature-là doit agir par des procédés analogues. Que l'on sente dans tous les atomes, à tous les aspects, une impassibilité cachée et infinie" (Zit. in: Frey, Gerhard Walter 1972, 194). Die Suche nach einer „tieferen" Bedeutung des Geschehens wird einzig und allein von den Romanfiguren vorangetrieben; aber die Mediokrität dieser Gestalten entwertet alle erhabenen Gedanken und Gefühle, die sie dem zeitgenössischen auf den Triumph des „homme civilisé" gemünzten Standarddiskurs entnehmen, um damit die Banalität ihrer Verhaltensweisen, deren soziale und biologische Bedingtheit von dem „unparteiischen" Erzähler erbarmungslos ausgeleuchtet wird, zu verbrämen. Diese Verlagerung der Erzählperspektive ins Innere der Personen bzw. das (scheinbar) teilnahmslose Hineinleuchten in die Romanwelt seitens eines Erzählers, dessen Standort und Interessen nicht präzisiert werden, machen Flaubert zu einem der bedeutendsten Neuerer in der Romangeschichte. Besonders konsequent hat Flaubert die Abkehr von den üblichen Romankonventionen in *L'Education sentimentale* praktiziert; dieses Werk ist nach W. Engler „derjenige Roman im 19. Jahrhundert, durch den das perspektivische Erzählen als Mittel der Ironie eines unbeteiligten Beobachters weiter vorangetrieben wird als mit jedem anderen Text der Epoche" (Engler, Winfried 1982, 370). Durch den relativ raschen Wechsel der Perspektive von Person zu Person wird hier die Illusion des Dahingleitens einer kausal verketteten Geschehnisfolge teilweise außer Kraft gesetzt, so daß im Nebeneinander der Impressionen jene „reine Phänomenalität des Geschehens" manifest wird, welche nach H. R. Jauss „nicht allein die Finalität der Handlung auf(hebt), sondern zugleich im rhythmischen Wechsel des Erzähltempos das unaufhaltsame Zerrinnen der Zeit sinnfällig (macht)" (Jauss, Hans Robert 1970, 26).

Die Würdigung von Flauberts Rolle als Konventionenbrecher und Wegbereiter darf jedoch nicht dazu führen, daß die Grenzen seiner „impassibilité" übersehen werden. Die Grundhaltung, die sich hinter dem Transkribieren der „idées reçues" und dem dokumentarisch-neutralen Festhalten von Verhaltensmustern verbirgt, ist keineswegs mit völlig passiver Hinnahme des Bestehenden identisch. Flaubert hat sich nämlich den Titanismus seiner romantischen Vorbilder über die große Ernüchterung hinweggerettet, indem er ihn mit einem anderen, weit traditionsreicheren Prinzip der Standardkultur verband, nämlich mit dem Kult der sprachlichen Form. Während der romantischen Ära hat sich dieses Formbewußtsein, das seit dem „Ancien régime" tief im Selbstverständnis der dominierenden Schichten verankert ist, sowohl als Korrektiv als auch als Komplement des Totalitätsstrebens behauptet; nun bietet es dem vom Dämon des Zweifels befallenen Willen des Romanciers zum Ordnen und Beherrschen einen letzten Rückhalt. Durch diesen Einsatz im heroischen Ringen um den Besitz einer Welt, die eigentlich schon verloren ist, unterscheidet sich Flauberts Stilkult trotz seiner elitären Züge vom Manierismus der Goncourts, denen es im Grunde nur um die Sicherung des Exklusiven durch die Pikanterie des Ausgefallenen und Abweichenden geht. Die Kunst des unermüdlich feilenden Romanciers, dieser Stil, der eine „manière absolue de voir les choses" repräsentiert, erschließt eine Wahrheit, in der die unzulängliche, von einer pervertierten Rationalität und Pseudo-Idealen verfälschte Wirklichkeit aufgehoben erscheint. Mit raffinierter Artifizialität hat Flauberts Stilbegriff weniger zu tun als mit dem totalen Einsatz aller kreativen Potenzen eines Schöpfers, der naturwissenschaftliches Sezieren praktiziert, wenn es verschwommene Sentimentalität oder verkrustete Vorurteile zu bekämpfen gilt, von seinem Temperament her aber viel eher zu Farbe, Plastizität und Dynamik neigt. „Der *style* erweist sich gar nicht nur als ein geistiges Produkt des Schriftstellers, seiner Denkkapazität, sondern er ist im ganzen Menschen, dem fühlenden, sehenden, atmenden, hörenden, kurz, dem wirklich lebenden Menschen verwurzelt: *Style* steht in Verbindung mit dem Sprachinstinkt des Künstlers“ (vgl. Frey, Gerhard Walter 1972, 102). Diese Formkraft bemächtigt sich der vom materialistischen Ungeist zerfressenen Welt der Erscheinungen, Gefühle und Gedanken, um aus der Misere des Realen die Schönheit der Kunst erblühen zu lassen. Brigitte Coenen-Mennemeier hat richtig beobachtet, daß auf der Ebene der Protagonisten des französischen Romans im 19. Jahrhundert die positiven Helden abgelöst werden „durch den Schwachen, den Zauderer, den Gestörten, den Versager, den Fremdling in ‚seiner‘ Welt“ (Coenen-Mennemeier, Brigitte 1999, 30). Gemäß der Überzeugung von Dieter Hornig ist den Trivialromanen und den kanonisierten Kunstwerken dieser Epoche eines gemeinsam: „Sie alle erzählen von einem Scheitern, vom Verlust der Illusionen, vom Rückzug aus der Gesellschaft und der Welt“ (Hornig, Dieter 1981, 202). Aber diese Abwertung findet in dem Maße ihre Grenze als die Erzählerinstanz ihre Souveränität nicht nur beibehält sondern weiter ausbaut. Statt sich von seinem Widerwillen gegen die um sich greifende Seelenlosigkeit in den Elfenbeinturm des Sprachartisten drängen zu lassen, mobilisiert Flaubert ungeheure Reserven an stilistischer Disziplin und Kühnheit, um den ganzen Umkreis des Vorgefundenen in den Roman hereinzunehmen und durch vollendete Formgebung zu „erlösen“ (vgl. dazu Bourdieu, Pierre 1998, 178). Dabei werden Emotionen frei, deren Spannungsverhältnis zu der demonstrativen Gleichgültigkeit des Erzählers nicht unwesentlich zu der nachhaltigen Faszination dieses Romanwerks beiträgt. Über den Umweg des künstlerischen Engagements sickert verhaltene Zärtlichkeit und sogar Leidenschaftlichkeit in den Roman und konfrontiert den Leser mit sensiblem Anteilnehmen, wo er nur verachtungsvolle, kalte Distanz zu finden glaubte. Daß Charles Bovary nicht nur erbärmlich ist, sondern auch zutiefst berührend und unvergeßlich, hat die Kritik oft vermerkt. Die Schwermut des Erzählers angesichts der Hoffnungslosigkeit menschlichen Luftschlösserbauens ist in *Salammbô* ebenso präsent wie in der *Education sentimentale.* Aber auch die Freude am Dasein und am Schaffen erweist sich als unzerstörbar. „Vibrer comme le son", heißt es am Ende der *Tentation,* „briller comme la lumière, me blottir sous toutes les formes, pénétrer chaque atome, descendre jusqu'au fond de la matière – être la matière!" (Flaubert, Gustave 1951, 164). Der Heilige, der sich mit der Hinfälligkeit aller Glaubenssätze abfinden muß, kann sich als Dichter auf den Weg in ein Universum der Sprache machen, in dem die Illusion der Wahrheit dient. Diese Chance haben auch Bouvard und Pécuchet, wenn sie nach tapferem Kampf der Sinnlosigkeit ihres Tuns gewahr werden und sich entschließen, den Rest ihres Lebens dem Ab-Schreiben zu widmen.

Der Romancier Flaubert trägt zur Stabilisierung des Standardsystems bei, indem er wesentliche Bestandteile dieses Systems auf ihre Tauglichkeit prüft und nach Synthesen sucht, die den Herausforderungen der Gegenwart standhalten. Bei diesem Werk der Revision und Sanierung geltender Normen entwickelt er jedoch einen so unbarmherzigen Diensteifer, daß Absicherung und Infragestellung einander durchaus die Waage halten. Seine Situation im Zivilisationsprozeß ähnelt in mancher Hinsicht jener der Madame de La Fayette: Beide haben es mit einem erstarrenden Netz von gesellschaftlichen Werten zu tun, das den darin verstrickten Schriftsteller zur Verewigung des Bestehenden zwingt, zugleich aber unweigerlich brüchig wird, wenn der Gefangene die verblassenden Ideale beim Wort nimmt. Dem Herrschaftsanspruch des positivistisch-technokratischen Zeitalters verschließt sich Flaubert ebensowenig wie dem elitären Formkult, der ebenfalls zu den Hauptcharakteristika des dominierenden Kultursystems gehört. Aber die Art und Weise, wie er beide Komponenten verbindet, läßt keinen Zweifel mehr daran bestehen, daß die Einheit des Universums und die Emanzipation des schöpferischen Bewußtseins nur auf dem Papier erreichbar ist, auf dem Wege der „écriture".

8. Emile Zola

Obgleich Flaubert den Großteil seines Lebens in Rouen und Croisset verbracht hat, bildet das zentrale Kultursystem den Nährboden seines Schaffens. Die räumliche Distanz zu Paris und seiner „société polie" förderte eine Skepsis, die sich gleichermaßen auf die Provinz und das Zentrum bezog, ebenso wie sie den „Einsiedler" zur äußerst kritischen Auseinandersetzung mit dem dominierenden Zivilisationsmodell anregte. Aber da es sich bei Flaubert um einen gebildeten, in das Leben der parisorientierten Elite von seiner Kindheit an eingebundenen Bürger handelt, erfolgt seine Infragestellung des Systems stets „von innen", als eine Erprobung vorgegebener Möglichkeiten im Hinblick auf die Erneuerung und damit auf die Rettung der Standardwelt. Die Perspektive Zolas, der als „méridional" aus einfachen Verhältnissen nach Paris kommt, um dort nach dem Muster von Balzacs Romanhelden sein Glück zu machen, ist hingegen die eines Auswärtigen. Das Land seiner Herkunft ist einem sozioökonomischen und kulturellen Umstrukturierungsprozeß unterworfen, der auf die Nivellierung der Okzitanisch sprechenden Regionen und ihre Einbindung in das nationale Ganze abzielt, aber auch nach der Mitte des Jahrhunderts noch einiges von der „Fremdheit" des Südens übrigläßt. Die von der Provence ausstrahlende Renaissance eines okzitanischen Kulturbewußtseins stellt zweifellos ein Indiz für die noch unvollständige „Standardisierung" Frankreichs dar, auch wenn die romantisch-liberalen Ansätze in der Felibrebewegung bald in die Sackgasse eines stockkonservativen Regionalismus gedrängt wurden (vgl. Lafont, Robert 1968, 207ff.). Daher hat für den Mann aus Aix-en-Provence die Konfrontation des Zentrums mit den Randzonen noch nichts von ihrer Aktualität verloren, und wenn er sich für Fortschritt und Zivilisation entscheidet, so schwingt dabei etwas vom apostolischen Eifer des Neubekehrten in ihm mit. Weit entfernt von Flauberts loyaler Skepsis, prolongiert Zola das romantisch-titanische Vertrauen in die Wissenschaft und die Universalherrschaft einer Rationalität, unter deren Führung der Menschheitsweg zwangsläufig aus der Finsternis zum Licht führen muß. Auch wenn er die Diktatur Napoleons III. im Licht tief eingewurzelter Treue zu den Traditionen des Liberalismus ablehnt, so ist Zola doch in seiner Begeisterung für die Errungenschaften von Wissenschaft und Technik jenen Saint-Simonisten vergleichbar, die sich mit dem Zweiten Kaiserreich abfanden, insofern es sich für die „Modernisierung" Frankreichs und der Welt einsetzte. Charakteristisch für den Marginalen, der sich mit Leib und Seele dem Dienst an den Zentralnormen widmet, ist auch „die bei Zola stark ausgeprägte Vorstellung ..., Frankreich müsse eine mächtige, wenn nicht gar die mächtigste Nation Europas werden" (Müller, P. 1981, 23). Natürlich ist dieser Autor auf Grund seiner Vertrautheit mit dem Leben der Unterschicht, der er weit näher steht als Flaubert, nicht blind für die inhumanen Seiten des Zivilisationsprozesses auf der Grundlage radikaler Zentralisierung. Aber seine Überzeugung, daß der forschende Menschengeist früher oder später alle Mißstände beseitigen und auch Fehlentwicklungen des Fortschritts selbst in den Griff bekommen würde, ließ ihn der Vision eines monolithisch geeinten, sozial gesunden und kulturell dominierenden Frankreich während seines ganzen Lebens die Treue halten. Vom Autor der *Misérables,* der diese Vision ebenfalls in Ehren gehalten hatte, unterscheidet sich der späte „Titan" Zola durch ein vorbehaltloses Bekenntnis zum naturwissenschaftlich begründeten Determinismus, der dem Menschen die Handhabe liefert, Gesellschaft und Natur seinem schöpferischen Willen zu unterwerfen. Als Schüler Taines und Claude Bernards wird der Romancier zum Arzt, Ingenieur und Organisator, der durch exaktes Beobachten und Experimentieren die Gesetze des Universums erschließt bzw. Veränderungen zum Guten möglich macht. Wenn es eine Moral gibt, so entspringt sie für Zola nicht den diversen Spiritualismen, sondern dem wissenschaftlich korrekten und dem Nutzen der Menschheit Rechnung tragenden Umgang mit einer Realität, die dem menschlichen Drang nach Erkenntnis und sinnvoller Tat alle Chancen bietet.

1869 legt Zola seinem Verleger den Gesamtplan für die *Histoire naturelle et sociale* jener unter dem Second Empire lebenden Familie Rougon-Macquart vor, deren Schicksal er mit lückenloser Systematik durch Vererbung und Umwelteinflüsse erklären will. „Je veux expliquer comment une famille, un petit groupe d'êtres, se comporte dans une société, en s'épanouissant pour donner naissance à dix, à vingt individus, qui paraissent, au premier coup d'oeil, profondément dissemblables, mais que l'analyse montre intimément liés les uns aux autres. L'hérédité a ses lois comme la pesanteur" (Zola, Émile 1960, I 3). Von 1871 bis 1893 erscheinen die 20 Bände von *Les Rougon-Macquart*, eines Riesenwerkes, das als Gegenstück zur *Comédie humaine* noch einmal ein Gesamtbild der französischen Gesellschaft in Paris und in der Provinz zeichnen soll. Von Roman zu Roman kann der Leser verfolgen, wie sich die erbliche Belastung auswirkt, die auf die „Gründerin" Adelaïde Fouque zurückgeht. Sie, deren Geschichte in der Zeit des Staatsstreiches beginnt, hat ihre psychopathische Veranlagung sowohl an den Sohn aus der Ehe mit dem robusten Bauern Rougon als auch an die der Liebschaft mit dem Wilderer und Alkoholiker Macquart entsprossenen Kinder weitergegeben. In der dritten Generation wird sich die „legitime" Rougon-Linie durch Heirat zwischen Cousins mit den Macquarts verbinden, wodurch das bedenkliche Erbgut noch an Einfluß gewinnt. Beheimatet ist die Familie in Plassans (dahinter verbirgt sich Zolas Geburtsstadt Aix-en-Provence). Hier wenden sich die Rougons, eine ehrgeizige und zugleich sozial verunsicherte Bürgerfamilie, den Bonapartisten zu, da sie im Aufstieg des starken Mannes ihre eigene Chance erblicken, zu Geld und Macht zu kommen. Rücksichtsloses Erfolgsstreben, aber auch die permanente, auf der morbiden Veranlagung beruhende Gefährdung durch Trunksucht und Wahnsinn treibt die Familie auseinander: manche bleiben im Süden, manche machen in Paris Karriere, andere versinken im Elend usw. Eine starke Anteilnahme des Erzählers wird fühlbar, wenn er zeigt, wie die Jungen, noch einigermaßen Intakten, nach Liebe und Gerechtigkeit suchen, aber von ihrer natürlichen und sozialen Konditioniertheit unbarmherzig ins Verderben getrieben werden.

Der Verfallenheit der Individuen entspricht das Pathologische in der Gesellschaft. Ein Hauptast der Familie liefert die Politiker, Spekulanten, Kaufleute, Priester und Dirnen, die das Getriebe der

„großen Welt" in Gang halten (vgl. *La Fortune des Rougon,* 1871; *Son Excellence Eugène Rougon,* 1876; *La Curée,* 1874). Diesen Emporkömmlingen, aber auch den im Kleinbürgertum Verharrenden oder ins Proletariat Zurücksinkenden steckt nicht nur der morbide Keim im Blut, der sich bald als übersteigerte Sensibilität, bald als gefährlicher Hang zu Exzeß und Aggression äußert, sondern auch die Maßlosigkeit einer Epoche, die den materiellen Erfolg zum Götzen gemacht hat und die Gescheiterten dem Inferno von Armut und Kriminalität überantwortet. Obwohl Zola die Fäulnis hinter glanzvollen Fassaden unerbittlich bloßlegt und den politischen Aufbruch der Arbeiterschaft darstellt (*Germinal,* 1885), wird er sich nie rückhaltlos zugunsten des vierten Standes engagieren. Nicht eine proletarische Revolution kann seiner Überzeugung nach die Gesundung des sozialen Organismus bewirken, sondern allein die von der Wissenschaft ermöglichte tiefere Einsicht in die Baupläne der Natur. Um den Menschen als Teil eines kosmischen Ganzen zu zeigen, entläßt dieser Romancier seine Figuren aus dem Rollenschema des Heroischen oder Dämonischen und reduziert ihre Autonomie, bis sie aus der Menge derer, die sie repräsentieren, kaum noch herausragen und fest in das Netz der sozialen und biologischen Determinismen eingebunden erscheinen. Gleichzeitig setzt er die ganze Kraft seiner mitunter bis zu ekstatischem Lyrismus verdichteten Sprache ein, um seinem Leser die Begegnung mit der Majestät des Materiellen zu vermitteln.

Der Zola-Forschung ist es nicht immer leichtgefallen, zwischen dem dokumentationsbesessenen Positivisten und dem „Visionär" Zola eine plausible Verbindung herzustellen (vgl. Wolfzettel, Friedrich 1970, 163ff.). Zweifellos ist es ein Grundanliegen dieses Romanciers, bewußtseinsbildend zu wirken, indem er die soziologische Analyse hinter einer komplexen metaphorischen Veranschaulichung verbirgt, „womit er zwar einerseits hinter dem Entwicklungsstand etwa der Marx'schen Gesellschaftsanalyse zurückgeblieben ist, andererseits aber den Lesern eingängige neue Schemata zum Verständnis ihrer Lebenswelt vorgab" (Gumbrecht, Hans Ulrich 1978, 91). Darüber hinaus hat dieser Autor aber sicherlich Anteil an einer

Sensibilität, die seit der Frühromantik die geheimnisumwitterten Wechselbeziehungen von Mensch und Materie zu einer der wichtigsten Inspirationsquellen französischer Dichtung erwählt hat. Wo unberührte Natur herrscht, können Schönheit und Liebe erblühen, da Elementarwelt und menschliche Sinnlichkeit zum harmonischen Zusammenwirken geschaffen sind. Aber der provenzalische Garten Eden in *La Faute de l'Abbé Mouret* (1875) ist ein eng umgrenztes Reservat des Glücks, das nur zu bald von der leibfeindlichen Spiritualität des kirchlichen Erzfeindes zerstört wird. Nicht minder schlimm als ihre Verleugnung durch die Kirche ist die Pervertierung der Natur durch eine anarchische Industrialisierung, die eine verantwortungslose Oberschicht und in ihrer Verzweiflung gefährliche Proletarier hervorbringt. Am Dinglich-Körperlichen wird die gesellschaftliche Dekadenz sichtbar, das Verkommen von Individuen und Gruppen. Den Arbeiter Coupeau umlauern der Schmutz und die Dumpfheit der Gosse (*L'Assommoir,* 1877). Schönheit und Verfall eines Frauenkörpers markieren gleichermaßen die Verworfenheit einer Oberschicht (*Nana,* 1880). Die Materie läßt sich von den Menschen in einen grandiosen Stahlgiganten verwandeln; versagt aber der Schöpfer, so verwandelt sich das Geschöpf in ein mörderisches Ungetüm, das führerlos durch die Nacht rast (*La Bête humaine,* 1890). Alle Reichtümer dieser Welt versammeln sich in den Markthallen und Kaufhäusern der großen Stadt (*Le Ventre de Paris,* 1874; *Au bonheur des dames,* 1883), aber Machtkampf und Besitzgier geben dieser Fülle und Vielfalt das Gepräge monströser Wucherungen. Während Hugos Mythen schaffende oder erneuernde Phantasie über den menschlichen Einflußbereich hinausweist und in der Immanenz eine Sakralsphäre erahnen läßt, die auch den selbstbewußten „Mage" erschauern läßt, richtet sich Zolas „beseelte" Materie im Guten wie im Bösen stets nach dem Menschen. Nachdem er in den *Rougon-Macquart* vor allem die üblen Folgen des Mißbrauches der Naturgegebenheiten geschildert hat, gibt er im Spätwerk der Hoffnung auf einen besseren Pakt zwischen Mensch und Erde in nicht allzuferner Zukunft Ausdruck. In *Les Quatre Evangiles,* einer Romantetralogie, von der nur drei Teile vollendet worden sind

(*Fécondité*, 1899; *Travail*, 1901; *Vérité*, 1903), hat Zola seine ganze diesseitige Heilsbotschaft mit dem Lebensbild der Familie Froment verbunden, deren begabteste Sprößlinge als Pioniere des wahren Fortschritts im Einklang mit der Natur das Antlitz des Planeten verändern. Ausgangsbasis für diesen Aufbruch in die Utopie, die nach Ansicht Zolas durch die Kolonisierung Afrikas die besten Chancen hat, schon in nächster Zukunft verwirklicht zu werden, ist natürlich Paris, die Stadt der Versuchung (in *Vérité* muß Marc Froment gegen Machenschaften ankämpfen, die stark an den Dreyfus-Prozeß erinnern), aber auch eines Strebens nach Erlösung auf Erden, dessen Vorrang der Autor schon in der Trilogie *Trois Villes* (*Lourdes*, 1894; *Rome*, 1896; *Paris*, 1897) demonstrieren wollte.

Der Doppelbödigkeit der Standardkultur, in deren Wertsystem nicht nur der Anspruch auf rationale Beherrschung und Durchdringung des Universums verankert war, sondern auch die Regulierungsmechanismen und das formalistische Raffinement einer mondänen Elite, hat Zola nie Rechnung getragen. Diese „Einseitigkeit" hat ihm nicht weniger Gegner geschaffen als sein Antiklerikalismus und hat ihm letztlich auch jene entfremdet, die ursprünglich seine Mitstreiter waren. Als er sich mit *La Terre* (1887) besonders hemmungslos mit den Widerwärtigkeiten einließ, welche ein disharmonisches Verhältnis von Mensch und Erde hervorbringt, kündigten ihm etliche seiner Schüler mit dem *Manifeste des cinq* (1888) die Gefolgschaft auf. Diese Ablehnung ist ein Symptom für eine Verschärfung der Widersprüche, die im Kultursystem des 19. Jahrhunderts angelegt sind. Der von positivistischem Eroberergeist und elitärem Formbewußtsein errichtete Babelturm, den schon die Romantiker beschworen hatten (vgl. Keller, Luzius 1966), wirft seinen Schatten über ganz Frankreich und gerät doch allmählich ins Wanken.

9. Widersprüche

„Napoléon-le-petit" war gewiß kein Sonnenkönig; in dem Maße aber, als es ihm gelang, die gesellschaftlichen Antagonismen im Zaum zu halten, indem er bald beschwichtigte, bald autoritär durchgriff, stets das Ganze, d. h. seine eigene Machtposition im Auge behaltend, konnte das Bild eines wie in alten Zeiten ganz auf das strahlende Zentrum hin orientierten Volkes, das geeint in die Zukunft marschierte, ohne seinen großen Traditionen untreu zu werden, an Glaubwürdigkeit gewinnen. Nach dem unrühmlichen Ende des Kaiserreiches und der traumatisierenden Commune-Episode, als eine relativ solide aber wenig glanzvolle Republik die Geschicke Frankreichs bestimmte, machten sich die divergierenden Kräfte innerhalb der dominierenden Schichten – und damit auch auf der Ebene der dominierenden Normen und Werte – stärker bemerkbar. Die regierenden Liberalen konsolidierten die Hegemonie des Bürgertums und setzten die Expansionspolitik des imperialen Frankreich konsequent fort, sowohl in Übersee, wo die große Stunde des Kolonialismus schlug, als auch im „Mutterland", das mit Hilfe der Schulreform von 1881–82 auch das entlegenste Bauerndorf des zentralen Zivilisationsmodells teilhaftig werden ließ. Obwohl in dieser Epoche viele Entwicklungen, die während des ganzen Jahrhunderts zu beobachten waren, in das Stadium der Reife gelangen und den Traum von der großen, in sich geschlossenen Nation zu verwirklichen scheinen, sieht sich die Republik mit Schwierigkeiten konfrontiert, die nicht nur mit den Wirtschaftskrisen der 70er und 80er Jahre zusammenhängen. Gegnerische Kräfte erwachsen den Gemäßigten an der Spitze nicht nur auf der Ebene des geschlagenen, in seiner Unversöhnlichkeit um so bedrohlicheren Proletariats, sondern auch seitens einer politischen Rechten, deren traditionelle Kernschichten sich neu formieren und die für ein verängstigtes Klein- und Mittelbürgertum immer attraktiver wird.

Im Sinne seiner traditionellen Rolle als loyaler Kritiker des Bestehenden und bedächtiger Fürsprecher des Wandels meidet der Roman im allgemeinen den avantgardistischen Extremismus, der sich in Lyrik und Malerei abzeichnet. Das in Flauberts Schaffen angelegte Potential globaler Infragestellung wird noch etliche Jahrzehnte lang unausgeschöpft bleiben. Vereinzelte Frontalangriffe gegen das System, wie jener, den der Communekämpfer Jules Vallès mit seiner Trilogie *Jacques Vingtras* (1879–1886) unternahm, haben es schwer, sich von den Konventionen des naturalistischen Romans Zolascher Prägung zu lösen. Das Gleichgewicht und die Einheit des Kultursystems werden nicht so sehr durch Impulse aus dem revolutionären Untergrund in Frage gestellt, als vielmehr durch ein stärkeres Hervortreten des Exklusivitäts- und Traditionsbewußtseins, das sich während des ganzen Jahrhunderts verschiedentlich mit dem positivistischen Anthropo- und Ethnozentrismus arrangiert hatte, ohne je definitiv mit ihm zu verschmelzen. Eine Symbiose der beiden Hauptkomponenten der Standardkultur bahnte sich um die Jahrhundertmitte an, als die vornehmen Kreise den ethischen Prinzipien, die sie vom „Ancien régime" her bewahrt hatten, ebenso untreu wurden wie die Erben der Revolution den ihren, so daß ein Zusammenwirken im Zeichen des allgegenwärtigen Zweckrationalismus unvermeidlich wurde. Die neue Welt aber, welche dieser Konsens entstehen ließ, enttäuschte nicht nur die Salonmilieus durch ihre „Vulgarität". Darüber hinaus zeigte das Schockerlebnis der Commune, daß die Sozialwelt der Gegenwart Gefahr lief, in einem Strudel blutiger Klassenkämpfe zu versinken. Daher gaben etliche Schriftsteller der Neigung zur dandyhaften Ausnahmemenschenpose gegen Ende des 19. Jahrhunderts noch hemmungsloser nach, als ihre Vorgänger dies schon früher getan hatten. Da selbst die Crème der Gesellschaft vom materialistischen Zeitgeist angekränkelt zu sein scheint, macht man die individuelle Sensibilität und Spitzfindigkeit zum Maßstab eines Elitismus, dem Billigung oder Ablehnung durch die Gemeinschaft kaum noch etwas gilt. Aber auch in der Einsamkeit der künstlichen Paradiese lauert der Dämon des rationalen Kalküls, dem es letztlich wenig ausmacht, ob er dem Profitmachen dient oder dem ästhetischen Lustgewinn. So kann es geschehen, daß der von den Banalitäten des Positivismus angeekelte Romancier letztlich dort landet, wo das Irrationale ungeschminkt und ohne Maske auf den Plan tritt, im Schoß der Kirche, im Wurzelgrund der Nationalgeschichte, bei den Mythen.

Kein Schriftsteller illustriert diese Entwicklungsrichtung besser als Joris-Karl Huysmans, der zur Zeit der *Soirées de Médan* (1880) zur Gruppe der Naturalisten gehörte, sich aber bald von Zola entfernte. Die in *À rebours* (1884) erzählte Lebensgeschichte des Edelmannes Des Esseintes ist häufig als „dénonciation de ce monde contemporain, ridicule et médiocre, qui est devenu la prison du naturalisme" (Picon, Gaëtan 1967, 1096) gedeutet worden. Es ist aber nicht undenkbar, daß wir mit diesem Romanhelden so etwas wie die aristokratische Variante des Positivisten vor uns haben, der mit „wissenschaftlicher" Akribie eine total artifizielle Welt um sich herum errichtet und sein Experimentieren mit neuen Gefühlen und Genüssen so weit treibt, daß er in der Sackgasse totaler Isolierung und Lebensunfähigkeit landet. Françoise Gaillard hat gezeigt, daß sich Des Esseintes nicht von der Natur abkehrt, sondern sie bearbeitet und verwandelt, nicht im selben Geiste wirkend wie Zolas Technokraten, aber ebenso emsig und systematisch (vgl. Gaillard, Françoise 1978, 170ff.). Das Ergebnis sind zweckfrei-ästhetische Produkte wie ein Aquarium mit mechanischen Fischen, Naturblumen, die wie künstliche wirken, die berühmte Schildkröte mit den im Panzer eingelegten Edelsteinen usw. Derlei Experimente führen den Protagonisten allerdings nicht nach dem Vorbild der großen Lyriker zur „leeren Idealität" einer aus allen Zweckbindungen gelösten Dichtersprache (vgl. Friedrich, Hugo 1956, 35ff.), sondern bilden ein Durchgangsstadium auf seinem Weg zu heilender Spiritualität. Die kostbare Schildkröte geht ein, und Des Esseintes wird am Ende des Romans im Bewußtsein seines Scheiterns auf allen Gebieten die Rückkehr zum Glauben in Erwägung ziehen. In seinen später publizierten Büchern hat Huysmans denselben Weg weiterverfolgt und die Brücke vom Ästhetizismus zum Katholizismus geschlagen (*Làbas,* 1891*; En Route,* 1895*; La Cathédrale,* 1898 usw.). In ähnlicher Weise verläuft die Entwicklung von Maurice Barrès, in dessen ersten Romanen der Ichkult Triumphe feiert (vgl. die Trilogie *Le Culte du moi,* 1888–1891), um alsbald mit einer vaterländischen Inspiration zu verschmelzen, durch die der Romancier die Standardgesellschaft vom „zersetzenden" Rationalismus erlösen und den heilenden Kräften, welche von den gewachsenen Traditionen Frankreichs ausgehen, überantworten möchte (vgl. *Les Déracinés*, 1897; *La Colline inspirée*, 1913 usw.). Freilich denkt Barrès nicht an Dezentralisierung, wenn er die Seele seiner lothringischen Heimat beschwört, sondern sucht von seinem konservativen Weltbild her ein starkes und einiges Frankreich zu begründen. Es handelt sich also im Grunde um ein Konkurrenzunternehmen zu Zolas Revitalisierung des liberalen Erbes, das ein ähnliches Ziel mit konträren Mitteln verfolgt. Indem die Romanciers das Kultursystem von seinen Grundlagen her zu erneuern versuchen, tragen sie zur Verschärfung weltanschaulicher Gegensätze bei, die im Dreyfusprozeß mit elementarer Gewalt aufeinanderprallen müssen.

Einer der großen Erzähler dieser Zeit hat die leidvolle Erfahrung besagter Widersprüche zum Leitstern seines Schaffens gemacht, ohne sich eine sichere Stellung auf irgendeiner weltanschaulichen Bastion zu suchen. Guy de Maupassant war im Gegensatz zu seinem Lehrer Flaubert kein Kunstasket, sondern ein sinnen- und tatenfroher Mensch, dem die Bücher weniger bedeuteten als die unmittelbare Begegnung mit Menschen und Lebensräumen. Diese Intensität des Erlebens war es wohl, die den Kleinadeligen aus der bäuerlichen Normandie und Karrieremacher im mondänen Paris daran hinderte, soziale und kulturelle Antagonismen in der nivellierenden Vision eines nationalen Ganzen aufzulösen. Zwar ist auch in Maupassants Romanen jene enzyklopädische Tendenz fühlbar, die auf möglichst „komplette" Darstellung der gesellschaftlichen Verhältnisse in Paris und in der Provinz abzielt. Bezieht man jedoch das Novellenwerk und die Reisebücher in die Betrachtung ein, so zeigt sich sehr deutlich, wie Maupassant auf dem Anderssein der normannischen Bauernwelt, aber auch des südlichen Frankreich, Korsikas und Nordafrikas insistiert. Diese „Randzonen" haben Reste einer Authentizität bewahrt, die im Erlebenden das Glücksgefühl harmonischen Menschseins, aber auch elementares Grauen wecken kann, stets aber das wahre, unter der „zivilisierten" Oberfläche verborgene Gesicht des Individuums zum Vorschein bringt. Freilich gibt es bei Maupassant keine bukolische Alternative zum Stadtleben: Da die Grausamkeit der Natur durch das Vordringen des von Paris ausstrahlenden Zweckdenkens intensiviert wird, ist keiner Freude Dauer beschieden. In den Romanen studiert Maupassant die Wirksamkeit des Egoismus, der zum tragenden Universalprinzip des Kultursystems geworden ist, und den niemand eindrucksvoller verkörpert als der skrupellose Held von *Bel-Ami* (1885), der erleben darf, wie ihm Paris zu Füßen liegt, weil sich sein virtuoses Spiel mit Erotik und Politik den Anforderungen einer Gesellschaft, welche die Korruption zur Norm erhoben hat, ausgezeichnet anzupassen weiß. Auf der Ebene der mondänen Kreise des Zentrums kann ein Spontanimpuls, der stärker ist als Eitelkeit und Strategie, geradezu tödlich wirken (vgl. *Fort comme la mort,* 1889); die Liebe, die sich nicht mit raffiniertem Kalkül verbindet, ist gesellschaftlich wertlos und treibt den liebenden Menschen in hoffnungslose Isolierung hinein (vgl. *Mont-Oriol,* 1887). In der Provinz ist der Prozeß, der das Virus der Besitzgier sowohl in der Liebesethik der Aristokraten als auch im Familiensinn der Bürger wüten läßt, schon längst in vollem Gange (*Une Vie,* 1883; *Pierre et Jean,* 1888). Schließlich fehlt es in Maupassants Novellen auch nicht an Bauern, die für Geld buchstäblich alles tun. Diese ganze Heillosigkeit wird von Maupassant nie in eine „höhere" Ordnung eingebaut: Anstelle religiöser, geschichtsphilosophischer oder naturwissenschaftlicher Erklärungen liefert er dem Leser exakt recherchierte und brillant pointierte Sittenbilder, denen handfest-kritische Analysen der politischen Hintergründe und sozioökonomischen Interessen zugrunde liegen. Zu dieser journalistischen Dimension gesellt sich jene des Dichters, für den es darum geht, seine eigene Zerrissenheit als Exponent der Elitekultur und zugleich als ihr unnachsichtiger Richter in Worte zu fassen. Wer nämlich Kompromisse akzeptiert, nimmt zwangsläufig die banale Existenz des Helden von *Notre Coeur* (1890) an, der sich als „homme du monde" und Liebhaber einer Salondame bei einem Mädchen vom Lande jene Frische der Empfindungen holt, die man ihm höheren Ortes vorenthält. Gerade sein Objektivitätsanspruch war es, der Maupassant zur Besinnung auf die individuellen Voraussetzungen des künstlerischen Schaffens brachte: „Quel enfantillage de croire à la réalité“, schreibt er im Vorwort zu *Pierre et Jean,* „puisque nous portons chacun la nôtre dans notre pensée et dans nos organes“ (Maupassant, Guy de 1970, 835). Da er aber das Vertrauen in die ordnenden und bindenden Kräfte der zentralen Normenwelt so gründlich verloren hatte, konnte sich Maupassant bei der Bewältigung der „inneren“ Wirklichkeit weder auf das Formbewußtsein des Elitemenschen noch auf rationales Analysieren noch auf irgendein philosophisches Konstrukt stützen. Andererseits bot ihm auch die Welt des kulturell Heterogenen, deren Zerstörung oder Korrumpierung durch ein schlechtes, aber übermächtiges Normensystem für ihn ebenso evident war wie seine eigene Entfremdung von den provinziellen Reservaten der Authentizität, keinen verläßlichen Rückhalt. So konnten die Ängste, die in ihm steckten (vgl. *Le Horla,* 1887), überhandnehmen und ihn schließlich erdrücken. Der scheinbar so robuste Normanne war inmitten der Abgründe seines Bewußtseins weit hilfloser als die Romantiker, die ihre Visionen zu mythisch-philosophischen Universalarchitekturen verarbeiteten, mochten sie gleich so gefährdet sein wie ein Gérard de Nerval (vgl. *Aurélia ou le rêve de la vie,* 1855). Aber noch bevor Maupassant endgültig seinen Dämonen verfällt, beginnt der französische Roman, sich auf das Ende der Epoche des Ordnens und Beherrschens einzustellen: 1888 inauguriert Edouard Dujardin in *Les Lauriers sont coupés* die Technik des innern Monologs.

VIII. Die prolongierte Zerstörung

1. „Un malaise apparut à l'aube du siècle"

Nach dem Abebben des romantischen Dranges nach Überwindung aller Gegensätze in der Universalgestalt des prometheischen Zivilisationsheroen manifestiert sich nach der Mitte des 19. Jahrhunderts eine Tendenz zur Aufspaltung, derzufolge sich ein nach Verfeinerung und Vervollkommnung strebendes Ideal der perfekten Form von der bourgeoisen Robustheit des positivistischen Zeitgeistes löste. Bis in die letzten Jahrzehnte vor dem 1. Weltkrieg hinein läßt sich dieser Kontrast jedoch von der bindenden Kraft des dominanten Kultursystems relativieren: Die Komponente des Strebens nach zivilisatorischer Bändigung wurde ebenso als unverzichtbarer Bestandteil eines Welt- und Menschenbildes spezifisch französischer Prägung empfunden wie das aristokratische Raffinement. Was sie einte, das war das traditionelle Zivilisationsideal mit seinem Drang zum rationalisierenden Durchleuchten des Labyrinths der Impulse und Emotionen und seinem Willen zum Durchschauen und ordnenden Beherrschen der „äußeren" Welt. Ging der Glaube an die Gesellschaft und ihre normensetzende Elite verloren, konnte sich der schöpferische Menschengeist immer noch der Sprache bemächtigen, um an jenen Grenzen, wo die Rationalität an ihrem eigenen Feuer entbrannte und sich verzehrte, seine extremsten Triumphe zu feiern. Dieser gemeinsame Nenner der historisch gewachsenen Kultursouveränität sollte erst im Laufe einer Epoche fragwürdig werden, in der Frankreich in den Sog von weltumspannenden Entwicklungen hineingeriet, die weit folgenreicher waren als die traditionelle politische und kulturelle Konkurrenzierung durch die anderen Großmächte Europas. „Vor dem Ende des neunzehnten Jahrhunderts", schreibt Geoffrey Barraclough, „brachten neue Kräfte fundamentale Veränderungen in fast jedem Lebensbereich und jedem Winkel des bewohnten Erdballs mit sich."(Barraclough, Geoffrey 1971, 23f.) Durch die zweite industrielle Revolution mit ihren wissenschaftlich-technischen Voraussetzungen und politisch-sozialgeschichtlichen Folgen beginnt die Hegemonie Europas auf dem gesamten Erdenrund tiefgreifende Veränderungen auszulösen, die auf den „Kontinent der Kolonisatoren“ (vgl. Riesz, János, 1983, 9) zurückwirken und auf längere Sicht weder kontrolliert noch rückgängig gemacht werden können. Währenddessen wachsen in Ost und West neue Großmächte heran, die es bald keinem europäischen Land mehr gestatten werden, sich als privilegierte Hochburg und Zentrum des Fortschritts zu begreifen. Frankreich beherrscht um die Jahrhundertwende etwa das Zwanzigfache seiner territorialen Ausdehnung; aber die Rückwirkungen, welche von diesem Imperium ausgehen, zusammen mit den weltweiten Verflechtungen wirtschaftlicher, politischer, aber auch kultureller Art, denen sich kein Land mehr entziehen kann, untergraben die Fundamente des von Paris aus propagierten Kultursystems. Während die«culture dominante“ durch die seit Anfang der 80er Jahre gesetzlich verankerte Pflichtschule noch im hintersten Winkel der französischen Provinz Verbreitung findet und auch bei den kolonisierten Völkern an Einfluß gewinnt, bahnt sich bei den Gebildeten im Zentralraum Paris selbst ein Prozeß des Umdenkens an. Um Frankreich einen Weg ins Zeitalter der Relativitätstheorie zu bahnen, gilt es nun, alle ererbten Gewißheiten in Frage zu stellen. Gerade der Kernbereich der Elitekultur, der herrische Geist des Ordnens und Durchleuchtens gerät zusehens ins Kreuzfeuer der Kritik. „Un malaise apparut à l’aube du siècle“, schreibt R.-M. Albérès, „Lorsque les écrivains en prirent conscience, ... ils suivirent une réaction de dépit envers l’intelligence et jetèrent à bas ce monument des espoirs de la raison où ils ne voyaient plus qu’une tour de Babel ... De cette déception, la conséquence fut un départ général vers les valeurs singulières et irrationnelles, vers les désirs, les ferveurs, les instincts, les sentiments, les fidéismes.“ (Albérès, René-M. 1959, 16 f.) Allerdings entspricht es der bedächtigen, immer eher zu „konstruktiver“ Kritik neigenden Gangart der Gattung Roman, daß die konsequent innovatorisch eingestellten Erzähler bis zum Ersten Weltkrieg das Gepräge von Außenseitern hatten. „Dans les premières années du XXe siècle, le roman commence à envahir les étalages des libraires et à règner en maître dans les cabinets de lecture. Le genre submerge tout" (Raimond, Michel 1981, 133). Die große Mehrheit der Romanciers dieser Epoche hält sich an die Themen und Techniken, die sich von Balzac bis Zola bewährt haben. Wo Kritik laut wird, ist man gleichwohl darauf bedacht, im Rahmen der etablierten Werte zu bleiben. So gebraucht ein Paul Bourget in *Le Disciple* (1889) das klassische Verfahren der rationalen Analyse, um als Romancier vor der „entseelenden" Wirkung des Szientismus zu warnen. Mit Anatole France sucht sich der Roman an den Quellen der Salonkonversation und des voltairianischen „esprit" zu regenerieren. Aber da dieses Unternehmen ebensowenig von ungebrochenem Elitestolz getragen wird wie von titanischem Drang zum Beherrschen einer Totalität, reichen alle diese Romane, vom *Crime de Sylvestre Bonnard* (1881) bis zur *Révolte des Anges* (1914) trotz ihren formalen Subtilitäten und humanitären Akzenten kaum hinaus über eine elegante Beiläufigkeit, der sich auch der von vager Sentimentalität geprägte Exotismus eines Pierre Loti (vgl. *Aziyadé,* 1879*; Pêcheur d'Islande,* 1883*; Fantôme d'Orient,* 1892 u. a.) problemlos anpaßt. Die Werke der genannten Autoren machen deutlich, daß das Erfolgsgenre Roman in seiner überkommenen Form Mühe hat, auf die offensichtlich ausgebrochene Krise der französischen Elitekultur durch die Entfaltung eigener Neuerungsimpulse zu antworten. Die starke Verbundenheit der Gattung mit der Standardkultur des 19. Jahrhunderts, sowohl während ihrer Aufbauphase als auch in der Periode ihrer Festigung und nahezu uneingeschränkten Herrschaft, bringt es mit sich, daß der Roman in Frankreich nur dann auf Erneuerung hoffen kann, wenn er die Erschütterungen, die der sich um die Jahrhundertwende abzeichnende Umbruch auslöst, sozusagen am eigenen Leibe nachvollzieht und in gewisser Hinsicht den eigenen Untergang in Kauf nimmt. So ist es zu erklären, wenn sich von 1891 bis zum Ende der 20er Jahre immer wieder Schriftsteller und Kritiker zu Wort melden, die im Roman eine tote oder sterbende Gattung sehen (vgl. Raimond, Michel 1966, 133: „Il y a dans le domaine du roman, entre 1895 et 1914, une sorte d'affaissement de la littérature d'invention."). Freilich ist dieses Urteil nur insofern auf den Roman selbst bezogen, als er die „zivilisierte" Traditionswelt Frankreichs repräsentiert. Sobald er der Krise des europäischen Bewußtseins Rechnung trägt, bzw. nicht mehr von erhabener Warte herab als Richter und Ordner von Mensch und Welt fungieren will, sondern sich dem scheinbar chaotischen Ansturm des Lebens und Er-Lebens preisgibt, erwacht er zu neuem Leben. Schon 1886 will Téodor de Wyzewa in einem wegweisenden Beitrag zur *Revue Wagnérienne* den Roman für die „marée des émotions qui, par instants, précipite les sensations et les notions dans un tourbillon confus" öffnen: „L'artiste devra limiter à l'extrême la durée de vie qu'il voudra construire. Il pourra ainsi, durant les quelques heures de cette vie, restituer tout le détail et tout l'enchaînement des idées ..." (Zit. in: Raimond, Michel 1966, 46). Innerer Monolog und Point-de-vue-Technik werden erst in den 30er Jahren für die französischen Romanciers zur Selbstverständlichkeit werden – nicht zuletzt unter dem Einfluß ausländischer Vorbilder. Im Hinblick auf die enorme Macht der literarischen Traditionen in Frankreich verdienen jedoch auch eher schüchterne Versuche, den Raum, die Zeit und das Ich ihrer Selbstverständlichkeit zu entledigen, besondere Beachtung. Anregend wirkten in diesem Zusammenhang nicht nur die Vorlesungen Henri Bergsons, mit dem die französische Philosophie den Anschluß an die antirationalistische Strömung in Europa fand, sondern auch all jene „Romanciers de l'instantané", von Victor Hugo und Nerval bis zu den Goncourts und Maurice Barrès, welche die unberechenbare Fülle des gelebten Augenblicks wenigstens da und dort in ihrem Schaffen zur Geltung kommen ließen (vgl. Dubois, Jacques 1963). Der alte aufklärerisch-romantische Glaube an die heilenden Kräfte in Mensch und Kosmos erleichtert den Übergang zum Vitalismus des Fin-de-siècle, den Romain Rolland in den 10 Bänden seines *Jean-Christophe* (1904–1912) mit dem traditionellen Elitismus und der zur Affektkontrolle hin orientierten Selbst-Bewußtheit des Romanhelden zu versöhnen sucht. So wie dieses Werk das Trennende zwischen den europäischen Nationen und Nationalkulturen relativiert, so erscheinen die raum-zeitlichen Linien von Jean-Christophes persönlichem Schicksal in dem Maße unscharf, als sie von der Darstellung zeitgeschichtlicher Verflechtungen und der von ihnen geweckten Echos im Bereich der individuellen und kollektiven Sensibilität überlagert werden. Der Romancier, der die große Infragestellung des überkommenen Menschenbildes zur Kenntnis nimmt, kann die Schrecken und Wunder der Innerlichkeit, in welche sich schon die Romantik ein Stück vorgewagt hatte, mit neuem Elan nach allen Richtungen hin erkunden. „(...) je ne veux pas connaître le monde en dehors de mon âme où il n'est que rappel de paysages désirés ou d'histoires ébauchées", schreibt Alain-Fournier 1907 in einem Brief an Jacques Rivière (Raimond, Michel 1966, 215). Aber die in *Le grand Meaulnes* (1913) inszenierte Suche nach den Träumen und verborgenen Wahrheiten der Seele gleicht stark einem Rückzug des Romans vor den Herausforderungen, welche die Epoche an ihn richtete und die niemand konsequenter angenommen hat als André Gide.

Auf den ersten Blick mag es schwierig erscheinen, inmitten der Vielfalt von Gides narrativen, lyrischen und essayistischen Werken, die sich weder formal noch inhaltlich streng voneinander trennen lassen, ein durchgehendes Grundanliegen auszumachen. Der primäre Impuls, der dieses Schaffen bestimmt, ist aber zweifellos ein unbändiger Drang nach Subversion und Zerstörung aller vorgegebenen Regeln. Es liegt nahe, diese Haltung mit einer biographischen Komponente in Verbindung zu bringen, welche das Einzelschicksal zum Spiegel einer Kulturnorm werden läßt, deren Anspruch auf Universalität fragwürdig wird, wenn sie sich nicht von jenen Bereichen, die lange genug verdrängt und verworfen wurden, radikal in Frage stellen läßt. Sobald Gide durch die Nordafrikareise von 1893 bis 1894 und die auf dieser Reise gemachte positive Erfahrung seines „Andersseins" als Homosexueller Abstand zu den dominierenden Werten Frankreichs gewonnen hat, ist ihm völlig klar, in welche Richtung sich sein dichterisches Schaffen entwickeln soll. Knapp nacheinander erscheinen *Paludes* (1895), die Abrechnung mit einem hohl gewordenen Intellektuellendasein, und *Les Nourritures terrestres* (1897), das für etliche Generationen wegweisende Buch, welches die dionysische Lust an einem allen Imperativen enthobenen Leben mit grenzenloser Unbekümmertheit feiern will. Tatsächlich fällt es Gide nicht leicht, sich im Reich der enthemmten Sinne und der dem Menschen nicht mehr unterworfenen Naturmächte zu behaupten. Jedes seiner Werke läßt sich als Versuch deuten, die eroberte Freiheit noch weiter hinauszuschieben, wobei das Spiel mit dem zweckfrei-blasphemischen Mord (*Les Caves du Vatican,* 1914) ebenso gelegen kommt wie mystische Versenkung und Askese (*La Porte étroite,* 1909; *La Symphonie pastorale,* 1909). Alle Ordnungsmächte, welche das Ich an der voraussetzungslosen Auslotung seiner Möglichkeiten behindern könnten, bleiben bei diesem Unternehmen auf der Strecke, sowohl die Vernunft als auch die Moral, sowohl die Familie als auch Nation und Kirche.

Im Entwurf eines Vorwortes zu *Isabelle* (1911) präzisiert Gide seine Unterscheidung von „récit" und „roman". Der erste dieser Termini bezeichnet den Typus der schlichten, einlinig ablaufenden Erzählung, dem er alle seine Erzählwerke vor den *Faux-monnayeurs* (1925), dem einzigen „wahren" Roman, in dem die unerschöpfliche Fülle und Komplexität des Lebens zur Darstellung gelangen soll, zuordnet. Es sieht so aus als ziele Gides Schaffen darauf ab, der Gattung ihren alten Anspruch auf dichterische Erfassung der Welttotalität, den sie in einer Zeit der Krise zu verlieren drohte, durch größere Flexibilität und den Einsatz neuer Erzähltechniken zu sichern. Gide habe „den gattungsspezifischen Willen zur Totalität erfüllt", schreibt Wolfgang Theile, „aber nun nicht mehr zu einer Totalität des Faktischen, sondern zu einer Totalität des Möglichen, des vom Leser Einzubringenden" (Theile, Wolfgang 1975, I 143). Dazu ist zu sagen, daß ein solcher Übergang zur Totalität des Möglichen insofern durchaus revolutionären Charakter hat, als er den Verzicht auf jene Souveränität impliziert, um die der Roman während des ganzen 19. Jahrhunderts gerungen hatte. Aufbauend auf dem radikalen Subjektivismus des Dekadenzromans seit Huysmans (vgl. Bertrand, Jean-Pierre, u. a. 1996, 227ff.), demonstriert Gide „titanischen" Bändigungswillen und Bereitschaft zum rational geordneten Erzählen, um alsbald eine total „unverläßliche" Fiktionswelt nach allen Richtungen hin ausufern zu lassen. Es gibt kein sicheres Ordnen und Beherrschen, wenn der Erzähler im Grunde nicht mehr weiß als die Personen und wenn eine Vielzahl von gleichwertigen Perspektiven wechselseitiges Relativieren unvermeidlich macht. Mit Hilfe einer Spiegelungstechnik, für die Gide in Anlehnung an die Heraldik den Terminus der „mise en abyme" eingeführt hat, wird der Roman permanent auf seine eigenen Produktionsbedingungen zurückverwiesen, gestaltet sich die Technik zum Thema. In den *Faux-monnayeurs* verfolgt ein ironisch-selbstkritischer Erzähler die Bemühungen des Protagonisten Edouard, der in tagebuchartiger Form von seiner (letztlich fruchtlosen) Arbeit an einem Roman gleichen Titels berichtet. Weitere Facetten leuchten auf, sobald der Autor zusätzlich ein *Journal des Faux-Monnayeurs* (1926) veröffentlicht. Auf diese Weise wird die Konstituierung eines solide verankerten Weltbildes ebenso unmöglich gemacht wie homogene Charaktere, zielgerichtete Geschehensverläufe und vertrauenerweckende Erzählerinterventionen. Statt deutend und formend seinen Willen durchzusetzen, tritt der Romancier als ein Aufnehmender in Erscheinung, der das Unabgeschlossene und Ausufernde des Lebens nur insofern bändigt, als er es zum Spielfeld launig-geistreichen Assoziierens macht, wobei die Themen und Techniken der Romantradition ebenso virtuos wie respektlos durchgetestet werden. Der Hinweis auf die „Musikalität" des Gideschen Romans, der sich bei den Kritikern nicht selten findet, ist wohl nur dann berechtigt, wenn damit nicht strenge Komposition gemeint ist, sondern so etwas wie Jazzimprovisation. Befreiung von allen Zwängen ist für diesen Autor sicherlich das Vordringliche. Vielleicht hatte er deshalb für ein neben dem seinen heranreifendes Romanwerk, in dem die Wertwelt des 19. Jahrhunderts nicht frontal attackiert, sondern gemäß ihrer spezifischen „Logik" zu Ende gebracht und aufgehoben wurde, zunächst wenig Verständnis. Aber der Anbruch einer neuen Epoche in der Geschichte des französischen Romans wird nicht nur angesichts der destruktiven Brillanz des Gideschen Werkes offenkundig, sondern auch im Hinblick auf die scheinbar so nostalgische *Recherche du temps perdu* des Marcel Proust.

2. Marcel Proust

Prousts siebenteiliger Romanzyklus krönt ein Schaffen, das in den 90er Jahren mit der Veröffentlichung von Essays und Erzählungen begonnen hatte. Die *Recherche du temps perdu* scheint das neunzehnte Jahrhundert abzuschließen und ist dennoch ein Werk des zwanzigsten, nicht nur im Hinblick auf den Umstand, daß sie größtenteils während und nach dem 1. Weltkrieg erschienen ist (1913–1927). Auf Prousts überragende und in die Zukunft weisende Position neben den anderen Großen des europäischen Romans, Joyce, Musil, Kafka und Thomas Mann ist oft verwiesen worden. Diese besondere Bedeutung erklärt sich wohl nicht zuletzt durch die sanfte, aber unbezwingliche Beharrlichkeit, mit der dieser Romancier die bereits obsolete, aber weiterhin diffus nachwirkende Elitekultur heraufbeschwört, glanzvoll auferstehen läßt und unerbittlich außer Kraft setzt. Zugleich verabschiedet sich der französische Roman dank der *Recherche* auf ebenso diskrete wie nachdrückliche Weise von seinen altbewährten Konventionen, die zu diesem Zweck vollzählig versammelt werden. Enorm ist der Ordnungswille dieses Erzählers, sein Drang, das Verborgene aufzudecken und die Überfülle des Welterlebens auf überschaubare Leit- und Grundlinien zurückzuführen. Die ganze Romanwelt ist auf einen Protagonisten hin orientiert, der Liebesglück sucht, um letztlich Wissen und Weisheit zu finden. Rund um diese zentrale Thematik werden Gesellschaft und Natur auf eine Weise geschildert, die zwar weniger systematisch anmutet als jene Zolas, aber nicht weniger bunt und lebensvoll. Statt von der Abgeschlossenheit seines Krankenzimmers aus nach frühromantischem Vorbild Introspektion zu betreiben, zeichnet Proust ein komplettes Bild seiner Heimat, so wie er sie in der Jugend erlebt und durchforscht hat, mit dem Blick auf die Provinz einsetzend, im Pariser Kontext zum Ende kommend. Hauptgegenstand seiner Milieuschilderung ist die „société mondaine", an deren Rändern auch Halbwelt und Domestiken Beachtung finden. Prousts psychologischer Scharfblick, seine profunde Kenntnis der sozial bedingten Verhaltensmechanismen und die Feinheit seiner Ironie verleihen vielen seiner Gestalten die Weihe der Unvergeßlichkeit: „On ne le dira jamais assez, Proust est, avec Molière, le plus grand écrivain comique de notre langue" (Bardèche, Maurice 1971, II 123). Solche Traditionsverbundenheit kann besonders jenen Literaturforschern, die sich besonders für sozialgeschichtliche Zusammenhängen interessieren, den Eindruck vermitteln, Prousts Romanwerk diene in erster Linie der Aufarbeitung gewisser Frustrationen, die mit Veränderungen innerhalb der bürgerlich-aristokratischen Oberschicht gegen Ende des 19. Jahrhunderts zusammenhängen. So will P. V. Zima „comprendre l'oeuvre proustienne comme une conséquence esthétique de la réaction culturelle d'une partie de la grande bourgeoisie, qui avait coutume de courtiser les aristocrates du faubourg Saint-Germain, à la disparition de la noblesse française de la scène politique après l'échec définitif de ses tentatives pour restaurer la monarchie" (Zima, P. V. 1973, 10). Mit dem Putschversuch von 1877, der an den inneren Widersprüchen der Adelspartei scheiterte, ist die traditionsreiche Symbiose von Adel und Bürgertum in Frankreich tatsächlich an ihr Ende gelangt. Aber auch wenn die „snobistische" Imitation der Aristokratie den Bürgern nicht mehr die Chance auf sozialen Aufstieg eröffnet, so hält sich doch in jenen Kreisen, die durch ihren Reichtum der „classe de loisir" angehören, die Sehnsucht nach der alten Distinktion und Eleganz. In der Darstellung Zimas hinterläßt der Untergang der Aristokratie als politisch relevante Schicht eine Fülle von passeistischen Mythen, für die Prousts Werk als Sammelbecken fungiert. Diese Deutung ist zwar nicht falsch, aber sie greift zu kurz, da sie die Kompromißlosigkeit außer acht läßt, mit der Proust diese Welt von gestern „subvertiert", indem er sie in der Zeitentiefe einer Kindheit und Jugend festmacht. Wie Manfred Schneider zeigen konnte, ist das Erzähler-Ich Marcel von Anfang an auf der Suche nach einer von der Vätergesellschaft im Zeichen des Zweckrationalismus verdrängten, aber von den Frauen (der Großmutter!) bewahrten Liebesfähigkeit: „In geradezu asozialem Maß disponiert zu Sanftheit, Zärtlichkeit und Güte, begegnet er ohne Verständnis einer Welt, die diese Qualitäten unterdrückt und die Menschen, die sich von diesen sozialen Bezugsformen nicht zu lösen vermögen, in die Unterwelt der ‚Perversionen' und zur Subversivität verdammt" (Schneider, Manfred 1975, 16). Indem er die Regression zum Leitprinzip seines Romanwerkes macht, kann er alle Sozialnormen in Frage stellen, sowohl jene des exklusiven Faubourg Saint-Germain als auch jene des Bürgertums, dem er selbst entstammt. Die Geschichte Marcels ist die einer „éducation sentimentale"; allerdings gilt auch, daß die Kindheitswelt, die sich bei Flaubert auf das umrahmende Banalerlebnis der jugendlichen Protagonisten im Bordell der „Turque" beschränkt, für Proust die große Alternative zum gesellschaftlichen Entfremdungsprozeß darstellt. Durch die Trennung von der Mutter ist diese Entfremdung schon von Anfang an gegeben, von Anfang an wirken ihr aber auch die „poetisierenden" Kräfte der Sinnlichkeit und der unmittelbaren Anschauung entgegen. Immer wieder werden die elementaren Fähigkeiten und Strebungen des Ich von sozialen Verlockungen abgelenkt und gebunden: So wie zahllose bürgerliche Intellektuelle während der letzten Jahrhunderte französischer Geschichte gibt sich auch Marcel zunächst ganz der Faszination des aristokratisch gestimmten Salonlebens hin, berauscht sich am von Mythen genährten Glanz des Überkommenen und sucht gleich dem Helden des Rosenromans in die Geheimnisse der vornehmen Welt einzudringen. Der illusorische Charakter dieses Unternehmens offenbart sich vor allem am Scheitern von Marcels Liebesbeziehungen. Die minnehafte Verehrung des Erzähler-Ichs für die Herzogin von Guermantes wird ebenso von der Instabilität des „Realen" entwertet wie sein scheues Verlangen nach dem Mädchen Gilberte, deren Eltern, Swann und Odette, schon in der vorigen Generation das Versanden der Liebe in Chimären und Egoismen demonstriert haben. Auch die spezifisch „bürgerliche" Variante der Liebe, das Streben nach dem Besitz der sozial unterlegenen Albertine, scheitert an der Unmöglichkeit, in die Geheimnisse des anderen Menschen deutend und organisierend einzudringen. Marcel bemüht sich redlich, mit Hilfe des Instrumentariums, das die mondäne Gesellschaft zur Analyse des eigenen Ich und der anderen bereithält, einen Weg zur Wahrheit zu finden. Aber da diese Gesellschaft ihre kulturschöpferische Kraft längst verloren hat, vermögen ihre Werte nicht mehr vor der deprimierenden Begegnung mit Vergänglichkeit und Unbeständigkeit zu bewahren. Erst jenseits sozialen Lebens und Erlebens, in der Erinnerung, verwandelt sich die Enttäuschung in Freude. Dahinter steckt nicht reaktionäre *laudatio temporis acti,* sondern das Freiwerden vom Zwang zu Triebregelung, Selbstkontrolle und Fremdbeobachtung. Sinnlichkeit, „rêverie" und Reflexion haben nun gleichermaßen freies Spiel. Hat das Ich erst einmal erkannt, daß der gesellschaftliche Prachtbau, dessen labyrinthische Spiegelgalerien ihm stets nur das Bild seiner Unzulänglichkeit zeigten, von der Zeit seiner tyrannisch-enigmatischen Objektivität beraubt wird und mitsamt allen Normen und Werten keineswegs bedeutsamer erscheint als die „anarchischen" Impulse des ewigen Kindes im Manne, dann kann der Dichter seine Feste feiern – nicht mehr als raffinierter Formenmensch oder herrschbegieriger „Titan", sondern als gleichermaßen bescheidener und entzückter Wanderer, der schreibend zu sich selber hin will, weil er sich schon gefunden hat. „(...) notre vie sociale est, comme un atelier d'artiste, remplie des ébauches délaissées où nous avions cru un moment pouvoir fixer notre besoin d'un grand amour, mais je ne songeai pas que quelquefois, si l'ébauche n'est pas trop ancienne, il peut arriver que nous la reprenions et que nous en fassions une oeuvre toute différente ..." (Proust, Marcel 1954, II 389). So gesehen ist die „société polie" mit ihrem ganzen Kultursystem nur noch Material, Nährboden einer Innerlichkeit, deren Unvereinbarkeit mit den konventionellen Auffassungen von Zeit und Raum, Außen und Innen, geradezu die Voraussetzung für die Durchsetzung einer neuen Seh- und Gestaltungsweise im Roman bildet: „Une heure n'est pas une heure, c'est un vase rempli de parfums, de sons, de projets et de climats. Ce que nous appelons la réalité est un certain rapport entre ces sensations et ces souvenirs qui nous entourent simultanément" (Proust, Marcel 1954, III 889). Die gesamte Anlage der *Recherche du temps perdu* ist durch eine Progression von der frustrierenden Fata Morgana des Faktischen über einen Erkenntnisprozeß bis hin zur Befreiung durch schöpferisches Tun gekennzeichnet. In dem Maße, als die Zeit wiedergefunden, d. h. zur Verbündeten der „écriture" gemacht wird, verwandeln sich Ausgeschlossensein und Unzulänglichkeit in beglückende Teilnahme. In der Rückschau stillt Odettes Schönheit jegliche Sehnsucht, erweist sich Albertine als Führerin zur Erkenntnis – „Elle semblait une magicienne me présentant un miroir du temps" (Ebenda, II 351) –, bietet sich die ganze Mondängesellschaft in der Oper als grandiose Meereslandschaft dar.

Prousts Kampf gegen den Elitismus der französischen Standardkultur wäre vergeblich, ließe er sich verleiten, seine Trägerfigur, diesen erlebenden und schreibenden Marcel, ausschließlich als isoliertes Genie darzustellen. Daher ist das Problem, das sich dem Erzähler-Ich stellt, auch allen anderen Personen der *Recherche* aufgegeben. Auf sehr verschiedene Weise und mit ungleichen Erfolgschancen sucht jeder einzelne über das Niveau der „linearen" Kausalverflechtung seines gesellschaftlichen Handelns hinauszugelangen. So kommt es, daß die Gestalten abwesend wirken, als erinnerten sie sich dann und wann an die Herausforderung, inmitten des Irrgartens der Konventionen zu befreiender Kreativität durchzubrechen. „Legrandin ou Charlus … donnent toujours l'impression de s'imiter, et finalement de se caricaturer eux-mêmes", stellt Gérard Genette fest (Genette, Gérard 1972, 202). Natürlich bleiben die meisten auf dem Weg zum freieren Bewußtsein sehr bald stecken; nur die Künstler und die „Abartigen", Elstir, Vinteuil, Charlus usw. vermögen mit dem Erzähler-Ich wenigstens teilweise Schritt zu halten. Letztlich haben sie alle den Habitus von Vorläufern, so wie jene romantisch-realistischen Schriftsteller, denen Proust ihren positivistischen Grundzug nachsieht, weil sie ihrem eigenen Schaffen in der Retrospektive ebenso unkonventionelle wie fruchtbare Deutungen angedeihen ließen: „… les plus grandes beautés de Michelet, il ne faut pas tant les chercher dans son oeuvre même que dans les attitudes qu'il prend en face de son oeuvre …" (Proust, Marcel 1954, III 160). Die Erkenntnis aber, daß es für den Romancier nur eine wirklich schreibenswerte Geschichte gibt, nämlich jene vom Verlust der Normzivilisation und vom Gewinn einer anderen, umfassenderen und (vielleicht) humaneren Welt, die nicht mehr äußerliche Gegebenheit, sondern die zugleich innere und äußere Heimat des Schreibenden ist, diese Erkenntnis ist dem Ich der Hauptperson vorbehalten. In den zwölf raum-zeitlichen „Blöcken", die Hans Robert Jauss in seiner Gliederung der *Recherche* anführt (Jauss, Hans Robert 1970, 202f.), bietet der Erzähler sein ganzes, von der Elitekultur geprägtes Wissen und Können auf, um die Lebenswelt in den Griff zu bekommen, ohne dabei mit den ebenso elementaren wie „skandalösen" Wahrheiten des Menschendaseins wie Einsamkeit, Tod, Sexualität usw. zurechtzukommen. Die Diskontinuität der Daseinserfahrung und damit die Aufsplitterung in zahllose „mois successifs" bliebe unheilbar, lieferte nicht die vorrationale Entrückung der „mémoire involontaire" die Voraussetzung für das Erlebnis der fundamentalen Einheit von Ich und Welt, dem die Kunst Dauer verleiht, indem sie sich dem Pulsieren des Bewußtseins in der Zeit hingibt, statt der Aufrechterhaltung brüchiger Ordnungen zu dienen. Aber auch Marcel im Endstadium seiner Entwicklung, er der in *Le Temps retrouvé* die Konsequenz aus der sein Reifen nährenden Annäherung von erinnerndem und erinnertem Ich zieht und sich als den Schreibenden präsentiert, zu dessen künftigem Werk das soeben Erlebte und Erzählte die Genesis darstellt, vermag keine Brücke zu einer Gemeinschaft zu schlagen. Die Dimension der Solidarität fehlt in Prousts Werk bis zum Schluß, so daß auch die Hinwendung zum Leser das Schwindelgefühl, das den Einsamen auf der Höhe seiner Jahre befällt, nicht zu beseitigen vermag. „J'éprouvais un sentiment de fatigue et d'effroi à sentir que tout ce temps si long non seulement avait, sans une interruption, été vécu, pensé, sécrété par moi, qu'il était ma vie, qu'il était moi-même, mais encore que j'avais à toute minute à le maintenir attaché à moi, qu'il me supportait, moi, juché à son sommet vertigineux, que je ne pouvais me mouvoir sans le déplacer … J'avais le vertige de voir au-dessous de moi, en moi pourtant, comme si j'avais des lieues de hauteur, tant d'années" (Proust, Marcel 1954, III 1047).

3. Mit anderen Augen

Was sich in der Romanproduktion Frankreichs vor dem Krieg als generelle Gespanntheit und, wie im Falle des jungen Antikonformisten André Gide, als Ansatz zur Revolte manifestiert, nimmt nach der Katastrophe den Charakter einer ebenso systematischen wie unerbittlichen Abrechnung mit den überkommenen Werten an. Die Erneuerung des naturwissenschaftlichen Weltbildes, der Vitalismus Bergsons und Freuds Psychoanalyse werden nach 1918 im Bereich von Literatur und bildender Kunst auf nachhaltige und umfassende Weise fruchtbar. Der Triumph von Relativität und Massenzivilisation über die Selbstsicherheit der Erben der „honnêteté" nach Pariser Muster wird sowohl durch Veränderungen im internationalen Kräftespiel gewährleistet als auch durch profunde Wandlungen innerhalb der französischen Gesellschaft, welche den Übergang von der Dominanz einer sozioökonomisch abgesicherten und in einem festgefügten Fundus von Traditionen verwurzelten Elite zum Staat der Parteien und Medien verkraften muß. In dem Maße als die letzten Grenzen zwischen einem zivilisierten Innen und einem barbarischen Außen unsicher werden, hört die Wirklichkeit auf, sich von einem erhöht-privilegierten Standpunkt aus deuten zu lassen. Natürlich wird dieser Wandel nicht nur im Rahmen der französischen Literatur registriert. „Es steht nicht mehr ein ganzer Mensch einer ganzen Welt gegenüber", so lautet die brillante Formulierung des Österreichers Robert Musils „sondern ein menschliches Etwas bewegt sich in einer allgemeinen Nährflüssigkeit" (Musil, Robert 1952, 224). Aus allen bisher gesammelten Indizien geht hervor, daß sich der Übergang in Frankreich auf besonders widersprüchliche, die Kulturnormen der Vergangenheit immer wieder ins Spiel bringende Weise vollzieht.

Man würde wahrscheinlich in die Irre gehen, wollte man die destruktive Komponente der Epoche als ihr Hauptcharakteristikum präsentieren. So wie in der Romantik, die ein anderes kulturhistorisches Erdbeben aufzuarbeiten hatte, bilden auch in den 20er Jahren unseres Jahrhunderts Entdeckerfreude und Freiheitsdrang ein

Gegengewicht gegen Untergangsstimmungen. Die Verbindungen zur Vergangenheit sind keineswegs alle unterbrochen. „Les années 20 laisseront le souvenir de folles années: ‚folie' d'une mode et ‚folie' d'un art qui rompent avec les expressions de l'avant-guerre (...), mais aussi audaces industrielles, diffusion massive de moyens de communication qui transforment le rythme même de la vie quotidienne. Années, en réalités paisibles pour la bourgeoisie triomphante, où les conflits sociaux se restreignent, où, à partir de 1926, en politique intérieure comme en politique extérieure, les modérés tiennent le haut du pavé" (Duby, Georges 1971, 533). Da sich an der zentralistischen Strukturierung Frankreichs nichts ändert, kann Paris aus der Not eine Tugend machen und die progressive Schwächung der traditionellen Normen mit der euphorischer Proklamation urbaner Liberalität und Erneuerungsbereitschaft Hand in Hand gehen lassen. Denn nach wie vor ist die Öffnung zur Modernität Sache des Zentrums, das sich im Kontrast zu den Beharrungstendenzen der Provinz als idealen Rahmen für schöpferischen Austausch zwischen den gesellschaftlichen Kategorien anbietet. Immer noch ist Paris der Raum, in dem elitäre Ansprüche gestellt und von aufstrebenden Gruppen im Angleichungsprozeß erfüllt werden: „des élites nouvelles se sont constituées, qui pénètrent la bourgeoisie, la copient et la reconnaissent comme classe dominante, malgré toute la phraséologie révolutionnaire" (Duby, Georges/ Mandrou, Robert 1968, II 295). Im Sinne des weltweiten Trends zur Auflösung von Monopolzentralen (vgl. Elias, Norbert 1982, II 435ff.) distanziert man sich von der Tradition, läßt sich aber Zeit mit der Zerstörung, speziell im Bereich der Romanproduktion, deren Neigung zum Ausgleich zwischen unumgänglich gewordenen Infragestellungen und Tendenzen zur bewahrenden Anpassung des Überkommenen auch im Zeitalter der Kulturkrise um die Jahrhundertwende bestehen bleibt. Die wütende Destruktivität Dadas ist schon längst überwunden, als André Breton das Mißtrauen des Surrealisten gegenüber dem Roman überwindet und in *Nadja* (1928) Traumtiefen auslotet, in denen sich vor ihm schon Gérard de Nerval und Alain-Fournier heimisch gefühlt hatten. Ohne zwangsläufig als Konformist zu gelten, kann der Romancier auf bewährte Themen und Techniken zurückgreifen – freilich immer unter der Voraussetzung, daß er die Wirksamkeit eines neuen Geistes der Unverbindlichkeit fühlbar macht. Wenn Roger Martin du Gard in *Jean Barois* (1913) den Roman als „dossier" dokumentarischen Materials anlegt und die Handlung in Dialoge auflöst, ist es keineswegs Zolas Glaube an Wissenschaft und Fortschritt, der ihn dabei motiviert. Wie sein achtteiliger „roman fleuve" *Les Thibault* (1922–1940) mit aller Deutlichkeit erkennen läßt, geht es dem „realistischen" Erzähler nicht mehr um sinngebende Bewältigung der Geschichte, sondern um das Ausbreiten von Bezugsnetzen, die sich dem menschlichen Anspruch auf Ordnung und Deutung letztlich entziehen. Hauptthema dieser Familiensaga ist der Verfall des überkommenen Systems der gesellschaftlichen Normen, das hier einerseits von dem strengen Katholizismus des Vaters Thibault, andererseits durch den liberalen Geschäftsgeist des ältesten Sohnes Antoine repräsentiert wird. Die Rebellion des jüngeren Bruders Jacques hat jedoch nur negativen Charakter: Keine neue Ordnung ist in Sicht, die den Sturz des Alten auffangen könnte.

Sowohl die Zeit-Räume des Vergangenen als auch die unbegrenzten Möglichkeiten der Erschließung „fremder" Zonen der Lebenswelt bieten sich als Tummelplatz einer Neugier und Experimentierlust an, die von keinen normativen Ansprüchen und Grenzziehungen mehr gehemmt wird. Nicht selten ist unter den Romanciers dieser Epoche der Typus des brillanten Spielers vertreten, der virtuos alle intertextuellen Register seines Genres zieht, um so die Bodenlosigkeit des Realen ebenso bewußt zu machen wie das Scheinhafte an der Kunst. Knapp hintereinander hat der jung verstorbene Raymond Radiguet die unbesiegbare Leidenschaft romantischer Prägung (1923 *Le Diable au corps)* und den Verzicht nach dem Vorbild der von Madame de La Fayette geschaffenen „klassischen" Heldinnen gestaltet (vgl. *Le Bal du Comte d'Orgel*, 1924), auf diese Weise die Unverbindlichkeit der romanesken Psychologie demonstrierend. Radiguets Freund Jean Cocteau hat ebenfalls mit der literarischen Tradition ein respektloses Spiel getrieben: In *Thomas l'Imposteur* (1923) schreibt er gewissermaßen die *Chartreuse de Parme* weiter, wobei allerdings die Stendhalsche Heiterkeit im Horror des Weltkriegs buchstäblich auf der Strecke bleibt. Das Reich der Phantasie, die wahre Heimat der Kinder und Poeten, ist für den Autor der *Enfants terribles* (1929) nicht regierbar, da es an die definitiv entgrenzten Zonen des Todes rührt. Der Romancier kann auf Reisen gehen und seine Unruhe mit der Fremdheit anderer Kulturen konfrontieren, wie es Paul Morand in *Bouddha vivant* (1927) getan hat. Aber es ist nicht eine neue Gewißheit, die ihm vorläufig zuteil wird, sondern jener selbstironische Relativismus, der die Heldin von *Suzanne et le Pacifique* (1921) von Jean Giraudoux veranlaßt, sich am Ende einer Robinsonade, in deren Verlauf die Zivilisationskritik durch massiven Einsatz von Koketterie ihrer Schärfe beraubt wird, einem europäischen „Kontrollor der Maße und Gewichte" zuzuwenden.

Nur ein Schritt trennt den Roman der brillant-verspielten Abenteuer von den Schrecken der seelischen Haltlosigkeit. Der Abbau der traditionellen Werte, an deren Stelle ein Reich der kühlen Bindungslosigkeit zu treten scheint, ruft bei vielen ein Gefühl der Leere und der Angst hervor, das die Attraktivität religiöser Themen beträchtlich erhöht. Schon gegen Ende des 19. Jahrhunderts hatten französische Romanciers wie Léon Bloy *(Le Désespéré,* 1886; *La Femme pauvre* 1897) ihr Engagement im Sinne eines „renouveau catholique" kundgetan. Nach 1905 bietet sich die definitiv vom Staat getrennte Kirche glaubhafter denn je als spiritueller Rettungsanker an. Freilich ist es nicht heimeliges Geborgensein in der Tradition, das die Inspiration der katholischen Romanciers der Zwischenkriegszeit bestimmt, sondern, ganz im Gegenteil, die rückhaltlose Bereitschaft zum Erkunden der Weltverzweiflung und Verfallenheit des „unbehausten" Menschen in der Gegenwart. Im Schaffen von Julien Green (1926 *Mont-Cinère;* 1927 *Adrienne Mesurat, u.* a.) wird die Ausweglosigkeit des irdischen Infernos so kompromißlos dargestellt, daß nur die Hoffnung auf jenseitige Erlösung als Alternative gelten kann.

Bei Georges Bernanos stehen die Priester auf dem Prüfstand: *Sous le soleil de Satan* (1926) thematisiert das qualvolle Ringen des Landpfarrers, das 1936 im *Journal d'un curé de campagne* von neuem das

Hauptthema bilden wird. Auch wenn bei Bernanos die rettende Kraft des Glaubens jederzeit wirksam werden kann, verankert er seine Romanwelt tief im Materiellen und wehrt sich machtvoll gegen die Versuchung, die Verstrickungen seiner Helden durch bequeme Evasion zu lösen. Diese seelischen Kämpfe drängten den Autor letztlich zur Übernahme unkonventioneller Romantechniken: In dem 1940 vollendeten *Monsieur Ouine* sucht Bernanos die Chaotik einer gottverlassenen Welt durch verrätselnde Akausalität auszudrücken.

Die französische Provinz liefert den Handlungsrahmen, den die katholisch orientierten Schriftsteller bevorzugen. In dem Maße, wie sich Paris der „modernen" Indifferenz öffnet, werden die Regionen Frankreichs auf Grund ihrer kulturellen Verspätung zu Rückzugsgebieten einer Ordnung, die den Menschen mit der Unerbittlichkeit von Naturgewalten auf den urtümlichen Kampf von Gut und Böse in der Arena der Leidenschaften verweist. „Province, terre d'inspiration, source de tout conflit!" ruft François Mauriac in dem Essay *La Province* (1926) aus, „La Province oppose encore à la passion les obstacles qui créent le drame ... Contenue par le barrage de la religion, par les hiérarchies sociales, la passion s'accumule dans les coeurs. La Province est pharisienne. La Province croit encore au bien et au mal: elle garde le sens de l'indignation et du dégoût" (Mauriac, François 1951, IV 16). Die Zwänge, die von der altertümlich-hierarchischen Provinzgesellschaft ausgehen, drängen das Individuum in eine Polarität von Verzweiflung und Revolte hinein, in der Mauriac das einzige Heilmittel gegen die um sich greifende Verflachung des Lebens sieht. Allerdings valorisiert Mauriac die Treue der Provinz zu den Normen und Werten der Vergangenheit nur, soweit sie zu kämpferischer Auseinandersetzung auffordert und dabei Energien frei werden läßt, die der von blutloser Unverbindlichkeit bedrohten Pariser Kultur neue Kräfte zuführen: „Paris est une immense délégation de toutes les provinces, une mise en commun de la richesse provinciale française. Paris, c'est la province qui prend conscience d'elle-même. Paris: ce grand feu que nous entretenons" (Ebenda, 475). In der zweiten Hälfte des 19. Jahrhunderts hatte die regionale Inspiration im französischen Roman die konservative Flanke der Standardkultur gestärkt; nun, in dem Maße als an dieser „culture dominante" Auflösungserscheinungen manifest werden, fungiert die Provinzthematik als Widerstand, der Spannungen erzeugt und damit Kreativität fördert. Die Heldin von *Thérèse Desqueyroux* (1927) wird durch die Enge des provinzbürgerlichen Milieus zur Revolte getrieben. Auch nach dem Mordanschlag auf ihren Ehemann ist sie dem soziopsychologischen Druck ihrer gaskognischen Umwelt ausgesetzt, bis der Aufbruch nach Paris die Hoffnung auf Befreiung und Läuterung keimen läßt.

Will der Romancier nicht die Wege der christlich inspirierten Sinnsuche beschreiten, um der großen Verunsicherung Herr zu werden, bleibt ihm die Zuflucht zu heidnischer Naturfrömmigkeit. „Cybèle a plus d'adorateurs en France que le Christ", konstatiert Mauriac selbst (1951, IV 465). Im Gegensatz zu den kosmischen Visionen der Romantik, die von anthropozentrischem Herrschaftsansprüchen nie ganz frei waren, wollen die Romanciers der Zwischenkriegszeit, die ihren Lesern das Reich des großen Pan näherbringen wollen, an ihren bäuerlichen Protagonisten die Einbindung des Menschen in die Elementarwelt demonstrieren. Im urtümlichen Gebirgsdorf, das der Westschweizer Charles-Ferdinand Ramuz in *La grande peur dans la montagne* (1926) schildert, bei den provenzalischen Bauern von Jean Gionos Pan-Trilogie (*Colline,* 1928*; Un de Baumugnes,* 1929*; Regain,* 1930) ist die Konditionierung durch die Urbanzivilisation so oberflächlich, daß die okkulten Seelenkräfte, die ein Individuum oder eine Gruppe mit den chthonischen Gewalten verbinden, jederzeit in Aktion treten und dem menschlichen Zerstörungsdrang, der sich mit dem Eigenleben der Dinge verbindet, auf verheerende Weise Vorschub leisten können. Umgekehrt kann der naturnahe Mensch sein Teilhaben am großen Ganzen auch zur Entfaltung heilsamer Kreativität nützen: Wer sich wie Panturle, der Held von *Regain,* dem kosmischen Aufruf zum harmonischen Leben nicht entzieht, bringt den Traum vom irdischen Paradies seiner Realisierung näher und kann den Tod besiegen. Die Gestalten bei Giono und Ramuz, welche diesem Naturbild am ehesten entsprechen, sind

Randfiguren der Gesellschaft, Taglöhner, Gaukler, Wilderer, wandernde Korbflechter ... Zweifellos sind sie als Inkarnationen eines Dichters deutbar, der seine Zeitgenossen angesichts des Zusammenbruchs der alten Ordnung und ihrer Auflösung in einer als inhuman empfundenen Weltzivilisation auf die Alternative einer Schöpfungsordnung verweisen will, die bei aller Härte dem Menschen stets seine Würde beläßt. Das Prophetenprestige, das Giono in den 30er Jahren bei nicht wenigen Pariser Intellektuellen genoß, wirft ein bezeichnendes Licht auf die kollektiven Sehnsüchte, denen dieser Romancier Ausdruck zu verleihen wußte. „La maîtrise de la terre et des forces de la terre, c'est un reste de rêves bourgeois", sagte er 1935 in einem Interview, „Il faut libérer la terre et l'homme, pour que ce dernier puisse vivre sa vie de liberté sur la terre de liberté" (Giono, Jean 1971–1983, II 1327). Wenn es dem Romancier gelang, von der Warte erdnaher Weisheit aus den Leser zu einem Sehen mit anderen Augen zu erziehen, konnte er vielleicht zur Erhellung der Schattenseiten eines Zeitalters der Uniformität, der Maschinen und Weltkriege beitragen. Natürlich blieb die Ernüchterung nicht aus. Sie war nicht nur die Folge von Gionos kompromißlosem Pazifismus, durch den er sich ins politische Zwielicht manövrierte. Daß die archaische Naturwelt des Südens als Folge von wirtschaftlicher Unterentwicklung keine dauerhafte Alternative gegenüber dem Vordringen der Massenzivilisation bot, hatten die Exponenten der okzitanischen Renaissancebewegung, von der Giono sein Leben lang nichts wissen wollte, obwohl auch er zweifellos zu den Erben Mistrals gehörte, schon längst zur Kenntnis nehmen müssen. 1926 hatte Joseph d'Arbaud in seiner *Bèstio dóu Vacarés*, dem ersten bedeutenden Roman des 20. Jahrhunderts in okzitanischer Sprache, den großen Pan als vergreisten und einsamen Halbgott dargestellt, der hungernd durch die Camargue irrte.

Bei all seiner Ambivalenz leistet der im Roman der Zwischenkriegszeit häufig zum Einsatz gebrachte Naturmythos einen nicht zu unterschätzenden Beitrag zur Stärkung des kritischen Bewußtseins diskriminierter Gruppen, die von der triumphierenden Standardzivilisation des 19. Jahrhunderts mit den Etiketten einer negativen Wertungen ausgesetzten „Anormalität“ (Primitivität, Sinnlichkeit, Kindlichkeit usw.) versehen wurde. Dies gilt nicht nur für die Literatur der ethnischen Minderheiten. Während noch George Sands emanzipatorisches Bestreben darauf gerichtet war, den Weg der Frau zu „höherer“ Geistigkeit zu rechtfertigen, ohne ihre „Naturhaftigkeit“ ganz aufzugeben, bekennt sich nun Colette rückhaltlos zu einer Sensualität, die in ihren Augen keineswegs als verhängnisvolles Erbe der Urmutter Eva gilt, sondern als integraler Bestandteil des ganzen Menschen beiderlei Geschlechts (vgl. *Le Blé en herbe,* 1923; *La Naissance du jour,* 1928, u. a.). In ähnlicher Weise werden demnächst schwarze Studenten in Paris unter der Führung von Léopold Sédar Senghor und Aimé Césaire an dem rassistischen Mythos der afrikanischen Urnatur eine radikale Umwertung vornehmen und die Bewegung der „Négritude“ gründen.

4. Helden – mit oder ohne Mission

Die französische Romanliteratur der Zwischenkriegszeit scheint für manche Kommentatoren durch eine Verlangsamung ihres kreativen Elans gekennzeichnet, ja sogar durch den „Stillstand des erzählerischen Avantgardismus“ der als ein „Epiphänomen einer insgesamt blockierten Gesellschaft“ gewertet wird (Reichel, Edward/ Thoma, Heinz 1993, 5). Tatsächlich ist die Neigung, fortschreitender Verunsicherung auf weltanschaulichem Gebiet durch den Rückgriff auf bewährte Modelle der Romangeschichte zu begegnen, schon seit dem Ende des 19. Jahrhunderts zu beobachten (siehe oben, 229). Wenn der Blickwinkel der Literatur- und Gattungsgeschichte nicht durch eine Überbewertung formaler Experimente eingegrenzt wird, präsentiert sich die fragliche Epoche eher als ein Bereich der Gärung und des Ringens, in dem sich Vorstöße zu neuen Strategien der Ordnung und Bewältigung abzeichnen. Wir erinnern uns, daß die Erzählliteratur der Romantik den Verlust der höfisch-monarchischen Wertordnung zunächst mit Weltschmerz und universeller Experimentierlust beantwortet hatte, um hierauf voll Verantwortungsbewußtsein das Jahrhundert in die Schranken zu rufen. An diese Phasenfolge fühlt man sich erinnert, wenn manche Literaturhistoriker im Zusammenhang mit den Werken eines Malraux, eines Saint-Exupéry usw. von einer neuen Romantik sprechen. Freilich ist der Vergleich zwischen den beiden Zeitaltern nur dann gerechtfertigt, wenn man die Kulturgeschichte aus großer Distanz betrachtet; größere Nähe zwingt zur Registrierung sehr bedeutender Unterschiede. Denn der Roman des 19. Jahrhunderts nährte sich im wesentlichen aus ideologisch-poetologischen Kraftströmen, die im geschichtlichen Grunde Frankreich selbst entsprangen, obwohl auch internationale Verflechtungen nach und nach an Bedeutung gewannen. Die Springflut hingegen, die zu Beginn des 20. Jahrhunderts den Babelturm der eurozentrischen Gewißheiten in ein Trümmerfeld verwandelt hat, kommt von draußen. Der interkontinentale Siegeszug einer Standardzivilisation, deren Monopol Paris für lange Zeit zu besitzen glaubte, während doch längst in Ost und West übermächtige Konkurrenten heranwuchsen, hat weltweit Erschütterungen ausgelöst, deren Folgen gleich einem alles mit sich reißenden Strudel in das geschwächte, zu Selbstzweifeln neigende Europa zurückkehrten. Wie André Malraux schon 1926 in seinem Essai *La Tentation de l'Occident* betont, kann kein Schriftsteller vor dem „caractère inhumain, incompréhensible, végétal" der Welt die Augen schließen (Malraux, André 1951, 154). Aber auch wenn das abendländische Subjekt mit seinem Herrschaftsbewußtsein auf dem Rückzug ist, darf, so die Botschaft der zeitgenössischen Romanproduktion Frankreichs, die Hoffnung auf Bändigung der Wirrnis und Sinnstiftung im Sinnlosen nicht aufgegeben werden. Natürlich ist die Radikalisierung der politischen Lager, die in den 30er Jahren den Konflikt der Faschismen und Marxismen auf die Spitze treibt, ein wichtiger Anlaß für die Schriftsteller, den eigenen Standort zu überdenken. Dennoch ist es nicht allein die zunehmende Bedeutung des politischen Engagements, die den französischen Roman vor dem 2. Weltkrieg charakterisiert. Was wir bei den so verschiedenartigen Romanciers dieser Zeit immer wieder finden, das ist vielmehr das Bestreben, einer Welt, die sie als inhumanes Chaos empfinden, mit illusionslos-heroischer

Luzidität zu begegnen. Das große Individuum, das da offensichtlich in das Zeitalter der Kollektivismen herübergerettet werden soll, hat mit dem alten Standardleitbild des titanischen Welteroberers scheinbar nicht mehr viel gemein. Aber die grimmige Tapferkeit, mit der es sich in das scheinbar blinde Toben einer nicht mehr beherrschbaren Innen- und Außenwelt wirft, darf dennoch als letzter Abglanz eines spezifisch französischen Elitestolzes gesehen werden. Im Blickwinkel von Micheline Tison-Braun erscheint der engagierte Intellektuelle in einer Zeit der Persönlichkeitskrise als Garant prestigereicher Kontinuität: „Ce n'était pas un homme nouveau. Ses ancêtres étaient nés au Siècle des lumières et il était le descendant direct – sécularisé – des génies, mages et prophètes que célébrait le romantisme, et dont le vieil Hugo fut la plus parfaite incarnation" (Tison-Braun, Micheline 1990, 415). Wie schon öfter in seiner Geschichte stöbert der Roman wieder einmal unter den Restbeständen der Tradition, auf der Suche nach lebenskräftigen Elementen, die sich für die schöpferische Bewältigung von Gegenwart und Zukunft eignen.

Besonders evident ist der Bezug zur Vergangenheit im Romanschaffen von Henry de Montherlant. Auch wenn dieser Autor die Helden von *Les Célibataires* (1934) noch so skurril erscheinen läßt, auch wenn diese Aristokraten ohne den Rückhalt einer Mondängesellschaft das Gepräge von einsamen Don Quijotes haben, so bleibt ihnen immer noch ihr Herrengeist, den sie aus allen Niederlagen und Kompromissen zu retten wissen. Auf die Bindungs- und Prinzipienlosigkeit der modernen Welt reagiert der Held Montherlantscher Prägung, indem er chamäleonartig variierend sämtliche Masken annimmt, die das Leben von ihm verlangt, d. h. mit denen er bei den Frauen Erfolg hat. Das Weibliche wird bei diesem Romancier mit dem in jeder Hinsicht unverläßlichen chaotischen Draußen identifiziert, vor dem das Ich seine Autonomie nur retten kann, wenn es den Esprit der Libertiner von einst zur Rundumverteidigung nützt und keine Norm außer jener der eigenen Freiheit anerkennt. Da ritterliche Tugenden nicht mehr gefragt sind, profiliert sich der Elitemensch durch eine Intelligenz, die sich selbst genießt, indem sie der universellen Beliebigkeit ihre Fähigkeit zur „alternance" entgegensetzt: „Il y a en moi toutes les saisons, tour à tour. Je suis un cosmos qui tourne et expose au soleil les points différents de sa surface, tour à tour! toujours tour à tour!", schreibt Montherlant 1936 in *Pitié pour les femmes* (Montherlant, Henri de 1959, 99). Natürlich fördert ein solches Konzept nicht die Erschaffung von Charakteren im Sinne des Pierre Corneille, mit dem Montherlant gerne verglichen wird; an der Stelle des selbstgewissen Ich manifestiert sich ein Strahlungsherd zielloser Energie. „Montherlant ... montre un héros isolé, solitaire, sans aucune conscience sociale; il trouve son concept de l'honneur à l'intérieur de lui-même, non pas à l'obéissance à un devoir social" (Edney, David 1973, 91).

Bei fehlender Neigung zur aristokratischen Reserviertheit fühlt das Bewußtsein den Sog, der es hinausreißt in das Trommelfeuer der Wahrnehmungen, Gefühle, Reflexe und Reflexionen, bis es mit Hilfe einer entfesselten Sprache in Werken wie *Voyage au bout de la nuit* (1932) „die gesamte Schöpfung wieder in das Chaos ein(taucht), in den Schlamm, aus dem sie hervorging" (Heitmann, Klaus 1975, II 160). Montherlants brillantem Stilfeuerwerk entspricht bei Louis-Ferdinand Céline eine sprachliche Hemmungslosigkeit, die in einer Welt voller Fäulnis und Tod, Egoismus und Aggressivität den Anspruch auf künstlerische Bewältigung einlösen soll. Wo sicherer Boden fehlt, kann pikareske Dynamik gleichwohl einem Romanhelden zu blutvoller Lebendigkeit verhelfen, noch dazu, wenn er wie Célines Bardamu in Robinson ein *alter ego* besitzt, an welches die Rolle des von elementaren Impulsen getriebenen Tatwesens delegiert wird. Bardamu selbst erscheint in solcher Nachbarschaft von der Verfallenheit, die ihn umgibt und an der er teil hat, so weit abgehoben, daß sein Habitus als vom Erkenntnisdrang beseelter Wanderer glaubhaft wird. Vielleicht darf man in ihm sogar einen fernen Nachfahren höfischer Ritter sehen (vgl. Heitmann, Klaus 1975, II 179).

Nicht nur durch die Darstellung starker Individualitäten, die dem Chaos Trotz bieten, selbst wenn es über ihnen zusammenschlägt, sucht der französische Roman der späteren Zwischenkriegszeit den Herausforderungen der Epoche zu begegnen. Die Hoffnung, man werde der großen abendländischen Krise Herr werden, indem man das irrationale Ausufern der Welt akzeptiert und nach den Spielregeln forscht, durch deren Kenntnis man die Un-Ordnung in den Griff bekommen könnte, ist eher im Wachsen. Nicht selten ist der Optimismus so groß, daß die Konventionen „realistischen" Erzählens zu neuen Ehren kommen und altbewährtes Beschreiben und Analysieren zur globalen Erfassung modernen Lebens aufgeboten wird, wobei das Primat des Kollektiven vor dem Individuellen die Bereitschaft der Romanciers zur Anpassung an die Gegebenheiten der neuen Ära zum Ausdruck bringt. Eine wichtige theoretische Grundlage für diese Richtung liefert die Lehre des Unanimismus, die schon ab 1906 von einer Schriftstellergruppe entwickelt worden war und in den 30er Jahren ihre bedeutsamsten Früchte auf dem Gebiet des Romans hervorbrachte. Weit entfernt von nostalgischem Betrauern der alten Standardkultur setzen die Unanimisten ihre Hoffnungen gerade auf das Irrationale in der Massenwelt des 20. Jahrhunderts und machen sich mit positivistischem Fleiß daran, die der Gruppenseele innewohnenden schöpferischen Kräfte mit Hilfe des Romans sichtbar zu machen. Die restaurativ-bildungsbürgerlichen Tendenzen des Unanimismus sind in Georges Duhamels *Chronique des Pasquier* (1933–1944) weit ausgeprägter als bei Jules Romains, der mit *Les Hommes de bonne volonté* (1932–1947) den Höhepunkt eines vielseitigen und experimentierfreudigen Schaffens erreichte. Indem er die Lebenswelt in ihrer ganzen, nicht mehr mit der Rationalität des 19. Jahrhunderts durchdringbaren Komplexität annimmt, versucht Romains, zu einem neuen, sowohl auf kognitiven Einsatz als auch auf Sympathie und Intuition gegründeten Verständnis kollektiver Impulse und Verhaltensweisen vorzustoßen. Zweifellos haben wir es hier mit einem Nachwirken des Vertrauens in Wissenschaft und Fortschritt zu tun; aber Romains läßt den positivistischen Elitestolz und Herrschaftsanspruch völlig beiseite, um nur die Hoffnung auf den „guten Willen" einer immer noch für gutartig gehaltenen Menschheit zu bewahren.

Wo sinngebende Aufarbeitung der Geschichte zum Anliegen wird, liefern marxistische Perspektiven den Romanciers Leitlinien für die Deutung ihres Erlebens und Schaffens, mit deren Hilfe sich gleichzeitig der Kampf gegen die alten Werte radikalisieren und die Richtung des Strebens nach neuen Bündnissen von Mensch und Welt präzisieren läßt. Auch in der Romanproduktion mit starker sozialkritischer Ausrichtung läßt sich der oben skizzierte Übergang von den Visionen einer auseinanderbrechenden, in ihrer Unabsehbarkeit inhuman wirkenden Welt zu heroischer Behauptung des Menschlichen beobachten. In seinem großen Antikriegsroman *Le Feu. Journal d'une escouade* (1916) hatte Henri Barbusse die Aufmerksamkeit des Lesers auf das kollektive Schicksal der auf die Schlachtfelder getriebenen Arbeiter und Bauern gelenkt. Zehn Jahre später ging der Aragon der surrealistischen Phase bei der Darstellung des „Anonymen" noch wesentlich weiter: Sein *Paysan de Paris* (1926) präsentiert Sprachfetzen aus dem Alltag, Reklameschilder, Zeitungsausschnitte usw. in der Art einer Collage und erzeugt durch diskontinuierliches, bzw. übergenaues Beschreiben Verfremdungseffekte, die konventionelles Deuten der Lebenswelt hintertreiben und den Sinn für sozioökonomisches Konfliktpotential schärfen sollen. In späteren Werken wird die Bodenlosigkeit des modernen Daseins auf weit explizitere Weise mit dem kapitalistischen System im Verbindung gebracht. In dem Zyklus *Le Monde réel* müssen sich Menschen verschiedener Klassenzugehörigkeit und damit auch unterschiedlichen Bewußtseins auf dem steinigen Weg zur kritischen Einsicht und zum Engagement im politischen Kampf vortasten. „Grundtendenz ist das Bemühen des Dichters, sich der Interpretation durch die gegebene Gesellschaftsordnung und ihren offiziellen Kulturbetrieb zu entziehen" (W. Babilas 1971, 82). Aber wir finden im Romanschaffen Aragons auch Heroengestalten vom Schlag einer Clara Zetkin (1934 *Les Cloches de Bâle),* die weniger geschichtsmächtigen Protagonisten zum Vorbild dienen. So wandelt sich in *Les beaux Quartiers* (1936) der junge Armand vom bläßlich-frustrierten Bürgersöhnchen zum aufrechten Sozialisten. Ein Gegengewicht zum Schematismus des individuell-kollektiven Fortschrittsthemas stellt die „Anarchie" der Liebe dar, die sowohl als Motor der Emanzipation als auch unter dem Gesichtspunkt ihrer fundamentalen Unkontrollierbarkeit gesehen wird.

Auch das Romanschaffen André Malraux' gründet sich auf das Bestreben, das dominante Ich inmitten der Brandungswogen der Geschichte nicht untergehen zu lassen; die „Rettung" besteht für diesen Autor aber nicht so sehr in einer bewußt-zielstrebigen Teilnahme am Prozeß gesellschaftlicher Entwicklung, als vielmehr im Erreichen eines Gleichgewichtes von Mensch und Kosmos, das flexibel genug ist, um inmitten universeller Instabilität Bestand zu haben. Der Weltenwanderer Malraux weiß, daß die asiatische Bereitschaft zur friedlichen Koexistenz mit den Dingen bessere Voraussetzungen für ein Leben mit dem „Chaos" der Moderne schafft als das von der alten Elitekultur ererbte Streben nach rationaler Durchdringung und Dominanz. Daher müssen seine Romanhelden den Andrang des Materiellen über sich ergehen lassen wie eine grausame Prüfung. Die Persönlichkeit des Helden von *La Voie royale* (1930) löst sich inmitten des kambodschanischen Dschungels buchstäblich auf: „Claude sombrait comme dans une maladie dans cette fermentation où les formes se gonflaient, s'allongeaient, pourrissaient hors du monde dans lequel l'homme compte (...)" (Malraux, André 1930, 98). Statt der bedrängenden Präsenz des Seins nach Montherlants Vorbild ein sich durch immer neue Anpassungsmanöver entziehendes Ich entgegenzustellen, statt sich wie Célines Bardamu treiben zu lassen, läßt der Protagonist Malraux' die Welt in sich eintreten, macht sich zum Agenten der Geschichte, um gerade in dieser Eingebundenheit einen unverlierbaren Rest von Möglichkeit zur Selbstbestimmung zu sichern. „L'être intime est implicite au coeur de tous les personnages principaux (...) comme un vide", schreibt Brian T. Fitch über *La Condition humaine* (1933), „Leur manière de vivre ne s'explique qu'en se référant au creux intérieur dont la conscience ... les pousse au niveau le plus profond de l'être à la mythomanie, au sadisme, à l'opiomanie, au terrorisme et même à la recherche de la fraternité virile à travers la lutte révolutionnaire" (Fitch, Brian T. 1964, 73). Von *Les Conquérants* (1930) bis zu *Les Noyers de l'Altenburg* (1943) ist es das schöpferische Tun, vor allem aber die Kunst als höchste Form dieses Tuns, durch die der Mensch zwar nicht seine Autonomie im traditionellen Sinn, wohl aber seine Würde und die Chance auf heroische Bewährung angesichts des alles bezwingenden Todes zurückgewinnen kann. „Le roman malrucien est une mise en accusation des dieux, l'affirmation de la grandeur des hommes, l'exaltation des valeurs spirituelles d'une culture dont il prévoit la disparition" (Brée, Germaine 1978, 292). Durch dieses Heldenideal, das sich einer Zeit des generellen Normverlustes anpaßt und dennoch seine Herkunft aus dem Reservoir französischer Standardwerte nicht verleugnen kann, rückt Malraux in die Nähe weit konservativerer Romanciers, wie Antoine de Saint-Exupéry einer ist. Im Lichte von Werken wie *Courrier Sud* (1929), *Terre des hommes* (1931), *Le petit Prince* (1943) usw. kann der Mensch seine existentielle Verlorenheit besiegen, wenn er durch Pflichterfüllung bis zur Selbstaufgabe eine Mittlerfunktion zwischen kosmischen Ordnungen und Sozialwelt wahrnimmt.

5. „Inséparable du monde ... et pourtant exilé"

So wie Paris das kulturelle Strahlungszentrum Frankreichs bleibt, so ist auch der Funke des alten Zivilisatorengeistes in dunkler Kriegszeit nicht erloschen. Aber die Romanciers fühlen, daß ihr Bemühen, im planetarischen Gewebe der Kulturen eine spezifisch französische Nuance unterzubringen und so die traditionelle Hegemonie wenigstens teilweise aufrechtzuerhalten, mehr und mehr etwas von Defensive und Rückzug an sich hat. Jeder Versuch, etwas vom Repertoire der im traditions- und prestigereichen Zentrum der Nation gewachsenen Werte und Leitideologien in die Welt der Gegenwart zu tragen, bewirkt letztlich nur den Aufschub eines endgültigen Abschiedes von dem Erbe, dessen bindende und lenkende Kraft immer offensichtlicher an nostalgische Reflexe gebunden ist. Gegen Ende der 30er Jahre, noch vor Kriegsausbruch, vor allem aber während der Jahre nach der Niederlage wächst die Bereitschaft der französischen Romanciers, alle Brücken zur Vergangenheit abzubrechen und sich der modernen „Inhumanität“ rückhaltlos zu stellen. Erst wenn der Grund der Verzweiflung erreicht ist, wenn destruktive Raserei keinen Rückzug in altbewährte Eliteposen mehr erlaubt, werden Fühler ausgestreckt, die *in extremis* doch noch irgendein Ordnungsprinzip ertasten sollen. Dies trifft für die Romane eines Georges Bataille zu, deren aggressive Tabufeindlichkeit auf die Überschreitung aller menschlichen Grenzen abzielt, zugleich aber auch die Sehnsucht nach der großen kosmischen Ordnung kennt (vgl. *Histoire de l'oeil,* 1928*; Madame Edwarda,* 1937*; Eponine,* 1949, u. a.). Jean Genets dem Kult des Bösen gewidmete Homosexuellenromane lassen eine Vorliebe für die Thematik des Heiligen und Heroischen erkennen, die sowohl als „Non plus ultra“ der Blasphemie gedeutet werden kann als auch als huldigender Abschied von französischen Kulturtraditionen (vgl. *Notre-Dame-des-Fleurs,* 1944*; Miracle de la rose,* 1946, u. a.). Dazu schreibt Philip Thody: „(…) er will sich gegen eine bestehende soziale und moralische Ordnung auflehnen, will sie jedoch nicht zerstören und durch etwas anderes ersetzen“ (Thody, Philip 1971, 81). Derlei ließe sich keinesfalls von Jean-Paul Sartre behaupten, der zwar Genets Negativität in einem berühmten Essay ausführlich gewürdigt hat (*Saint Genet, comédien et martyr,* 1952), selbst aber mit kaum überbietbarer Radikalität als Philosoph und Schriftsteller die Zerstörung des Althergebrachten und die Freiheit dessen, der nichts mehr zu verlieren hat, zu erreichen suchte. In *La Nausée* (1938) begegnet das Wahrnehmbare als eine widerwärtig-zudringliche, Überdruß erzeugende Masse, die der Protagonist Roquentin in einem qualvollen Prozeß der Bewußtwerdung entdeckt. Auch wenn der Roman als Illustration des philosophischen „en soi“-Konzeptes aus *L'Être et le néant* gelesen werden kann, so hat doch auch Germaine Brée recht, wenn sie den Daseinsbrei der *Nausée* mit den Konventionen der vom Bürgertum beherrschten Gesellschaft in Beziehung setzt: „… he equates the coercive collective forces that he denounces – his class, colonialism, capitalism, racism, anti-semitism – with the dangerous and threatening ‚being in itself‘ of his ontology“ (Brée, Germaine 1974, 109). Demnach haben die meisten Menschen die Sinn- und Zwecklosigkeit der

Welt, so wie sie eine Generation für die andere zurechtgedeutet und weitergereicht hat, erfolgreich verdrängt. Wen aber unüberwindlicher Ekel vor den Negativa der bürgerlichen Gesellschaft ergreift, den überkommt sozusagen die ontologische Hellsicht, so daß ihn das Erlebnis der „nackten" Existenz in seinen Bann schlägt und ihn aus allen herkömmlichen Bezugssystemen löst. „Je ne suis rien, je n'ai rien. Aussi inséparable du monde que la lumière, et pourtant exilé, comme la lumière, glissant à la surface des pierres et de l'eau, sans que rien, jamais, ne m'accroche ou m'ensable. Dehors. Dehors. Hors du monde, hors du passé, hors de moi-même" (Sartre, Jean-Paul 1945, 286). Es ist begreiflich, daß Sartre bei der Lektüre von *L'Etranger*, den Albert Camus 1942 herausbrachte, fasziniert war, glaubte er doch, bei diesem Romancier die eigene Thematik der Fremdheit und der Normfeindlichkeit wiederzufinden. Aber der Gegensatz, der aus diesen beiden Geistern von Weltrang Widersacher machen sollte, war schon damals in ihren Werken angelegt. Sobald Sartre nämlich die „Tabula rasa" geschaffen hat, welche die angestammte Wertwelt endgültig dem Nichts zu weihen scheint, gibt er sowohl seinem philosophisch-literarischen Schaffen als auch seinem Wirken als engagierter Intellektueller in der französischen Öffentlichkeit eine Orientierung, die einerseits den Einfluß der marxistischen Geschichtsdeutung erkennen läßt, andererseits aber nicht frei ist vom heroisch-titanischen Habitus der „poètes mages" und literarischen Einzelkämpfer, wie sie frühere Epochen der französischen Romangeschichte, von Voltaire bis zu Victor Hugo und Emile Zola, hervorgebracht hatten. Kontingenz und Absurdität des Daseins können in Sartrescher Sicht überwunden werden, sofern der Schritt von der Sklaverei im Zeichen „bewußtlos" hingenommener Denkgewohnheiten und Zufälle zum Erkennen und damit zum verantwortungsvollen Nützen der durch die Freiheit des anderen begrenzten Menschenfreiheit vollzogen wird. Zwar gibt der Erzähler in der unvollendeten Romanserie *Les Chemins de la liberté* seine Allwissenheit auf und versucht, dem Spiel zwischen befreiendem Sich-Entwerfen und verzweiflungsvollen Zurücksinken ins dumpfe Existieren gerecht zu werden, indem er den Personen „zusieht", ohne angeblich von der Zukunft mehr zu wissen als sie. Aber hinter dem Nebeneinander von Geschehenssequenzen, das den Leser in buntem Wechsel mit scheinbar zusammenhanglosen Einzelaktionen in verschiedensten geographischen und sozialen Zusammenhängen konfrontiert (vgl. *Le Sursis,* 1945), wird eben doch die souverän deutende und ordnende Instanz fühlbar. So wie in anderen Entwicklungsromanen vor und neben Sartres Schaffen geht auch bei ihm ein Held seinen Weg, der von anfänglichem Fehlverhalten (*L'Age de raison,* 1945) zum politischen Erwachen führt (*La Mort dans l'âme,* 1949). Das Freiheitsprinzip dieses Existenzialismus versöhnt sich mit ethischen Ansprüchen, sofern es sich dem Imperativ der Teilnahme am Kampf um die Erlösung des Weltproletariats unterordnet. Die dichterische Darstellung dieses Paradoxons ist nur möglich, wenn das Ganze der Geschichte überschaut und interpretiert wird, ohne seiner „unberechenbaren“ Vielfältigkeit beraubt zu werden. Im Zusammenhang mit diesem permanenten Balanceakt sind Sartres Werke zu sehen, die eine Reihe von „imaginary enactments of a lifelong dream of heroic participation in human affairs“ (Brée, Germaine 1974, 241) ergeben. Auch die Anwendung unkonventioneller Erzähltechniken, wie sie Sartre von den Großen des modernen Romans in Frankreich, aber auch aus dem anglo-amerikanischen Bereich übernahm, reichte letztlich nicht aus, das Bedürfnis des Schriftstellers nach Profilierung als Kulturheros neuer Art zu befriedigen, so daß er sich in seinen späteren Jahren, nachdem er das Romanschreiben längst aufgegeben hatte, ganz allmählich vom engagiert Schreibenden zum schreibenden Politiker entwickelte.

Camus' Mißtrauen gegen die Geschichte ist mindestens so groß wie Sartres Entschlossenheit, sich mit ihr einzulassen. Mit dem Hinweis auf die Zählebigkeit des bürgerlichen Idealismus hätte man aber noch nicht viel gewonnen, um einen Autor zu charakterisieren, der, anders als der wohlhabender Bourgeoisie entstammende Sartre, ein Proletarierkind war und sich stets als linksstehend deklarierte, auch wenn seine Mitgliedschaft bei der KP nur von kurzer Dauer war. Bestimmend für Camus' Schaffen ist nämlich ein Konflikt, der sowohl auf sozialen als auch auf ethnischen Antagonismen beruht.

Zwar ist dieser Schriftsteller durch seine Schulbildung und seine Teilnahme am literarischen Leben ein Zeuge der alten, auf Paris hin orientierten Elitekultur, sowie jener Entwicklung im 20. Jahrhundert, die im Rahmen dieser Darstellung als eine prolongierte Zerstörung gedeutet wurde; aber die intimeren Bereiche seiner Persönlichkeit und seines Schaffens werden nur in dem Maße zugänglich, als man in ihm den Angehörigen einer privilegierten, durch die Kolonialmacht Frankreich implantierten Volksgruppe in Nordafrika sieht. Sein Leben lang fühlte sich Camus auf Gedeih und Verderb mit den Frankoalgeriern verbunden, die aus allen Mittelmeerländern stammten, sich seit der Naturalisierung der Vätergeneration als Franzosen fühlten und dennoch seit dem Beginn des Jahrhunderts immer stärker dazu neigten, sich kulturell vom Mutterland zu lösen. Zunächst hatten sich diese „pieds noirs“ ein regionalistisches Selbstbewußtsein aufgebaut, indem sie einer „idée latine“ nachhingen, die das Paris der III. Republik als Leitideologie konservativer Felibres toleriert hatte, um sie vermittels des lothringischen Barrès-Schülers Louis Bertrand (vgl. *Le Sang des races,* 1899) nach Nordafrika zu exportieren. Der Mythos vom Primat der Latinität im Mittelmeerraum diente zunächst zur Abgrenzung und Legitimierung des Herrenvolkes; da die „Barbaren“ nicht ausstarben, sondern in politischen Organisationen mit wachsendem Erfolg Widerstand leisteten, suchten die Exponenten der Ecole d'Alger, zu denen neben Gabriel Audisio und Edmond Roblès auch Camus gehörte, aus dem mittelmeerischen Einheitstraum das Instrument einer Völkerversöhnung zu machen, das die Präsenz der Frankoalgerier auch noch in einem von Frankreich mehr oder weniger unabhängigen Algerien sichern sollte (vgl. Kirsch, Fritz Peter 1992, 45ff.).

Naturverbundenheit und Sehnsucht nach unkomplizierter Brüderlichkeit zwischen „einfachen“ Menschen sind jene Komponenten der mediterranen Ideologie, die sich am besten in ein System von verbindenden Universalwerten einbauen lassen. Die „nackte“ Existenz, die den Widerwillen von Sartres Roquentin erregte, manifestiert sich bei Camus daher als elementare Verbundenheit mit Himmel, Erde und Meer, die nicht nur den wertvollsten Besitz der vom

Zivilisationsballast befreiten Frankoalgerier aus der Unterschicht darstellt, sondern der ganzen Volksgruppe die Chance gibt, sich von ihren geschichtlichen Verstrickungen zu lösen und durch illusionslose Annahme der schlichten Wahrheiten von Leben und Tod, Gemeinschaft und Einsamkeit, Bindung und Freiheit einen Neubeginn im Zeichen adamitischer Unschuld und kosmischer Solidarität zu setzen. „Je suis né pauvre, sous un ciel heureux, dans une nature avec laquelle on sent un accord, non une hostilité. Je n'ai donc pas commencé par le déchirement, mais par la plénitude“ (Camus, Albert 1965, 380) – was Camus hier über seine Jugend schreibt, gilt auch für den Helden von *L'Etranger.* Meursault ist der ideale Exponent eines „peuple“, das im Grunde bereit ist, dem Eroberergeist der Pionierzeit zu entsagen, aber durch einen Mangel an kritischem Bewußtsein, der die negative Kehrseite seiner dionysischen Seinsverbundenheit darstellt, dem Klima der Gewalt, das sich nicht aus dem afrikanischen „Paradies“ verbannen läßt, schutzlos ausgeliefert ist. Während sich die Natur in ihrer „tendre indifférence“ bald als grausame, bald als erlösende Macht manifestiert, dominieren in der Gesellschaft, ob sie nun durch Meursaults plebejischen, von aggressiv-rassistischen Reflexen bestimmten Freundeskreis oder durch die vom sozialen Oben her gesteuerten Unterdrückungsmechanismen repräsentiert wird, die negativen Tendenzen. Nach dem Verbrechen des Protagonisten, welches aus dem zufälligen Zusammenwirken aller negativen Umwelteinflüsse resultiert, versucht ihn das dominierende Sozialsystem zu Zweckrationalität und Selbstkontrolle zu erziehen. Tatsächlich führt ihn eine innere Wandlung aber zur Erkenntnis des Wertes seiner Nähe zum Elementaren, welche auch das alle Konventionen verletzende Verhalten der Mutter gegenüber rechtfertigt.

Die naturhafte Unmittelbarkeit von Meursaults Leben „im Augenblick“, die nicht zuletzt durch die Verwendung des Passé composé hervorgehoben wird (vgl. Rossi, Aldo 1973, 194ff.), wird in *La Peste* (1947) durch die Würdigung vorurteilsloser Solidarität ergänzt. Man kann in diesem Roman eine Allegorie von Paris unter deutscher Besatzung sehen; nicht minder einleuchtend erscheint ein Bezug des von der Pest heimgesuchten Oran zu den zwischen dem fremd gewordenen Mutterland und den islamischen Massen „eingeklemmten", an inneren Widersprüchen krankenden Frankoalgeriern. Beeindruckend ist die Energie, mit der sich Camus vom alteingewurzelten Anspruch des europäischen Intellektuellen auf geistige Repräsentanz und Führung freizumachen bzw. dem bedingungslosen Annehmen konkreten Menschseins näherzubringen sucht. Wenn Sartre in *Orphée noir* (1948) Europa scharf kritisiert, bei aller Sympathie für die Emanzipation der Kolonialvölker aber das kulturelle Anderssein der Afrikaner als Partikularismus wertet, der in einer Zeit der proletarischen Einheit keine Rolle mehr spielen wird (vgl. Sartre, Jean-Paul 1948, XLIff.), so nimmt Camus in *La Chute* (1956) den Intellektuellen aufs Korn, der die eigenen Sünden, die auch jene Europas sind, masochistisch anprangert, um im dialektischen Umschlag die Pose des selbstgerechten Weltherrschers einzunehmen. Aber auch Camus' Drang zur „hautnahen" Auseinandersetzung mit dem Realen hat ihre Grenzen, stellt er doch seinen Romanen die großen Essais zur Seite (*Le Mythe de Sisyphe,* 1942; *L'Homme révolté,* 1951), in denen die aktuellen Bedrängnisse Frankreichs und Nordafrikas auf die Abstraktionsebene des alten Traumes von der mittelmeerischen Harmonie gehoben werden.

Wie man sieht, behaupten sich die Helden und Heiligen mit bemerkenswerter Zähigkeit am Horizont des französischen Romans. Aber mit noch größerer Ausdauer wird die Destabilisierung der letzten Reserven tradierter Werte fortgesetzt. Die Romanciers der Kriegs- und Nachkriegszeit suchen in steigendem Maße der universellen Relativierung positive Seiten abzugewinnen, indem sie sich rückhaltloser den Mächten des kollektiven Unterbewußtseins oder der am Materiellen entzündeten Imaginationsdynamik im Sinne Bachelards hingeben. Auf diese Weise zelebriert Julien Gracq mit *Le Rivage des Syrtes* (1951) seine spätsurrealistischen Visionen des Verfalls einer an die „société polie" erinnernden Hochkultur, erzieht Henri Bosco seine Leser zu schöpferischer Partnerschaft mit den Dingen (vgl. *Le Mas Théotime,* 1942; *Malicroix,* 1948). Aber zugleich wächst die Bereitschaft, den definitiven Sprung in die moderne Uferlosigkeit zu wagen und sich in Regionen anzusiedeln, von denen aus kein noch so schmaler Pfad zu den altvertrauten Grundlagen des traditionellen Selbstverständnisses der „société polie“ zurückführt. Seitdem Flaubert ein „Livre sur rien“ schreiben wollte, spätestens aber seit Raymond Roussel das Wortspiel zum generierenden Prinzip für die Erstellung narrativer Texte gemacht hat (vgl. *Locus solus,* 1914), bietet sich das Experimentieren mit der Sprache als extremste Form der Selbstkritik an, die der Roman seiner Neigung zum kompromißhaften Umstrukturieren überholter Normen entgegensetzen kann. Bewußtes Spiel mit Signifikanten und Signifikaten, das die dargestellte Welt ausdrücklich als fiktiv erscheinen läßt, wird in den 50er Jahren vom eher marginalen Amüsement der Einzelgänger zur dominierenden Richtung. Während Raymond Queneau trotz ausgeprägt subversiver Neigungen, die sich auch gegen die Normen der französischen Schriftsprache richten, dem Geschichtenerzählen mehr oder weniger treu bleibt (vgl. *Pierrot mon ami,* 1942; *Exercices de style,* 1947; *Zazie dans le métro,* 1959), wird der Bezug des Schreibenden zu seinem Schreiben für Maurice Blanchot zum allein relevanten „Thema“, dessen progressive Durchsetzung gegenüber den Resten der traditionellen Weltdeutung (Gefühle der Einsamkeit, des Absurden, labyrinthische Verstrickungen usw.) die Stelle der Romanhandlung traditioneller Prägung einnimmt (vgl. *Thomas l'obscur,* 1941; *Aminadab,* 1942; *L'Arrêt de mort,* 1948 u. a.). Ziel dieser Aufarbeitung ist ein Raum des Alleinseins der Sprache mit sich selbst, an der Grenze zu Tod und Schweigen. Dorthin führt auch der Weg des Samuel Beckett, der seine Situation als „hybride culturel“ zwischen Paris und Dublin zur systematischen Vernichtung menschlicher Selbstgewißheit und menschlicher Sprache nützt, bis die Serie der Romane und Theaterstücke beim „Endspiel“ von Lähmung und Gestammel anlangt (vgl. *Molloy,* 1951; *Malone meurt,* 1951; *Comment c'est,* 1961 u. a.). Gerade die zunehmende Verdüsterung im Schaffen Becketts zeigt aber auch die Grenzen seines Antihumanismus: „Indem er den Anspruch auf absolute Erkenntnis aufrechterhält, sein Bemühen um Neukonstituierung einer Realität, einer Ordnung nicht aufgibt, entwertet er auch zugleich die negative

Empirie, und trotz aller scheinbaren Negativität ist sein Werk nicht ohne metaphysischen Richtpunkt" (Dreysse, Ursula 1970, 188).

6. Nouveau Roman und neuer Standard

Die „Nouveaux romanciers" haben sich immer dagegen gewehrt, als Mitglieder einer literarischen „Schule" betrachtet und damit über einen Leisten geschlagen zu werden. Galt es, die offensichtlich vorhandenen Gemeinsamkeiten zu begründen, verwies man gerne auf Äußerlichkeiten wie die eine Gruppenbildung fördernden Aktivitäten der Editions de Minuit, oder die Teilnahme von Butor, Ollier, Pinget, Ricardou, Robbe-Grillet, Sarraute und Simon am wichtigen Kolloquium von Cérisy-la-Salle (1971). „Historiquement", so schreibt Michel Butor, „l'expression ‚nouveau roman' a déjà un sens assez clair: il s'agit d'un certain nombre de romanciers qui sont devenus brusquement connus vers 1956" (Butor, Michel 1964, II 300). Darüber hinaus existieren aber zweifellos gemeinsame Haltungen und Verfahrensweisen, welche den Versuch einer Zusammenschau rechtfertigen, auch wenn kein Anlaß besteht, die ausgeprägte Eigenart der einzelnen Schriftstellerpersönlichkeiten in Zweifel zu ziehen. Was als gemeinsamer Grundzug geradezu ins Auge springt, das ist die programmatische Traditionsfeindlichkeit von Autoren, deren Ziel es ist, sämtliche avantgardistischen Bestrebungen des modernen Romans seit Flaubert durch eine definitive Abrechnung mit den konventionellen Gestaltungsprinzipien sowie mit den vom 19. Jahrhundert hinterlassenen und immer noch nicht ganz aus dem kollektiven Bewußtsein verschwundenen Normen und Werten der zentralisierten Elite zu krönen. Der Wegbereiter Sartre, der bald als dominante Vaterfigur von einzelnen „Nouveaux romanciers" scharf kritisiert werden sollte, hat dieser fundamentalen Negativität Rechnung getragen, indem er im Vorwort zu Nathalie Sarrautes *Portrait d'un inconnu* (1956) den Terminus des Antiromans lancierte. Zweifellos wird eine so scharf ablehnende Haltung durch Ungeduld angesichts einer Nachkriegsproduktion von Romanen genährt, die zwar achtbare Einzelleistungen aufweist, insgesamt aber durch unerschütterliche Treue zum Erbe Balzacs, Stendhals und Zolas gekennzeichnet ist, bzw. in ihren Bemühungen um eine Infragestellung des „Establishments“ kaum je über den traditionsreichen Ichkult im Zeichen von Liebe und Rebellion oder die nicht minder traditionsreiche Melancholie der Ausnahmegeschöpfe hinausgelangt (vgl. Roger Nimier, *Le Hussard bleu,* 1950; Hervé Bazin, *Vipère au poing,* 1947; Maurice Druon, *Les grandes familles* 1948; Françoise Sagan, *Bonjour tristesse,* 1954 u. a.). Es war aber nicht nur das Perpetuieren von altbewährten Themen und Techniken, welches die „Nouveaux romanciers“ zur Sezession veranlaßte. Alain Robbe-Grillet, der auf Grund seiner Begabung für griffige Formulierungen zeitweise als Sprecher der Gruppe fungierte, hat immer wieder betont, daß seine Kritik sowohl auf den Traditionsroman abzielte als auch auf das durch die Ordnungsfunktion sozialer Eliten (die er global als „bourgeois“ etikettiert) bestimmte Kultursystem: „Cet ordre … est lié à tout un système rationaliste et organisateur dont l'épanouissement correspond à la prise du pouvoir par la classe bourgeoise“ (Robbe-Grillet, Alain 1972, 36f.).

In einer ersten Phase motivieren die „Nouveaux romanciers“ ihre innovatorischen Vorstöße durch eine Argumentation, die gewisse Affinitäten zur Phänomenologie erkennen läßt: angesichts der Komplexität menschlichen Reagierens auf eine immer unübersehbarere Fülle von Weltbezügen haben sich die herkömmlichen Romantechniken endgültig als unzureichend erwiesen. Das Ich des Protagonisten verliert seine Kohäsion, die auktoriale Erzählerinstanz ihre Selbstherrlichkeit, wenn sich bei Nathalie Sarraute jenes „Magma“ von undefinierbaren Regungen am Ursprung der Gesten und Worte ausbreitet, jene „sous-conversation“, welche das von Konventionen scheinbar so solide abgesicherte Gespräch im sozialen Alltag vergeblich zu verschleiern sucht (vgl. *Tropismes,* 1938; *Martereau,* 1953; *Le Planétarium,* 1959; *Les Fruits d'or,* 1961 u. a.). Andererseits verlieren die Dinge ihre Deut- und Verfügbarkeit, wenn der Romancier so lange und genau auf ihr „bloßes“ Erscheinen eingeht, daß der Gegensatz von subjektiv und objektiv illusorisch wird und einem schwindelerregenden Fremdheitserlebnis das Feld räumt. Indem sich Robbe-Grillet am Kriminal- oder Kriegsroman orientiert (*Les Gommes,* 1953; *Le Voyeur,* 1955; *Dans le Labyrinthe,* 1959), kann er die im Leser aufkommende Spannung durch „kurzsichtiges" Darstellen einer (scheinbar) unzusammenhängenden Vielheit von Objekten ins Leere laufen lassen und auf diese Weise traditionelle Erwartungshaltungen abbauen bzw. das kritische Anteilnehmen an der Produktion des Textes fördern. Die Handlungen versanden in labyrinthischen Strukturen von Raum und Zeit, welche sich immer wieder in Stadtvisionen konkretisieren. Je eifriger Michel Butors Personen versuchen, ihre Vergangenheit mit der Gegenwart abzustimmen und auf zweckgerichtete Weise aktiv zu werden, um so hoffnungsloser versinken sie im Irrgarten urbaner Systeme (vgl. *Passage de Milan,* 1954; *L'Emploi de temps,* 1957; *La Modification,* 1957). Allerdings macht es die in diesen frühen Werken vorherrschende Atmosphäre des Geheimnisvollen dem Leser schwer, jede Hoffnung auf irgendeine „humanistische" Sinngebung fahren zu lassen. Da und dort scheint sich in diesen Romanen, die sich bei genauer bzw. mehrmaliger Lektüre als Ergebnis bewußten und ungemein sorgfältigen Komponierens präsentieren, doch so etwas wie implizite Kritik an gesellschaftlichen Strukturen und zwischenmenschlichen Beziehungen abzuzeichnen; Krieg und Kolonialismus zeigen sich in etlichen Texten von ihren düstersten Seiten. Allerdings haben die „Nouveaux romanciers" selbst im Zusammenhang mit ihrem Schaffen stets nur jenes Engagement gelten lassen wollen, das sich unmittelbar auf das künstlerische Tun richtet. „Il n'y a pas de ‚monde réel' psychologique, social ou autre, dont nous puissions tirer, en bons photographes, des ‚clichés' objectifs et instructifs, mais seulement, en chacun de nous, une sorte de concours d'images dont, individuellement ou collectivement, nous tirerons des mythes, c'est-à-dire un fourmillement de représentations sans cesse changeantes … L'art consiste alors à jouer de ces images, à les aviver, à les confronter, à secouer sans cesse le kaléidoscope" (Albérès, René-M. 1972, 80). Die referentiellen Bezüge liefern das Material, dessen Potential an Äquivalenzen und Oppositionen der Romancier nützt, um aus dem Spiel der Assoziationen das Strukturmuster seines Textes aufzubauen. In späteren Phasen ihres Schaffens haben die Autoren das Primat der Kombinatorik vor den lebensweltlichen Bezügen so demonstrativ außer Zweifel gestellt, daß der Terminus des „Nouveau nouveau roman" in der Literaturkritik auftauchte. Ließ sich in den ersten Texten immer noch ein Handlungsverlauf rekonstruieren, gewinnt im Laufe der 60er Jahre das autoreferentielle Sprachspiel völlig die Oberhand: „Die nicht mehr auf der Ebene der Fiktion und/oder der Pragmatik zu leistende Textkohärenz konstituiert sich auf der Ebene der Thematik, die damit von einer untergeordneten zur dominanten Strukturkomponente wird" (Hempfer, Klaus 1976, 171). Die Wandlung ist jedoch nicht so tiefgreifend, daß man von Brüchen in der Entwicklung der einzelnen Autoren sprechen könnte. Schon in Claude Simons *La Route des Flandres* (1960) wird das thematische Material in symmetrischer Anordnung rund um das „generierende" Element – das tote Pferd in der Kriegsszene – versammelt (vgl. Sykes, S. 1979, 68ff.). Wenn derselbe Autor in seinem „nouveau nouveau roman" *La Bataille de Pharsale* (1969) fast völlig auf eine „verbindende" Handlung verzichtet und das Kriegsthema zum assoziativen Durchspielen von semiotischen Bereichen wie „Schlachtfeld", „Schlachtengemälde", „Fußballplatz" usw. nützt, so nimmt er damit ein Verfahren auf, das Robbe-Grillet schon 1959 im Zusammenhang mit dem fiktiven und fiktionserzeugenden Gemälde von *Dans le Labyrinthe* gebraucht hatte. „Lire", schreibt Jean Ricardou, dessen Schaffen ganz der Spätphase angehört, „c'est explorer les relations spécifiques par lesquelles sont liés les éléments d'un texte" (Ricardou, Jean 1973, 70). Bei den zur Tel-Quel-Gruppe gehörenden Autoren erscheint selbst das Komponieren mit den thematischen Elementen einer fragmenthaften, kaum noch erahnbaren „histoire" als zu überwindende Phase in einer Entwicklung, die an ihrem Endpunkt nur noch die Arbeit mit der Sprache, deren Materialien zu linguistisch oder mathematisch fundierten Kompositionen verarbeitet werden, zuläßt (vgl. Philippe Sollers, *Drame,* 1965*; Nombres,* 1968*; H,* 1973 u. a.). Die Grenzen der Gattung, namentlich zur Lyrik hin, werden hier ebenso transzendiert wie beim Michel Butor der 60er Jahre, der zahllose Referenzen aus dem Raum der Intertextualität zu partiturähnlichen Gebilden verarbeitet (vgl. *Degrés,* 1960*; Mobile,* 1962*; 6810000 litres par seconde,* 1965 u. a.).

Es fehlt nicht an Versuchen, diese systematische, in ihrer Konsequenz bis zum Äußersten gehende Sprengung aller Verklammerungen, die den Roman und die französische Kultur an ihre Vergangenheit binden, aber auch den positiven Aspekt des Durchbruches zum freien Komponieren mit thematischen und sprachlichen Elementen mit gesamtgesellschaftlichen Tendenzen der Nachkriegszeit in Beziehung zu setzen. So vermerkt Jacques Leenhardt aus der Sicht des Literatursoziologen: „Il faut bien dire que la génération qui avait vécu l'ébranlement de toute l'Europe par le nazisme, qui voyait chaque jour la république et même le socialisme s'enliser et se renier dans l'affaire indochinoise, puis tunisienne et algérienne, cette génération voyait se rompre les derniers liens qui l'attachaient au glorieux passé humaniste de la France" (Leenhardt, Jacques 1972, I 165). Sieht man die hier angedeutete Entwicklung nicht nur von ihrer negativen Seite, als definitiven Bruch mit der Tradition, sondern auch als das kompromißlose Offenwerden des französischen Romans für ein neues Weltbild, mit dem er sich seit langem auseinandergesetzt hatte, ohne sich mit der normfeindlichen „Chaotik" desselben so ganz abfinden zu können, so erhält der Nouveau Roman zusätzlich zu seiner Relevanz als literarischer Spielraum für die Bewältigung spezifischer Probleme der Nachkriegszeit das Gepräge einer ungemein bedeutsamen Phase im langwelligen Verlauf des Zivilisationsprozesses. Lucien Goldmann hat für die Zeit nach dem 2. Weltkrieg eine Beschleunigung der seit dem Ende des 19. Jahrhunderts beobachteten „disparition progressive de l'individu en tant que réalité essentielle" (Goldmann, Lucien 1964, 297) auf Grund von massiven staatlichen Eingriffen in Frankreichs Wirtschafts- und Sozialleben diagnostiziert. Von der oft kritisierten ökonomistischen Verengung des Goldmannschen Ansatzes einmal abgesehen, erscheint das Konzept eines allmählichen, durch gesamtgesellschaftlich wirksame Erschütterungen (Krieg, Entkolonialisierung) beeinflußten Umbaus des dominanten Systems von Werten und

Normen durchaus plausibel. Die von Jean-Marc Moura hervorgehobene Konfrontation mit der Dritten Welt seit dem Ende der Kolonialreiche (vgl. Moura, Jean-Marc 1992, 300ff.) spielt in dieser Entwicklung sicherlich eine wichtige Rolle, aber wohl nur als eine Komponente unter anderen. Frankreich, eine der wenigen Nationen, die nach der ersten Völkerkatastrophe ihr Selbstbewußtsein als intakte „Großmacht" einigermaßen halten konnten, hat sich lange gegen die nivellierende und normenbrechende Kraft der heraufziehenden, vom kapitalistischen Westen wie vom kommunistischen Osten unbeschadet aller Gegensätzlichkeiten gleichermaßen genährten Weltzivilisation gewehrt. Nach 1945 ist dieser Widerstand gegen das planetarische Spiel der Sachzwänge und Interessen, der neuen Technologien und neuen Relativismen definitiv am Ende. Die „Nouveaux romanciers" sind die ersten, welche dem Verlust der alten Werte ohne Trauer und ohne Hoffnung auf „heroische" Bewältigung Rechnung tragen. Besonders ausgeprägt ist die Haltung bedingungslosen Annehmens bei Alain Robbe-Grillet. Michael Rother hat sehr schön gezeigt, wie in *Le Voyeur* (1955) die sinnlich-affektiven Bedürfnisse des Protagonisten, die sich als sado-erotische Phantasien (oder reale Akte?) manifestieren, ebenso von der sozioökonomischen Funktionalität des Handelsreisenden überlagert werden, wie sich die bäuerlich-kleinbürgerliche Gesellschaft auf einer Insel im Ärmelkanal mit der Expansion „moderner" Strukturen abfinden muß, ohne ihr mehr als ein paar archaische Mythen entgegensetzen zu können (vgl. Rother, Manfred 1980, 208ff.). Offenkundig läßt der Schluß eine „praktische Stellungnahme zugunsten der technokratischen Lösung erkennen" (Ebenda, 235). Diese Feststellung steht mit der impliziten Kritik am Kolonialismus, die Jacques Leenhardt durch seine Analyse von *La Jalousie* (1973) deutlich gemacht hat, nicht unbedingt im Widerspruch, handelt es sich bei dem Eifersüchtigen doch zweifellos um einen Pflanzer alten Schlages, dessen Paternalismus nicht mehr in die Welt des freien wirtschaftlichen Kräftespiels paßt. Gerade am Beispiel Robbe-Grillets wird deutlich, daß mit dem Untergang des alten Normensystems nicht der Durchbruch zur absoluten Freiheit des Schriftstellers verbunden ist, sondern daß das technologisch-kollektivistische Zeitalter durchaus „normative" Aspekte aufweist, für welche die Romanciers im nach wie vor zentralistischen Frankreich besonders empfänglich sind. Natur und Geschichte geraten in den Verdacht, Reservate der Rückständigkeit zu sein, wenn sich der Roman um die Legitimierung eines im Gegenwärtigen angesiedelten, total flexiblen Menschentyps bemüht, der die Spielregeln, die ihm seitens der durch rasch wechselnde Konjunkturen und Zielsetzungen bestimmten Sozial-, Wirtschafts- und Kulturwelt nahegelegt werden, rasch begreifen und im „Mitspielen" Befriedigung finden soll. Wenn der Romancier in *Projet pour une révolution à New York* (1970) die Mythen der „monströsen" Megalopolis durcheinanderwirbelt, kämpft er damit gegen irrational-provinzielle Ängste, fördert zugleich aber auch das Hinnehmen eines neuen Standards „cooler" Sachlichkeit.

Man könnte eine Anthologie von Zitaten zusammenstellen, in denen die Nouveaux Romanciers, von den Pionieren bis zu den jüngsten Ausläufern der Tel-Quel-Richtung, ihre Überzeugung bekunden, am Bau einer neuen Welt maßgeblich beteiligt zu sein. „Le roman moderne", schreibt Robbe-Grillet, „est une recherche, mais une recherche qui crée elle-même ses propres significations, au fur et à mesure ... Nous reportons sur l'homme tout notre espoir: ce sont les formes qu'il crée qui peuvent apporter des significations au monde" (Robbe-Grillet, Alain 1972, 120). Die Ambivalenz solcher Stellungnahmen, bzw. der neuromanesken Praxis im allgemeinen, liegt wohl darin, daß die vom Nouveau Roman demonstrierte Kreativität jede gesellschaftspolitische Zielsetzung vermeidet und daher grundsätzlich jederzeit den Imperativen ethisch indifferenter Zweckdienlichkeit unterworfen werden kann. Andererseits beweisen die Werke von Madame de La Fayette und Flaubert, daß gerade in Epochen, in denen sich ein Normensystem sehr weitgehend durchgesetzt hat, bei Schriftstellern, die sich rückhaltlos der herrschenden Ordnung „verschreiben", die affirmative Haltung mit einem feinen Gefühl für die Grenzen des Standards verbunden ist (vgl. oben 119f., 214). Es wäre daher ungerecht, im Nouveau Roman nur den Pariser Propheten der weltbeherrschenden Technokratie zu sehen, auch wenn er seit den 50er Jahren das Zeitalter der Computerspiele anzukündigen scheint.

So hat Nathalie Sarraute bis in unsere Tage gegen die „Gefährdung des Lebendigen in einer wesenlos gewordenen, verwalteten Welt“ (Zeltner, Gerda 1971, 309) angeschrieben und damit gezeigt, daß das Interesse für fundamentale menschliche Belange nicht zwangsläufig mit der reaktionären Spielart des „Humanismus“ gleichzusetzen ist. In rezenten Werken wie *Vous les entendez?* (1972) oder *Disent les imbéciles* (1976) ist sie einer Authentizität auf der Spur – in Interviews hat sie manchmal von einem „absolu“ gesprochen –, die durch selbstzweckhaftes Kombinieren von Stereotypen nicht erreichbar ist und irgendwo jenseits des Literaturbetriebes existiert, in den „régions silencieuses et obscures sur lesquelles le langage n'a pas encore exercé son action asséchante et pétrifiante“ (Sarraute, Nathalie 1972, II 32). Bemerkenswert ist auch die Entwicklung von Claude Simon, der als Romancier traditioneller Prägung begonnen hat, sich als hervorragender Exponent des Nouveau und Nouveau Nouveau Roman profilierte, um mit dem gewaltigen Akkord von *Les Géorgiques* (1979), ein Grundanliegen seines gesamten Schaffens auf eindrucksvolle Weise zu präzisieren. Schon in *L'Herbe* (1958) konnte man lesen: „L'Histoire n'est pas, comme voudraient le faire croire les manuels scolaires, une série discontinue de dates, de traités et de batailles spectaculaires ... Si endurer l'Histoire (pas s'y résigner: l'endurer), c'est la faire, alors la terne existence d'une vieille dame, c'est l'Histoire elle-même, la matière même de l'Histoire ...“ (Simon, Claude 1958, 35). Auf ungemein eindringliche Weise greifen *Les Georgiques* dasselbe Problem von neuem auf: Es ist sinnlos, dem irrationalen Wüten der Geschichte, dem die Indifferenz des kosmischen „foisonnement de la matière“ entspricht, mit den heroischen Attitüden des Elitemenschen Widerstand leisten zu wollen: Die eigentlichen Protagonisten sind in den Reihen der „kleinen Leute“ vom Schlag der Haushälterin Batti zu finden, deren Bescheidenheit und Zähigkeit dem Kriegerstolz des Generals kontrapunktisch standhält und im Rhythmus der Jahreszeiten sowohl für das Überleben als auch für die Würde des Menschen geradesteht: „La dérision est là: les labours, les plantations, les saillies animales sont comme des conquêtes et les opérations guerrières jusqu'à leur phase finale – la mort du combattant foudroyé par un projectile – sont comme un <retour à la terre> dévoyé, détourné de son sens. Et seuls les paysans, qui savent de source sûre la pluie, la boue, le soleil, le vent, le trop chaud, le trop froid, sont de vrais soldats" (Châtelet, F. 1981, 1223).

7. Die Chance der „Barbaren"

Im Horizont eines bilanzierenden Rückblicks präsentiert sich der Nouveau roman als eine sehr markante Etappe in der Geschichte der langsamen, gleichsam hinausgezögerten Auflösung des traditionellen Kultursystems. Auch wenn er nicht mehr die nach Selbst- und Weltbeherrschung strebende Figur des „Homme civilisé" in Szene setzt – „Comme l'éthnologie, le Nouveau Roman cherche la fin du point de vue ethnocentrique" (Wolf, Nelly 1995, 104) -, spiegelt sich doch in seinen Manifesten und seinen modellhaft durchkomponierten Texten eine Grundhaltung des Systematisierens und Normierens, die aus größerer zeitlicher Entfernung immer deutlicher hervortritt. Nach dem zweiten Weltkrieg wollten die kreativsten Romanciers Frankreichs die antihumanistische Botschaft der multinationalen Konzerne, der Rechenzentren, Mikroprozessoren und Fernsehsatelliten noch präziser und radikaler in Sprachkunst umsetzen als dies jemals gelungen war. Dieser Drang zur Übernahme und künstlerischen Vertiefung zeitgenössischen Wissens, dem ein Balzac oder ein Zola in ihrem spezifischen Kontext auf durchaus vergleichbare Weise gefolgt waren, erinnert an die Neigung der alten Elitekultur Frankreichs zum Bändigen und Ordnen. Solch rationale Strenge und Klarheit im Umgang mit chaotisch wucherndem Material ist immer wieder deutlich zu spüren, z. B. bei der Betrachtung eines Textes wie Robbe-Grillets *Djinn* (1981), der zum Zweck der etappenweisen Erarbeitung grammatikalischer Regeln im universitären Unterricht konzipiert worden ist. In einer rezenten Studie stellt Nelly Wolf das

Aufkommen des Nouveau Roman in den Zusammenhang einer Rationalisierungs- und Technisierungswelle, die große Teile des französischen Kulturbetriebs von den 50er zu den 60er Jahren erfaßte: „Non seulement le Nouveau Roman, l'agrégation des lettres modernes, le structuralisme et le formalisme critique sont contemporains (pour ne prendre que quelques composantes de ce système d'affinités), mais ils se sont mutuellement accrédités, justifiés et renforcés" (Wolf, Nelly 1995, 10).

Andererseits wird die im avantgardistischen Streben nach der Überwindung des Überkommenen und dem Durchbruch zu neuen Ordnungen begründete Anspannung durch die spielerische Komponente, wie sie sich im Laufe der Geschichte des französischen Romans im 20. Jahrhunderts auf Schritt und Tritt manifestiert, einem Prozeß der Lockerung unterzogen, der ständig an Bedeutung gewinnt und, was den Nouveau roman anlangt, einen wahrscheinlich entscheidenden Anteil an der Relativierung und zeitlichen Limitierung dieser Subgattung seit den 70er Jahren hat. Georges Pérecs mathematisch fundierter Beitrag zu einer „littérature potentielle" in *La Vie mode d'emploi* (1978) mag extrem formalistisch wirken. Nichtsdestoweniger konnte Manfred Flügge angesichts eines Perecschen Textes, der ganz auf der Abwesenheit des Vokals e aufgebaut ist (*La Disparition,* 1969), die Möglichkeit einer symbolischen Deutung ins Auge fassen: „Der formal spielerische Gestus des Textes geht somit nicht in reinem Formalismus auf, es ist keine nur äußerliche selbstauferlegte Spielregel, es ist im Gegenteil ein sehr effizientes Verfahren auf der Ebene der Sinnbildung. Daß hier Sinn nur durch Form, nur durch Oberfläche erreicht wird, macht das ästhetische Paradox dieses Schreibens aus." (Flügge, Manfred 1992, 47)

Das Nachlassen des Dranges nach formaler Bändigung kündigte sich bei den Nouveaux Romanciers durch eine Welle von autobiographischen Texten an (Nathalie Sarraute, *Enfance,* 1983; Alain Robbe-Grillet, *Le Miroir* qui revient, 1985; Claude Ollier, *Une Histoire illisible,* 1986). Im Sinne der vielzitierten Formel von Danièle Sallenave „En finir avec ce mot: „Écrire est un verbe intransitif" (Sallenave, Danièle 1989) diagnostizieren viele Kommentatoren für die 70er und vor allem die 80er Jahre eine Rückkehr der Romanciers zum linearen Handlungsverlauf und den identifizierbaren Protagonisten. Im Falle des Michel Tournier hat diese auch in anderen Literaturen beobachtete „Wiederkehr des Erzählens" (vgl. Förster, Nikolaus 1999) das Gepräge einer Hinwendung zu einem Geschichtenerzählen, dessen konventioneller Charakter mit einem ausgeprägten Interesse des Autors für das Monströse im gesellschaftlichen Raum und die Grenzphänomene der menschlichen Psyche kontrastiert. Bei Tournier finden wir nicht nur die Lust am Zertrümmern von Tabus sondern auch ein hohes Maß von unprätentiöser Zuneigung zu jenen Bereichen des Lebendigen, welche sich der totalen Kontrolle durch die Zivilisationsnormen entziehen (vgl. *Vendredi ou les Limbes du Pacifique,* 1967; *Le Roi des Aulnes,* 1970; *Gaspard, Melchior et Balthazar,* 1980, u. a.). Dennoch besteht bei Tournier ein Drang zum spitzfindigen Konstruieren, dessen Ergebnis „ein äußerst kompliziertes Netz" ist, „sowohl von innertextlichen Bezügen als auch von Verkettungen, die über die Grenzen des einzelnen Textes hinaus die Romane und Erzählungen untereinander verbinden und zudem mit dem kulturellen Erbe des Abendlandes, seiner Geschichte, Mythologie und Literatur in Berührung bringen" (Röhrbein, Christine 1984, 7).

Nicht unähnlich ist die Grundhaltung Patrick Modianos, der sich als Romancier auf die Darstellung der Zeit des Vichyregimes spezialisiert hat und die Abgründe hinter der Fassade des kollektiven Wertgebäudes auslotet, bis nur noch der konditionierte, ausweglos verstrickte und gerade deshalb berührende Mensch vom Schlag eines Lucien Lacombe (*Lacombe Lucien,* 1975) vor uns steht (vgl. auch *La Place de l'Etoile,* 1968; *La Ronde de nuit,* 1969, u. a.). Der Protagonist von Le Clézios Erstling *Le Procès-verbal* (1963) scheint noch darauf erpicht, im Sinne einer für die französische Romangeschichte bedeutsamen Thematik eine Eroberung des Absoluten anzupeilen: „Je veux vous amener à penser à un système énorme. A une pensée, en quelque sorte, universelle. A un état spirituel pur. Vous voyez, à quelque chose qui soit un comble du raisonnement, un comble de la métaphysique, un comble de la psychologie, de la philosophie, des mathématiques, et de tout, de tout, de tout“ (Le Clézio, Jean-Marie G. 1963, 300). Aber die Inhumanität des Stadtlebens macht die Suche nach der „extase matérielle“ illusorisch. Reisen in die „Dritte Welt“ haben diesen Autor davon überzeugt, daß jene „anderen“ Völker, deren Eigenart noch immer nicht ganz vom westlich-östlichen Standard zerstört worden ist, von entscheidender Bedeutung für die Zukunft der Menschheit sind. Nach ihrer „fraternité“ muß der europäische Intellektuelle suchen, will er sich nicht in eine Evasion flüchten, die ihn nur zu bald auf unüberwindliche Grenzen stoßen läßt. Es ist daher nur konsequent, wenn der französische Romancier Le Clézio in *Le Désert* (1980) die Geschichte einer Tuaregfrau erzählt, die als Gastarbeiterin nach Frankreich geht, enttäuscht und gedemütigt wird, und schließlich nach Nordafrika zurückkehrt, um das Kind eines „marginalen“ Europäers vom Balkan zur Welt zu bringen. Zivilisationskritik verbunden mit der Sehnsucht nach alternativen Lösungen inmitten letzter Wildnisse oder ferner Vergangenheit finden wir auch bei Michel Rio (vgl. *Alizés*, 1984; *Les Jungles pensives*, 1985, *Merlin* 1989).

Für jene Schriftsteller der 80er und der 90er Jahre, denen die Romanforschung von heute das Etikett von „Minimalisten“ verliehen hat („All diese Romane gehen von der Unmöglichkeit aus, sich von der Wirklichkeit eine nur in etwa angemessene Vorstellung machen zu können“ Asholt, Wolfgang 1994a, 58), haben die Innovationen des Nouveau Roman einerseits das Gepräge von normativen Modellen, denen man sich nicht mehr verpflichtet fühlen muß, andererseits aber auch die Funktion von Traditionsbrüchen, die sowohl befreiend als auch verunsichernd wirken können. Im Zeichen dieser Brüche, so scheint es im Rückblick, bereitete sich die Narrativik in Frankreich auf den Sprung in eine „postmoderne“ Dimension vor, in welcher weder die Spielregeln der alten Elitezivilisation noch jene des neuen Weltstandards der Technisierung, Militarisierung und Erschließung aller Lebensbereiche durch wirtschaftliche Regelsysteme Anerkennung finden sollten. Autoren wie Jean-Philippe Toussaint (vgl. *La Salle de bain*, 1985; *L'Appareil-photo*, 1988) sind bemüht, in ihren wie eine Serie von Momentaufnahmen konzipierten Romanen die bei den Neuromanciers immerhin noch erkennbare Ordnungsfunktion des Erzählers noch weiter abzubauen, so daß von der alten Souveränität letztlich nur noch das „Minimum" einer alles durchdringenden Ironie übrigbleibt. Damit verfügt der Roman über einen Spielraum, in dem sich Schreiber und Leser zum gemeinsamen Divertimento finden können. Mit starken Sprüchen aus dem Repertoire alltagssprachlicher Klischees lassen sich Bestseller basteln, wie dies Frédéric Dard mit seinen San Antonio-Krimis viele Male bewiesen hat. Erfolg ist auch den von amerikanischen Vorbildern geprägten Büchern von Philippe Djian beschieden, wenn sie unhinterfragtes Außenseitertum mit krasser Sprache feiern (vgl. *Zone érogène*, 1984). Die generelle Orientierungslosigkeit der Romanfiguren kann allerdings auch, wie etwa bei Jean Echenoz (vgl. *Le Meridien de Greenwich*, 1979), zur Trauerarbeit angesichts verlorener Ideale und gescheiterter Projekte der europäischen Moderne genützt werden. „Die Heimat der Schriftsteller", schreibt Hans-Joachim Graubner im Hinblick auf die Nachwuchsautorin Marie NDiaye (vgl. *En Famille*, 1990), „ist zwar das Erzählen, doch sind sie dort Obdachlose." (in: Asholt, Wolfgang 1994, 274) Damit ist aber auch eine Freiheit mitgegeben, die jederzeit von dem virtuosen Spiel mit der Intertextualität her die Brücke zu sozialen Konflikten, Problemen des Alltags und der Arbeitswelt, Krankheit und Tod schlagen kann. „Das Universum, in das uns die Romane der achtziger Jahre führen, ist trotz aller Autoreferentialität die Welt unserer Zeit" (Asholt, Wolfgang 1994, 19).

Dieser Zeitbezug scheint in der Romanproduktion des letzten Jahrzehnts vor dem neuen Millenarium an Bedeutung zu gewinnen. Die spielerische Komponente behält ihre Freiraum schaffende, nicht selten heuristische Funktion, aber der Ernst hinter dem Spiel wird fühlbarer. Zuletzt hat Michel Houellebecq mit seinen *Particules élémentaires* (1998) eine Geschichte von der Selbstzerstörung der Spezies Mensch durch fehlgeleiteten Einsatz (oder Nicht-Einsatz) individuell/kollektiver Liebesfähigkeit im Zeichen einer an die Moralistik erinnernden Schärfe und Genauigkeit erzählt. Houellebecqs Erzählerfigur profitiert nicht (gemäß dem Flaubertschen Vorbild) von der moralischen oder intellektuellen Schwäche seiner Protagonisten, um die eigene Vollkommenheit als Künstler und Zivilisationsheld zu demonstrieren, sondern läßt den Roman im Zeichen eines sanften aber unerbittlichen Pessimismus ausklingen.

So wie sich die fortschreitende Erosion der zivilisatorischen Souveränität durch das ganze 20. Jahrhundert verfolgen läßt, so kann auch über weite Strecken hinweg beobachtet werden, wie Romanciers mit starken Bindungen an traditionsgemäß mit dem Stigma der Provinzialität belegte Randregionen bestrebt sind, eine gewisse Eigenwertigkeit der „Barbarei" in den Mittelpunkt ihres Schaffens zu rücken. Bemerkenswert ist die Entwicklung Jean Gionos, der seinen Habitus als provenzalischer Naturapostel der „vraies richesses" wohl nicht nur wegen der Enttäuschungen einer Kriegszeit, in der man ihn sukzessive als Kommunisten und Faschisten verfolgte, aufgegeben hat. Von den Husarenromanen der 50er Jahre bis zu den Werken der Spätzeit (vgl. *Ennemonde,* 1968) feiert dieses Schaffen den Triumph einer amoralisch-sinnlichen Kreativität, die nichts von der Unverbindlichkeit des Nouveau Romans à la Robbe-Grillet an sich hat, sondern der „élaboration mythique d'une cosmogonie" (Pierrot, Jean 1982, 208) dient. Der Mensch ist für Giono Teil einer Materie, die nicht unbegrenzt verfügbar ist, der Schonung bedarf, so wie es ein elementares Recht des Menschen ist, nicht um „höherer" Ideale willen massenweise hingeschlachtet zu werden. Wie wir am Ende des vorigen Kapitels feststellen konnten, verbergen sich schlichte Wahrheiten vergleichbarer Art auch hinter den Kombinationsspielen eines Claude Simon, der in Madagaskar geboren ist und starke persönliche Beziehungen zu Französisch-Nordkatalonien besitzt. Was Marguerite Duras anlangt, so ist sie nicht nur durch starkes Engagement im Sinne des Nachkriegsfeminismus geprägt, sondern auch durch eine in Indochina verbrachte Kindheit. Ähnlich wie Nathalie Sarraute spürt diese Autorin auf dem Trümmerfeld der Romankonventionen dem Ungesagten und den elementaren Sehnsuchtsregungen der Menschen nach, tritt aber weit resoluter für globale Veränderungen in den Modalitäten menschlichen Zusammenlebens ein: „Le thème fondamental de Duras est celui de l'aliénation et du manque, au sein d'une société en ruines, le thème de l'Autre vers lequel le geste d'écrire jette l'écrivain" (Brée, Germaine 1978, 316). An den genannten AutorInnen wird deutlich, wie rasch herkömmliche Vorstellungen von nationaler oder kultureller Identität im 20. Jahrhundert ihre Anwendbarkeit verlieren. Es ist nicht weiter erstaunlich, wenn dem Leitbild des „homme civilisé" nach französisch-pariserischem Modell andere Wertmaßstäbe gegenübergestellt werden, wie etwa bei Albert Cohen, der in Griechenland zur Welt kam, in Frankreich erzogen wurde, die Schweizer Staatsbürgerschaft annahm und in allen seinen Romanen (*Belle du Seigneur,* 1968; *Les Valeureux,* 1969) einen Hang zum erzähltechnischen Experiment mit der Reflexion über die Situation der Juden und des Judentums in einer raschem Wandel unterworfenen Lebenswelt verbindet.

In einer Ära der Selbstzweifel auf der Ebene der dominierenden Zivilisationsform haben sich für jene sozialen Kategorien und Gruppen, welche von der Pariser Elitekultur an den Rand gedrängt worden waren, neue Chancen der künstlerischen Selbstbehauptung ergeben, nicht zuletzt auf dem Gebiet der Romanproduktion. „(…) les voix des Autres, des hétérogènes, peuvent être supprimées dans le social, mais jamais dans le littéraire; ces voix/voies émergent dans le texte pour subvertir la construction monolithique de l'identité et de l'altérité, faite par les discours dominants (…)" (Badasu, Cosmas K. M. 1998, 176). Weltpolitisch bedingte Schwächezeichen des Nationalstaates in Europa zusammen mit dem für Frankreich charakteristischen Verlauf des Zivilisationsprozesses haben im Laufe des 20. Jahrhunderts und besonders seit seiner Mitte zu einer Verringerung des Assimilationsdruckes geführt, der seit Jahrhunderten auf allen kulturellen Virtualitäten, die nicht mit dem zentralen Zivilisationsmodell in Einklang zu bringen waren, mehr oder weniger schwer lastete. Der Zentralismus mit seinen alten und neuen Normierungstendenzen ist bis zum heutigen Tage nicht überwunden; nichtsdestoweniger hat ihn eine Grundwelle, ausgehend von den Weltkriegen und der Entkolonisierungsbewegung, als deren Schaumkrone die Ereignisse von 1968 gesehen werden können, nachhaltig erschüttert. Es erscheint legitim, diese Infragestellung auch mit der mächtigen Entfaltung der „écriture féminine“ während der letzten Jahrzehnte in Verbindung zu bringen. Schriftstellerinnen wie Hélène Cixous (z. B. *Neutre,* 1972), Jeanne Hyvrard (z. B. *Mère la mort,* 1976), Annie Leclerc (z. B. *Parole de femme,* 1974), Annie Ernaux (z. B. *La Femme gelée,* 1981) usw. begnügen sich keineswegs mit frauenpolitischen Forderungen und Polemiken, sondern schreiben gegen die gesamte vom Bild des „homme civilisé“ geprägte Elitekultur Frankreichs an, in der die Mythen rund um den Status der Frau als das naturhafte und daher untergeordnete Andere scheinbar unerschütterlich verankert waren. Ein Bedürfnis nach umfassender Reflexion rund um die Grundwahrheiten des menschlichen Lebens und Erlebens kennzeichnet diese Literatur von Frauen für Frauen (und Männer), so wie es schon bei der großen Wegbereiterin Simone de Beauvoir zu erahnen war, hier aber noch durch den Kulturstolz der Pariser Intellektuellen gebändigt wurde (vgl. *L'Invitée,* 1943; *Les Mandarins* 1954; *Une Mort très douce,* 1964*).* Auch wenn bei manchen Autorinnen Tendenzen zu beobachten sind, die auf die Bildung einer feministischen Anti- oder Subkultur abzielen, orientiert sich die Produktion der jüngeren und jüngsten Romanschriftstellerinnen wie Leslie Kaplan (1943), Marie Redonnet ((1948) oder Marie NDiaye (1968) vorwiegend an dem Anliegen einer an konkreten menschlichen Existenzbedingungen orientierten, die Männergesellschaft „von innen“ zum Wandel drängenden Erkundung der Chancen auf eine gesellschaftliche Erneuerung, die nicht zum Rückfall in konservative oder pseudoprogressistische Klischees der abendländischen Kulturtradition verurteilt wäre. „Ces romans sont aussi des essais, ces récits à la première personne mêlent lyrisme, document et analyse, le cri du manifeste enrichit le poème“ (Vercier, Bruno/ Lecarme, Jacques 1982, 237).

Einen Emanzipationsprozeß machen auch jene „littératures connexes“ durch, (vgl. Queneau, Raymond 1967) welche das zentralistische Kultursystem mehr oder weniger lange Zeit hindurch in Randlagen abgedrängt bzw. auf das Niveau konservativer Regionalismen herabgedrückt hatte. In Frankreich selbst hat die okzitanische Literatur als die bedeutendste unter den Literaturen von Sprachminderheiten während der ganzen Neuzeit mit dem Druck aus Paris, der alle mit dem hegemonialen Normensystem vereinbaren Kräfte des Südens der „culture dominante" einverleibte, während er den „unbrauchbaren Rest", und vor allem die andere Sprache, in das Ghetto des kulturellen Partikularismus verwies, zu kämpfen gehabt. Nicht zuletzt die eindrucksvolle Entwicklung der okzitanischen Erzählliteratur seit dem 2. Weltkrieg zwingt zur Feststellung, daß im 20. Jahrhundert das Ende eines ängstlich-subalternen oder evasionistischen Regionalschrifttums in der „langue d'oc" gekommen ist. Der Bannfluch, mit dem die normsetzende Gesellschaft seit dem Edikt von Villers-Cotterets (1539; damals hatte François Ier das Französische zur alleinigen Amtssprache des Königreichs erklärt) jede mündliche oder schriftliche Manifestation des „patois" belegte, hat nach und nach so viel von seiner Wirksamkeit verloren, daß die schreibenden Vertreter der „culture dominée" darangehen können, ohne Zwang zur Selbststilisierung verschüttete Bewußtseinsinhalte auf individueller und kollektiver Ebene freizulegen, die zentralistische Ideologie zu hinterfragen und jenseits provinzieller Beengtheit auf den Wert und die Gefährdung menschlicher Grundrechte hinzuweisen. Auch wenn die Eigenständigkeit einer Literatur, deren Kontinuität vom 12. bis zum 20. Jahrhundert allen Widerständen zum Trotz ungebrochen blieb, zu respektieren ist, gebührt Autoren wie Max Rouquette (*Verd paradis,* 1961 -, *La Cèrca de Pendariès,* 1996, u. a.), Joan Bodon (*Lo Libre de Catòia,* 1966, u. a.) Bernat Manciet (*Lo Gojat de novémer,* 1964, u. a.), und Robert Lafont (*L'Icòna dins l'iscla,* 1971*; La Festa,* 1983–1996, u. a.) ein Ehrenplatz in der Geschichte einer Gattung, welche auf französischem Boden durch den Antagonismus von Standard und Abweichung so entscheidende Prägungen erfuhr.

Im Laufe des 20. Jahrhunderts haben auch die französischsprachigen Literaturen außerhalb Frankreichs ständig an Bedeutung gewonnen, wobei starke Romanproduktionen eine besondere Rolle spielten. Eine Abgrenzung fällt nicht immer leicht, vor allem wenn es um frühere Perioden geht, in denen afrikanische Autoren in die stark von hexagonalen Vorbildern geprägte Kategorie der Kolonialliteratur zu fallen schienen. Eine Zeitlang wurde Algeriens großer Erzähler Kateb Yacine (*Nedjma* 1956) zum Nouveau Roman gerechnet. Der Bretone Louis Hémon, der in Kanada den Erfolgsroman *Maria Chapdelaine* (1913) verfaßte, kann sowohl zum französischen Regionalismus als auch zum quebeckischen Landroman gerechnet werden. Wie gerade neuere Forschungen wieder erwiesen haben, ist ja auch ein Albert Camus keineswegs nur im Rahmen der Literaturgeschichte Frankreichs zu Hause (vgl. Arend, Elisabeth/ Kirsch, F. Peter 1998).

Zweifellos ist es unzulässig, die Literaturen der sogenannten Frankophonie als Anhängsel der französischen Literatur im engeren Sinne zu präsentieren (gerade renommierte Literaturgeschichten lassen in diesem Zusammenhang erkennen, wie tief verwurzelt eurozentrische Reflexe sein können); andererseits kommt man nicht um die Tatsache herum, daß die Kolonisierten, die über die französische Schule Zugang zur „westlichen" Zivilisation suchten, während mehr oder weniger langer Zeitspannen demselben Assimilationsdruck ausgesetzt waren wie jeder Angehörige einer ethnischen Minderheit in Frankreich selbst. Daher ist sowohl die autochthone Dimension der Autoren zu berücksichtigen als auch ihr gespanntes Nahverhältnis zu Frankreichs Standardtraditionen. Manche scheinen sich am Traditionsroman Zolascher Prägung zu orientieren; etliche lassen sich von Céline, Malraux, Camus, dem Nouveau Roman usw. anregen. Mit recht hat z. B. Dieter Messner in einer Rezension von Leo Pollmanns *Der Neue Roman in Frankreich und Lateinamerika* davor gewarnt, vertraut anmutende Tendenzen in den Literaturen der „Dritten Welt" schablonenhaft mit dem Prestige europäischer Vorbilder zu erklären (vgl. Messner, Dieter 1974). Die französischschreibenden Maghrebiner und Schwarzafrikaner sind längst keine „Zöglinge" mehr, die mit der dominanten Kultur aus einer Position der Marginalität und Dependenz heraus dialogisieren. Was die quebeckischen Schriftsteller anlangt, so haben sie sich seit der „Révolution tranquille" mit dem nicht zuletzt durch den „roman de la terre" propagierten Bekenntnis zur Scholle und zum französischen Erbe auf sehr kritische Weise auseinandergesetzt und sich immer rückhaltloser zu ihrer Amerikanität bekannt. Die Literaturen der romanischen Schweiz und Belgiens geben sich heute weniger denn je mit dem Status von Dependenzen des Pariser Kulturbetriebs zufrieden. Allenthalben ist ein Prozeß der Ablösung und Individualisierung im Gange, der heute in mehreren Ländern der Frankophonie sehr weit fortgeschritten ist, selbst wenn frankophone Romanciers immer noch zum Teil auf französische Verleger zurückgreifen (müssen) und über die französische Leserschaft ihrer Bücher nie ganz hinwegsehen können. So präsentiert sich die Frankophonie heute als ein Raum interkultureller Relationen von großer Vielfalt, innerhalb dessen die Hegemonie Frankreichs, auch was den kreativen Elan im Bereich der Romanproduktion anlangt, weit weniger evident ist als noch vor einigen Jahrzehnten.

Einen wichtigen (von den Handbüchern häufig vernachlässigten) Aspekt des kulturellen Lebens innerhalb des Hexagons und seiner französischsprachigen Romanproduktion stellt die zunehmende Bedeutung von Kulturnomadentum und Hybridität dar. Das Phänomen besteht seit Jahrhunderten. So wie die französischen Erzähler immer wieder die Konfrontation mit ihnen fremden Welten suchten, so gab es auch stets die Einwanderer, die sich als Romanciers betätigten. Die Liste ist lang; sie umfaßt Engländer oder Iren wie Hamilton und Beckett, Polen wie Potocki, Rumänen wie Istrati, usw. Neu erscheint in der zweiten Hälfte des 20. Jahrhunderts, daß sich die Immigranten vielfach nicht um Anpassung bemühen, sondern ihre Position zwischen den Kulturen nützen, um sowohl ihren Frankreichbezug als auch den Bezug zu ihrer Herkunftswelt kritisch-spannungsreichen Analysen zu unterziehen. Autoren wie Tahar Ben Jelloun, Mohammed Dib, Assia Djebar, Albert Memmi leben seit mehreren Jahrzehnten außerhalb des Maghreb und haben tiefe Wurzeln im Boden der französischen bzw. europäischen Kultur geschlagen. Nichtsdestoweniger ist ihre geistig-seelische Energie mit solcher Intensität auf die Lebensprobleme ihrer nordafrikanische Heimat und ihre Menschen gerichtet, daß es nicht angeht, sie aus der algerischen, marokkanischen bzw. tunesischen Literaturgeschichte zu entfernen. Auch aus der zweiten maghrebinischen Immigrantengeneration erwachsene Schriftsteller wie Mehdi Charef, Azouz Begag, Leïla

Sebbar usw. lassen sich nicht über den französischen Leisten schlagen, sondern machen den Spitznamen „beurs“ zum Markenzeichen ihrer Eigenart. Man muß aber keineswegs vom afrikanischen Kontinent stammen, um als Romancier zwischen den Welten den eigenen Zwiespalt zu reflektieren. In Andreï Makines *Le Testament français* (1995) geht es auch um Rußland, bei Vassilis Alexakis (*Paris-Athènes*, 1989) auch um Griechenland. Über Texte dieser Art gerät die französische Romangeschichte in den Sog einer Transkulturalität, welche das Erbe der „société polie“ und ihrer Zivilisationsnormen zwar nicht verleugnet, aber auch eine Distanz zu diesem Erbe schafft, die mit hegemonialen Ansprüchen nicht mehr vereinbar ist. Der „Multiculturalisme à la française“, von dem 1995 in einer Nummer der Zeitschrift *Esprit* die Rede war (vgl. Roman, Joël 1995), wird auf diese Weise verwirklicht.

Zur chronologischen Orientierung

Französische Romanciers und ihre Werke*

Voyage de Saint-Brendan, Anfang 12. Jh.
Romans d'Alexandre: Frankoprovenzalisches Fragment des Albéric de Pisançon, 1. Drittel des 12. Jh.; Synthese aus älteren Fassungen von Alexandre de Bernay, nach 1180; *Roman d'Alexandre* en prose, 13. Jh.; Jean Wauquelin, *Histoire d'Alexandre*, 15. Jh.
Roman de Thèbes, ~ 1150.
Wace (12. Jh.), *Roman de Brut*, 1155; *Roman de Rou*, 1164–71.
Roman d'Enéas, ~ 1160.
Benoît de Sainte-Maure (2. Hälfte d. 12. Jh.), *Roman de Troie*, ~ 1160.
Béroul (12. Jh.), *Roman de Tristan*, nach 1160.
Thomas d'Angleterre (2. Hälfte d. 12. Jh.), *Roman de Tristan*, ~ 1170.
Chrétien de Troyes (2. Hälfte d. 12. Jh.) *Erec et Enide*, ~ 1170; *Le Chevalier de la charrette* (*Lancelot*, fertiggestellt von Geoffroy de Lagny); *Le Chevalier au lion* (*Yvain*); *Le Conte del Graal* (*Perceval*), alle vor 1190.
Continuations de Perceval (Wauchier, Manessier, Gerbert de Montreuil), Ende des 12. Jh. – ~1225.
Gautier d'Arras (Ende 12. Jh.), *Eracle* (~1180); *Ille et Galeron*, ~1177–78.
Raoul de Houdenc (1170–1230), *Songe d'enfer*, ~1215.
Huon de Méry (13. Jh.), *Tournoiement Antechrist*, 1236.
Roman de Partonopeus de Blois, nach 1180.
Roman de Renart (Pierre de Saint-Cloud u. a.), 1165–1250.
Aucassin et Nicolette, 13. Jh.
Galeran de Bretagne (Renaut ?), 13. Jh.
Robert de Boron (Ende 12., Anfang 13. Jh.), *Estoire dou Graal*, ~1200.
Roman de Perlesvaus, vor 1212.
Lancelot-Gral-Zyklus (*Lancelot propre*, *Queste del Saint Graal*, *La Mort le Roi Artu*, *Estoire del Saint Graal*, *Merlin*) 1215–30.
Jean Renart (Anfang des 13. Jh.), *Le Roman de L'Escoufle* (1200–1202?); *Le Roman de la Rose ou de Guillaume de Dole* (1208–10?).
Guillaume de Lorris (~1210– ?), *Roman de la Rose*, ~1235.
Jean de Meun (~1270–~1305), *Roman de la Rose* (1270~85).
Philippe de Remi, sire de Beaumanoir (1247–1297?), *La Manekine*; *Jehan et Blonde* (Datierungen ungesichert).

* (Auswahl auf der Basis der Leseerfahrungen und Neigungen des Verfassers)

Reclus de Molliens (1. Drittel des 13. Jh.), *Le Roman de Carité* (Datierung ungesichert).
Rutebeuf (vor 1248–~1285), *Le Couronnement de Renart*, 1251–88.
Roman de Fauvel, 1310–14.
Roman de Perceforest, ~1340.
Philippe de Mézières (1327–1405), *Le Songe du vieil pèlerin*, 1389.
Antoine de La Sale (1385–1460), *Jehan de Saintré*, 1456.
René d'Anjou (1409–1480), *Livre du Cuer d'amour espris*, 1457.
Les Cent nouvelles nouvelles, 1460–67.
Jehan de Paris, ~ 1494.

Jeanne Flore (1. Hälfte des 16. Jh.), *Les Comptes amoureux*, ~1530.
Amadis de Gaule (übertragen v. Nicolas Herberay des Essarts), 1540–48.
Marguerite de Navarre (1492–1549), *L'Heptaméron*, 1559.
François Rabelais (1494–1553), *Pantagruel*, 1532; *Gargantua*, 1535; *Le Tiers Livre* (1546); *Le Quart Livre* (1552); *Le Cinquième Livre* (1562–64 ?).
Les Caquets de l'accouchée,
Hélisenne de Crenne (Marguerite Briet, ~1510–~1552), *Les Angoysses douloureuses qui procèdent d'amours*, 1514.
Bonaventure Des Périers (~1510–1543), *Nouvelles Recréations et joyeux devis*, 1558.
Pierre Boaistuau (1517–1566), *Histoires tragiques*, 1559.
Noël du Fail (~1520–1591), *Propos rustiques*, 1548; *Baliverneries d'Eutrapel*, 1548.
François de Belleforest (1530–1583), *Histoires tragiques*, 1559–1583.
Béroalde de Verville (François Vatable, 1558–1623?), *La Pucelle d'Orléans*, 1593; *Histoire d'Hérodias*, 1600.

Honoré d'Urfé (1567–1625), *L'Astrée*, 1607–27.
François de Rosset (?1570–?1619), *Les Histoires tragiques de notre temps*, 1614.
Jean-Pierre Camus (1582–1652), *Agatonphile*, 1621; *Pétronille*, 1626; *Les Spectacles d'horreur*, 1630.
Marin Le Roy de Gomberville (1599–1674), *Polexandre*, 1637.
Charles Sorel (1599?–1674), *La Vraie Histoire Comique de Francion*, 1623; *Le Berger extravagant*, 1627.
André Mareschal (Anfang 17. Jh.), *La Chrysolite ou le secret des romans*, 1627.
Madeleine de Scudéry (1607–1701), *Artamène ou le grand Cyrus*, 1649–1653; *Clélie, histoire romaine*, 1654–1660.
Paul Scarron (1610–1660), *Le Roman comique*, 1651–57.

Gautier de Costes, Sieur de La Calprenède (1610?–1663), *Cassandre,* 1642–1645; *Cléopâtre* (1647–1656), *Faramond* (1661–1670).

Antoine Furetière (1619–1688), *Le Roman bourgeois,* 1666.

Savinien de Cyrano de Bergerac (1619–1655), *L'Autre Monde* (*Les États et Empires de la Lune,* 1657; *Les États et Empires du Soleil,* 1662).

Jean de La Fontaine (1621–1695), *Les Amours de Psyché et de Cupidon,* 1669.

Gabriel-Joseph Guilleragues (1628–85), *Lettres portugaises,* 1669.

Gabriel de Foigny (1630–1692), *Les Aventures de Jacques Sadeur, dans la découverte et le voyage de la Terre australe,* 1692.

Madame de La Fayette (1634–1693), *La Princesse de Clèves,* 1678.

Denis Veiras (1635–1685?), *L'Histoire des Sévarambes,* 1677.

Madame de Villedieu (1639–1683), *Cléonice,* 1669; *Mémoires d'Henriette Sylvie de Molière,* 1672.

Gatien de Courtilz de Sandras (1644–1712), *Mémoires de M.L.C.D.R.,* 1687; *Mémoires de M. d'Artagnan,* 1700.

Madame d'Aulnoy (1651–1705), *Histoire d'Hippolyte, comte de Douglas,* 1690.

François de Salignac de la Mothe-Fénelon (1651–1715), *Les Aventures de Télémaque,* 1699.

Simon Tyssot de Patot (1655–1738), *Voyages et aventures de Jacques Massé,* 1714–1718.

Catherine Bernard (1662–1712), *Les Malheurs de l'amour,* 1687–96.

Robert Challe (1659–1721), *Les illustres Françaises,* 713.

Alain René Lesage (1668–1747), *Le Diable boiteux,* 1707; *Histoire de Gil Blas de Santillane,* 1715–1735.

Pierre Carlet de Chamblain de Marivaux (1688–1763), *Les Effets surprenants de la sympathie,* 1712; *La Voiture embourbée,* 1714; *La Vie de Marianne,* 1731–1741; *Le Paysan parvenu,* 1735.

Charles-Louis de Secondat, baron de Montesquieu (1689–1755), *Les Lettres persanes,* 1721.

Voltaire (François Marie Arouet, 1694–1778), *Zadig,* 1747;*Candide ou l'optimisme,* 1759; *L'Ingénu,* 1767.

Madame de Graffigny (1695–1758), *Lettres d'une Péruvienne,* 1747.

(Antoine François) abbé Prévost (1697–1763), *Mémoires et aventures d'un homme de qualité,* 1728–31(darin enthalten: *Histoire de Des Grieux et de Manon Lescaut,* 1731*); Le Doyen de Killerine,* 1735; *Cleveland,* 1738–39.

Claude Prosper Jolyot de Crébillon (1707–1777), *Les Égarements du coeur et de l'esprit,* 1736–1738.

Jean-Jacques Rousseau (1712–1778), *La Nouvelle Héloïse,* 1761.

Denis Diderot (1713–1784), *La Religieuse,* 1796 (verf. 1760); *Le Neveu de Rameau,* verf. 1762–77; *Jacques le fataliste et son maître,* 1796 (verf. 1773–75).

Madame de Riccoboni (1713–1792), *Histoire d'Ernestine*, 1765.
François Thomas Marie de Baculard d'Arnaud (1718–1805), *Les Épreuves du sentiment*, 1764–1780.
Jacques Cazotte (1719–1792), *Le Diable amoureux*, 1772.
Jacques Casanova de Seingalt (Giacomo Casanova, 1725–1798), *Icosaméron*, 1788.
Nicolas Edme Restif de la Bretonne (1734–1806), *Le Paysan perverti ou les dangers de la ville*, 1776; *Monsieur Nicolas ou le coeur humain dévoilé*, 1796–1797.
Jacques-Henri Bernardin de Saint-Pierre (1737–1814), *Paul et Virginie*, 1788.
Louis-Sébastien Mercier (1740–1814), *L'An 2440, rêve s'il en fut jamais*, 1771.
Donation Alphonse François, marquis de Sade (1740–1815), *Les Cent Vingt Journées de Sodome* (1785); *La Nouvelle Justine ou les malheurs de la vertu, suivie de l'Histoire de Juliette, sa soeur*, 1795.
Pierre Choderlos de Laclos (1741–1803), *Les Liaisons dangereuses*, 1782.
Joseph-Marie Loaisel de Tréogate (1752–1812), *Dolbreuse ou l'Homme du siècle ramené à la vérité par le sentiment et par la raison*, 1783.
William Beckford (1760–1844), *Vathek*, 1786.
François-Guillaume Ducray-Duminil (1761–1819), *Victor ou l'Enfant de la forêt*, 1796; *Coelina ou l'enfant du mystère*, 1798.
Jan Potocki (1761–1815), *Manuscrit trouvé à Saragosse*, 1805–1814.

Germaine Necker, baronne de Staël-Holstein (1766–1817), *Delphine*, 1802; *Corinne ou l'Italie*, 1807.
Benjamin Henri Constant de Rebecque (1767–1830), *Adolphe*, 1816.
François-René de Chateaubriand (1768–1848), *Atala*, 1802; *René*, 1802; *Les Martyrs*, 1809.
Étienne Jean-Baptiste Pivert de Senancour (1770–1846), *Oberman*, 1804.
Charles Nodier (1780–1844), *Jean Sbogar*, 1818; *Smarra ou les démons de la nuit*, 1821; *Trilby*, 1822; *Histoire du Roi de Bohème et de ses sept châteaux*, 1830; *La Fée aux miettes*, 1832.
Stendhal (Henri Beyle 1783–1842), *Armance*, 1827; *Le Rouge et le Noir*, 1830; *Lucien Leuwen*, verf. 1834–36; *La Chartreuse de Parme*, 1839.
Alfred Victor comte de Vigny (1797–1863), *Cinq-Mars*, 1826; *Stello*, 1832.
Honoré de Balzac (1799–1850), *Les Chouans*, 1829; *La Peau de chagrin*, 1831; *Le Médecin de campagne*, 1833; *Eugénie Grandet*, 1833; *La Recherche de l'absolu*, 1834; *La Femme de trente ans*, 1834; *Le Père Goriot*, 1835; *Le Colonel Chabert*, 1835; *Le Lys dans la vallée*, 1836; *Illusions perdues*, 1839–43; *Le Curé de village*, 1839; *Ursule Mirouët*, 1841; *Splendeur et misères des courtisanes*, 1843–47; *Béatrix*, 1845; *La Cousine Bette*, 1846; *Le Cousin Pons*, 1847; *Les Paysans* (posthum), 1855.
Victor Hugo (1802–1885), *Han d'Islande*, 1823; *Le Dernier Jour d'un condamné*, 1829; *Notre-Dame de Paris*, 1831; *Les Misérables*, 1862; *Les Travailleurs de la mer*, 1866; *L'Homme qui rit*, 1868; *Quatrevingt-treize*, 1874.

Alexandre Dumas (1802–1870), *Le Comte de Monte-Christo*, 1844–45; *Les Trois Mousquetaires*, 1844; *Vingt ans après*, 1845.

George Sand (Aurore Dupin 1804–1876), *Lélia*, 1839; *Le Compagnon du Tour de France*, 1840; *Consuelo*, 1843; *Jeanne*, 1844; *La petite Fadette*, 1849; *François le champi*, 1850; *Les Maîtres-sonneurs*, 1853; *La Ville noire*, 1861.

Eugène Sue (Marie-Joseph Sue 1804–1857), *Les Mystères de Paris*, 1842.

Charles-Augustin Sainte-Beuve (1804–1869), *Volupté*, 1834.

Gérard de Nerval (Gérard Labrunie 1808–1855), *Sylvie*, 1853; *Aurélia*, 1855.

Jules-Amédée Barbey d'Aurevilly (1808–1889), *Le Chevalier des Touches*, 1864.

Alfred de Musset (1810–1857), *La Confession d'un enfant du siècle*, 1836.

Théophile Gautier (1811–1872), *Mademoiselle de Maupin. Double amour*, 1835–1836; *Le Capitaine Fracasse*, 1861.

Eugène Fromentin (1820–1876), *Dominique*, 1862.

Gustave Flaubert (1821–1880), *Madame Bovary*, 1857; *Salammbô*, 1862; *L'Éducation sentimentale*, 1869; *Bouvard et Pécuchet*, 18.

Henri Murger (1822–1861), *Scènes de la vie de bohème*, 1851.

Edmond/ Jules de Goncourt (1822–1896/1830–1870), *Germinie Lacerteux*, 1865; *Les Frères Zemganno*, 1879; *La Faustin*, 1882.

Alexandre Dumas (fils, 1824–1895), *La Dame aux camélias*, 1848.

Jules Gabriel Verne (1828–1905), *Voyage au centre de la terre*, 1864; *Vingt Mille Lieues sous les mers*, 1869; *L'Île mystérieuse*, 1874; *L'Étonnante Aventure de la mission Barsac*, 1914.

Jules Vallès (1832–1885), *Jacques Vingtras*, 1879–85.

Alphonse Daudet (1841–1897), *Les Aventures prodigieuses de Tartarin de Tarascon*, 1872; *Fromont jeune et Risler aîné*, 1874; *Numa Roumestan*, 1881.

Émile Zola (1840–1902), *Thérèse Raquin*, 1867; *La Fortune des Rougon*, 1870; *La Curée*, 1871; *Le Ventre de Paris*, *La Conquête de Plassans*, 1874; *La Faute de l'Abbé Mouret*, 1875; *L'Assommoir*, 1876; *Nana*, 1880; *Pot-Bouille*, 1882; *Au bonheur des dames*, 1883; *La Joie de vivre*, 1884; *Germinal*, 1885; *L'Oeuvre*, 1886; *La Terre*, 1887; *La Bête humaine*, 1889; *La Debâcle*, 1892; *Le Docteur Pascal*, 1893.

Anatole France (Anatole François Thibault, 1844–1924), *Le Crime de Sylvestre Bonnard*, 1881; *La Rôtisserie de la Reine Pédauque*, 1893; *L'Orme du mail*, 1897; *Les Dieux ont soif*, 1912.

Joris-Karl Huysmans (1845–1907), *À rebours*, 1884; *Là-bas*, 1891.

Léon Bloy (1846–1917), *Le Désespéré*, 1887.

Henri René Albert Guy de Maupassant (1850–1893), *Une Vie*, 1883; *Bel-Ami*, 1885; *Pierre et Jean*, 1888; *Fort comme la mort*, 1889.

Pierre Loti (Julien Viaud, 1850–1923), *Aziyadé*, 1879; *Roman d'un Spahi*, 1881; *Pêcheur d'Islande*, 1886.

Paul Bourget (1852–1935), *Le Disciple*, 1889.

Dujardin, Edouard (1861–1949), *Les Lauriers sont coupés*, 1887.

Maurice Barrès (1862–1923), *Les Déracinés*, 1897; *Colette Baudoche*, 1909; *La Colline inspirée*, 1913.

Romain Rolland (1866–1944), *Jean-Christophe*, 1905–1912.

André Gide (1869–1951), *La Porte étroite*, 1909; *Isabelle*, 1911; *Les Caves du Vatican*, 1914; *La Symphonie pastorale*, 1919; *Les Faux-Monnayeurs*, 1925.

Marcel Proust (1871–1922), *A la Recherche du temps perdu* (1913–1927).

Henri Barbusse (1873–1935), *Le Feu*, 1916.

Sidonie-Gabrielle Colette (1873–1954), *Claudine en ménage*, 1903; *La Vagabonde*, 1910; *L'Entrave*, 1913; *Chéri*, 1920; *Le Blé en herbe*, 1923; *Sido ou les Points cardinaux*, 1929.

Raymond Roussel (1877–1933), *Locus solus*, 1914.

Roger Martin du Gard (1881–1958), *Les Thibault*, 1922–1940.

Jean Giraudoux (1882–1944), *Suzanne et le Pacifique*, 1921; *Siegfried et le Limousin*, 1922; *Aventures de Jerôme Bardini*, 1930.

Georges Duhamel (1884–1966), *La Chronique des Pasquier*, 1933–1941.

Jules Romains (Louis Farigoule 1885–1972), *Les Hommes de bonne volonté*, 1932–46.

François Mauriac (1885–1970), *Le Baiser au lepreux*, 1922; *Thérèse Desqueyroux*, 1927; *Le Noeud de vipères*, 1932; *Le Mystère Frontenac*, 1933.

Alain-Fournier (Henri Alban Fournier 1886–1914), *Le grand Meaulnes*, 1913.

Blaise Cendrars (Frédéric Louis Sauser, 1887–1961), *Moravagine*, 1926.

Georges Bernanos (1888–1948), *Sous le soleil de Satan*, 1926; *Le Journal d'un curé de campagne*, 1936.

Henri Bosco (1888–1976), *L'Ane Culotte*, 1937; *Malicroix*, 1945, *Sabinus*, 1957.

Jean Cocteau (1889–1963), *Thomas l'Imposteur*, 1923; *Les Enfants terribles*, 1925.

Louis-Ferdinand Céline (Destouches, 1894–1961), *Voyage au bout de la nuit*, 1932; *Mort à crédit*, 1936.

Jean Giono (1895–1970), *Colline*, 1926; *Que ma joie demeure*, 1935; *Batailles dans la montagne*, 1937; *Un Roi sans divertissement*, 1947; *Le Hussard sur le toit*, 1956; *Ennemonde*, 1968.

Albert Cohen (1895–1981), *Solal*, 1930; *Mangeclous*, 1939; *Belle du Seigneur*, 1968.

Henry de Montherlant (1896–1972), *La Rose de sable*, 1932; *Les Célibataires*, 1934; *Les jeunes Filles*, 1935–40; *Le Chaos et la nuit*, 1963; *Les Garçons*, 1969; *Un Assassin est mon maître*, 1971.

André Breton (1896–1966), *Nadja*, 1928.

Louis Aragon (1897–1982), *Les Cloches de Bâle*, 1934; *Les beaux quartiers*, 1936; *Les Voyageurs de l'impériale*, 1942; *Aurélien*, 1944; *La Semaine sainte*, 1958; *Les Communistes*, 1966; *Blanche ou l'oubli*, 1967; *Théâtre/Roman*, 1974.

Julien Green (1900), *Mont Cinère*, 1926; *Adrienne Mesurat*, 1927; *Moïra*, 1950.

Antoine de Saint-Exupéry (1900–1944), *Vol de nuit*, 1931; *Le Petit Prince*, 1943; *Citadelle*, 1948.

André Malraux (1901–1976), *La Voie royale*, 1930; *La Condition humaine*, 1933; *L'Espoir*, 1937.

Nathalie Sarraute (1902–1999), *Portrait d'un inconnu*, 1948; *Martereau*, 1953; *Le Planétarium*, 1959; *Entre la vie et la mort*, 1968; *Vous les entendez ?*, 1972; *Disent les imbéciles*, 1976.

Raymond Radiguet (1903–1923), *Le Bal du Comte d'Orgel*, 1924.

Georges Simenon (1903), *Pedigree*, 1948; *Le Chien jaune*, 1936; *Le Bourgmestre de Furnes*, 1939; *Maigret aux assises*, 1960.

Marguerite Yourcenar (M. de Crayencourt 1903–1987), *Mémoires d'Hadrien*, 1951.

Jean-Paul Sartre (1905–1980), *La Nausée*, 1938; *Les Chemins de la liberté*, 1945–49.

Pierre Klossowski (1905), *La Révocation de l'édit de Nantes*, 1959; *Les Lois de l'hospitalité*, 1965; *Le Baphomet*, 1965.

Samuel Beckett (1906–1989), *Molloy*, 1951; *Malone meurt*, 1951; *L'Innommable*, 1953; *Le Dépeupleur*, 1970.

Maurice Blanchot (1907), *Thomas l'obscur*, 1941; *Aminadab*, 1942; *Le Très-Haut*, 1948; *Le Dernier Homme*, 1957.

Simone de Beauvoir (1908–1986), *L'Invitée*, 1943; *Les Mandarins*, 1954;

Julien Gracq (Louis Poirier, 1910), *Le Rivage des Syrtes*, 1951.

Jean Genet (1910–1986), *Notre-Dame des Fleurs*, 1944; *Le Miracle de la rose*, 1944; *Querelle de Brest*, 1949, *L'Enfant criminel*, 1949.

Hervé Bazin (1911–1996), *Vipère au poing*, 1948.

Albert Camus (1913–1960), *L'Étranger*, 1942; *La Peste*, 1947; *La Chute*, 1956.

Claude Simon (1913), *Le Vent*, 1957; *La Route des Flandres*, 1960; *Le Palace*, 1962; *Histoire*, 1967; *La Bataille de Pharsale*, 1969; *Corps conducteurs*, 1971; *Leçon de choses*, 1975; *Les Géorgiques*, 1981.

Marguerite Duras (1914–1996), *Un barrage contre le Pacifique*, 1950; *Moderato cantabile*, 1958; *Le Ravissement de Lol. V. Stein*, 1964; *Détruire dit-elle*, 1969.

Cristiane Rochefort (1917), *Les petits Enfants du siècle*, 1961.

Emmanuel Roblès (1914–1995), *Les Hauteurs de la ville*, 1948; *Le Grain de sable*, 1955.

Robert Pinget (1919–1997), *L'Inquisitoire*, 1962; *Quelqu'un*, 1965.

San Antonio (Frédéric Dard 1921), *Béru et ces dames*, 1967; *Chérie, passe-moi tes microbes*, 1977.

Claude Ollier (1922), *Le Maintien de l'ordre*, 1961; *La Vie sur Epsilon*, 1972.

Alain Robbe-Grillet (1922), *Les Gommes*, 1953; *Le Voyeur*, 1955; *La Jalousie*, 1957; *Dans le labyrinthe*, 1959, *Projet pour une révolution à New York*, 1970; *Djinn*, 1981.

Michel Tournier (1924), *Vendredi ou les Limbes du Pacifique*, 1967; *Le Roi des Aulnes*, 1970; *Les Météores*, 1975; *La Goutte d'or*, 1985.

Roger Nimier (1925–1962), *Les Épées*, 1948; *Le Hussard bleu*, 1950.

Michel Butor (1926), *Passage de Milan*, 1954; *L'Emploi du temps*, 1956; *La Modification*, 1957; *Degrés, 1960.*

Françoise Sagan (Françoise Quoirez, 1935), *Bonjour tristesse*, 1954; *Aimez-vous Brahms?*, 1959.

Georges Perec (1936–1982), *La Vie mode d'emploi*, 1978.
Philippe Sollers (Philippe Joyaux, 1936), *Le Parc*, 1961; *Drame*, 1965; *Nombres*, 1968; *H*, 1973; *Femmes*, 1983.
Danièle Sallenave (1940), *Les Portes de Gubbio*, 1980.
Annie Ernaux (1940), *Les Armoires vides*, 1974; *La Femme gelée*, 1981.
Jean-Marie-Gustave Le Clézio (1940), *Le Procès-verbal*, 1943; *Terra amata*, 1967; *La Guerre*, 1970; *Désert*, 1980.
Leslie Kaplan (1943), *Le Pont de Brooklyn*, 1987.
Patrick Modiano (1945), *Place de l'Étoile*, 1968; *Les Boulevards de ceinture*, 1972; *Rue des Boutiques obscures*, 1978.
Jeanne Hyvrard (1945), *Les Prunes de Cythère*, 1975; *Mère la mort*, 1976.
Michel Rio (1945), *Alizés*, 1984; *Les Jungles pensives*, 1985; *Merlin*, 1989.
Jean Echenoz (1947), *Le Méridien de Greenwich*, 1979; *Cherokee*, 1983; *Lac* 1989.
Marie Redonnet (1948), *Splendid Hôtel*, 1986.
Philippe Djian (1949), *Zone érogène*, 1984; *37°2 le Matin*, 1985.
François Bon (1953), *Sortie d'usine*, 1982
Jean-Philippe Toussaint (1957), *La Salle de bain*, 1985; *L'Appareil-photo*, 1988.
Andreï Makine (1957), *Le Testament français*, 1995.
Michel Houellebecq (1958),*Extension du domaine de la lutte*, 1997; *Les Particules élémentaires*, 1998.
Marie Ndiaye (1968), *Quant au riche avenir*, 1985; *En famille*, 1990.

Romane der Frankophonie – Romane der Sprachminderheiten im Hexagon
(Bei den folgenden Namen und Titeln handelt es sich um solche, die auf Grund von interkulturellen Gegensätzlichkeiten bzw. eigenständigen Traditionszusammenhängen aus der französischen Literaturgeschichte herausfallen, zugleich aber dieselbe im Sinne der zentralen These dieses Buches beleuchten und von ihr beleuchtet werden. Natürlich beruht auch diese Auswahl auf den Leseerfahrungen und Vorlieben des Verfassers)

Flamenca (~1240–50)
Jean-Baptiste Castor Fabre (1727–1783), *Histoira de Jean l'an prés* (1762, Erstdruck 1839)
Charles Théodore Henri de Coster (1827–1879), *La Légende et les aventures héroïques, joyeuses et glorieuses de Uylenspiegel et de Lamme Goedzak au pays de Flandre et ailleurs*, 1867.
Joseph d'Arbaud (1872–1950), *La Bèstio dóu Vacarés*, 1926.
Charles Ferdinand Ramuz (1878–1947), *La Grande Peur dans la montagne*, 1926; *Derborence*, 1934.
Louis Hémon (1880–1913), *Maria Chapdelaine*, 1914.
René Maran (1887–1960), *Batouala*, 1921.

Max Rouquette (Max Roqueta) (1908), *Verd Paradis,* 1961– ; *La Cèrca de Pendariès,* 1996.

Gabrielle Roy (1909–1983), *Bonheur d'occasion,* 1945; *Rue Deschambault,* 1955; *Ces enfants de ma vie,* 1977.

Jacques Mercanton (1910), *Thomas l'incrédule,* 1942; *L'Été des Sept-Dormants,* 1974.

Mouloud Feraoun (1913–1962), *Le Fils du pauvre,* 1950.

Joseph Zobel (1915), *Rue Cases-Négres,* 1950.

Anne Hébert (1916), *Kamouraska,* 1970; *Les Enfants du sabbat,* 1975; *Les Fous de Bassan,* 1982.

Albert Memmi (1920), *La Statue de sel,* 1953; *Le Scorpion,* 1969; *Le Désert,* 1977.

Mohammed Dib (1920), *La Grande Maison,* 1952; *Qui se souvient de la mer,* 1962; *Habel,* 1977; *L'Infante maure,* 1994.

Jean Boudou (Joan Bodon) (1920–1975), *La Grava sul camin,* 1956; *Lo Libre de Catòia,* 1966; *Lo Libre dels Grands Jorns,* 1973.

Bernard Manciet (Bernat Manciet) (1923), *Lo Gojat de novémer* 1963; *Plujal Lo Camin de tèrra,* 1976.

Robert Lafont (1923), *La Vida de Joan Larsinhac,* 1978; *L'Icòna dins l'iscla,* 1971; *La Festa,* 1983–1996.

Ousmane Sembène (1923), *Les Bouts de bois de Dieu,* 1960; *Xala,* 1974.

André Weckmann (1924), *Odile oder das magische Dreieck,* 1986.

Driss Chraïbi (1926), *Le Passé simple,* 1954; *La Civilisation, ma mère !,* 1972; *L'Inspecteur Ali,* 1991.

Ahmadou Kourouma (1927), *Le Soleil des Indépendances,* 1968; *En attendant le vote des bêtes sauvages,* 1998.

Cheikh Hamidou Kane (1928), *L'Aventure ambiguë,* 1961.

Mariama Bâ (1929–1991), *Une si longue lettre,* 1979; *Un Chant écarlate,* 1981.

Camara Laye (1928–1980), *L'Enfant noir,* 1953; *Le Regard du Roi,* 1954.

Édouard Glissant (1928), *La Lézarde,* 1958; *Malemort,* 1975.

Yacine Kateb (1929), *Nedjma,* 1956.

Hubert Aquin (1929–1977), *Prochain Épisode,* 1965; *Trou de mémoire,* 1968.

Mongo Beti, (Alexandre Biyidi, 1932), *Le Pauvre Christ de Bomba,* 1956; *Remember Ruben,* 1974; *Les Deux Mères de Guillaume Ismaël Dzewatama, futur camionneur,* 1983; *L'Histoire du fou,* 1994.

Agota Kristof (1935), *Le grand Cahier,* 1986; *Hier,* 1995.

Assia Djebar (1936), *L'Amour la fantasia,* 1985; *Loin de Médine,* 1991.

Jacques Poulin (1937), *Volkswagen blues,* 1984.

Maryse Condé (1937), *Segou* (1984–85).

Simone Schwarz-Bart (1938), *Pluie et vent sur Télumée Miracle,* 1973.

Pierre Mertens (1939), *L'Inde ou l'Amérique,* 1969; *La Fête des anciens,* 1971; *Les Bons Offices,* 1974.

Marie-Claire Blais (1939), *Une Saison dans la vie d'Emmanuel,* 1965.

Rachid Boudjedra (1941), *La Répudiation*, 1969; *L'Escargot entêté*, 1977; *La Prise de Gibraltar*, 1987; *Timimoun*, 1994.
Vumbi Yoka Mudimbé (1941), *Le Bel Immonde*, 1976; *L'Écart*, 1979.
Réjean Ducharme (1942), *L'Avalée des avalés*, 1966; *Les Enfantômes*, 1976.
Nicole Brossard (1943), *Le Désert mauve*, 1987.
Tahar Ben Jelloun (1944), *La Prière de l'absent*, 1984; *L'Enfant de sable*, 1985; *La Nuit sacrée*, 1987.
Victor-Lévy Beaulieu (1945), *Monsieur Melville*, 1978.
Rachid Mimouni (1945–1995), *Tombéza*, 1984; *L'Honneur de la tribu*, 1989.
Mehdi Charef (1952), *Le Thé au harem d'Archi Ahmed*, 1983.
Tahar Djaout (1954–1993), *L'Invention du désert*, 1987.
Azouz Begag (1957), *Le Gone du Chaâba*, 1986.

Literatur

Angeführt werden hier nur jene Werke, aus denen im Text zitiert, oder auf die besonders verwiesen wird.

1. Texte

Adam, Antoine 1958. (Hg.), Romanciers du XVIIe siècle. Charles Sorel, Scarron, Furetière, Madame de La Fayette, Paris (Pléiade).
Balzac, Honoré de 1976–1981, La Comédie humaine, Ed. publiée sous la dir. de P.-G. Castex, Bde. I–XII, Paris (Pléiade).
Chasles Robert 1959. Les illustres Françaises, éd. F. Deloffre, Paris.
Diderot, Denis 1946. Oeuvres, Ed. A. Billy, Paris (Pléiade).
Ducray-Duminil, François Guillaume 1818. Coelina ou l'Enfant du mystère, 6 Bde., 4. Aufl., Paris.
Etiemble (Hg.) 1965. Romanciers du XVIIIe siècle, 2 Bde., Paris (Pléiade).
Flaubert, Gustave 1966. Oeuvres, Ed. A. Thibaudet/R. Dumesnil, Bd. I, Paris (Pléiade).
Giono, Jean 1971–1983. Oeuvres romanesques complètes, Ed. R. Ricatte, 6 Bde., Paris (Pléiade).
Hugo, Victor 1950, La Légende des siècles. La Fin de Satan. Dieu, éd. J. Truchet, Paris (Pléiade).
Jourda, Pierre (Hg.) 1956. Conteurs français du XVIe siècle, Paris (Pléiade).
La Bruyère, Jean de 1962. Les Caractères de Théophraste traduits du grec avec Les Caractères ou les moeurs de ce siècle, Éd. R. Garapon, Paris.
Le Clézio, Jean-Marie G. 1963. Le Procès-verbal, Paris.
Mauriac, François 1951. La Province, Oeuvres complètes IV, Paris.
Malraux, André 1951. La Tentation de l'Occident, Paris.
Malraux, André 1930. La Voie royale, Paris.
Marivaux 1949. Romans, suivis de récits, contes et nouvelles, Ed. M. Arland, Paris (Pléiade).
Maupassant, Guy de 1970. „Le Roman“, in: G. de M., Romans, Ed. A.-M. Schmidt, Paris.
Montesquieu 1949. Oeuvres complètes, Ed. R. Caillois, Bd. I, Paris (Pléiade).
Musil, Robert 1952. Der Mann ohne Eigenschaften, Hamburg.
Musset, Alfred de 1960. Oeuvres complètes en prose, Ed. M. Allem/Paul-Courant, Paris (Pléiade).
Montherlant, Henri de 1959. Romans et oeuvres de fiction non théâtrales, Paris (Pléiade).

Gide, André 1958. Romans, récits et soties, oeuvres lyriques, Paris (Pléiade).
Proust, Marcel 1954. A la Recherche du temps perdu, Ed. P. Clarac/ A. Ferré, 3 Bde., Paris (Pléiade).
Robbe-Grillet, Alain 1972. Pour un nouveau roman, Paris.
Rosset, François de 1619. Les Histoires tragiques de notre temps, 3. Aufl., Rouen.
Rousseau, Jean-Jacques 1960. Julie, ou la Nouvelle Héloïse, Ed. R. Pomeau, Paris.
Sand, George 1928. Le Compagnon du Tour de France, Paris.
Sand, George 1978. Jeanne, Ed. S. Vierne, Grenoble.
Sand, George 1962. La Mare au diable. François le Champi, Ed. P. Salomon/J. Mallion, Paris.
Sallenave, Danièle 1989. „Notre temps est celui du récit", La Quinzaine littéraire 532.
Sarraute, Nathalie 1972. „Ce que je cherche à faire", in: Nouveau roman: hier, aujourd'hui, Paris.
Sartre, Jean-Paul 1945. Le Sursis, Paris.
Sartre, Jean-Paul 1948. „Orphée noir", in: L. Sédar Senghor, Anthologie de la nouvelle poésie nègre et malgache de langue française, Paris.
Scudéry, Georges de (Madeleine de) 1654–1660. Clélie, Histoire romaine, 10 Bde., Paris.
Simon, Claude 1958. L'Herbe, Paris.
Sorel, Charles 1628 (1972). Le Berger extravagant, Paris (Genève).
Stendhal 1952. Romans et nouvelles, Ed. H. Martineau, 2 Bde., Paris (Pléiade).
Stendhal 1973. Voyages en Italie, Ed. V. del Litto, Paris (Pléiade).
Vigny, Alfred de 1964. Oeuvres complètes, Ed. F. Baldensperger, Paris (Pléiade).
Voltaire 1979. Romans et Contes, Ed. F. Deloffre/J. van den Heuvel, Paris (Pléiade).
Voltaire 1961. Mélanges, Ed. E. Berl/J. van den Heuvel, Paris (Pléiade).
Zola, Émile 1960. Les Rougon-Macquart, Ed. A. Lanoux, Bd.I., Paris (Pléiade).

2. Studien

Adler, Alfred 1978. „Höfische Romane neben und nach Chrétien", in: Grundriß der romanischen Literaturen des Mittelalters, hg. v. H. R. Jauss/ E. Köhler: IV/I: Le Roman jusqu'à la fin du XIIIe siècle, Heidelberg.
Albérès, René-Merrill 1959. L'Aventure intellectuelle du XXe siècle, Paris.
Albérès, René-Merrill 1972. Métamorphoses du roman, Paris.
Althusser, Louis 1968. Für Marx, Frankfurt a. M.
Anjoubault Simons, Madeleine 1980. Sémiotisme de Stendhal, Genève.
Ansmann, Liane 1975. „Madame de La Fayette, La Princesse de Clèves", in: Der französische Roman, hg. v. K. Heitmann, Düsseldorf, Bd. I., 120–145.

Arend, Elisabeth/ Kirsch, Fritz Peter (Hg.) 1998. Der erwiderte Blick. Literarische Begegnungen und Konfrontationen zwischen den Ländern des Maghreb, Frankreichs und Okzitaniens, Würzburg.

Asholt, Wolfgang (Hg.) 1994. Intertextualität und Subversivität. Studien zur Romanliteratur der achtziger Jahre in Frankreich, Heidelberg.

Asholt, Wolfgang 1994a. Der französische Roman der achtziger Jahre, Darmstadt,

Auerbach, Erich 1933. Das französische Publikum des 17. Jahrhunderts, München.

Auerbach, Erich 1964. Mimesis. Dargestellte Wirklichkeit in der abendländischen Literatur, 3. Aufl., Bern/München.

Auerbach, Erich 1978. „Camilla, oder über die Wiedergeburt des Erhabenen", in: Der altfranzösische höfische Roman, hg. v. E. Köhler, Darmstadt.

Babilas, Wolfgang 1971. Louis Aragon, in: Französische Literatur in Einzeldarstellungen, hg. v. W.-D. Lange, Stuttgart.

Badasu, Cosmas K. M. 1998. Le Même et l'Autre. Espace et rapports de pouvoir dans le roman français (1871–1914), New York u. a.

Bakhtine, Mihail 1970. L'Oeuvre de François Rabelais et la culture populaire au Moyen Age et sous la Renaissance, Paris.

Barbéris, Pierre 1970. Balzac et le mal du siècle. Contribution à une physiologie du monde moderne, Paris.

Barbéris, Pierre 1974. À la Recherche d'une écriture. Chateaubriand, Paris.

Barchilon, Jacques 1975. Le Conte merveilleux français de 1690 à 1790, Paris.

Bardèche, Maurice 1967. Balzac romancier. La Formation de l'art du roman chez Balzac jusqu'à la publication du *Père Goriot* (1820–1835), Genève.

Bardèche, Maurice 1971. Marcel Proust romancier, 2 Bde., Paris.

Barraclough, Geoffrey 1971. Tendenzen der Geschichte im 20. Jahrhundert, 2. Aufl., München.

Barrère, Jean-Bertrand 1960. La Fantaisie de Victor Hugo, 2 Bde., Paris.

Becker, Philipp August 1978. Die Reimchroniken und die antiken Romane, in: Der altfranzösische höfische Roman, hg. v. E. Köhler, Darmstadt.

Behrens, Rudolf 1994. Umstrittene Theodizee, erzählte Kontingenz. Die Krise teleologischer Weltdeutungen und der französische Roman (1670–1770), Tübingen.

Beisel, Inge 1991. Ästhetischer Anspruch und narrative Praxis. Zur Koautorschaft des Lesers in französischen Romanen des 18. Jahrhunderts, Tübingen.

Bernard, Claudie 1996. Le Passé recomposé. Le roman historique français du dix-neuvième siècle, Paris.

Bertrand, Jean-Pierre/ Biron, Michel/ Dubois, Jacques 1996. Le Roman célibataire d'*À rebours* à *Paludes*, Paris.

Bessière, Jean (Hg.) 1996. L'Autre du roman et de la fiction, Paris.

Biou, J. 1970. „Le Rousseauisme, idéologie de substitution", in: Roman et lumières au XVIIIe siècle, Paris.

Birkhan, Helmut 1982. Einleitung zu: J. Renart, Der Roman von der Rose oder Wilhelm von Dole, Wien.

Bloch, Marc 1949. La Société féodale, Paris.
Blumenberg, Hans 1964. „Wirklichkeitsbegriff und Möglichkeit des Romans", in: Nachahmung und Illusion, hg. v. Hans Robert Jauss, München, 9–27.
Bonn, Charles, u. a. (1997). Littérature francophone. I: Le Roman, Paris.
Bosl, Karl 1972. Mensch und Gesellschaft in der Geschichte Europas, München.
Bourdieu, Pierre 1998. Les Règles de l'art. Genèse et structure du champ littéraire, Paris, 2. Aufl.
Boursier, Nicole/ Trott, David 1990. La Naissance du roman en France, Colloque Toronto 1988, Biblio 17, Paris-Seattle-Tübingen.
Brée, Germaine 1974. Camus and Sartre. Crisis and Commitment, London.
Brée, Germaine 1978. Le XXe siècle II. 1920–1970, Littérature française, Coll. dirigée p. C. Pichois, Paris.
Brooks, Peter 1969. The Novel of Worldliness. Crébillon, Marivaux, Laclos, Stendhal, Princeton (N. J.).
Brunel, Pierre 1997. Transparences du roman. Le romancier et ses doubles au XXe siècle, Paris.
Bürger, Peter 1974. Theorie der Avantgarde, Frankfurt a. M.
Bürger, Peter 1977. „Institution Kunst als literatursoziologische Kategorie", Romanistische Zeitschrift für Literaturgeschichte 1.
Burgelin, Claude 1981. „De Sartre à Flaubert, ou la genèse d'un roman vrai", RHLF 81.
Butor, Michel 1960. „Balzac et la réalité", in: M. B., Répertoire, Paris.
Butor, Michel 1960a. „Intervention à Royaumont", Ebenda.
Butor, Michel 1964. „Réponses à ‚Tel Quel'", in: M. B., Répertoire II, Paris.
Callas, Frédéric 1996. Le Roman épistolaire, Paris
Carl, Joachim 1979. Untersuchungen zur immanenten Poetik Balzacs, Heidelberg.
Châtelet, François 1981. „Une Vision de l'histoire", in: La Terre et la guerre dans l'oeuvre de Claude Simon, Critique 37, novembre.
Cioranescu, Alexandre 1972. L'Avenir du passé. Utopie et littérature, Paris.
Coenen-Mennemeier, Brigitte 1996. Nouveau Roman, Stuttgart.
Coenen-Mennemeier, Brigitte 1999. Der schwache Held. Heroismuskritik in der französischen Erzählliteratur des 19. Und 20. Jahrhunderts, Frankfurt a. M.
Condé, Michel 1989. La Genèse sociale de l'individualisme romantique: esquisse historique de l'évolution du roman en France au dix-neuvième siècle, Tübingen.
Coulet, Henri 1967–68. Le Roman jusqu'à la Révolution, 2 Bde., Paris.
Coulet, Henri 1975. Marivaux romancier, Paris.
Curtius, Ernst Robert 1923. Balzac, Bonn.
Curtius, Ernst Robert 1967. Europäische Literatur und lateinisches Mittelalter, Bern/München 6. Aufl.
Dällenbach, Lucien 1980. „Das brüchige Ganze. Zur Lesbarkeit der *Comédie humaine*", in: H.-U. Gumbrecht/ K. Stierle/ R. Warning, Honoré de Balzac, München.

Debray-Genette, Raymonde (Hg.) 1970. Flaubert, Paris.
Del Litto, V. 1978. La Province dans l'oeuvre romanesque de Stendhal, in: La Province dans le roman, Actes du VIIIe Congrès international stendhalien, Nantes 1978.
Démoris, René 1975. Le Roman à la première personne, Paris.
Diaconoff, S. 1979. Eros and power in *Les Liaisons dangereuses*. A Study in Evil, Genève.
Dreysse, Ursula. 1970. Realität als Aufgabe. Eine Untersuchung über Aufbaugesetze und Gehalte des Romanwerks von Samuel Beckett, Bad Homburg/Berlin/Zürich.
Dubois, Jacques 1963. Romanciers français de l'instantané au XIXe siècle, Bruxelles.
Dubois, Jaques 1978. L'Institution de la littérature, Bruxelles.
Duby, Georges 1971. Histoire de France, Paris.
Duby, Georges/ Robert Mandrou, Histoire de la civilisation française, 2 Bde., Paris 1968.
Dufournet, Jean u. a. (Hg.) 1990. Le Pouvoir monarchique et ses supports idéologiques aux XIVe – XVIIe siècles, Paris.
Edney, David 1973. L'Antithéâtre de Montherlant, in: Les Critiques de notre temps et Montherlant, Ed. A. Blanc, Paris.
Ehrmann, Jean 1963. Un Paradis désespéré. L'Amour et l'illusion dans l'Astrée, Newhaven-Paris.
Elias, Norbert 1975. Die höfische Gesellschaft. Eine Untersuchung zur Soziologie des Königtums und der höfischen Aristokratie, 2. Aufl., Darmstadt/Neuwied.
Elias, Norbert 1982. Über den Prozeß der Zivilisation. Soziogenetische und psychogenetische Untersuchungen, 2 Bde., 2. Aufl., Frankfurt a. M.
Engler, Wilfried 1982. Geschichte des französischen Romans von den Anfängen bis zu Marcel Proust, Stuttgart.
Engler, Wilfried 1992. Der französische Roman im 20. Jahrhundert: Welt im Text – Text als Welt, Stuttgart.
Ertler, Klaus-Dieter 1994. „La Théorie des systèmes luhmanienne: un nouveau paradigme en sciences sociales ?“, in: Philosophiques. Revue de la Société de philosophie du Québec, printemps, 3–18.
Fabre, Jean 1967. „Jean-Jacques Rousseau“, in: Histoire des Littératures III, éd. Raymond Queneau, Paris, Pléiade.
Fitch, Brian T. 1964. Le Sentiment d'étrangeté chez Malraux, Sartre, Camus et Simone de Beauvoir, Paris.
Floeck, Wilfried 1979. Die Literaturästhetik des französischen Barock, Berlin.
Flügge, Manfred 1992. Die Wiederkehr der Spieler. Tendenzen des französischen Romans nach Sartre, Marburg.
Förster, Nikolaus 1999. Die Wiederkehr des Erzählens. Deutschsprachige Prosa der 80er und 90er Jahre, Darmstadt.

Fontaine-Bussac, G. 1977. „L'Ethique de la *Princesse de Clèves*", in: Le Roman au XVIIe siècle, RHLF 77.

Foucault, Michel 1966. L'Arrière-fable, l'Arc 29.

Fourrier, Anthime 1960. Le Courant réaliste dans le roman courtois en France au Moyen Age, Bd. I: Le XIIe siècle, Paris.

Frappier, Jean 1973. Amour courtois et Table ronde, Genève.

Frappier, Jean 1978. „La Matière de Bretagne: Ses origines et son développement", in: Grundriß der romanischen Literaturen des Mittelalters IV/I, Heidelberg.

Frey, Gerhard Walter 1972. Die ästhetische Begriffswelt Flauberts, München.

Friedrich, Hugo 1956. Die Struktur der modernen Lyrik von Baudelaire bis zur Gegenwart, Hamburg.

Friedrich, Hugo 1966. Drei Klassiker des französischen Romans. Stendhal, Balzac, Flaubert, Frankfurt a. M.

Gaillard, Françoise 1978. „*A rebours:* une écriture de la crise", RSH .

Galle, R. 1986. Geständnis und Subjektivität. Untersuchungen zum französischen Roman zwischen Klassik und Romantik, München.

Garavini, Fausta 1980. La Casa dei giochi. Idee e forme nel Seicento francese, Torino.

Garavini, Fausta 1982. „Province et rusticité. Esquisse d'un malentendu", in: Les Nationalités, la nation et la province, Romantisme 35.

Gaullier-Bougassas, Catherine 1998. Les Romans d'Alexandre. Aux frontières de l'épique et du romanesque, Paris.

Genette, Gérard 1964. „Le Serpent dans la bergerie", in: Honoré d'Urfé, L'Astrée, Paris.

Genette, Gérard 1972. Figures III, Paris.

Girard, René 1961. Mensonge romantique et vérité romanesque, Paris.

Goldmann, Lucien 1964. Pour une sociologie du roman, Paris.

Greimas, Algirdas J. 1966. Sémantique structurale. Recherche de méthode, Paris.

Grimm, Reinhold 1981. Probleme engagierter Literatur. Art social und Landroman bei George Sand, in: Der französische Sozialroman des 19. Jahrhunderts, hrsg. v. F. Wolfzettel, Darmstadt.

Grundriß der romanischen Literaturen des Mittelalters, hrsg. v. H. R. Jauss/E. Köhler: I: Généralités, Heidelberg 1972; IV/I: Le Roman jusqu'à la fin du XIIIe siècle, Heidelberg 1978; VI/I: La Littérature didactique, allégorique et satirique, Heidelberg 1968.

Guillén, Claudio 1971. Literature as a system. Essays toward the theory of literary history, Princeton (N. J.).

Gumbrecht, Hans Ulrich 1978. Zola im historischen Kontext. Für eine neue Lektüre des Rougon-Macquart-Zyklus, München.

Gumbrecht, Hans Ulrich/ Karlheinz Stierle/ Rainer Warning 1980. Honoré de Balzac, München.

Guyon, Bernard 1967. „Balzac et le problème de la centralisation", in: De Ronsard à Breton, Hommages à M. Raymond, Paris.

Habermas, Jürgen 1962. Strukturwandel der Öffentlichkeit, Frankfurt a. M.

Hanning, R. W. 1978. Die gesellschaftliche Bedeutung des höfischen Romans im 12. Jahrhundert, in: E. Köhler, Der altfranzösische höfische Roman, Darmstadt.

Hardt, Manfred 1970. Flauberts Spätwerk. Untersuchungen zu *Bouvard et Pécuchet,* Frankfurt a. M.

Haug, Walter 1978. „Das Land, von welchem niemand wiederkehrt". Mythos, Fiktion und Wahrheit in Chretiens *Chevalier de la charrette,* im *Lanzelet* Ulrichs von Zatzikhoven und im Lancelot-Prosaroman, Tübingen.

Hauser, Arnold. Der Ursprung der modernen Kunst und Literatur. Die Entwicklung des Manierismus seit der Krise der Renaissance, München.

Heitmann, Klaus (Hg.) 1975. Der französische Roman, 2 Bde., Düsseldorf.

Heitmann, Klaus 1975. „Louis-Ferdinand Céline, *Voyage au bout de la nuit*", in: K. Heitmann (Hg.), Der französische Roman, Bd. II, Düsseldorf 1975.

Heitmann, Klaus 1979. Der französische Realismus von Stendhal bis Flaubert, Wiesbaden.

Hempfer, Klaus 1976. Poststrukturale Texttheorie und narrative Praxis, München.

Hillmann, Heinz 1977. Alltagsphantasie und dichterische Phantasie. Versuch einer Produktionsästhetik, Kronberg.

Hinterhäuser, Hans 1957. Utopie und Wirklichkeit bei Diderot. Studien zum *Supplément au voyage de Bougainville,* Heidelberg.

Hobsbawm, Eric 1977. Die Blütezeit des Kapitals. Eine Kulturgeschichte der Jahre 1848–1875, München.

Höfner, Eckhard 1982. Zum Verhältnis von Tristan- und Artusstoff, ZFSL 92.

Holdheim, W. Wolfgang 1978. Die Suche nach dem Epos. Der Geschichtsroman bei Hugo, Tolstoi und Flaubert, Heidelberg.

Hornig, Dieter 1981. Aspekte des französischen Desillusionsromans, Wien.

Huet, Marie-Hélène 1975. Le Héros et son double. Essai sur le roman d'ascension sociale au XVIIIe siècle, Paris.

Huizinga, Jan 1965. Herbst des Mittelalters, 9. Aufl. Stuttgart.

Iknayan, M. 1961. The Idea of the novel in France. The critical reaction 1815–1848, Genève/Paris.

Imbert, Henri-François 1967, Les Métamorphoses de la liberté, ou Stendhal devant la Restauration et le Risorgimento, Paris.

Jauss, Hans Robert 1959. Untersuchungen zur mittelalterlichen Tierdichtung, Tübingen, Niemeyer.

Jauss, Hans Robert 1968. Entstehung und Strukturwandel der allegorischen Dichtung, in: Grundriß der romanischen Literaturen des Mittelalters (GRMLA), Bd. VI/I., Heidelberg, Winter, 146–244.

Jauss, Hans Robert 1970. Zeit und Erinnerung in Marcel Prousts *A la Recherche du temps perdu,* Heidelberg, Winter.

Jauss, Hans Robert 1972. Theorie der Gattungen und Literatur des Mittelalters, in: Grundriß der romanischen Literaturen des Mittelalters (GRMLA) Bd. I, Heidelberg, Winter, 107–138.

Jauss, Hans Robert 1977. Alterität und Modernität der mittelalterlichen Literatur. Gesammelte Aufsätze 1956–1976, München, Fink.

Jodogne, Omer 1978. La Parodie et le pastiche dans *Aucassin et Nicolette,* in: E. Köhler, Der altfranzösische höfische Roman, Darmstadt.

Jost, François 1961. Jean-Jacques Rousseau suisse, 2 Bde., Fribourg.

Jugan, Annie 1978. Les Variations du récit dans *La Vie de Marianne,* Paris.

Jurt, Joseph 1995, *Das literarische Feld. Das Konzept Pierre Bourdieus in Theorie und Praxis,* Darmstadt, Wiss. Buchgesellschaft.

Kaminker, J. P. 1975. Un Rival: Le Roman, in: P. Abraham/R. Desné (Hrsg.), Manuel d'Histoire littéraire de la France III, De 1715 à 1789, Paris.

Keller, Luzius 1966. Piranèse et les romantiques français. Le Mythe des escaliers en spirale, Paris.

Kelly, F. Douglas 1966. Sens and Conjointure in the *Chevalier de la charrette,* The Hague/Paris.

Kempf, Roger 1964. Diderot et le roman, ou le démon de la présence, Paris.

Kirsch, Fritz Peter 1973. Probleme der Romanstruktur bei Victor Hugo, Wien.

Kirsch, Fritz Peter 1989. „Einleitung" zu: Flamenca. Ein altokzitanischer Liebesroman, Kettwig.

Kirsch, Fritz Peter 1992. „La Civilisation et la barbarie. Considérations sur les rapports entre les littératures de langue française", Cahiers francophones d'Europe Centre-Orientale 2, 37–56.

Kirsch, Fritz Peter 1997. „Zur Methodenvielfalt in der Literaturwissenschaft", in: Gottfried Magerl, u. a.(Hg.), ‚Krise der Moderne' und Renaissance der Geisteswissenschaften, Wien-Köln-Weimar, Böhlau, 192–220.

Kirsch, Fritz Peter 1999. „Das Bild Nordafrikas im französischen Roman von heute. Der ‚Fall' Michel Tournier", in: W. Dostal/ H. Niederle/ K. R. Wernhart (Hg.), Wir und die anderen. Islam, Literatur und Migration, Wien, 219–230.

Klüppelholz, Heinz 1995. Die Innovation als Imitation. Zu Fortsetzungen französischer Romane des 18. Jahrhunderts, Frankfurt/M.

Koch, Paule 1977. „L'Ascèse du repos, ou l'intention idéologique de l'Astrée", in: Le Roman au XVIIe siècle, RHLF 77.

Köhler, Erich (Hg.) 1978. Der altfranzösische höfische Roman, Darmstadt.

Köhler, Erich 1962. Trobadorlyrik und höfischer Roman, Berlin.

Köhler, Erich 1965. „«Est-ce qu'on sait où l'on va?" Zur strukturellen Einheit von Diderots *Jacques le fataliste et son maître",* RoJb 16.

Köhler, Erich 1966. „Flaubert und seine *Education sentimentale",* in: E. K., Esprit und arkadische Freiheit, Frankfurt a. M.

Köhler, Erich 1966a. „Die Abtei Thélème und die Einheit des Rabelais'schen Werks", in: E. K., Esprit und arkadische Freiheit, Frankfurt a. M.

Köhler, Erich 1970. Ideal und Wirklichkeit in der höfischen Epik, 2. Aufl., Tübingen.

Köhler, Erich 1972. Der literarische Zufall, das Mögliche und die Notwendigkeit, München.

Koppe, Franz 1977. Literarische Versachlichung. Zum Dilemma der neueren Literatur zwischen Mythos und Szientismus, Paradigmen: Voltaire, Flaubert, Robbe-Grillet, München.

Kristeva, Julia 1970. Le Texte du roman, Paris.

Krömer, Wolfram (Hg.) 1976. Die französische Novelle, Düsseldorf.

Küpper, Joachim 1987. Ästhetik der Wirklichkeitsdarstellung und Evolution des Romans von der französischen Spätaufklärung bis zu Robbe-Grillet, Stuttgart.

Lachmann, Renate 1990. Gedächtnis und Literatur. Intertextualität in der russischen Moderne, Frankfurt.

Lafon, Henry 1997. Espaces romanesques du XVIIIe siècle 1670–1820 de Madame de Villedieu à Nodier, Paris.

Lafont, Robert 1968. Sur la France, Paris.

Lange, Wolf-Dieter (Hg.) 1971. Französische Literatur der Gegenwart in Einzeldarstellungen, Stuttgart.

Laronde, Michel 1993. Autour du roman beur, Paris.

Lathuillère, Roger 1966. La Préciosité. Etude historique et linguistique, Bd. I, Genève.

Laufer, Roger 1963. Style rococo – style des lumières, Paris.

Lecercle, Jean-Louis 1969. Rousseau et l'art du roman, Paris.

Leenhardt, Jacques 1972. Nouveau roman et société, in: Nouveau roman: hier, aujourd'hui, Paris.

Leenhardt, Jacques 1973. Lecture politique du roman. *La Jalousie* d'Alain Robbe-Grillet, Paris.

Lejeune, Rita 1978. Jean Renart et le roman réaliste au XIIIe siècle, in: Grundriß der romanischen Literaturen des Mittelalters: Le Roman jusqu'à la fin du XIIIe siècle, Heidelberg.

Lenk, Elisabeth 1983. Die unbewußte Gesellschaft. Über die mimetische Grundstruktur in der Literatur und im Traum, München.

Le Roy Ladurie, Emmanuel 1980. L'Argent, l'amour et la mort en pays d'oc, Paris.

Lever, Maurice 1981. Le Roman français au XVIIe siècle, Paris.

Lever, Maurice 1996. Romans et romanciers du Grand Siècle, Paris.

Lukács, György 1965. Der historische Roman. Probleme des Realismus, Bd.III, Neuwied/Berlin.

Lüsebrink, Hans-Jürgen 1998. Kulturanthropologie und Geschichtsdiskurs im Werk Diderots und Raynals, Georg-Forster-Studien 2, 109–134.

Lyon, Regina 1982. Zolas „foi nouvelle". Zum faschistoiden Syndrom in der Literatur des Fin de siècle, Frankfurt a. M.

Macé, M.-A. 1995. Le Roman français des années 70, Rennes.

Macherey, Pierre 1971. Pour une théorie de la production littéraire, Paris.

Magendie, Maurice 1925. La Politesse mondaine et les théories de l'honnêteté en France au XVIIe siècle, de 1660 à 1680, Paris.

Matzat, Wolfgang 1982. Dramenstruktur und Zuschauerrolle in der französischen Klassik, München.
Matzat, Wolfgang 1990. Diskursgeschichte der Leidenschaft. Zur Affektmodellierung im französischen Roman von Rousseau bis Balzac, Tübingen.
May, George 1963. Le Dilemme du roman au XVIIIe siècle. Etude sur les rapports du roman et de la critique (1715–1761), Paris.
Mead, William 1966. Jean-Jacques Rousseau ou le romancier enchaîné, New Jersey.
Messner, Dieter 1974. „Nouveau roman in Lateinamerika?", Moderne Sprachen 18, 13–26.
Micha, Alexandre 1978. „Chrétien de Troyes", in: Grundriß der romanischen Literaturen des Mittelalters, hrsg. v. H. R. Jauss/E. Köhler IV/I: Le Roman jusqu'à la fin du XIIIe siècle, Heidelberg.
Moura, Jean-Marc 1992. L'Image du tiers monde dans le roman français contemporain, Paris.
Moura, Jean-Marc 1999. Littératures francophones et théorie postcoloniale, Paris.
Mozet, Nicole 1982. „Yvetot vaut Constantinople. Littérature et géographie en France au XIXe siècle", in: Les Nationalités, la nation et la province, Romantisme 35, 91–114.
Müller, Peter 1981. Emile Zola. Der Autor im Spannungsfeld seiner Epoche, Stuttgart.
Nadeau, M. 1958. Introduction, in: André Gide, Romans, récits et soties, oeuvres lyriques, Paris (Pléiade).
Neuschäfer, Hans Jürgen 1976, Populärromane im 19. Jahrhundert von Dumas bis Zola, München.
Noe, Alfred (Hg.) 1994. Horror und Greuel in der französischen Prosa des 19. Jahrhunderts, Frankfurt a. M.
Ott, Karl August 1980. Der Rosenroman, Darmstadt.
Payen, Jean-Charles 1973. „Lancelot contre Tristan: La conjuration d'un mythe subversif", in: Mélanges de Langue et de Littérature médiévales offerts à P. le Gentil, Paris.
Picon, Gaëtan 1967. „Le Roman et la prose lyrique au XIXe siècle", in: Raymond Queneau (Hg.), Histoire des littératures III, Bibl. de la Pléiade, Paris.
Pierrot, Jean 1982. „La Cruauté dans l'oeuvre de Giono", in: Giono aujourd'hui, Aix-en-Provence.
Poirion, Daniel (Hg.) 1983. Précis de littérature française du Moyen Age, Paris.
Pollmann, Leo 1968. Der Neue Roman in Frankreich und Lateinamerika, Stuttgart.
Queneau, Raymond (Hg.) 1967. Histoire des Littératures III: Littératures françaises, connexes et marginales, Bibl. de la Pléiade, Paris.
Raimond, Michel 1966. La Crise du roman des lendemains du naturalisme aux années vingt, Paris.
Raimond, Michel 1981, Le Roman depuis la Révolution, Paris, 2. Aufl.

Raynaud de Lage, G. 1978. „Les Romans de Tristan au XIIe siècle", in: Grundriß der romanischen Literaturen des Mittelalters IV/I: Le Roman jusqu'à la fin du XIIIe siècle, Heidelberg.

Reichel, Edward./ Thoma, Heinz (Hg.) 1993. Zeitgeschichte und Roman im Entre-deux-guerres, Bonn.

Renzi, Lorenzo 1964. Tradizione cortese e realismo in Gautier d'Arras, Padova.

Reynier, Gustave 1969 (1908). Le Roman sentimental avant l'Astrée, Genève (Paris).

Reynier, Gustave 1969 (1912). Les Origines du roman réaliste, Genève (Paris).

Ricardou, Jean/ Van Rossum Guyon, Françoise 1972. Nouveau roman: hier, aujourd'hui, 2 Bde., Paris.

Ricardou, Jean 1973. Le Nouveau roman, Paris.

Richard, Jean-Pierre 1954. Littérature et sensation, Paris.

Riesz, Janós 1983. „Zehn Thesen zum Verhältnis von Kolonialismus und Literatur", in: W. Bader/ J. Riesz (Hg.), Literatur und Kolonialismus I, Frankfurt/M., 9–26.

Robert, Marthe 1972. Roman des origines et origines du roman, Paris.

Röhrbein, Christine 1984. „Michel Tournier", in: Kritisches Lexikon zur fremdsprachigen Gegenwartsliteratur, Hrsg. v. H. L. Arnold, München.

Roman, Joël 1995. „Un multiculturalisme à la française ?", Esprit Juin, 145–160.

Rosenthal, Olivia 1998. „Pantagruel ou la fin du roman", in: Fondements, évolutions et persistance des théories du roman, textes réunis p. A. Pfersmann/ B. Alazet, Paris-Caen.

Rossi, Aldo 1973. „Analyse des Diskurses von *L'Etranger*", in: Aspekte objektiver Literaturwissenschaft, hrsg. v. V. Kapp, Heidelberg 183–213.

Roth, Oskar 1981. Die Gesellschaft der honnêtes gens. Zur sozialethischen Grundlegung des honnêteté-Ideals bei La Rochefoucauld, Heidelberg.

Rother, M. 1980. Das Problem des Realismus in den Romanen von A. Robbe-Grillet, Heidelberg.

Rousset, Jean 1962. Forme et signification. Essai sur les structures littéraires de Corneille à Claudel, Paris.

Sanders, Hans 1981. Institution Literatur und Roman. Zur Rekonstruktion der Literatursoziologie, Frankfurt a. M.

Scheffers, Henning 1980., Höfische Konvention und die Aufklärung. Wandlungen des *honnête-homme*-Ideals im 17. und 18. Jahrhundert, Bonn.

Schmidt, Siegfried J. 1989. Die Selbstorganisation des Sozialsystems Literatur im 18. Jahrhundert, Frankfurt/M., Suhrkamp.

Schmolke-Hasselmann, Beate 1980. Der arthurische Versroman von Chrestien bis Froissart. Zur Geschichte einer Gattung, Tübingen.

Schneider, G. 1970. Der Libertin. Zur Geistes- und Sozialgeschichte des Bürgertums im 16. und 17. Jahrhundert, Stuttgart.

Schneider, Manfred 1975. Subversive Ästhetik. Regression als Bedingung und Thema von Marcel Prousts Romankunst, Tübingen.

Scholler, Dietrich 1996. „Zum Stand der Forschung über den französischen Roman der 80er Jahre“, GRM 46, 116–25.

Schrader, Ludwig 1958. Panurge und Hermes. Zum Ursprung eines Charakters bei Rabelais, Bonn.

Schrader, Ludwig 1983. Die „bonne sauvage“ als Französin. Probleme des Exotismus in den *Lettres d'une Péruvienne* von Madame de Graffigny, in: Französische Literatur im Zeitalter der Aufklärung, Gedächtnisschrift f. F. Schalk, hrsg. v. W. Hempel, Frankfurt a. M.

Schreiber, Till 1976. Formen perspektivischer Leserführung im französischen Roman des 19. und 20. Jahrhunderts, Frankfurt a. M./ Bern.

Schulz-Buschhaus, Ulrich/ Stierle, Karlheinz (Hg.) 1997. Projekte des Romans nach der Moderne, München.

Sgard, Jean 1968. Prévost romancier, Paris.

Simon, Sherry 1991. Espaces incertains de la culture, in: Sherry Simon u. a. (Hg.), Fictions de l'identitaire au Québec, Montréal, XYZ, 15–52.

Soboul, Albert 1977. De l'Ancien Régime à la Révolution. Problème régional et réalités sociales, in: Régions et régionalisme en France du XVIIIe siècle à nos jours, Paris.

Stackelberg, Jürgen von 1970. Von Rabelais bis Voltaire. Zur Geschichte des französischen Romans, München.

Spitzer, Leo 1928. Die klassische Dämpfung in Racines Stil, Archivum romanicum 12.

Spitzer, Leo 1959. „A propos de La Vie de Marianne“, in: Romanische Literaturstudien 1936–1959, Tübingen, 248–276.

Steland, Dieter 1984. Moralistik und Erzählkunst von La Rochefoucauld und Madame de Lafayette bis Marivaux, München.

Stierle, Karlheinz 1980. „Die Verwilderung des Romans als Ursprung seiner Möglichkeiten“, in: Literatur in der Gesellschaft des Spätmittelalters, hg. v. H. U. Gumbrecht (Begleitreihe zum Grundriß I), Heidelberg.

Stierle, Karlheinz 1993. Der Mythos von Paris. Zeichen und Bewußtsein der Stadt, München.

Strubel, Armand 1983. „La Littérature allégorique“, in: Précis de littérature française du Moyen Age, éd. D. Poirion, Paris.

Struss, Lothar 1978. „Le Roman de l'Histoire du Graal de Robert de Boron“, in: Grundriß der romanischen Literaturen des Mittelalters IV/I, Heidelberg.

Sykes, Stuart 1979. Les Romans de Claude Simon, Paris.

Theile, Wolfgang. 1975. „André Gide, *Les Faux-monnayeurs*“, in: Der französische Roman, hg. v. K. Heitmann, Bd.II, Düsseldorf, 136–154.

Theile, Wolfgang 1980. Immanente Poetik des Romans, Darmstadt.

Thierry, Augustin 1870. Histoire de la conquête de l'Angleterre par les Normands, de ses causes et de ses suites jusqu'à nos jours, Paris.

Thiessen, Sigrun 1977. Charles Sorel. Rekonstruktion einer antiklassizistischen Literaturtheorie und Studien zum „Anti-Roman“, München.

Thody, Philip 1971. Jean Genet, Frankfurt a. M.

Thompson, William (Hg.) 1995. The Contemporary Novel in France, Gainesville.
Tison-Braun, Micheline, Le Moi décapité. Le problème de la personnalité dans la littérature française contemporaine, New York u. a.
Van Crugten-André, Valerie 1997. Le Roman du libertinage 1782–1815, Paris.
Van den Heuvel, J. 1967. Voltaire dans ses Contes, Paris.
Vargas Llosa, Mario 1980. Die ewige Orgie. Flaubert und Madame Bovary, Reinbek/H.
Vercier, Bruno/ Jacques Lecarme 1982. La Littérature en France depuis 1968, Paris.
Vernois, Paul 1962. Le Roman rustique de George Sand à Ramuz, ses tendances et son évolution, 1860–1925, Paris.
Versini, Laurent 1979. Le Roman épistolaire, Paris.
Wais, Kurt (Hrsg.) 1970. Der arthurische Roman, Darmstadt.
Wandruszka, Mario 1937. Der Gaskogner in der französischen Literatur, ZFSL LXI.
Warning, Rainer 1978. „Formen narrativer Identitätskonstitution im höfischen Roman", in: Grundriß der romanischen Literaturen des Mittelalters, hg. v. H. R. Jauss/E. Köhler, Bd. IV/I: Le Roman jusqu'à la fin du XIIIe siècle, Heidelberg.
Warning, Rainer 1980. „Chaos und Kosmos. Kontingenzbewältigung in der *Comédie humaine*", in: H. U. Gumbrecht/ K. Stierle/ R. W., Honoré de Balzac, München.
Weber, Falk Peter 1998. Der Prozeß der bürgerlichen Emanzipation im anti-idealistischen Roman von Sorel bis Prévost, Darmstadt 1998.
Wehle, Winfried 1981. Novellenerzählen. Französische Renaissancenovellistik als Diskurs, München.
Wehrli, Max 1969. Formen mittelalterlicher Erzählung, Zürich.
Wentzlaff-Eggebert, Hartmut 1973. Der französische Roman um 1625, München.
Wolf, Nelly 1995. Une Littérature sans histoire. Essai sur le Nouveau Roman, Genève.
Wolf, Roland 1980. Der französische Roman um 1780, Frankfurt a. M./Cirencester.
Wolfzettel, Friedrich 1970. „Zwei Jahrzehnte Zola-Forschung", RoJb 21.
Wolfzettel, Friedrich 1980. „George Sand: Liebesroman – Sozialroman. Zum Problem der Romantypologie", Romanistische Zeitschrift für Literaturgeschichte 4.
Zeltner, Gerda 1971. „Nathalie Sarraute", in: Französische Literatur der Gegenwart in Einzeldarstellungen, hg. v. W.-D. Lange, Stuttgart.
Zima, Peter V. 1973. Le Désir du mythe. Une lecture sociologique de Marcel Proust, Paris.
Zink, Michel 1983. „Le Roman de transition (XIVe–XVe siècle)", in: Daniel Poirion (Hg.), Précis de littérature française du Moyen Age, Paris, 293–305.

Autoren- und Anonymenregister